KB059330

최강의 브레인 해킹

Smarter Tomorrow:
How 15 Minutes of Neurohacking a Day Can Help You Work Better,
Think Faster, and Get More Done
by Elizabeth R. Ricker
Originally Published by Little, Brown Spark, an imprint of Little, Brown and Company,
a division of Hachette Book Group, Inc.

| 디지털 시대, 산만한 뇌를 최적화하는 법 |

최강의 브레인 해킹

엘리자베스 리커 지음 · 이영래 옮김

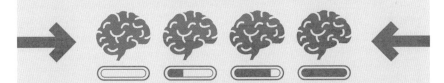

비즈니스북스

옮긴이 이영래

이화여자대학교 법학과를 졸업하였다. 현재 가족과 함께 캐나다에 살면서 번역에이전시 엔터스코리아에서 출판 기획 및 전문 번역가로 활동하고 있다. 옮긴 책으로는 《파타고니아, 파도가 칠 때는 서핑을》, 《사업을 한다는 것》, 《모두 거짓말을 한다》, 《당신의 뇌는 변화가 필요합니다》, 《제프 베조스, 발명과 방황》, 《빌 게이츠 넥스트 팬데믹을 대비하는 법》, 《세계미래보고서 2050》, 《어떤 선택의 재검토》, 《진화된 마케팅 그로스 해킹》 등이 있다.

최강의 브레인 해킹

1판 1쇄 발행   2023년 6월 20일
1판 2쇄 발행   2023년 6월 22일

지은이 | 엘리자베스 리커
옮긴이 | 이영래
발행인 | 홍영태
편집인 | 김미란
발행처 | (주)비즈니스북스
등 록 | 제2000-000225호(2000년 2월 28일)
주 소 | 03991 서울시 마포구 월드컵북로6길 3 이노베이스빌딩 7층
전 화 | (02)338-9449
팩 스 | (02)338-6543
대표메일 | bb@businessbooks.co.kr
홈페이지 | http://www.businessbooks.co.kr
블로그 | http://blog.naver.com/biz_books
페이스북 | thebizbooks
ISBN 979-11-6254-338-2   03190

．
．
．

남편 배런과 어머니와 아버지, 린제이, 라사, GP,
새로 맞이한 식구를 비롯한 우리 가족 모두에게.
여러분 모두를 너무나 사랑합니다.

세상이 말하는 성공과
나답게 사는 것 사이에서 고민하는 평범한 사람들에게.
이 책이 그 싸움에서 승리와 동시에 평화를 얻게 해줄
유용한 도구가 되기를 바랍니다.

．
．
．

| 차례 |

제1부

준비

: 브레인 해킹을 위해 알아야 하는 것들

제5부

훈련

: 하루 15분, 산만한 뇌를 기적처럼 스마트하게

브레인 해킹을
시작하기로 결심했다면

"미래는 이미 여기에 있다. 단지 고르게 퍼져 있지 않을 뿐이다."

– 윌리엄 깁슨 William Gibson

투자 시간

11분

목표

이 책을 읽음으로써 당신이 무엇을 얻고, 무엇을 얻지 못할지 파악한다.

지금의 나를 움직이게 만든 건 단 하나의 질문으로부터 시작됐다. 나는 그 질문에 이끌려 이 도시, 저 도시를 다녔고 전 세계의 전문가들을 찾아가 만났으며 수백 개의 연구 논문을 샅샅이 뒤지고 또 뒤졌다. 그 질문은 신경과학 연구에 몸을 담았던 나를 기술 스타트업으로 보냈고 또다시 연구 분야로 이동시켰다(나에게는 연구가 훨씬 잘 맞는다). 또한 수십 가지, 아니 솔직해지자, 수백 개의 앱, 기기, 장치, 재료를 직접 시험해보도록 했다. 그 단 하나의 질문은 바로 '어떻게 하면 내 두뇌를 업그레이드할 수 있을까?'라는 것이었다.

나는 내가 스스로 이 질문에 답할 수 있다면 다른 사람도 그렇게 할 수 있으리라고 생각했다. 의사가 아닌, 교사가 아닌, 상사가 아닌, 친구나 가족이 아닌, 내가 '직접' 두뇌를 업그레이드할 수 있는 방법은 없을까?

여기서 잠깐. 그렇다면 '두뇌 업그레이드'란 대체 무슨 의미일까? 내 기준에서 그것은 '일관되게 최고의 모습을 보이는 것'을 의미한다. 다시 말해 축 늘어진 채 그저 그런 하루를 보내는 내가 아닌 언제나 '베스트 상태의 나'를 만드는 것이다. 나는 뭐든 빨리 익히고, 다른 사람은 잊어버리는 세부적인 사항까지 잘 기억하며, 중요한 일상의 책무를 효율적으로 처리하고, 친구들의 기분을 나아지게 할 적절한 말을 해주는 내가 되기를 원한다. 대담하고, 믿을 수 있고, 친절하며, 주어진 일을 잘 처리하는 버전의 나 말이다.

SF 소설은 이러한 드라마틱한 정신 업그레이드의 결과가 어떤 모습인지 잘 보여준다. 알약의 도움으로 몇 주 내에 금융의 귀재가 되고 신경 이식으로 몇 초 만에 헬리콥터 조종을 익힌다. 나무랄 데 없는 기억력, 수월한 언어 학습, 한계가 없는 창의성을 보여주는 이야기들 말이다.

그런데 이런 이야기들이 꼭 허구로만 남아 있어야 하는 걸까? 일상에서의 소소한 업그레이드만으로 인생에 큰 변화를 일으킬 수 있지는 않을까? 인사를 나누고 돌아서자마자 상대의 이름을 잊어버리는 일이 생기지 않는다면? 소중한 사람이 방해를 했을 때 투덜거리지 않을 수 있다면? 마감을 앞두고 쓸데없는 동영상을 계속 클릭하는 일을 멈출 수 있다면? 형제나 짜증스런 동료가 도발을 하려 해도 수도승과 같은 차분함을 보여줄 수 있다면? 간단히 말해, 가끔이 아닌 대부분의 시간 동안 더 나은, 그리고 더 현명한 자신을 일깨울 수 있다면 어떨까?

학습 부진아였던 나는 어떻게 뇌 과학자가 되었나

당신의 성적표에서 '머리는 좋으나 잠재력을 온전히 발휘하지 못하고 있다'와 같은 문장을 본 적이 있는가? 만약 그렇다면 지금부터 이야기할 나의 초등학교 시절 경험이 친숙하게 느껴질 것이다. 하루는 선생님이 반 아이들 앞에서 이렇게 말씀하셨다. "엘리자베스는 다른 학생들처럼 읽는 법을 모르기 때문에 특별지도를 받을 예정이란다." 나는 부끄러움으로 얼굴이 달아올랐다. 담임 선생님의 뒤를 따라 특수 지도 선생님이 계시는 교실로 걸어 올라가는 도중에도 지금이라도 빨리 도망을 치면 어떨까 곰곰이 생각했다. 하지만 특수 지도 선생님인 렉토 선생님과 이야기를 나눈 지 몇 분 만에 나는 두 가지 사실을 분명히 알 수 있었다.[1] 첫째, 렉토 선생님은 나를 가망 없는 학생으로 보지 않았다. 둘째, 그녀는 내가 나름의 속도로 발전할 수 있다고 믿었고 그에 맞는 과제를 내주었다. 이전의 선생님들과 수업을 할 때면 나는 끊임없이 딴생각을 하고 낙서를 하는 학생이었다. 그러나 렉토 선생님과 수업을 하자 비로소 머리가 돌아가기 시작했다.

그 학년에서 글을 가장 못 읽는 학생이었던 나는 렉토 선생님의 도움으로 여름 방학이 끝날 때쯤 동급생들을 따라잡았다. 다음 해에 내 읽기와 쓰기 실력은 동급생들을 앞섰고, 몇 년 후에는 거의 몰라볼 정도의 실력을 갖추게 됐다. 수업 시간에 매일 낙서만 하던 아이가 최고점을 받고 글쓰기 대회에 입상하는 학생이 된 것이다. 이후 나는 MIT와 하버드 대학에서 학위를 받았다.

대체 무슨 일이 일어난 걸까? 정확히 어떻게 해서 그런 변화가 일어난 것일까?

당연한 말이지만 대학원 동기들 중에 나처럼 읽기를 늦게 깨우친 사람은 없었다. 그러다 보니 비교해서 원인을 찾아볼 사례가 없었다. 그 대신 나는 대학원에서 읽기 학습 과정에 대해 분석한 연구 논문을 발견했다.[2] 연구에 따르면 나처럼 읽기에서 뒤처졌던 학생들은 청소년기에도 여전히 그 상태를 유지할 확률이 높았다. 이런 경향은 미국에서 특히 더 심했으며 이러한 학생들은 고등학교를 졸업할 가능성이 매우 낮았다.[3] 내가 그 확률을 깼던 것이다. 대체 어떻게? 다른 연구 논문들은 읽기 능력에 문제를 보이는 어린이들이 이미 학교에 들어가기 전부터 언어와 연관된 특정 두뇌 영역이 작거나 활성화 정도가 낮다고 이야기하고 있었다.[4] 나는 내가 겪은 어려움도 예측할 수 있는 것이었는지 아니면 그저 내가 산만한 탓이었는지 궁금해졌다. 어쨌든 나는 공상을 정말 많이 했으니까 말이다. 듀크 대학의 한 연구는 거의 400명의 어린이를 유치원 때부터 5학년까지 추적했고 읽기 지체reading struggles 문제를 예측하는 데 주의력이 큰 역할을 한다는 것을 발견했다.[5]

우리의 두뇌는 오랜 시간에 걸쳐 대단히 많은 변화를 일으킨다. 나는 어린 시절에 뇌 스캔 사진을 찍거나 주의력 평가 검사를 받은 적이 없기에 나의 읽기 지체 문제가 미리 예측할 수 있는 부분이었는지 아닌지는 영원히 알 수 없게 됐다. 어쨌든 확실한 것은 어린 시절 나는 학습에 문제를 겪었고, 운 좋게도 공부에 있어서 복권에 당첨되었다는 점이다. 렉토 선생님의 맞춤형 학습 덕분에 나는 담임 선생님이 상상하기 힘든 큰 성과를 거둘 수 있었다. 집중력이 나의 문제였다면 거기에 훌륭한 해법을 제기한 사람은 바로 렉토 선생님이셨다. 앞으로 이 책에서 여러분은 두뇌 업그레이드의 주요 단계 중 하나로 '병목'bottlenecks 을 찾는 법을 배울 것이다. 병에서 나오는 물의 흐름은 병의 가장 좁은 부분, 즉 병목을 통과하는 속도에 제한을 받는다. 내가 일반 학급에서 공부를 할 수 없었던 이유도 주의력 통제라는 병목이 있었기 때문이다. 사람마다 다른 병목이 있을 수 있다.

누구나 렉토 선생님 같은 분을 만나지는 못한다. 그래서 나는 솔직히 이런 분을 만난 행운에 약간의 죄책감마저 느끼곤 한다. 그렇다면 모든 것을 운에 맡겨야만 하는 걸까? 더 탁월한 '정신적 성과'mental performance 를 얻기 위해 나의 뇌와 정신력을 스스로 통제하고 관리할 수는 없는 걸까? 그런 이유로 나는 고등학교에서 대학교 사이의 언제쯤인가부터 읽기 능력이나 주의력 향상을 넘어서는 보다 일반적인 '두뇌 업그레이드'를 꿈꾸기 시작했다. 어떤 병목을 가지고 있든 누구나 자신의 정신력을 업그레이드시킬 수 있는 입증된 도구는 없을까?

그렇게 10년 넘는 세월 동안 나는 스트레스가 많은 상황, 흥미로운 상황, 종종 우스꽝스러운 상황 등 다양한 조건에서 이 질문에 대한 답을 찾기 위해 노력했다. MIT에서 공부할 때는 노벨상을 수상한 교수님의 분자신경생물학 연구에 참여하고 실리콘밸리의 억만장자 밑에서 일을 하는 등의 꽤나 멋져 보이는 일들이 있었는가 하면, 내 똥을 가방에 넣고 우체국으로 가거나 실험을 하다가 일이 잘못되어서 머리카락을 태우는 등의 황당한 일도 있었다. 이런 모든 일을 거치면서 나는 계속해서 질문했다. 어떻게 하면 정신적 성과의 업그레이드라는 행운을 얻을 수 있을까?
지금까지 내가 발견한 최선의 답이 이 책 안에 담겨 있다.

당신 뇌의 잠든 '잠재력'을 깨워라

기술이 발전하고 기초 신경과학이 돌파구를 찾은 덕분에 우리는 과거 수
백 년 동안 알아냈던 두뇌에 대한 지식보다 더 많은 지식들을 불과 몇십
년 만에 얻게 되었다. 지금이야말로 두뇌 업그레이드를 다루는 책을 읽
기에 최적의 시점이다.

여기서 반드시 지적해둬야 할 사항이 있다. 사람들이 현대 과학에 대
해 가지는 여러 오해가 있는데, 우리의 '두뇌'가 모두 똑같다고 생각하는
것도 그런 오해 중 하나다. 그렇지 않다. 우리의 두뇌는 모두 다 다르다.
정말 사람을 미쳐버리게 할 만큼, 때론 경외심이 들 정도로 다르다. 이런
주장을 뒷받침하는 기존의 물리적 증거들에 대해서는 제3장에서 이야기
하겠지만, 이것만은 기억하도록 하라. 타인의 뇌에 대한 연구는 두뇌 업
그레이드를 목표로 하는 당신에게 흥미롭긴 하겠지만, 당신에게 그대로
적용되지는 않는다. 다시 말해 '그들'에게 효과가 있다고 해서 '당신'에게
도 똑같이 효과가 있으리란 법은 없다. 지금까지 연구되어온 두뇌에 대
한 이해는 개개인에게 어떤 효과가 있을지 완벽하게 예측할 정도로 정교
하지가 못하다.

이런 깨달음에 몹시 좌절했던 나는 결국 '자가 실험'self-experiment 이라
는 방법을 고안했다. 우리가 서로 매우 다르다는 문제에 대한 유일한 해

법은 '나만을 위해' 만들어진 과학적 방법을 사용하는 것이다. 우리가 서로로부터 배울 수 없다는 뜻이 아니다. 다만 모두에게 완벽하게 적용되는 마법의 열쇠 같은 건 없다는 얘기다. 당신에게 효과가 있는지 알려면 자가 실험을 수행해야 한다. 이 책이 그 방법을 가르쳐줄 것이다.

신경과학 연구실이 없어도 실험을 할 수 있다. 요리책의 설명을 보고 그대로 따라 할 수 있는 사람이라면 자가 실험도 충분히 할 수 있다. 이 방법의 가장 좋은 점이라면 여러분 자신이 스스로의 가장 사적인 부분, 자기 두뇌의 주인이 될 수 있다는 것이다. 두뇌의 건강과 성과에 관한 대단히 사적인 경험을 다른 사람과 공유하는 것이 꺼림칙하다고 생각하는 사람도 많을 것이다. 그러니 당신의 두 귀 사이에 있는 그 찐득찐득한 것을 당신보다 효과적으로 업그레이드할 사람이 어디 있겠는가? 당신도 '잠재력을 온전히 발휘하지 못하는' 학생이었나? 그렇다면 이 책은 당신을 위한 것이다.

하루 15분, 나의 뇌를 업그레이드하는 시간

앞으로 이 책에서 '개입'intervention 이라는 용어를 계속해서 만나게 될 것이다. 개입은 당신이 정신적 성과를 업그레이드시키는 데 사용할 도구를 뜻한다. 약물이나 알코올 의존증이 있는 사람들을 치료하는 분야에서 이 단어를 접해봤을 수도 있을 텐데, 과학 연구에서는 개입이라는 용어가 매우 흔하게 사용된다. 나는 수십 가지 후보군 중에 일곱 가지 개입을 추려 이 책에 담았다. 모두가 비교적 저렴한(무료부터 500달러까지) 것들이며 하루에 15분 정도만 투자하면 누구나 할 수 있을 정도로 쉽다. 또한 중요한 네 가지 정신적 능력, 즉 실행 기능executive function(인지 조절이 필요한 일련의 행동 처리 과정을 뜻하는 말. '집행 기능'이라고도 한다. ─옮긴이), 감정 조절, 학습 및 기억 그리고 창의성을 향상시킨다는 증거가 뒷받침되어 있다. 이 네 가지 능력에 대해서는 제2부에서 더 자세히 배우게 될 것이다.

또한 이 네 가지 정신 능력이 얼마나 잘 발휘되는지 확인할 수 있는 여러 평가 도구들도 만나게 된다. 이들 검사는 짧은 시간에 할 수 있고 특별한 장비나 의사의 도움이 필요치 않다. 비용이 적게 들며 반복도 가능하다. 여러 번 시도할 필요가 있기 때문에 매우 중요한 장점이라 하겠다.

개입의 안전성을 우려하는 이들을 위해 짚고 넘어가자면 여기에 소개된 거의 모든 개입은 내가 직접 시도해본 것들이다. 일부는 내 인지력을 변화시켰다. 일부는 내게는 큰 효과가 없었지만 다른 사람의 인지 능력을 변화시켰다. 당신의 경험은 그 누구의 경험과도 다를 것이다. 때문에 이 책의 제1부에서 알려주는 검사 방법을 꼭 숙지해야 한다.

나는 이 책이 일종의 '격차'를 줄이기를 바란다. 의료적인 문제가 명확할 때는 그 치료 방법에 대한 입증 자료들이 많이 있지만 의학적 문제가 없는 상태에서 '더 나은 버전의 내가 되고자 하는 사람들'에게 맞는 입증 자료를 찾기란 쉽지 않다. 질병으로 진단을 받았더라도 얼마든지 나와 함께 이 뉴로해킹의 여정에 참여할 수 있다. 하지만 의사와의 치료도 계속하길 바란다. 또 특별한 의학적 문제가 없더라도, 여기에서 배운 것을 의사와 공유해서 그들이 당신에게 보다 적절한 맞춤형 치료를 제공할 수 있도록 하길 바란다.

'최고의 나'를 만드는 가장 빠른 길을 찾아라

―――

짧은 토막 시간에 조금 더 쉽게 이 책을 이용할 수 있도록 각 장의 시작 부분에 예상 시간과 정확한 목표를 제시해놓았다. 제시한 시간보다 적게 걸렸다면 축하할 일이다. 그러나 시간이 좀 더 걸렸더라도 걱정할 필요 없다. 당신만의 속도, 당신만의 방식으로 읽으면 된다.

각 장의 마지막에는 핵심 포인트가 정리되어 있다. 시간이 부족하다면 그것만 읽어도 된다. 많은 이야기와 과학적 배경을 놓치게 되겠지만 그렇더라도 요지는 이해할 수 있을 것이다. 제1부와 제2부를 읽은 뒤라면 개입을 다루는 제3부와 제4부는 원하는 순서로 읽어도 좋다.

책의 마지막 제5부에는 15분 자가 실험 계획이 실려 있다. 그 부분은 일종의 '두뇌 업그레이드 레시피'다. 실험들은 정신적 목표mental target, 즉 당신이 업그레이드하려고 하는 네 가지 정신적 능력에 따라 잘 정리되어 있다. 이미 업그레이드를 원하는 분야를 정해놓았다면 해당 목표로 이동해 하루 15분 루틴을 위한 지침을 찾아볼 수 있다. 지침이 간결하기는 하지만 앞서 제시된 장들을 읽었을 때 내용을 더 잘 이해할 수 있으므로 꼭 내용을 파악한 뒤 읽기를 권한다.

이 책에 있는 진술의 출처를 확인하고 싶은 독자들을 위해서 450개가 넘는 주석을 달아놓았다. 본문에 있는 작은 첨자의 숫자를 따라 책 마지막 부분의 주석을 찾아가면 된다. 주석은 장별로 정리되어 있다. 주석을 참고하는 것이 그리 내키지 않는다고 해도 걱정할 것 없다. 본문을 계속 읽는다면 이해가 되지 않는 문장은 없을 것이다.

이 책을 다 읽고 나면 당신은 다음과 같은 혜택들을 얻게 된다.

1. 정신적 성과를 업그레이드하는 데 방해되는 병목들을 확인할 수 있다.
2. 맞춤형 추적 방법personalized tracking과 집에서 할 수 있는 실험을 이용해 정신적 성과를 높이는 방법을 배우게 된다.
3. 두뇌를 업그레이드할 여러 새로운 도구들을 얻게 된다. 상식적으로 이해가 되는 활동도 있겠지만 다소 특이한 활동도 있을 것이다. 타자를 더 빠르고 정확하게 치도록 머리에 전극을 붙이는 것처럼 말이다.
4. '15분 브레인 해킹 실험'을 이용해 정신적 성과를 업그레이드할 능력을 갖추게 된다.

당신에게는 365일, 24시간 다른 누구도 갖지 못한 접근권이 주어져 있다. 바로 당신 두뇌에 대한 접근권이다. 제아무리 과학자, 의사, 기술자들이라 해도, 그들이 우리 뇌의 평균적인 특성을 알려줄 수 있고 그런 일을 하기 위한 고가의 기기들을 갖추고 있다고는 해도, 그들이 '당신 두뇌'에 전적으로 접근할 수는 없다. 당신은 당신 뇌를 추적하고 자가 실험을 하며 당신의 뇌에 관한 세계 최고의 전문가가 될 수 있다. 당신은 두뇌를 최적화시키고, 변화시키고, 연마할 수 있다. 그렇게 함으로써 훨씬 더 나은 버전의 당신이 될 수 있다. 그런 당신이 세상에 얼마나 큰 선물을 안겨줄 수 있을지 누가 알겠는가?

준비가 되었다면 이제부터 뉴로해킹neurohacking을 위한 여정을 시작해 보자!

이 책을 이용하는 방법

이 책은 오로지 정보 제공의 목적으로만 쓰였습니다. 건강상의 문제나 상태에 대한 의학적 조언이나 진단, 처치, 치료, 예방을 대체할 수 없음을 알립니다. 이 책에서 제안하는 행동을 따르고 이를 근거로 어떤 추론을 도출하기 전에 항상 의사나 자격을 갖춘 의료 전문가와 상담하기를 바랍니다. 저자와 출판사는 이 책에 있는 정보의 사용 또는 응용에 따라 직간접적으로 발생 가능한 모든 손실, 상해, 손상 또는 기타 부작용에 대해 책임을 지지 않습니다.

이 책에서 특정 기업, 조직, 기관을 언급하는 것이 저자나 출판사의 보증을 의미하는 것은 아님을 밝힙니다.

이 책은 실제 연구를 기반으로 하지만 본문 중간중간에 나오는 대화는 재미를 위해 일부 창작되었습니다. 이름과 개인을 식별할 수 있는 특징에는 변화를 주었습니다.

더 똑똑하게 책을 읽는 법

이 책 전체에 걸쳐 여러 문장들 위에 작은 숫자가 붙어 있습니다. 이는 제가 특정한 진술을 할 때 참고한 구체적인 자료가 있다는 뜻입니다. 그 출처가 궁금하다면 책의 말미에 있는 주석 부분을 찾아보시면 됩니다. 장별로 순서에 맞추어 출처가 정리되어 있으니 활용하시기 바랍니다. 이 책이 다루는 주제를 깊이 있게 탐색하는 좋은 방법이 될 것입니다.

본문에서 '퍼센트'라는 단어는 '효과 크기'effect size(각 개별 연구들에서 나온 결과들을 통계 절차를 통해 표준화시킨 것—옮긴이)를 의미합니다. 다시 말해 치료가 사람들의 평균적인 인지 성과에 미치는 영향을 말합니다. 이 같은 효과를 설명하는 방법에는 여러 가지가 있지만 저는 백분위를 사용합니다. 자세한 내용은 주석을 확인하십시오.[1]

오류를 확인해주시고 초고를 읽어주신 팀원 분들께 큰 신세를 졌습니다. 이 팀은 구글, 하버드, 존스 홉킨스, 맥길, 뉴욕 대학, 오타와 두뇌·마인드 연구소Brain and Mind Research Institute, 스탠퍼드, 캘리포니아 버클리 대학, 시카고 대학, 캘리포니아 데이비스 대학 출신의 12명이 넘는 신경과학과 대학원생, 교수, 학부생, 전문 연구원으로 구성되어 있습니다. 그들은 원고를 세세히 읽고 실수를 찾아냈습니다. 만약 책에서 사실과 일치하지 않는 것을 보신다면 그것은 제가 이 중 한 사람의 소중한 조언을 귀담아듣지 않았기 때문입니다. 혹 거슬리는 부분이 있다면 저의 사이트 ericker.com에 오셔서 제게 메시지를 보내주시기 바랍니다.

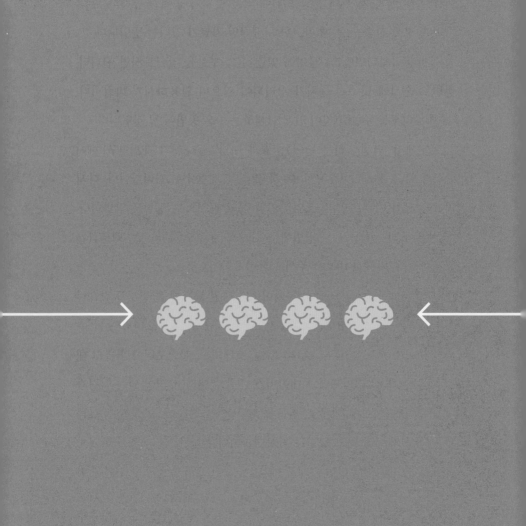

제1부

준비

: 브레인 해킹을 위해 알아야 하는 것들

제1장

뇌를 관찰하고
기억하라!

"당신의 이론이 얼마나 훌륭한지는 문제가 되지 않는다. 당신이 얼마나 똑똑한지도 문제가 되지 않는다. 실험과 일치하지 않으면 잘못된 것이다."

―리처드 파인만Richard Feynman

투자 시간
7분

목표
과학적 자기계발이란 무엇이며 그것을 이용해 어떻게 정신적 성과를 업그레이드할 수 있는지 이해한다.

우리가 아는 '자기계발'은 정말로 우리에게 유용할까?

오늘날 자기계발은 수십억 달러 규모의 시장이다.[1] 온라인에서는 자기계발 블로그가 넘쳐나고 자기계발서는 온·오프라인 서점에서 날개 돋친 듯 팔려 나간다. 인플루언서들은 시시각각 자신의 노하우를 알리느라 여념이 없고 영감을 주는 세미나와 워크숍들은 기대에 찬 사람들을 끌어들인다. 하지만 그 영향을 측정하기란 극히 어렵다.

'전형적인 자기계발'은 주로 권위자들이 하는 말을 그대로 따라 하는 것이다. 이런 접근법이 가진 가장 큰 문제는 그 권위자가 당신과 매우 다른 사람일 수 있다는 점이다. 그들이 자신의 방법으로 큰 성공을 이루었다 해도 그 기법이 당신에게도 효과가 있으리라는 보장이 없다. 그들은 당신과 다른 성격이나 가치관을 가지고 있을지 모른다. 어쩌면 그들은 해당 기법이 더 좋은 효과를 내는 환경, 혹은 당신과는 다른 환경에서 살고 있을 수도 있다.

전형적인 자기계발의 또 다른 문제는 측정이 거의 혹은 전혀 불가능하다는 점이다. 측정에는 해명의 책임이 뒤따른다. 자기계발 전문가라는 사람들은 그 아이디어가 정말 효과적인지 여부에 책임을 지고 싶어 하지 않는 경우가 많다.

'과학적 자기계발'은 전형적인 자기계발과 정반대다. 전형적인 자기계발은 그럴듯한 진술을 위해 측정을 피하고 그 방법이 모두에게 최선이라고 암시하는 때가 많다. 반면 과학적 자기계발은 그와는 다른 길을 간다. 과학적 자기계발은 측정과 책임을 받아들이며 개별적 차이가 많다고 가정한다. 하나의 구체적인 해법을 따르라고 가르치는 대신, 해법을 비교하고 그중 어떤 것이 자신에게 가장 효과적인지 알아내는 방법을 가르친다. 더욱이 과학적 자기계발에서는 해법을 테스트해볼 수도 있다. 다른 사람의 말을 따를 필요가 없다.

자가 실험은 과학적 자기계발에 동력을 공급하는 엔진이다. 자가 실험에서는 한 사람이 연구자이면서 동시에 실험 대상이 된다. 예를 들어 명상 후에 주의력이 즉각적으로 개선된 것 같다는 생각이 들면 다음과 같은 자가 실험을 해볼 수 있다. 우선, 당신의 주의력을 측정한다. 이후 정해진 시간 동안 명상을 한다. 그리고 명상이 끝나자마자 다시 주의력을 측정한다. 이런 실험을 충분히 자주 하면 명상과 관련이 없는 요소가 사라진, 왜곡되지 않은 정확한 결과를 얻게 된다. 간단해 보이지 않는가? 각 단계를 정확하게 실행한다면(그리고 과학자와 실험 대상의 역할을 모두 하기 때문에 생길 수 있는 편견을 피하는 단계를 밟는다면) 당신의 아이디어는 일개 지론에서 개인적인 발견으로 진화할 것이다.

어떤 해법을 시도해보고 당신에게 효과가 없다는 것을 발견하고, 다른 해법을 시도해보고 효과가 있다는 것을 발견한다. 바로 이것이 과학적 자기계발의 핵심이다. 불완전성을 받아들이는 과학적 방법은 질병의 치료, 수명의 연장, 물질계에 대한 깊은 이해 등 우리에게 대단히 많은 것을 가져다주었다. 그리고 지난 몇십 년 동안 우리의 정신을 구성하는 두뇌에 대한 지식도 극적으로 확장시켰다. 과학적 방법의 뒷받침을 받는다면 당신이 또 어떤 발견을 하게 될지 상상해보라.

'가장 훌륭한 버전'의 나를 찾기 위한 방법

학계에서는 한 사람을 대상으로 자료를 수집하고 실험을 진행하는 것을 '단일 사례 실험 설계'single-case experimental design, '단일 대상 연구'single-subject research라고 부른다. 하지만 실험자와 피실험자의 역할을 동시에 수행하는 것은 그것과 또 다르다. 그것이 바로 자가 실험이다. 개인 과학personal science이라고 부르는 사람들도 있는데 우리 과학자들끼리는 '인간 기니피그화'human guinea pigging라고 부르기도 한다.

진짜 과학자들도 자가 실험 방법을 사용할까? 1901년 처음 노벨상이 수여된 이래 최소한 14명의 수상자가 자가 실험 방법을 사용했다. 그리고 그중 절반이 자가 실험을 수행한 바로 그 분야에서 노벨상을 받았다.[2] 일부 과학자들은 발견에 대한 자신의 확신을 증명하기 위한 방법으로 자가 실험을 이용했다. 심지어는 자신이나 아끼는 사람들의 목숨을 거는 경우도 있었다. 예를 들어 조너스 소크 Jonas Salk 는 자신과 아내와 아이들을 비롯한 자기 가족에게 소아마비 백신을 실험했다![3] 일부 과학자들은 자가 실험이 과학을 대하는 가장 윤리적인 방법이라 여겼다. 1977년 노벨 생리의학상 수상자인 로잘린 얠로우 Rosalyn Yalow (노벨 생리의학상을 수상한 최초의 미국 여성)는 이렇게 표현한다. "연구소에서는 항상 우리 자신을 이용했다. 우리가 어떤 부작용이 발생하든 그 실험에 대한 진정한 '사전 동의'를 할 수 있는 유일한 사람들이었기 때문이다."[4]

물론 자신들의 발견을 일반화된 이론으로 입증하려면 자가 실험 뒤에는 다른 사람을 대상으로 하는 실험이 따라와야 한다. 계속 업계에 남길 원하는 전문 제빵사라면 다른 사람이 좋아하는 빵을 만들어야 한다. 제빵사는 고객들이 간절히 원하는 레시피를 발견할 때까지 많은 사람들에게 다양한 종류의 빵을 제공해야 한다. 하지만 오로지 나만 만족하면 된다면? '내가 좋아하는 빵'을 굽기만 하면 된다. 너무 편협하고 이기적인 생각이라고? 그렇다면 이렇게 생각해보라. 각자가 자가 실험을 이용해서 가장 좋은 버전의 자기 모습을 찾는다면 어떨까? 세상은 보다 능력 있고, 보다 창의적이고, 보다 공감력이 뛰어난 버전의 우리로 가득 차게 될 것이다.

과학적 자기계발은 열린 마음과 통찰력을 동시에 가져다준다. 모든 조언과 정보, 전략, 도구, 검사를 적용해 그것이 당신에게 정말 효과가 있는지 확인할 수 있게 해준다. 또한 자기계발 도서, 앱, 당신이 이미 보유하고 있는 다른 도구들을 적절히 검사해볼 수도 있다.

이러한 자가 실험에는 자가 추적self-tracking이 포함된다. 자가 추적은 특별한 변화를 주지 않고 자신의 행동을 관찰하고 기록하는 것이다. 예를 들어 당신은 매일 밤 수면 시간을 기록하고 이것이 다음 날 정신적 성과와 얼마나 연관되는지 관찰할 수 있다. 내가 어린 시절 자가 추적에 대해서 알았다면 주의력 문제의 개인적 유인(특정 유형의 식품 등)을 일찍 발견할 수 있었을 것이다. 내가 글루텐 비내성일 것 같다는 내 룸메이트의 예리한 관찰력 덕분에 나는 20대가 되어서야 식단에 대한 자가 추적을 시작할 수 있었다. 이에 대해서는 제6장에서 더 자세히 다룰 것이다.

개입이 없다면 변화도 없다

도입 부분에서 언급했듯이 '개입'이라는 용어는 임상 연구에서 일반적으로 사용된다. 개입은 특정한 변화를 가져올 의도를 가진 도구나 접근법이기에 치료와 비슷하다. 약물일 수도 있고, 명상 프로그램이나 새로운 일상적 루틴일 수도 있다. 기본적으로는 문제를 해결하기 위해 사용할 수 있는 모든 해법을 일컫는다. 이 책에서는 정신적 성과를 향상시키기 위한 모든 도구를 지칭하는 데 개입이라는 용어를 사용할 것이다. 기억력 향상에 도움이 되는 약물, 기분 전환의 목적을 가진 요가 프로그램, 불안을 줄이도록 설계된 비디오 게임 등 모두가 개입이 될 수 있다.

자가 실험에서 다루어야 할 마지막 용어가 하나 남아 있다. 바로 'a/b

테스트'다. 이는 웹사이트 디자이너들이 종종 사용하는 개념으로, 당신이 즐겨 찾는 웹사이트에서 방금 누른 그 버튼도 a/b 테스트일 수 있다. 웹사이트 디자이너들은 아주 약간의 변화만을 준 동일한 사이트를 여러 개 만든다. a버전에서는 버튼이 빨강이고 b버전에서는 버튼이 파랑으로 되어 있는 식이다. 그리고 어떤 사이트의 클릭 수가 가장 많은지 확인한다. 자신에게도 이러한 a/b 테스트를 해볼 수 있다. 예를 들어 달리기(개입 a)를 10분 동안 하고 난 후 기억력 검사의 결과와 낱말 퍼즐(개입 b)을 10분 동안 하고 난 후 결과를 비교하는 것이다. 자신에게 a/b 테스트를 하는 방법은 다양하지만 여기에는 까다로운 문제가 있다. 당신은 웹사이트 디자이너가 동일한 웹사이트를 여러 개 만들듯이 자신을 복제할 수가 없다. 따라서 개입이 당신에게 효과가 좋은지 제대로 판단할 수 있으려면 실험을 여러 차례 실시하고 실험들 사이에 충분한 시간을 두어야 한다. 자가 실험의 유효성을 높이는 더 많은 방법은 제4장 '나의 뇌를 브레인 해킹하기 위한 준비'에서 더 자세히 이야기할 것이다.

이제 당신은 과학적 자기계발이 무엇이며 전형적인 자기계발과 어떻게 다른지 알게 되었다. 자가 추적과 a/b 테스트의 개념도 배웠다. 그리고 가장 중요한 자가 실험에 대해 많은 이야기를 들었다. 그런데 대체 이 모든 것이 두뇌 업그레이드와 무슨 상관이 있다는 것일까?

다음 장에서 그 퍼즐의 첫 조각을 얻게 될 것이다. 대단히 구체적인 유형의 자가 실험을 수행하는 일단의 사람들, 뉴로해커neurohacker들의 이야기를 들으면서 말이다.

1. 과학적 자기계발은 전형적인 자기계발과 다르다. 과학적 자기계발은 해야 할 일을 가르쳐주지 않는다. 대신 어떤 접근법이 실제로 효과적인지 테스트하는 데 도움을 준다.

2. 과학적 자기계발을 하기 위해서는 자가 추적과 자가 실험이 필요하다. 자가 실험은 개입과 a/b 테스트로 나뉘며 주류 과학에서도 긴 역사를 갖고 있다. 당신은 노벨상 수상자들이 그들의 연구에서 사용했던 것과 같은 기법들을 사용해 정신적 성과를 업그레이드하게 될 것이다.

제2장

스스로 뇌를 해킹하는
사람들의 비밀

"우주에서 당신이 확실하게 발전시킬 수 있는 유일한 것이 있다. 그것은
바로 당신 자신이다."

—올더스 헉슬리Aldous Huxley

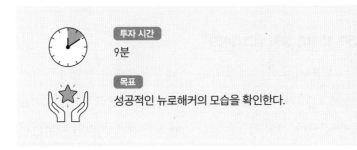

투자 시간
9분

목표
성공적인 뉴로해커의 모습을 확인한다.

어떤 이들은 '해킹'이라는 말을 위협적으로 받아들이곤 한다. 온라인 보
안 시스템을 뚫고 신용 카드 번호를 훔치는 컴퓨터 해커를 떠올리는 것
이다. 또 어떤 사람에게 해킹은 짓궂은 장난을 의미한다. 경찰차를 도서
관 지붕 위에 올리고 앞 좌석에 도넛을 채우는 MIT 학생들의 유명한 장
난처럼 말이다. 그런 맥락에서의 해킹은 일을 다르게 하는 방법을 상상
하는, 재미를 주는 방법이기도 하다.

이 책에서 말하는 '뉴로해킹', 즉 뇌를 해킹하는 것은 흔한 재료를 흔

치 않은 목적으로 사용하고 관습에 도전하면서 창의적인 지름길을 찾는 일을 의미한다. 이런 뉴로해킹의 연료는 호기심, 즉 정신이 어떻게 작용하는지 알고자 하는 호기심이다.

뉴로해킹이란 무엇인가?

뉴로해킹에는 기존의 정신 능력을 탐구하는 것 그리고 그 능력을 업그레이드하는 것, 이렇게 두 가지 활동이 포함된다. 먼저 뉴로해커가 자신의 기억력을 어떻게 업그레이드시켰는지 한 가지 사례를 통해 살펴보자.

사례 연구 1: 학습 능력 업그레이드

2010년 9월 4일, 로저 크레이그Roger Craig라는 이름의 컴퓨터 과학자가 퀴즈 프로그램 〈제퍼디!〉Jeopardy!에서 일일 최고 상금액(7만 7,000달러) 기록을 갱신했다. 그의 기록은 거의 10년 동안 깨지지 않았다. 2011년 크레이그는 〈제퍼디!〉 우승에 필요한 막대한 정보를 기억해내기 위해 자신이 어떤 접근법을 사용했는지 설명했다. 그의 비법 중 하나는 100년의 역사를 가진 아주 유명한 기억법이었다.[1]

1880년대, 헤르만 에빙하우스Hermann Ebbinghaus라는 독일의 심리학자가 파리의 어느 방에 틀어박혀 기억이 작용하는 방법을 연구했다. 그는 정해진 시간 계획에 따라 의미 없는 단어들을 학습하고, 복습하고, 기억했다. 에빙하우스가 발견한 것은 망각의 속도를 예측할 수 있다는 사실이었다. 망각에 얼마만큼의 시간이 걸리는지 그 정확한 패턴을 발견한 것이다. 잊게 될 시점 직전에(그보다 이전이 아니라) 이 의미 없는 단어들 중 하나를 복습하면 학습 시간을 절약하면서도 정보를 정확하게 기억할 수 있었다. 비결은 '잊게 될 시점'을 아는 것이었다. 에빙하우스의 기억 법은 간격 반복spaced repetition이라고 불렸다. 이를 바탕으로 학습 계획을 세운다면 그것은 가장 구체적이고, 과학적 근거가 확실한 학습 계획이 될 것이다.[2] 수백 년이 흐른 지금은 특별히 고안된 컴퓨터 프로그램을 통해 에빙하우스 학습 계획의 수정 버전을 만들 수 있게 되었다.[3]

〈제퍼디!〉 우승자 로저 크레이그는 이 프로그램을 이용해 놀라운 성공을 이뤄냈다. 그는 과거 〈제퍼디!〉의 질문과 답이 기록된 자료를 찾아 무료 간격 반복 프로그램 안키Anki에 입력시켰다.[4] 크레이그의 말에 따르면 초기 학습 기간 이후에는 기존의 지식을 잊지 않게 관리하고 새로운 자료를 학습하는 데 하루 단 10~30분밖에 걸리지 않았다고 한다. '곧 잊게 될 정보'에만 집중했기 때문이다. 간격 반복법은 크레이그의 시간을 절약해주었을 뿐 아니라 〈제퍼디!〉 우승자라는 명예와 상금까지 가져다 주었다. 에빙하우스가 이 사실을 알았다면 대단히 뿌듯하게 여기지 않을까?

뉴로해커의 길을 개척한 사람들

두뇌에 대한 목표가 무엇이든 뉴로해킹은 대부분의 사람에게 정신적으로 업그레이드되는 결과를 가져다준다. 당신은 이제 대담하고 탐구심이 강한 뉴로해커의 대열에 합류하게 될 것이다. 당신 내면의 괴짜가 기지 개를 켤 시간이다.

10년 전 내가 이 책을 위한 조사를 시작했을 때에는 뉴로해커가 극소수였고 그나마도 전 세계에 흩어져 있었다. 대부분의 경우, 우리는 서로에 대해 알지도 못했다. 나는 긴 시간 동안 연구자들을 인터뷰했고 거기에 나의 지식을 더해 내 나름의 도구를 만들었다. 그 모험을 보다 효율적으로 만들어주고 외로움까지 달래주는 뜻 맞는 사람들을 찾기까지 수년이 걸렸다. 하지만 당신은 그런 대부분의 과정들을 거치지 않아도 된다.

지금은 바이오해킹, 즉 두뇌를 비롯한 자신의 생명 작용에 대한 해킹을 활발하게 하는 온·오프라인 커뮤니티들을 쉽게 찾을 수 있다. 온라인에는 바이오해킹을 다룬 베스트셀러 《포 아워 바디》의 저자 팀 페리스Tim Ferriss의 팬클럽도 있다.

자가 실험과 자가 추적을 실행하는 사람들의 모임을 찾고 싶다면 퀀티파이드 셀프Quantified Self라는 커뮤니티를 확인해보라. 이 커뮤니티는 《와이어드》Wired를 창간한 편집자 개리 울프Gary Wolf와 케빈 켈리Kevin Kelly가 2007년 캘리포니아에서 시작했다. 수천에 이르는 퀀티파이드 셀프의 회원들은 모두 '수치를 통한 자기 이해'에 관심을 두고 있다. 자신의 이야기를 공개하는 프로젝트에는 평생 비만으로 시달리다 일지 쓰기와 자가 추적을 이용해 90킬로그램을 감량한 남성부터 불임으로 고생하다가 바이오해킹으로 건강한 임신을 하게 된 여성까지 다양한 사람들이 참여하고 있다.[5,6]

두뇌와 관련된 새로운 기술에 초점을 맞춘 커뮤니티로는 2015년 북아메리카 대학생들이 공동 설립한 뉴로테크엑스NeuroTechx가 있다. 현재 이 커뮤니티는 수천 명의 회원과 전 세계 수백 개의 지부를 대상으로 하는 '해크나이트'hack nights(열렬한 지지자들이 함께 신경 기술 프로젝트를 진행하는 모임), 네트워킹 모임 등을 개최하고 있다.

이들 커뮤니티는 회원들이 얼마나 과학 지향적인지에 따라 차이는 있지만 폭넓은 배경과 다양한 성격의 사람들이 속해 있기에 마음에 맞는 사람을 얼마든지 찾을 수 있다. 이들 집단의 회원 구성은 미국 기술 공동체의 인구학적 특징을 반영한다. 다시 말해 백인, 남성, 공학 전공의 상당히 부유한 사람들이 많다. 하지만 최근 다양한 인종, 성별, 직업의 회원들이 증가하는 추세다. 이들을 한데 어우러지게 하는 것은 무엇일까? 호기심 그리고 자신의 데이터를 이해함으로써 자신에 대한 선입견과 편견으로부터 벗어날 수 있다는 믿음이다.

사례 연구 2: 두뇌 마비 예방하기

2012년 비영리조직의 분석가인 스티븐 조너스Steven Jonas는 공개 강연에서 스트레스를 줄여 정신적 성과를 높이는 것을 목표로 하는 자신의 개인적인 프로젝트에 대해 이야기했다.[7] 그는 근무를 할 때면 여러 차례 생각이 마비되는 느낌을 받았다. 이후 자신도 모르게 일로부터 '도망치고' 있다는 것을 발견했다. 뉴스 기사나 밈을 훑어보고, 당이 가득한 간식에 손을 대는 식으로 말이다. 조너스는 그것이 스트레스 반응임을 알았지만 단순히 아는 것만으로는 문제 해결에 아무 도움이 되지 않았다. 스트레스를 물리적으로 측정할 방법이 필요했다. 그는 스트레스를 측정할 수 있다면 그것을 관리하는 법도 배울 수 있지 않을까 생각했다.

그렇게 조너스는 HRV라는 것을 발견했다. HRV는 '심박변이'heart rate variability의 줄임말이다. 건강한 적정 체중의 사람은 심박 사이의 간격이

다양하게 나타난다. 즉, HRV가 높다. 두뇌의 신호 변화에 정확하게 반응하기 때문이다. 심장과 두뇌 사이의 관계에 대한 수십 년간의 연구를 통해 만성적으로 스트레스를 받으면 두뇌에 대한 심장의 반응성이 낮아져 HRV가 떨어진다는 사실이 밝혀졌다. 조너스는 이 같은 '두뇌 마비'brain freeze 상태로 전환하기 전에 스트레스를 감지할 수 있지 않을까 하는 기대로 자신의 HRV를 탐지하기 시작했다. HRV를 측정하려면 가슴에 띠를 두르거나 피부에 닿는 감지기를 사용해야 한다. 조너스는 낡은 HRV 장치를 고쳐 HRV가 떨어질 때마다, 즉 스트레스 증가를 탐지할 때마다 신호가 울리도록 만들었다.

그 결과 그는 패턴을 알아차렸다. 보통 이메일이 신호를 유발했고 특정한 사람이 보낸 이메일은 확실하게 신호로 연결됐다. 곧 그는 언제 신호가 울릴지 예측하게 되었다. 이로써 그는 스트레스를 줄일 개입 방법인 호흡 훈련을 시도할 수 있게 되었다. 신호가 울릴 시점을 스스로 인식하게 되자 두뇌 마비를 경험하는 횟수가 점점 줄어들기 시작했다. 이런 자가 추적을 한 덕분에 그는 스트레스 유발 요인에 주의를 기울이면 근무가 끝나도 여전히 활기 있는 상태를 유지할 수 있다는 것을 발견했다.

준비물은 스마트폰 하나면 충분하다

지금은 뉴로해킹의 핵심인 자가 추적과 자가 실험을 실행하는 일이 역사상 그 어느 때보다 쉬운 시대다. 우리에게는 스마트폰과 자동으로 데이터를 기록할 수 있는 앱이 있다. 실험을 기록하는 무료 스프레드시트 도구도 있다. 집에서 편안히 앉아 다양한 검사를 할 수 있고 개입 도구들을 온라인으로 주문할 수도 있다. 직접 펜으로 데이터를 적는 것을 선호하는 동료들을 찾을 수도, 그에 맞는 조언을 해주고 결함을 바로 잡아줄 온라인 커뮤니티를 찾을 수도 있다. 의사들은 내가 이 책에 대한 조사를 처음 시작했던 10년 전보다 자가 추적을 훨씬 개방적으로 받아들이고 있다. 이는 당신이 자신을 관찰하고 자가 실험을 진행하는 과정에서 발견한 결과를 의사에게 공유할 수 있다는, 아니 공유해야만 한다는 의미다. 당신에게 알맞은 개인화된 치료를 하는 데 유용한 자료를 제공할 수 있기 때문이다.

사례 연구 3: 브레인포그

2014년 늦여름, 임상의이자 과학자이며 철인 3종 경기 선수이기도 한 마크 드랭숄트Mark Drangsholt는 퀀티파이드 셀프 콘퍼런스에서 강연을 했다.[8] 과연 그는 브레인포그brain fog(머리에 안개가 낀 것처럼 멍한 느낌이 지속돼 생각과 표현을 분명히 하지 못하는 상태—옮긴이)로 어려움을 겪은 적이 있었다. 그즈음에는 단어를 기억하지 못하고, 중요한 정보를 잊고, 집중을 할 수 없는 나날이 계속됐다. 그러나 브레인포그에는 워낙 다양한 원인이 있었고 드랭숄트는 전반적으로 건강했기에 그의 주치의는 어떤 도움을 줘야 할지 확신하지 못했다.

결국 드랭숄트는 문제를 직접 처리하기로 마음먹었다. 그는 사설 업체를 이용해 유전 정보, 혈액 정보, 인지 검사 정보를 모았다. 이런 다양한 자료로 무장한 그는 다시 의사를 만났다. 두 사람은 브레인포그 증상의 원인이 될 만한 것을 집어낼 수 있었다. 두뇌의 중요 영역에 있는 작은 혈관이 좁아진 상태였던 것이다. 의사는 콜레스테롤 수치를 낮추는 스타틴statin을 처방했다. 드랭숄트의 브레인포그는 사라졌다.

　드랭숄트나 그의 주치의가 브레인포그 증세를 경험하는 모든 사람에게 스타틴을 복용해야 한다고 말할까? 분명 그렇지 않을 것이다. 드랭숄트의 자가 추적은 훨씬 더 개인화된 형태의 치료를 가능하게 했다. 자가 실험으로 얻은 지식은 강력한 힘을 가진다. 드랭숄트는 자기 이해를 통해 브레인포그를 걷어낼 수 있는 힘을 얻었다.

효과적인 뉴로해킹의 네 가지 원칙

뉴로해킹에는 규칙이 많지 않다. 다만 안전하고 효과적인 뉴로해킹에는 네 가지 원칙이 있다. 나는 그것을 '뉴로해커의 신조'라고 부른다.

1. **뉴로해커는 자가 실험을 설계한다.** 뉴로해커는 누군가 특정 방법으로 정신적 성과를 높였다고 해서 그 방법이 자신의 정신적 성과 또한 향상시킨다고 생각하지 않는다. 그들은 특정 방법의 사용 전과 후에 자신의 정신적 성과를 측정한다. 이런 검사와 평가 과정은 자기 이해와 자기계발로 가는 통제 가능한 경로를 제공한다.
2. **뉴로해커는 검사와 개입을 주의 깊게 선택한다.** 뉴로해커는 호기심이 많지만 신중하다. 그들은 가장 타당하고 믿을 만한 검사를 택하며, 개입을 시도하기 전에 자신을 검사한다. 두 가지 개입이 비슷한 효과를 가져오리라 예측된다면, 뉴로해커는 부작용이 가장 적

은 개입을 선택한다.

3. **뉴로해커는 자가 실험을 일반화시키지 않는다.** 뉴로해커는 모두의 두뇌가 다르고 모두의 라이프 스타일이 다르며 모두의 목표가 다르다는 사실을 알고 있다. 고도로 개인화된 실험이야말로 가장 성공적인 자가 실험이다. 뉴로해커는 각자로부터 혹은 광범위한 연구들로부터 배움을 얻지만 같은 계획을 따르는 두 사람이 정확하게 같은 결과를 얻게 되리라고는 생각하지 않는다.

4. **뉴로해커라고 해서 무조건 혼자 일해야 하는 것은 아니다.** 뉴로해커는 자가 실험을 설계할 때 교사, 의사, 치료사, 기타 전문가들과 협력한다. 또한 동료들, 즉 나름대로 뉴로해킹의 길을 가고 있는 모험가와 함께 일하기도 한다. 짝을 지어 혹은 여러 명이 함께 하는 뉴로해킹은 모두가 책임의식을 잃지 않게 해주며 자가 실험을 즐거운 경험으로 만들어준다.

뉴로해커들의 활동 사례를 살펴본 사람이라면 어디에서 시작을 하면 좋을지 궁금증이 생길 것이다. 업그레이드라는 것이 실제로 무엇인지, 어떤 원리로 그것이 가능한지 궁금할 것이다. 다음 장에서 이런 의문들의 해답을 찾을 수 있다.

1. 정신 능력을 업그레이드하기 위한 뉴로해킹에는 두 가지 활동이 있다. 첫째는 자가 추적으로 현재의 정신 능력을 탐구하는 것이며, 둘째는 자가 실험으로 여러 개입을 테스트하는 것이다.

2. 자가 추적, 자가 실험, 바이오해킹을 전문으로 하는 온라인 혹은 오프라인 그룹이 많이 존재한다. 이제 막 시작하는 뉴로해커들이라면 이런 곳에서 동료와 아이디어를 찾을 수 있다.

3. 뉴로해커에게는 네 가지 원칙이 있다. 첫째, 뉴로해커는 자가 실험을 설계하며 둘째, 검사와 개입을 신중하게 선택한다. 셋째, 뉴로해커는 자신의 자가 실험이 다른 사람, 심지어는 미래의 자신까지도 일반화될 수 없다고 생각한다. 넷째, 뉴로해커는 개인화된 실험을 하지만 그렇다고 혼자 일을 해야 하는 것은 아니다.

제3장

타고난 뇌도
노력하면 바꿀 수 있다

"인생에서 두려워해야 할 것은 없다. 다만 이해해야 할 것이 있을 뿐이다.
지금은 두려움을 덜기 위해서 더 많은 이해가 필요한 때이다."

—마리 퀴리Marie Curie

투자 시간
11분

목표
정신적인 업그레이드가 작동하는 원리와 그 증거들을 이
해하고 자신의 뉴로해킹 목표에 대해 생각해본다.

이 장에서는 우리의 두뇌가 변화할 수 있다는 증거와 변화하기 위한 방
법을 찾을 것이다. 우리 각자의 뇌가 대단히 다양하다는 사실을 고려해
변화를 측정할 방법 또한 살펴볼 것이다.

두뇌 업그레이드는 정말로 가능할까?

내가 처음 이 연구를 시작했을 때, 머릿속을 떠나지 않는 의문 하나가 있었다. 바로 해묵은 주제, '타고나느냐 교육이냐'에 대한 것이다. 지능은 어느 정도가 유전이고 어느 정도가 환경에 의한 것일까?

가장 널리 사용되는 IQ 검사를 발명했으며 1997년부터 예일 대학 의과대학 부설 어린이연구센터Child Study Center의 임상 심리학 교수이기도 한 앨런 카우프만Alan Kaufman은 이렇게 말했다. "유전이 IQ에 기여하는 비율이 약 50퍼센트고 환경의 기여 비율이 약 50퍼센트라는 개념은 유전과 환경이 IQ에서 담당하는 역할을 과학적으로 측정한 결과와 비슷하다."[1] 카우프만과 동료들은 환경이 두뇌에 미치는 영향을 고려하기 위해 함께 사는 형제자매와 떨어져 사는 형제자매의 IQ를 비교했다. 비교 결과 입양되어서 서로 생물학적인 관련은 없지만 함께 사는 형제자매의 IQ 연관성이 상당히 높았다(연관성은 0.28). 그러다 성인이 되어 떨어져 살게 되자 그들의 IQ는 서로 달라졌다. 환경을 공유하지 않은 후의 IQ 연관성은 0.04로 형편없이 낮아졌다.[2]

물론 이런 결과에는 한계가 있다. 우선, 연구실에서의 실험이 아닌 관찰 연구라는 점이다. 관찰 연구에서는 과학자들이 일어난 일을 기록하면서 어떤 일들이 일어난 후에 특정한 일들이 일어나는 경향이 있고 그런 일이 충분히 자주 일어난다면 두 가지 일이 연관되어 있으며 우연이 아니라고 판단 내린다. 적절한 실험을 했을 때만 강력한 인과관계를 주장할 수 있지만 이 경우 그런 실험을 진행하는 것은 비윤리적이다. 또한 IQ는 정신적 성과를 측정하는 수단으로서 상당히 큰 한계를 지니고 있다. 이런 모든 문제에도 불구하고, IQ와의 연관성을 조사한 여러 연구들을 통해 조심스럽게 낙관적 시각을 가져볼 수 있다. 그런 연구들은 IQ가 단순히 유전학의 꼭두각시가 아님을 보여준다. IQ는 환경에 대응해 변화할 수 있고 변화한다. 적절한 환경이 주어지면 IQ는 개선이 가능하다. 달리 표현하자면, 뉴로해킹을 지지하는 증거인 것이다. 그렇다면 정확히 어떻게 해야 환경으로 두뇌의 변화를 이루어낼 수 있을까?

환경이 어떻게 두뇌를 비롯한 신체를 변화시키는지에 대해서는 여러 가지 의견이 있다. 예를 들어 환경의 변화는 후생유전학 분야가 다루는 '유전자가 표현되는 방식'에 영향을 줄 수 있다. 또 미생물군집microbiome (인체에 서식하는 미생물 생태계. 기분에서 에너지 수준까지 모든 것에 영향을 미칠 수 있다. 음식이나 스트레스에 따라 달라진다)을 통해 영향을 줄 수도 있다. 마지막으로, 가장 자주 언급되는 기제는 우리 두뇌가 경험에 반응하여 물리적으로 변화하는 것이다.

'유연한 뇌'가 가진 비밀, 신경가소성

이 책은 지나치게 기술적인 부분까지는 파고들지 않을 것이다. 하지만 우리 두뇌를 변화시킬 수 있다는 믿음을 뒷받침하는 기초적인 증거를 이해할 필요는 있겠다. 신경가소성neuroplasticity은 학습, 새로운 경험, 상처에 반응해서 연결을 형성하고 재편성하는 두뇌의 능력이라고 정의할 수 있다. 우리 두뇌는 어린 시절의 역경이나 스트레스 같은 부정적인 것과 학습과 같은 긍정적인 것에 반응해서 물리적인 변화를 일으킨다.

뉴로해커인 우리는 이 중 학습을 통해 변화하는 두뇌의 능력을 이용할 것이다. 우리의 뇌는 예측 가능한 방식으로 변화한다. 예를 들어, 2014년 한국의 한 연구팀은 양궁 경험이 전혀 없는 대학생과 대학 양궁 선수, 올림픽 양궁 대표, 이렇게 세 집단의 뇌 영상을 연구했다.[3] '시위를 당겼다 놓는 상상을 할 때' 양궁 경험이 없는 초보자들의 경우에는 두뇌 전체의 광범위한 영역이 활성화되었다. 반면, 대학 양궁 선수들은 적은 영역을 활성화시키면서 두뇌를 훨씬 더 효율적으로 사용했다. 올림픽 대표 선수들의 두뇌는 활성화된 영역이 가장 적었다.

뉴런들 사이의 연결을 배선wiring이라고 부른다. 신경과학자들은 일부 뉴런이 다른 뉴런과 연결되는 이유, 연결이 끊어지는 이유를 설명하기 위해 '함께 발화하는 뉴런은 함께 배선되어 있다'거나 '동기화되지 않은 뉴런은 연결이 끊어진다'라고 표현하곤 한다. 피아노에서 새로운 음계를 배우거나 방정식을 처음으로 기억할 때면 당신은 문자 그대로 일련의 새로운 뉴런 연결을 만들고 있는 것이다. 뉴런들 사이의 새로운 연결 형성 (배선)을 시냅스 생성synaptogenesis이라고 부른다.

새로운 과제를 배우려고 할 때면 우리는 종종 인근 뉴런들의 도움을 받는다. 다른 일들로 지나치게 바쁘지 않다면 해당 학습 과제 처리에 주로 관여하는 뉴런 근처의 다른 뉴런들이 그 과제 수행을 돕는 것이다. 인간이 한 분야의 전문 지식을 발달시키면 광범위한 두뇌 영역 사이의 커뮤니케이션만 변화가 생기는 것이 아니라 학습 과제를 달성하는 데 이용된 실제 영역에도 '물리적인' 변화가 생긴다. 악기를 배우고,[4] 저글링을 하고,[5] 도시의 도로 지도를 암기하고,[6] 법학이나[7] 의학 자격시험을[8] 위해 벼락치기를 하고, 대화 치료를 하는 등의[9] 일들이 모두 두뇌에 관찰 가능한 물리적 변화를 일으키는 것으로 나타났다. 이 모든 것은 우리의 두뇌가 얼마든지 변화 가능하다는 점을 보여준다.

어른이 되어서도 공부를 계속해야 하는 이유

우리는 새로운 과제 학습에만 반응하는 것이 아니라 보다 광범위한 환경과 삶의 경험에 반응해 변화한다. 내게 두뇌에서 서로 다른 뉴런들을 연결하는 특유의 정밀 배선, '커넥텀'connectome의 힘을 소개해준 사람은 MIT의 교수인 세바스찬 승sebastian Seung이다. 미국과 타이완의 연구자들은 수백 명을 대상으로 한 연구에서 사람의 두뇌는 100일 전과 평균 12퍼센트 이상 다르다는 것을 발견했다.[10] 스스로 재배선을 하는 두뇌의 능력 덕분에 우리는 성인이 되어서도 최소한 부분적으로는 학습과 변화가 가능하다. 이런 사실만으로도 계획적으로 두뇌를 업그레이드시켜 당신이 원하는 방식으로 재배선이 되도록 해야 할 이유가 충분하지 않을까?

그렇다면 두뇌 변화를 어떻게 측정하느냐의 문제가 남는다. 이 문제에 답하기 위해서는 정신적 성과를 어떻게 측정하는지 이해해야 한다. 여기에는 행동적 방법과 생물학적 방법 두 가지가 있다.

정신적 성과 검사 1: 행동 검사

자가 실험을 이용하는 행동 검사는 지적 능력을 측정하는 검사로 반복이 가능하다(이 지적 능력은 문화적 지식을 포함하지 않는다). 뉴로해커인 우리의 목표는 검사를 통해 우리의 진전 여부를 가늠하는 것이다. 그러므로 반복했을 때에도 유효한 검사, 따라서 시간에 따른 성과의 차이를 볼 수 있는 검사가 필요하다. 만약 검사를 할 때마다 문제에 익숙해져서 뒤로 갈수록 높은 점수가 나온다면 그 연구는 아무 의미가 없다. 우리는 그런 일을 피하고자 한다. 그래서 시각 퍼즐이나 게임을 주로 이용하곤 하는데 이 책에서는 이런 검사의 축약 버전을 제시할 것이다. 여기에 선정된 검사들을 반복적으로 실시하면 자가 실험의 효과를 평가할 수 있다. 이 책의 제2부에서 이런 검사들에 대해 더 자세히 이야기할 예정이다.

사용을 권하지 않는 검사들도 있다. 예를 들어 흔히 사용되는 성격이나 지능 검사는 반복이 불가능하며 문화적인 편견도 담겨 있다. 따라서 어떤 문화권에서 쓰는 특유의 단어를 알지 못해서 낮은 점수를 받는 경우가 생길 수 있으니 별로 권하지 않는다. 다음은 과거 SAT(미국 대학 입학 시험)에 출제되었던 문제 중 하나다. SAT는 IQ 검사와 연관이 깊으며 문화적 편견이 대단히 많았다.

문제) 다음 중 아래 예시와 같은 연결성을 갖는 것을 고르시오.
주자: 마라톤

(a) 사절: 대사관   (b) 순교자: 대학살
(c) 조정 선수: 레가타regatta   (d) 말: 마구간

이 경우 정답은 (c)다. 조정 선수는 보트를 젓는 선수를 뜻하고 레가타는 보트 경주를 지칭한다. 하지만 '레가타'라는 단어는 특정한 상류 계급의 사람에게는 친숙할 수 있지만 그런 배경 밖에 있는 절대 다수의 사람

들에게는 그렇지 못하다. 이 문제는 문화적 편향을 이유로 이후 시험에서 삭제됐다.[11] 바로 이것이 우리가 피하고자 하는 유형의 검사다.

정신적 성과 검사 2: 생물학 검사

미래의 뉴로해킹에서는 두뇌의 전기적 활동과 같은 두뇌의 변화를 물리적으로 관찰하고 기록하게 될 것이다. 실시간으로 당신의 두뇌가 어떻게 기능하는지 관찰할 수 있는 저렴한 착용형 뇌 영상 장치는 이 분야의 미래를 엿볼 수 있게 해준다. 뇌 영상은 ADHD의 진단에도 사용된다. 의사들은 FDA Federal Drug Administration(미국식품의약국) 승인을 받은 애플리케이션을 이용해 소아 환자의 뇌파를 ADHD 확진을 받은 어린이들의 뇌파와 비교할 수 있다.[12] 그렇지만 의료적 수준의 정신적 성과 측정 도구들은 아직 가정에서 뉴로해킹을 할 수 있을 정도로 충분히 발전하지 못한 경우가 대부분이다. 그런 이유로 한동안은 행동 검사로 만족해야 한다.

누구든 '내가 원하는 최고의 나'가 될 수 있다!

여기까지 읽고 나면 이러한 질문 하나가 떠오를 것이다. 뉴로해킹의 최종 목표는 대체 어떤 모습일까? 즉, 업그레이드가 된 두뇌는 어떤 모습일까? 그 답은 사람마다 다르다. 당신의 업그레이드를 책임지는 사람은 뉴로해커인 바로 당신이다. 당신은 스스로 자가 실험을 설계해야 하고, 정신적 성과를 최적화하는 데 중요한 것이 무엇인지 결정해야 한다.

'신경다양성'neurodiversity이란 말을 많이 들어보았을 것이다. 이는 서로 매우 다른 개인의 두뇌가 자연적으로 가지는 다양성을 말한다. 인간의 머리카락, 피부, 눈 색상이 엄청나게 다양한 것처럼 그런 얼굴 뒤편의 뇌에도 엄청난 다양성이 존재한다. 그런 이유로 정신적 성과의 개별적인 차이는 상당히 크게 나타날 수 있다. 똑같은 두뇌란 절대 존재하지 않는다. 일란성 쌍둥이라도 말이다.

최근의 뇌 영상 자료들을 통해 두뇌의 배선 패턴이 유일무이하고 식별 가능하다는 것이 입증되었다.[13] 마치 지문처럼 이 점은 시간이 지나도 변하지 않는다.[14] 심지어 같은 유전자를 가진 일란성 쌍둥이도 두뇌 배선은 서로 다르다. 미국과 타이완의 연구자들이 일란성 쌍둥이의 두뇌 배선을 비교한 결과에 따르면, 단 13퍼센트만이 유사성을 띠었다. 이란성 쌍둥이와 형제자매의 배선은 5퍼센트 정도 중첩된다.[15] 두뇌의 전기적 패턴 역시 다르다. 한 연구에서는 참가자들에게 500개의 동일한 이미지(피자 조각, 보트, 영화배우 사진, 특이한 단어 등)를 보여주고 두뇌의 반응을 관찰했다. 각 두뇌의 반응에는 연구자들이 거의 100퍼센트의 정확도로 각 참가자를 식별할 수 있을 정도의 차이가 나타났다.[16]

신경다양성은 과학적 움직임뿐 아니라 사회적 움직임까지 촉발시켰다. 사고와 행동에 '비정상'이라는 꼬리표가 붙는 사람들이 그런 정신적 특질을 정상으로 받아들여달라는 주장을 펴기 시작한 것이다. 가장 큰 조직적 움직임을 보여주는 그룹은 자폐 스펙트럼 장애 진단을 받은 사람들이지만 ADHD, 양극성 장애, 난독증이라는 꼬리표를 얻은 사람들 역시 그들의 차이를 병적으로 취급하기보다는 정상으로 수용해달라고 주장하고 있다.[17]

그들은 다른 두뇌 배선이 항상 나쁘지는 않다고 주장한다. 특정한 상황에서는 그들이 소위 '신경전형적'neurotypical인 사람들, 다시 말해 '정상' 혹은 '건강하다'고 불리는 사람들보다 유리할 수 있다. 또한 그들은 현재 장애로 분류되는 차이점 중에 인간이 다른 환경에 적응하는 데 도움이 되도록 진화한 변이도 있다고 주장한다. 예를 들어 일조량이 다른 환경에서는 지배적인 피부색이 다르다. 어두운 피부는 적도와 가까운 지역에서 직사광선으로부터 인간을 보호하는 데 유리하고, 흰 피부는 북쪽 지방에서 비타민 D를 흡수하는 데 유리하다.[18] ADHD가 있는 일부 사람들은 자신들이 '채집인'의 후손이 아니라 대단히 성공적인 '수렵인'의 후손이라는 가설을 세우고 있다. 실제로 ADHD를 가진 많은 사람들은 저강도의 세부적인 일(지루한 일)을 처리해야 할 때는 어려움을 느끼지만 일반적인 사람이 압도적이라고 느끼는 상황에서는 고도의 집중력을 발휘하곤 한다. 이들의 능력은 먹잇감을 궁지에 몰아넣는 수렵인의 능력과 매우 닮아 있다. 이는 ADHD인 사람들이 응급실 의사가 되는 비율이 상대적으로 높은 이유를 설명해주기도 한다.[19] 마찬가지로 '올빼미'형 인간 혹은 저녁형 인간들, 즉 아침형 인간들보다 늦게 잠들고 늦게 일어나는 성향을 타고난 사람들의 조상은 부족의 다른 사람들에게 위협을 알리기 위해 꼭 필요한 야경꾼이었을 수도 있다. 흥미롭게도 저녁형 사람들이 그들에게 가장 적절한 시간(즉, 저녁 시간)에 수행한 다양한 정신적 성과 측정치는 역시 '그들 자신에게' 가장 적절한 시간에 검사를 받은 아침형 사람들보다 높았다.[20]

뉴로해킹 여정을 시작하고 나면 처음에는 약점으로 보이는 정신적 성과들을 발견하게 될 것이다. 그러나 곧바로 이를 수정하려 들지 말고 그들이 어떤 긍정적인 역할을 하는지 한번 생각해보기를 권한다. 뇌가 주인인 당신이 원하는 대로 자유롭게 업그레이드할 수 있는 대상인 것은 맞다. 그러나 나는 당신이 주위의 다른 사람들과 똑같은 사람이 되는 데 뉴로해킹을 사용하지 않았으면 한다. 이 세상에는 많은 문제와 기회가 있고 당신의 두뇌는 그중 많은 것을 다룰 수 있는 특유의 준비를 갖추고 있을 것이다. 뉴로해킹으로 당신의 두뇌를 더 나은 버전으로 만들되, 여전히 당신만의 모습을 잃지 않기를 바란다.

두뇌를 실제로 업그레이드하기 위해서는 먼저 자가 실험을 수행하는 방법을 배워야 한다. 이어질 다음 장에서 그 내용을 다룰 것이다.

핵심 포인트

1. 시간의 흐름에 따라 우리 두뇌의 배선에는 상당한 변화가 일어난다. 이는 성인이 되어서도 두뇌 업그레이드가 가능하다는 점을 시사한다. 전문가들은 지능의 약 50퍼센트는 환경의 영향을 받고 약 50퍼센트는 유전적이라고 정의한다. 우리에겐 희소식이다. 뉴로해킹은 개입을 통해 환경에 의도적인 변화를 만드는 일이기 때문이다.

2. 개인적 차이란 지문과 두뇌 패턴처럼 사람마다 다른 지속적인 특징이다. 두뇌에는 개인적 차이가 중요하며 그래서 일률적인 뉴로해킹 개입이 좋은 효과를 내기 힘든 것이다. 이 문제의 해답은 개인화다.

3. 신경다양성은 인간 다양성의 한 부분이다. 당신은 뉴로해킹을 통해 뇌가 좀 더 적절히 기능하도록 만들 수 있고, 당신의 개성을 강화할 수도 있다. 어떤 시간 계획과 자가 실험을 설계하느냐에 따라 두 가지 모두가 가능하다.

제4장

나의 뇌를
브레인 해킹하기 위한 준비

"당신이 말하는 대상을 측정하고 그것을 숫자로 표현할 수 있다면 그것에
대해 뭔가를 알고 있는 것이다."

– 윌리엄 톰슨William Thomson

투자 시간

12분

목표

뉴로해킹 자가 실험의 단계를 알아본다.

나는 뉴로해킹 자가 실험을 하며 수없이 많은 실패를 맛봤다. 한 번은 실험 시작 전에 정신적 성과를 측정하는 것을 잊었다. 실험 막바지에 이르러서야 비교할 기준이 없다는 것을 깨달았다. 자가 실험의 횟수가 너무 적어서 내 결과가 우연인지 아닌지 구분할 수 없었던 적도 있다. 솔직히 말해, 내가 저지른 실수들만으로 챕터 하나를 전부 채울 수도 있을 것이다. 하지만 이번 장에서는 아니다. 여기에서의 내 목표는 같은 실수를 피함으로써 당신의 시간을 절약해주는 것이다. 그러니 시작해보자!

이제부터 뉴로해킹 자가 실험의 체계를 설명하게 될 텐데, 이 장 말미에 샘플 일정표도 함께 넣어놓았으니 참고하길 바란다. 이를 따른다면 업그레이드할 좋은 정신적 목표를 선택할 수 있고, 자가 실험에 적합한 계획을 잡고, 궁극적으로 당신의 정신적 성과를 조금 더 빠르게 업그레이드할 수 있는 가능성이 훨씬 높아질 것이다.

뉴로해커가 되기 위한 4단계 사다리

좀 이상하게 들릴지 모르겠지만 단이 네 개 있는 사다리가 벽에 기대어 있다고 상상해보자. 벽의 맞은편에는 업그레이드된 버전의 당신 두뇌가 있다. 문제는 당신이 벽의 반대편에 있다는 점이다. 다른 편으로 가기 위해서는 사다리를 올라야 한다. 사다리의 각 단에는 다음과 같은 단어가 적혀 있다.

- 집중
- 선택
- 훈련
- 점검

집중Focus-선택Selection-훈련Training-점검Reflection의 각 앞 글자를 따면 F-S-T-R로 나타낼 수 있다. 나는 이것을 읽기 쉽게 '패스터'faster(더 빠른)라고 읽는다. 이 4단계 뉴로해커 사다리는 뉴로해킹 자가 실험의 네 가지 핵심 단계를 아우른다.

사다리에 오르기에 앞서, 준비할 것이 있다.

1. **연구 노트를 마련한다.** 제5장에서 노트를 어떻게 고르는지 배우게 될 것이다.
2. **가능하다면 뉴로해킹을 함께할 동료를 찾는다.** 제5장에서 어떤 사람을 선택하고 어떻게 협력해 나갈지 배우게 될 것이다.
3. **스스로 오류를 찾아낸다.** 제6장에서 건강과 라이프 스타일 속 당신의 정신적 성과를 방해할 수 있는 잠재적 병목 요소들을 찾게 될 것이다.

이제 뉴로해커의 사다리를 올라보자. 첫 번째 단인 집중부터 시작할 것이다.

집중의 F: 한 번에 하나씩 한다

F-S-T-R의 첫 단계인 F는 '목표에 대한 집중'을 말한다. 한 번에 너무 많은 것을 향상시키려 하면 결국 하루에 15분보다 훨씬 더 많은 시간이 필요해지게 된다. 시간을 현명하게 사용하지 않으면 과학적인 자가 실험을 실행할 수 없다. 편견, 연습 효과, 이월 효과 등 많은 함정이 부주의한 뉴로해커를 기다리고 있다는 점을 기억하라. 이런 절차상의 문제들은 개입이 정말로 당신에게 효과가 있는지 파악할 수 없게 만든다. 그런 위험을 완화하고 싶다면 다음의 단계들을 따르도록 한다.

1. **정신적 목표를 선택한다.** 이를 위해서는 현재 당신의 정신 능력 중 무엇이 가장 강력하며 무엇이 가장 약한지 파악해야 한다. 이 책의 제2부에서 정신적 성과의 네 개 영역, 즉 실행 기능, 감정 조절, 학습 및 기억, 창의성에서 자신을 평가하는 방법을 설명할 것이다. 각각은 일상에서의 정신적 성과와 밀접한 연관이 있다.

   다만 여기에는 한 가지 문제가 있다. 성과 기반 척도를 사용하지 않고 자신을 평가하게 되면 강한 편향이 생길 수 있다. 자존심을 세우려고 혹은 희망 사항에 따라 자신의 정신적 성과를 원래보다 장밋빛으로 평가하는 것이다. 반대로 우울하거나 심하게 자기 비판적인 사람은 자신에게 일부러 낮은 점수를 줄 수도 있다. 다행히도 이런 문제를 피할 수 있는 몇 가지 방법이 있다. 우선 당신은 자신을 평가하는 다양한 척도를 사용하게 될 것이다. 그중 일부는 주관적인 성격이 약하고 좀 더 성과에 기반을 둔다. 따라서 자신의 편견으로 상태를 왜곡할 가능성을 어느 정도 관리할 수 있다.

2. **기준이 되는 정신적 성과와 삶의 질에 대한 데이터를 수집한다.** 비교의 근거를 마련하기 위해서는 개입을 실행하기 전에 정신적 성과의 기준을 마련해야 한다. 뉴로해커가 빠질 수 있는 함정들을 기억하는가? 소위 '연습 효과'의 위험을 해결해보자. 체중의 경우는 여러 번 검사를 한다고 해서 갑자기 좋은 수치를 얻을 수가 없다. 그러나 인지 검사는 여러 번 치르면 점수가 점점 올라가곤 한다. 기본적인 인지 능력이 실제로 향상되어서가 아니라 그 시스템에 점점 익숙해졌기 때문이다.

   연습 효과 문제를 해결하는 데는 몇 가지 선택지가 있다. 하나의 선택지는 실험 시작 시점에 인지 검사를 한 뒤 질문을 거의 잊어버리릴 때까지 기다렸다가 후속 검사를 하는 것이다. 대부분의 현장 연구자들은 검사들 사이에 6개월 정도의 간격을 두어야 한다고 말하고 있다.[1] 내가 권하는 또 다른 접근법도 있다. 내가 이 방법을 알게 된 것은 구글 연구원 요니 도너Yoni Donner를 통해서였다. 온라인 인지 검사 플랫폼 퀀티파이드 셀프의 주축인 그가 이 방법을 사용했던 것이다.[2] 이 접근법에서는 안정적인 결과가 나올 때까지 충분히 여러 번 검사를 한다. 집중 단계를 완료하는 기간을 1주일 이내로 잡고 성과 기반 검사를 약 5회 실행한다.[3] 기준 기간 동안 당신이 달성한 두 번째 최고점을 저장한다. 최고점은 요행일 수 있기 때문이다. 이렇게 해서 차점이 자가 실험 기간 동안 공략해야하는 기준점이 된다.

개입이 실제 효과가 있는지 확인하는 또 다른 방법은 일상생활에서 변화를 찾는 것이다. 제12장에서 당신은 삶의 만족도와 실천 점수Say to Do score에 대해 평가하게 될 것이다. 이 두 점수는 기존 삶의 질과 생산성 수준의 대략적인 기준이 된다. 자가 실험 전후에 이들 영역의 점수를 비교하면 뉴로해킹 작업을 평가하는 '실제적 지표'를 갖게 되는 것이다. 한 가지 일이 일어나고 다른 일이 일어났다고 해서 하나가 다른 일의 원인이라는 의미는 아니다. 즉, 상관관계가 곧 인과관계를 의미하지는 않는다. 그렇지만 정신적 성과가 향상되면서 그와 함께 삶의 만족도와 실천 지표가 상승한다면 당신의 뉴로해킹이 이 모든 것의 개선에 도움이 되었을 가능성이 있다. 이에 대해서는 제12장에서 더 자세히 보게 될 것이다.

선택의 S: 어떤 개입을 실행할지 고른다

F-S-T-R의 두 번째 단계인 S는 '선택'(개입)을 말한다. 이 단계에서 당신은 자가 실험을 선택하고, 준비를 갖추고, 실험을 시작하고, 도구를 주문해야 한다. 다음은 이 단계에서 취할 행동들이다.

1. **개입을 선택한다.** 제3부와 제4부에서는 정신적 목표를 개선하는 데 사용할 수 있는 다양한 개입을 소개한다. 대부분의 연구는 한 번에 한 가지의 개입만을 실험한다고 가정하지만 여러 가지 개입을 결합시킬 수도 있다. 예를 들어 수천 명의 핀란드 노인들을 대상으로 한 대규모 무작위 통제 연구는 식단 관리, 운동, 컴퓨터 기반 인지 훈련, 건강 모니터링을 결합시켜 인상적인 인지 개선의 성과를 거뒀다.[4] 내 친구인 스탠퍼드 대학 교수 이리나 스타일라-스캇 Irina Skylar-Scott 은 이를 '주방 싱크' 접근법이라고 부른다. 단, 이 방법을 선택하면 어떤 개입이 개선의 가장 큰 원인인지 알 수 없으니 이 점에 유의해야 한다.[5] 하지만 자가 실험을 이용하면 어떤 개입이 인지에 도움이 되었는지 해가 되었는지 알 수 있다.

2. **특정한 자가 실험 계획안을 선택하거나 설계한다.** 이 작업의 대부분은 이미 책 속에 담겨 있다. 제5부에 정신적 목표에 따른 자가 실험 계획안이 정리되어 있으니 참고하길 바란다. 비용과 필요한 준비물은 물론 각각의 자가 실험을 정확히 어떤 방식으로 해야 하는지에 대한 지침도 있다. 모든 계획안은 하루 약 15분 내외가 걸리도록 설계되어 있으며 비용은 무료에서 500달러까지 다양하다.

뉴로해커가 처할 수 있는 함정으로 돌아가 보면, 우리가 다루어야 할 마지막 위험은 소위 '이월 효과'다. 이것은 기존 실험에 이전 실험의 잔여 효과가 존재해 어떤 개입이 개선의 원인인지 명확치 않을 때 발생한다. 이 위험은 몇 가지 방법으로 해결할 수 있다. 하나는 개입들 사이에 긴 간격을 두는 것이다. 이것을 '세척 기간'이라고 부른다.[6] 한동안 어떤 개입도 사용하지 않음으로써 특정 개입의 효과를 '세척'해 다른 개입을 시도하기 전에 시스템을 '깨끗한' 상태로 만드는 것이다. 이 장 마지막에 있는 샘플 자가 실험 일정표에는 세척 기간이 포함되어 있다.

그렇지만 이 책에 제시된 대부분의 자가 실험은 한 개입의 즉각적인 효과를 다른 개입의 즉각적인 효과와 비교할 수 있도록 설계되어 있다. 어제 실시한 개입의 잔여 효과가 있다 해도, 방금 마친 개입의 효과는 그 잔여 효과보다 훨씬 강력할 가능성이 높다. 이 책에 담긴 대부분의 자가 실험은 '빠른 정신적 고양을 위해 투자할 시간이 단 15분 있다면, 어떤 개입이 가장 좋을까?'라는 질문에 대한 답이다. 이들 실험은 개입 후의 결과와 바로 이전 결과를 비교한다.

만약 즉각적인 효과에 관심이 없다면 다른 접근법이 필요하다. 예를 들어 특정한 허브 보충제가 기억력 향상에 도움이 되는지를 평가하는 자가 실험이 있다. 이 특정한 허브는 효과가 나타나는 데 몇 주가 걸린다 (제19장 참조). 이 경우, 허브를 섭취하기 전과 후에 매일 검사를 하는 것은 의미가 없다. 대신 허브 복용을 시작하기 전과 약이 효과를 낼 것으로 예상되는 몇 주 후에 검사를 하는 자가 실험이 필요하다. 또한 이런 실험은 다른 개입과 교대로 실시할 수 없다. 잔여 효과를 판독하기가 너무 어렵기 때문이다. 자가 실험에서 이러한 문제에 빠지지 않으려면 다음과 같은 점에 주의해 실험을 설계해야 한다.

1. **임의적인 계획을 선택한다.** 여기에서 가장 간단한 선택지는 두 개 입을 번갈아 실시하는 것이다. 이러한 교대 접근법의 단점은 체계 적 편향이 일어날 수 있다는 점이다. 만약 당신이 월요일마다 항상 개입 A를 실시하고(예를 들어 10분간의 운동) 월요일이 당신에게 가 장 스트레스가 많은 날이라고 가정해보자. 또 당신은 토요일마다 개입 B(예를 들어 10분간의 명상)를 실시하고 토요일은 보통 재미있 는 활동을 하는 날이라고 생각해보자. 개입의 실제적인 효험과는 관계가 없는 이유들 때문에 개입 A(운동) 이후의 정신적 성과가 개 입 B(명상) 이후의 정신적 성과보다 악화될 가능성이 있다. 이런 체계적 편향을 피하려면 통계학자들이 '비복원 표본 추출'이라고 부르는 방법을 사용해야 한다. 이 책에서 제시하는 실험에서는 구 슬을 이용해 운동과 명상 중 하나를 선택하도록 한다. 이 방법을 쓰면 내가 그날 어떤 개입을 사용하게 될지 전혀 알지 못한다. 또 한 두 개입을 같은 횟수로 사용하게 된다. 이 방법은 긴장감을 유 지해 재미를 줄 수 있으나 제5장에서 이야기할 단점도 갖고 있다.

2. **실험 프로그램의 실행 기간을 선택한다.** 임의성에 속지 않으려면 개입을 여러 번 실행해야 한다. 정확히 몇 번인지는 각각의 효과가 얼마나 강한지, 진짜 변화와 우연한 기회를 착각하기가 얼마나 쉬 운지에 달려 있다. 이 책의 각 개입을 검사하려면 보통 15~30회 이상이 필요하다. 매일 개입의 시간을 갖는다면 각 분기 초부터 말 까지 다양한 자가 실험을 실행할 수 있을 것이다. 이에 대해서는

제5장에서 더 자세히 이야기할 예정이다.

3. **도구를 구입하거나 만든다.** 자가 실험을 위한 준비를 갖추려면 재료 목록을 확인해 도구를 만들어야 할지, 사야 할지 파악해야 한다.

훈련의 T: 계획에 따라 데이터를 수집한다

F-S-T-R의 세 번째 단계인 T는 '두뇌 훈련'을 말한다. 이 단계에서 당신은 실제로 개입을 사용하고 계획안을 따른다. 다음은 이 단계에서 당신이 취해야 할 행동이다.

1. **당신이 선택한 기간 동안 계획안을 따른다.** 당신이 설계한 계획에 따라 개입을 실천한다. 검사 전과 후의 결과를 연구 노트에 기록한다.

2. **'세척 기간' 동안에도 데이터를 수집한다.** 위에서 언급했듯이 세척 기간은 이월 효과의 문제를 제거하는 데 도움이 된다. 그렇지만 세척 기간 동안에도 기준 기간 동안에 했던 것과 마찬가지로 정신적 목표에 따라 매일 가능한 모든 정신적 성과 검사를 실시해 개입 없이도 상태가 얼마나 좋은지 확인해야 한다. 목적은 훈련 기간 동안 당신이 주로 사용했던 검사에서뿐 아니라 적게 실행한 다른 정신 능력 검사에서도 개선이 있는지 확인하는 것이다. 또한 삶의 만족도에 대한 재평가도 필요하다. 마지막으로 정신적 성과를 위한 자기 평가 네 개 모두를 실행해서 자가 검사 시작 이후 다른 영역에서 정신적 성과에 변화가 있는지 확인해야 한다.

점검의 R: 지속 여부를 결정한다

F-S-T-R의 R은 '점검'을 의미한다. 이때는 기준, 개입, 세척 기간에 수집한 데이터를 점검한다. 이 단계에서는 다음의 조치를 취한다.

1. **데이터를 도표로 그린다.** 데이터를 도표로 옮기면 특정한 개입이 당신에게 효과적인지 아닌지를 빠르게 확인할 수 있다. 도표화된 데이터를 보면 어떤 개입이 더 효과적인지 판단할 수 있으며 따라서 두 가지 모두를 사용할지, 하나를 폐기할지, 다음 실험에 새로운 개입을 시도할지 결정할 수 있다. 계산보다는 도표를 시각적으로 분석하는 접근법이 더 유용하다. 제5장에서는 이에 대해 더 자세히 배우게 될 것이다.

2. **데이터를 해석한다.** 도표보다 숫자를 기반으로 한 판단을 선호한다면 간단한 접근법부터 시작해보는 것이 좋다. 각 실험 기간(기준 기간, 개입 기간, 세척 기간) 동안 얻은 점수 중에 두 번째로 높은 점수를 택해 각 기간의 점수를 비교한다. 차점을 선택하는 이유는 최고점에 요행이 작용했을 가능성이 높기 때문이다. 이보다 전형적이긴 하지만 또 다른 방법은 통계치를 구하는 것이다. 평균과 표준편차를 계산해서 기준 점수의 신뢰 구간을 정한다. 이후 개입 기간의 검사 점수와 세척 기간의 검사 점수에도 똑같은 계산을 한다. 마지막으로 세 가지 평균(신뢰 구간과 함께)을 비교한다. 그렇지만 자가 실험에서는 이런 종류의 수치에 속기가 쉽다. 제5부에서는 도표가 통계보다 나은 이유에 대해서 더 상세히 논의할 것이다.

3. **다음에 무엇을 할지 결정한다.** 데이터를 기반으로 같은 목표에 계

속 집중할지 새로운 목표를 선택할지 고려한다. 다음 번 자가 실험에서 동일한 개입을 사용할지 다른 개입들을 사용할지 결정한다.

체크 누구나 따라할 수 있는 12주 브레인 해킹 실험 일정표

다음은 뉴로해킹 자가 실험을 위한 샘플 일정표이다. 이 샘플은 자가 추적과 개입 시도가 이루어지는 기간을 보여준다. 이 길이는 가능한 빨리 결과를 얻고 싶은 나의 조급함과 우연의 가능성을 줄일 수 있을 정도로 충분히 오래 데이터를 수집하고 싶은 정확성에 대한 욕구 사이의 균형이기도 하다. 내가 제시한 사례보다 빨리 진행되는 실험도 있고 더 오래 걸리는 실험도 있겠지만, 일정표를 통해서 기준, 준비, 개입, 세척, 점검의 각 단계에 대한 감을 잡을 수 있을 것이다. '버그 해결'과 같이 아직은 이해할 수 없는 용어도 보이겠지만 걱정할 필요 없다. 제6~12장에 걸쳐 그런 것들에 대해서 모두 배우고 일정표에 언급된 설문들도 접하게 될 것이다.

휴! 이 책에서 가장 어렵고 가장 중요한 장을 방금 통과했다. 이제 당신은 자가 검사의 실행에 관련된 모든 것을 알게 됐으며 업그레이드 버전의 두뇌가 있는 세상으로 가는 집중-선택-훈련-점검의 사다리를 오르는 방법을 배웠다. 내가 제시한 샘플 일정표가 많은 도움이 되기를 바란다. 하지만 이것이 하나의 샘플에 불과하다는 점을 기억해야 한다. 다시 말하지만 모든 실험이 12주가 걸리지는 않는다. 더 짧은 수도, 길 수도 있다. 주의를 기울여야겠지만 그렇다고 해서 모든 것을 통제할 수는 없다는 점도 기억하라. 방금 마라톤을 완주했다면 하루에 10분 운동을 하는 것이 당신의 정신적 성과에 어떤 영향을 주는지 평가하기에 적절한 날은 아닐 것이다. 판단력을 이용하고, 관찰 결과를 기록하고, 그 과정을

샘플 프로그램	일요일	월요일	화요일
1주차: **기준 설정 기간** **– 집중**	업그레이드하고 싶은 정신 능력 선택 • 네 가지 정신적 성과에 대한 자기 평가(설문) 실시 • 연구 노트 마련	버그 해결 • 건강과 라이프 스타일 설문 실시	기준 설정 • 업그레이드하고 싶은 능력에 대한 성과 검사 실시
	☐	☐	☐
2주차: **준비 기간 –** **선택**	• 정신적 목표에 집중하는 계획안 선택	• 정신적 목표에 집중하는 계획안 선택	• 도구 구입 및 제작
	☐	☐	☐
3-10주차: **개입 기간 –** **훈련**	훈련 • 사전 검사, 훈련, 사후 검사 • 실천 점수 추적	휴식 • 사전 검사, 휴식, 사후 검사 • 실천 점수 추적	훈련 • 사전 검사, 훈련, 사후 검사 • 실천 점수 추적
	☐	☐	☐
11주차: **세척 기간**	• 성과 검사 실시 • 삶의 만족도 점수 평가	• 성과 검사 실시 • 실천 점수 평가	• 성과 검사 실시 • 건강과 라이프 스타일 설문 실시
	☐	☐	☐
12주차: **점검 기간 –** **점검**	개입 데이터 도표화	세척 데이터 도표	개입, 세척, 기준 도표 비교
	☐	☐	☐

즐기도록 하라. 모든 새로운 모험이 그렇듯이, 불확실하거나 의욕을 잃는 순간도 생길 것이다. 다음 장에서는 힘겹게 느껴질 때 계속해서 의욕을 북돋고 체계를 유지하기 위해 사용할 수 있는 검증된 전략들을 논의할 것이다.

수요일	목요일	금요일	토요일
기준 설정 및 삶의 만족도 평가	기준 설정 및 실천 점수 평가	기준 설정	기준 설정
• 업그레이드하고 싶은 능력에 대한 성과 검사 실시 • 삶의 만족도 점수 평가	• 업그레이드하고 싶은 능력에 대한 성과 검사 실시 • 실천 점수 평가	• 업그레이드하고 싶은 능력에 대한 성과 검사 실시	• 업그레이드하고 싶은 능력에 대한 성과 검사 실시
☐	☐	☐	☐
• 도구 구입 및 제작	• 도구 구입 및 제작	• 도구 구입 및 제작	• 도구 구입 및 제작
☐	☐	☐	☐
휴식	훈련	휴식	훈련
• 사전 검사, 휴식, 사후 검사 • 실천 점수 추적	• 사전 검사, 훈련, 사후 검사 • 실천 점수 추적	• 사전 검사, 휴식, 사후 검사 • 실천 점수 추적	• 사전 검사, 훈련, 사후 검사 • 실천 점수 추적
☐	☐	☐	☐
• 성과 검사 실시	• 성과 검사 실시	• 성과 검사 실시	• 성과 검사 실시
☐	☐	☐	☐
새로운 집중 영역 선택	개입 선택	개입 계획 설계	도구 구입 및 제작
☐	☐	☐	☐

1. 뉴로해커 사다리의 4단계는 집중-선택-훈련-점검$_{FSTR}$이다.

2. 특정한 유형의 기술적 함정은 자가 실험의 유용성을 감소시킨다. 이러한 함정에는 다양한 유형의 편향, 연습 효과, 이월 효과가 있다.

3. 정신적 성과를 어떻게 검사해야 하는지, 실험들 사이에 얼마의 시간을 두어야 하는지, 전체 자가 실험에 얼마만큼의 기간이 소요되는지와 같은 문제를 해결하는 데 도움이 되는 권장 사항들이 있다.

4. 샘플로 제시된 브레인 해킹 실험 일정표는 권장 사항을 따르는 동안의 시간 계획을 보여준다.

제5장

브레인 해킹을
습관으로 만드는 법

"준비를 하지 않는다는 말은 실패를 준비한다는 말과 같다."

―벤저민 프랭클린Benjamin Franklin

투자 시간

11분

목표

뉴로해킹 실험을 수행하는 동안 의욕과 체계를 유지하는
법을 배운다.

2011년부터 나는 새해 다짐과 함께 내 삶의 전반적인 만족도를 점검해
왔다. 이를 위해서 나는 1월 첫째 주에 혼자만의 시간을 마련해 지난해
를 철저히 검토한다. 이는 지금까지 내가 실행한 자가 추적 프로젝트 중
가장 오랫동안 유지하고 있는 것이기도 하다. 나는 다른 프로젝트들이
흐지부지되는 가운데, 왜 유독 이 프로젝트만 그런 지속력을 갖는지 이
유를 생각해보았다. 그러다 내가 세 가지 접근법을 이용해 이 프로젝트
를 '습관'으로 만들었음을 깨달았다. 첫째, 나는 이 프로젝트를 위한 전용

노트를 사용했다. 둘째, 책임감을 자극하는 동료를 두고 있었다. 셋째, 증거 기반의 의욕 해킹 방법을 사용해 프로젝트를 지속했다.

이 세 가지 도구를 사용함으로써 나는 자가 추적에 대해 기억하고, 필요할 때 개입을 사용하고, 거기에서 얻은 교훈을 계속해서 내 삶에 통합시킬 만큼 충분히 자주 데이터를 검토할 수 있었다. 이 장에서 우리는 이 세 가지 도구와 함께 연구도 그 효과가 증명된 동기와 체계화를 위한 몇 가지 다른 방법들을 탐색할 것이다. 이 방법들로 당신 역시 뉴로해킹을 습관으로 만들 수 있기를 바란다.

뉴로해킹을 위한 전용 노트를 사용하라

모니터링은 약물과도 같다. 기록과 측정 그 자체만으로도 의식을 높이고 향상을 이룰 수 있다. 이를 위해서는 전용 노트가 필요하다. 노트에는 정신적 목표와 같은 목표, 검사할 개입과 같은 결정 사항 그리고 일간 활동을 기록한다. 예를 들어 자가 검사 시 개입을 사용할 때 어떤 날 몇 시에 그 개입을 시도했는지, 그리고 관련된 관찰 사항들을 기록한다. 그 안에 도표를 만들 수도 있고 계산을 할 수도 있다.

어떤 종류의 노트가 가장 적합할까? 나는 구글 시트와 같이 어디에서든 내 자료에 접근할 수 있는 온라인 스프레드시트 프로그램을 즐겨 사용한다. 개인 정보 보호를 이유로 데스크탑 스프레드시트 프로그램을 선호하는 사람들도 있다. 물리적인 연구 노트를 이용하는 보다 전통적인 방법을 좋아하는 사람도 있다. 그런 경우라면 직접 관련 도표를 만들거나 계산을 할 수 있도록 준비해야 한다. 줄이 있는 종이보다 깨끗한 백지에 영감을 느끼는 사람이라면 무지 노트를 사용하는 것도 좋다. 다만 도표를 인쇄해서 노트에 붙여야 할 것이다.

이것은 개인 정보이므로 뉴로해킹 실험과 관련된 스프레드시트와 문서는 노트북이나 클라우드의 암호로 보호되는 폴더에 저장할 것을 권한다. 방화벽, 주기적인 바이러스 검사, 백업 파일도 좋은 아이디어다.

서로 협력할 수 있는 동료를 찾아라

이 책 전체에서 '책임감을 자극하는 동료'라는 말이 자주 언급될 것이다. 하지만 이 방법 대신 '책임 사슬'accountability chain 방식을 사용하는 것도 좋다. 책임 사슬은 당신이 한 사람에게 보고를 하고, 그 사람이 또 다음 사람에게 보고를 하는 방식이다. 그 세 번째 사람이 네 번째 사람에게 보고를 하고, 다시 네 번째 사람이 다섯 번째 사람에게 보고를 하는 식으로 책임 사슬은 계속 이어진다!

실험의 성공 가능성을 높이려면 혼자보다는 둘이 낫다

이 책에서는 자가 실험을 얼마든지 혼자 할 수 있다고 말하지만 책임감을 자극하는 동료를 구할 수 있다면 더 쉽고, 더 재미있고, 더 효과적으로 그 과정을 즐길 수 있다. 함께 상태를 확인하고 진전 상황을 공유하는 책임감을 자극하는 동료를 두면 목표 달성의 가능성이 거의 두 배로 높아진다. 2015년 캘리포니아 도미니칸 대학의 심리학자들은 4주에 걸쳐 목표를 적는 활동이 목표 달성에 어떤 변화를 줄 수 있는지 확인했다.[1] 그들은 책임감을 자극하는 동료가 있고 목표를 적은 참가자들이 두 가지 방법 중 하나만을 사용하거나 둘 다 사용하지 않은 사람들에 비해 목표를 달성하는 경우가 훨씬 많다는 점을 발견했다. 친구에게 자신의 목표를 이야기하고 매주 진전 상황을 공유한 사람들은 목표 달성 비율이 가장 높았다.

눈치 빠른 독자라면 책임감을 자극하는 친구를 찾고 유지하라는 다음의 조언들이 조금은 강요의 성격을 띠고 있음을 알아차렸을 것이다. 당신을 유치원생처럼 다루려는 것이 아니다. 공유에 실패하고 나쁜 습관을 버릴 수 없다 해도 그것은 내가 상관할 바가 아닌 당신의 문제일 뿐이다. 다만 이런 조언들을 따른다면 즐거운 협력 관계를 유지할 수 있을 뿐 아니라 뉴로해킹의 성공 가능성도 높일 수 있다.

어떻게 함께 할 것인가

책임감을 자극하는 적절한 동료를 찾았다면 이제 함께 생산적으로 작업하는 방법을 생각해봐야 한다. 다음의 조언들을 참고해보자.

1. **원 데이터raw data가 아닌 상대 데이터relative data를 공유한다.** 나는 뉴로해킹 여정을 공유하는 것을 즐기지만 동료에게 나의 사생활에 대한 원 데이터를 그대로 공유하기는 솔직히 좀 꺼려진다. 당신도 비슷한 느낌을 받는다면 이런 방법을 시도해보라. 나는 책임감을 자극하는 동료와 내 정신적 성과 자료를 공유할 때, '백분율 변화'라고 부르는 것만을 공유한다. 즉, 기준 점수와 비교해 매주 점수

변화의 정도만을 공유하는 것이다. 동료는 내 기준 점수도, 현재의 점수도 알지 못한다. 그녀는 '15퍼센트 상승', '10퍼센트 하락'과 같은 수치만을 본다. 동료는 특정 검사에 대한 내 정확한 점수를 알진 못하지만 내 점수의 추세가 특정한 방향을 띠고 있다는 것을 발견할 경우 피드백을 줄 수 있다.

2. **상태 확인을 습관화한다.** 새해의 굳은 결심이 그렇듯 아무리 의지를 가지고 하는 일이라도 시간이 지나면 차츰 흐지부지되기 마련이다. 책임감을 자극하는 동료와 내가 매주 같은 요일, 같은 시간에 각자의 상태를 확인하는 이유가 여기에 있다. 이 만남에서 우리는 세 가지 일을 한다. 이전 주의 뉴로해킹 상황을 공유하고, 다음 주에 무엇을 할지 이야기하고, 문제를 제기하고 그에 대해 논의한다. 가령 나는 친구에게 '잠들기 전에 잊지 않고 개입을 실행할 수 있게 문자를 좀 보내줄래?'나 '비디오 게임 검사를 할지 뉴로피드백을 시도할지 망설이고 있어. 나와 함께 둘 중 하나를 해줄 수 있을까?'와 같은 질문을 한다. 내가 회의를 취소하게 되면 다시 시간을 잡는 일 역시 내가 해야 한다.

3. **받는 만큼 준다.** 격려와 유용한 피드백 사이에서 균형을 찾는 것이 중요하다. 책임감을 자극하는 내 친구와 나는 서로 의지하면서 이전 결심을 조심스럽게 떠올리기 위해 노력한다. 이런 옛말이 떠오른다. "친구란 당신 마음속의 노래를 알아듣고 당신이 가사를 잊었을 때 대신 불러주는 사람이다." 적절한 방법으로 이루어진 피드백은 잔소리나 비판이 아닌 기억을 새롭게 하는 말로 인식된다. 우리는 커뮤니케이션에 대해 터놓고 이야기를 나누어서 각자가 서로에

게 가장 효과적인 방식으로 피드백을 받을 수 있게 하는 것이 유용하다는 점을 잘 안다. 개인적으로 나는 피드백의 방식 중 '충격 샌드위치' 접근법을 좋아한다. 맨 밑의 빵은 내가 잘하고 있다는 긍정적인 관찰을, 가운데 샌드위치의 주재료로는 건설적인 제안(내가 달리 할 수 있는 것, 구체적인 제안이 있다면 이상적이다)을, 맨 위의 빵은 또 다른 긍정적 피드백이나 진실한 확언으로 만드는 것이다. 어떤 커뮤니케이션 스타일이 자신에게 가장 잘 맞는지 확신이 없다면 자유롭게 실험을 해보라.

당신에게 가장 알맞은 사람은 누구인가

나는 책임감을 자극하는 동료나 뉴로해킹을 함께할 동료를 두는 것에 적극 찬성하는 사람이다. 그렇지만 그 관계를 지속적으로 유지하려면 파트너들과 기대치를 명확하게 공유해야 한다. 초기에 만났던 사람들과는 그리 좋은 효과를 얻지 못했다. 연애 감정이 충만한 의미 있는 사람이나, 괴로울 때도 웃음을 짓게 하는 오랜 친구나, 당신에게 기꺼이 신장을 떼어줄 가족이라고해도 반드시 책임감을 자극하는 동료로 좋으리라는 법은 없다. 나는 몇 년 전 운 좋게도 서로에게 책임감을 자극해주는 훌륭한 동료가 될 수 있는 친구를 만났다. 이전의 시도와 달리, 그와는 협력적인 관계를 맺는 것이 어렵지 않았다. 우리는 만남을 준비하는 데 비슷한 수준의 의욕을 보였고, 서로의 성공이나 실패에 대해 기꺼이 마음을 열고 책임감을 가졌다.

나는 이 동료와의 경험으로 성공적인 협력 관계를 맺기 위해서는 네 가지 영역에서의 화합이 중요하다는 사실을 발견했다.

1. **의욕:** 의욕과 야심이 비슷한 수준인 동료를 선택하라. 한 사람은 그 일에 대해 무심하고, 다른 한 사람은 그 일에 목숨이라도 바칠 기세라면 갈등이 생길 수밖에 없다! 헌신의 수준이 일치해야 좋다. 두 사람 모두 매주 비슷한 시간을 뉴로해킹에 투자하고자 하는가? 두 사람 모두 스스로에게 비슷한 정도의 변화를 바라는가? 단, 반드시 같은 목표를 가져야 할 필요는 없다.

2. **작업 스타일:** 정보를 이해하는 방식이 양립될 수 있어야 손발이 잘 맞는다. 지나치게 체계적이고 목록과 일정표에 집착하는 사람은 모든 것을 막연히 머릿속에서 처리하는 사람과 상극이다. 미리 계획하는 회의보다 즉흥적인 전화 통화를 선호하는 사람이라면 일정에 매달리는 사람이 거슬릴 것이다. 손으로 기록하는 방식을 좋아하는 사람이라면 모든 것을 디지털로 처리하려는 사람 때문에 불만을 느낄 것이다. 당신과 일을 하는 방식이 비슷한 사람을 찾는다면, '절차'를 논의하는 데 시간을 덜 쓰고 진정한 '진전'을 이루는 데 더 많은 시간을 사용할 수 있을 것이다.

3. **경험:** 과거에 자기계발 프로젝트를 진행한 적 있고 나아가 성공의 경험이 있다면, 즉 체중을 감량하거나, 악기를 연주하거나, 외국어를 독학하는 데 성공했다면 당신은 비슷한 경험치를 가진 동료를 선택하고 싶을 것이다. 이 모든 것에 처음인 사람이라면 역시 초심자여서 함께 배워 나갈 친구를 원할 수도 있고 반대로 당신의 멘토가 되어주는 데 관심이 있는 보다 경험이 많은 친구를 원할 수도 있다.

4. **신뢰와 존중:** 책임감을 자극하는 동료로 당신이 신뢰하고 좋아하

는 사람을 선택하라. 정신적 성과를 상대와 공유해야 하기 때문에 신뢰는 필수적이다. 뉴로해킹은 대단히 사적인 작업이다. 앞서 언급한 상대 데이터를 공유하는 방식이 이런 문제를 확실히 완화해 주긴 하지만 그래도 나의 사적인 부분을 노출시킨다는 점은 변함이 없다. 당신의 성과가 자신의 것보다 나아도 질투를 느끼지 않고 당신의 프로젝트가 빨리 진척되지 않는다는 이유로 당신 기분을 상하게 하지 않을 사람을 찾기란 쉽지 않다. 근본적으로 서로의 성공을 바라는 관계여야 두 사람 모두 최선을 다하게 될 것이다. 친구가 항상 당신의 영웅일 필요도 없고, 사실 그렇지 않은 편이 더 나을 수도 있다. 결국 당신이 원하는 것은 편하게 새로운 것을 시도하고, 실수를 공유하고, 그들로부터 배움을 얻는 일이다.

새로운 행동을 단단한 습관으로 만들어라

당신이 시작하려는 새로운 행동을 완벽한 습관으로 자리 잡게 하는 데 도움이 되는 몇 가지 방법을 소개한다.

첫째, 실행 계획을 세운다. 목표 달성의 가장 정확한 예측 변수는 '실행 계획'의 존재 유무다. 여기에서 말하는 실행 계획에는 언제, 어디서, 어떻게 목표를 추구할지는 물론이고 일어날 수 있는 방해와 장애에 대응할 방법까지 모두 들어가야 한다. 하버드 대학 연구팀은 실행 계획이 존재하면 낙제 위험에 처했던 학생들도 보다 안정적으로 학교생활을 할 수 있다는 사실을 발견했다. 선거 운동을 하는 사람들도 투표율을 높이기 위해 이 접근법을 흔히 사용한다.[2] '계획이 뭐야?'라는 자문은 놀라운 힘을 발휘하는 것으로 밝혀졌다.

뉴로해킹의 실행 계획을 세우기 위해서는 다음 질문에 답을 해야 한다.

- 뉴로해킹을 매일 어디에서 실행할 것인가?
- 뉴로해킹을 매일 언제, 얼마나 오래 실행할 것인가?
- 뉴로해킹을 매일 실행하는 데 필요한 준비물은 무엇인가?
- 뉴로해킹을 매일 실행하는 데 방해가 되는 장애로는 무엇이 있는가? 이 각각의 장애 요소가 나를 궤도에서 이탈시키지 않도록 내가 할 수 있는 일은 무엇인가?

앞서 이야기한 내 자가 추적 프로젝트가 오래 이어질 수 있었던 이유 중 하나는 내가 매년 일정을 지켰기 때문이다. 매해 1월 새해 결심을 하고, 매 분기 초에 주요 단계를 설정하고, 매주, 매일 목표를 정한다. 자가 실험을 시작할 때는 주어진 날 무엇을 해야 하는지 반드시 파악하도록 하라. 제4장에 제시된 샘플 일정표를 참조하면 좋다. 뉴로해킹 계획을 보다 명확하게 만드는 데 도움을 줄 것이다.

둘째, 습관을 쌓는다. 새로운 습관을 성공적으로 형성하는 비결 중 하나는 이미 자리 잡은 기존 습관에 '올라타는' 것이다. 연구자들은 이런 기존 습관을 '핵심 습관'keystone habit 이라고 부른다. 예를 들어 당신이 매일 아침 식사를 하는 대단히 강력한 습관을 갖고 있다면 아침 식사 직후 뉴로해킹을 하겠다는 계획을 세우는 것이 좋다. 핵심 습관이 도화선의 역할을 하므로 일부러 기억할 필요가 없고, 자동적으로 하는 그 일 뒤에 이어서 실행하기만 하면 되기 때문이다.

셋째, 자기 자신과 실패에 유연성을 갖는다. 가끔 자신이 목표를 달성하는 데 필요한 능력을 정말 갖고 있는지 의문이 들 때가 있다. 그 해독제는 무엇일까? 바로 자기 연민이다. 연구에 따르면 잠재력을 최대로 발휘하는 가장 회복력이 큰 사람들은 일시적인 차질을 자책 없이 받아들인다고 한다. 영화 〈배트맨 비긴즈〉에서 내가 가장 좋아하는 대사가 있다. "우리는 왜 넘어지는 것일까요? 스스로 일어서는 법을 배우기 위해서죠."[3] 회복력은 절대 넘어지지 않는 것이 아니다. 회복력은 마침내 성공할 때까지 실패로부터 배우는 것이다.

회복력에 대한 연구를 진행한 과학자들은 매일 지루한 과제를 완성하는 일을 맡은 여러 집단에 세 가지 유형의 유인을 주었다.[4] 한 집단은 7일 중에 5일만 과제를 완수하면 보상을 받았다('쉬운 과제' 집단), 한 집단은 7일 내내 완벽하게 과제를 해내야만 보상을 받았다('변명이 용납되지 않는' 집단), 한 집단에게는 변명이 용납되지 않는 원칙이 주어졌으나 '두 번째 기회'가 허용됐다(필요한 경우 과제를 완수할 수 있는 이틀의 시간이 더 주어졌다). 세 그룹 중 누가 가장 좋은 성과를 올렸을까? '두 번째 기회' 집단이 가장 좋은 성과를 올렸을 것이라고 짐작했는가? 당신이 맞았다. 반면 성과가 가장 낮은 그룹은 '변명이 용납되지 않는' 집단이었다. 구성원의 21퍼센트만이 보상을 받은 것이다. '쉬운 과제' 집단은 26퍼센트로 약간 나았다. 그렇지만 '두 번째 기회' 집단은 놀랍게도 53퍼센트가 보상을 받았다. 이 이야기의 교훈은 무엇일까? 높은 목표를 갖되 망쳤을 때 '두 번째 기회'를 허용하라는 것이다. 그렇게 되면 목표를 고수할 가능성이 더 높아진다. 다이어트를 하는 도중 실수를 저질렀을 때 가장 올바른 반응은 자신을 욕하거나 포기하는 것이 아니라 '월요일에 다시 시작하자'라고 다짐하는 것이다.[5] 실수를 저질렀을 때는 자신을 용서하고 거기에서 배움을 얻고 곧바로 다시 시작하면 된다.

이제 당신은 자가 실험이라는 모험에서 성공할 뿐 아니라 그 모험을 즐길 수 있게 해주는 여러 동기 부여 도구들을 갖추었다. 다음은 정신적 목표를 선택할 시간이다. 당신은 정신적 성과 중 어느 측면을 업그레이드하고 싶은가?

> **핵심 포인트**
>
> 1. 당신의 스타일에 맞는 연구 노트를 신중하게 선택하고 매일 사용한다.
> 2. 당신과 함께 나아갈 수 있는 책임감을 자극하는 동료를 선택하고 적절한 커뮤니케이션을 나눈다. 혹은 책임 사슬을 가진다.
> 3. 개인정보 보호를 위해서 원 데이터가 아닌 상대 데이터를 공유한다. 상대 데이터는 실제 수치가 아닌 자가 실험을 시작한 이후 정신적 성과의 변화를 백분율로 표현한 것이다. 기준 점수와 비교한 백분율의 변화를 계산한다.
> 4. 실행 계획과 습관 쌓기 등 과정을 지속하기 위한 동기 부여 방법을 사용한다.

제6장

뇌를 무너뜨리는
생활 패턴

"수백만의 사람을 정복하는 싸움보다 더 위대한 전투는 단 한 사람, 자기
자신을 정복하는 싸움이다."

―석가모니

투자 시간

25분

목표

정신적 비효율을 불러올 수 있는 라이프 스타일과 건강상
의 위험 요소를 파악한다.

평생 동안 내 정신적 에너지의 수준은 변화를 거듭했다. 그리고 그 변화
는 때로 매우 극적으로 나타났다. 중학교에 다니던 어느 날 오후, 나는
수학 선생님 앞에서 쉬운 곱셈 문제를 풀기 위해 끙끙대고 있었다. 꽤나
시간이 걸렸다. 그날 내 머릿속은 솜뭉치가 가득한 것처럼 흐리멍덩했
기 때문이다. "MIT 수준의 문제는 아니지 않니?" 10년 후 MIT 학위를
받기 위해 단상에 올라가면서 나는 그 수학 선생님께 학위 사진을 보내
드리면 어떨까 생각하며 웃음을 지었다. 이메일을 보내지는 않았다. 하

지만 선생님의 발언이 뭔가를 자극했다. 나는 그날 교실에서 걸어 나오면서 가끔 내 두뇌의 회전 속도를 늦추는 것이 무엇인지 알아내야겠다고 다짐했다. 나는 하나의 근본적인 원인이 있을 것이라고 생각했지만 그렇지가 않았다. 원인은 다양했다. 디버깅debugging, 즉 자기 오류 검출을 시작하면, 당신도 비슷한 발견을 하게 될 것이다. 따라서 인내심을 가지고 갖가지 우여곡절이 있는 자기 발견의 여정을 받아들여야 한다.

중학교 수학 시간의 굴욕을 겪고 몇 년이 흘렀을 때이다. 체육 시간이었는데 달리기 트랙의 마지막 바퀴를 막 뛰고 난 참이었다. 갈비뼈가 불타고, 목은 막힌 것 같았다. 호흡이 이상하게 요동을 쳤다. 트랙 옆에 앉았지만 도움이 되지 않았다. 체육 코치가 다가왔다. "흡입기는 어디 있어?" 나는 당황해서 멍한 표정으로 그를 올려다보았다. "천식 발작이 일어나고 있잖아. 흡입기는 어디 있는 거야?" 나는 흡입기가 없었다. 내가 천식 환자라는 사실조차 몰랐으니까. 의사는 최고 호기 유량 측정을 통해 내 폐 안에서 공기가 잘 빠져나오지 않는다는 것을 발견한 후, 약을 처방하고 호흡기를 주었다. 행복한 부작용이랄까? 새로운 약을 먹고 나자 나의 신체적인 에너지뿐 아니라 정신적인 에너지도 같이 향상되었다. 천식은 발견이 어렵기 때문에 피로와 관련해 정신적 성과에 문제가 있는 사람들은 직접 최고 호기 유량 측정을 해보는 것도 좋겠다.

천식을 발견한 후 의사는 나에게 알레르기 검사도 권했다. 천식이 있는 사람은 알레르기가 있는 경우가 많고, 그 반대의 경우도 마찬가지기 때문이다.[1] 알레르기 유발 항원이 묻어 있는 작은 금속 톱니로 피부에 살짝 상처를 냈더니 몇 분 지나지 않아 피부에 커다랗고 붉은 부푼 자국이 생겼다. 나는 많은 항원 중에서 집먼지 진드기에 심한 알레르기 반응을 보였다. 즉각적인 해법은 집먼지 진드기에 가장 많이 노출되는 장소, 즉 침대의 환경을 개선하는 것이었다. 나는 공기 청정기와 베개 커버를 구입했다. 하지만 보다 근본적인 해법은 몇 년 후에 발견할 수 있었다. 내가 찾았던 병원의 이비인후과 의사가 FDA 승인을 받은 설하 점적약 치료제(혀 밑에 떨어뜨리는 용액)에 대해 알려주었던 것이다. 더 놀라운 사실은 이 약이 집먼지 진드기는 물론 다른 알레르기에도 내성을 형성시켜준다는 점이었다. 이 치료를 시작한 후 나는 베개 커버를 가지고 다니지 않아도 얼굴이 잔뜩 부어오를 걱정 없이 호텔에서 잠을 잘 수 있게 되었다. 무엇보다 설하 면역 치료를 받으면서 아침 기상 후 몇 시간 동안 항상 겪어야 했던 멍한 기분이 서서히 사라졌다.

만약 당신이 낮은 에너지 수준 때문에 정신적 성과를 올리는 데 어려움을 겪고 있다면 특정한 환경적 요소(나의 경우에는 집먼지 진드기를 비롯한 알레르기 항원)가 영향을 주고 있지 않은지 확인해볼 필요가 있다. 또한 환경을 개선하기 위해 무엇을 할 수 있는지(알레르기 검사 그리고 필요한 경우 설하 면역 치료법) 알아보는 것이 좋다.

당신이 피곤한 이유는 라이프 스타일 때문이다

───

뉴로해킹의 목표를 정하기 전에, 당신의 전반적인 건강 상태와 라이프 스타일 습관을 살피는 것이 좋다. 이들 영역에서 직접 조건을 개선할 수 있다면 삶의 질이 나아질 뿐 아니라 전반적인 에너지와 주의력도 개선될 수 있기 때문이다. 나는 의료적 문제의 치료와 함께 다음과 같은 라이프 스타일을 개선하며 나 자신을 여러 번 업그레이드시켰다.

- **잠:** 많은 학생들이 학교생활을 하며 '밤샘'이 주는 정신적 고통을 경험하곤 한다. 아기를 키워본 부모들은 지속적인 수면 부족이 기분을 바꾸고 작은 결정조차 믿기 힘들 정도로 어렵게 만든다는 것을 알 것이다. 각성도와 기민함이 떨어지는 것은 거의 기본이다. 특히나 수면 부족이 심해지면 창의성, 혁신, 감정 처리 문제에 매우 취약해진다.[2]
- **공기의 질:** 나는 샌프란시스코에 산다. 때문에 캘리포니아에 산불이 나거나 실내에서 요리를 하면서 창문을 열어 놓지 않는 경우 실내의 공기 오염도가 대단히 빠르게 높아진다. 질 낮은 공기는 단기적인 노출만으로도 정신적 성과를 낮춘다.[3]
- **온도:** 너무 덥거나 너무 추운 것은 정신적 성과에 대단히 큰 영향을 미친다. 더운 날씨에 에어컨이 제대로 갖춰지지 않은 곳에 있으면 학습 능력이 현저히 감소한다는 연구 결과가 있다.[4] 반대로 나는 한겨울 보스턴의 낡고 난방이 되지 않는 건물에서 일을 하면서 보낸 몇 주 동안 심각한 생산성의 하락을 경험했다.
- **영양:** 서부 사람들은 대개 과일, 채소, 견과류를 충분히 먹지 않는다. 이런 식품들이 전달하는 미량 영양소의 부족은 정신적 에너지 감소, 브레인포그, 두통, 주의력 저하로 이어질 수 있다.[5] 또한 글루텐, 유제품, 카페인에 민감한 사람들도 많다. 이 역시 염증이나 정신적 성과의 하락으로 이어질 수 있다.[6]

매일 먹는 음식 점검하기

특정 영양소의 결핍은 브레인포그, 무기력, 주의력 감퇴, 학습 능력과 기억력 손상, 두통 등을 일으킨다. 어린이의 경우, 특정 영양소의 결핍은 인지 발달 장애와 관련이 있다.[7] 2012년 미국 질병예방통제센터Centers for Disease Control and Prevention, CDC는 미국인의 10퍼센트가 비타민이나 미네랄 결핍일 것이라는 추정을 내놓았다.[8] 미국에서 가장 흔하게 결핍이 나타나는 영양소는 비타민 B_6, 철분(12~49세 여성), 비타민 D, 철분(1~5세 유아), 비타민 C, 비타민 B_{12}의 순서다. 비타민 A, 비타민 E, 엽산 결핍 인구는 훨씬 적다.[9] 나는 지금까지도 심각한 철분과 비타민 D 결핍 상태다. 철분이 부족한 이유는 내가 강화 시리얼을 철분의 주된 공급원으로 삼느라 칼슘이 많은 음식(우유)을 꾸준히 소비했기 때문이었다. 수많은 연구들이 칼슘이 신체의 철분 흡수를 막는다는 점을 밝혀냈지만 나는 그 사실을 모르고 있었다.[10] 결국 나는 시리얼로 섭취하는 철분 중 극히 일부만을 흡수하고 있었던 것이다. 매 식단에 다른 철분의 공급원을 채워야 했다.

인기를 끄는 식이요법들은 특정 식품군을 배제하는 경우가 많아 영양 결핍의 위험을 높인다. 채식주의자거나, 글루텐을 섭취하지 않거나, 저탄수화물, 팔레오, 케토 식단을 따르는 사람들은 영양 결핍의 위험이 높다. 예를 들어 근력 운동을 하는 사람들이 근육 크기를 키우고 순발력을 높이기 위해 사용하는 물질인 크레아틴creatine은 아데노신 3인산adenosine triphosphate을 생성하는 능력에 큰 영향을 미친다. 아데노신 3인산은 근육이나 두뇌가 심한 노동을 할 때 도움을 주는 물질이다. 천연으로 크레아틴을 얻을 수 있는 음식은 붉은 고기이기 때문에 채식을 하는 사람들은 크레아틴을 얻기가 힘들다. 여러 연구가 크레아틴 보충제 섭취로 채식

| 제한적 식이요법에서 흔히 발생하는 영양 결핍[13] |

식이 요법	결핍이 염려되는 주요 영양소	결핍의 원인	해법
글루텐 프리	칼슘, 철분, 마그네슘, 아연 엽산, 티아민, 비타민 B12, 비타민 D	- 밀제품 중에는 영양소가 강화된 것들이 많아 자칫 영양소 섭취에 신경을 덜 쓸 수 있다 - 쌀 기반 제품에 대한 과도한 의존	- 영양소가 풍부한 글루텐 프리 식품을 이용한 주의 깊은 식단 계획 - 영양소가 강화된 쌀 제품 섭취
비건	칼슘, 철분, 아연 비타민 B12	- 고기와 유제품에서 영양소를 공급받지 못한다	- 영양소가 풍부한 비건 식품을 이용한 주의 깊은 식단 계획 - 아연 공급을 위한 호박씨 섭취 - 칼슘과 철분 공급을 위한 시금치 섭취 - 비타민 B12 보충제
저탄수 화물	칼슘, 구리, 마그네슘, 칼륨 판토텐산, 비타민 E	- 밀제품 중에는 영양소가 강화된 것들이 많아 자칫 영양소 섭취에 신경을 덜 쓸 수 있다 - 밀 제품 위주로 영양소가 강화되어 있다	- 저탄수화물 채소와 견과류에 중점을 둔 주의 깊은 식단 계획
팔레오	칼슘, 요오드 리보플라빈, 티아민	- 영양소가 풍부한 많은 식품이 배제된다	- 잎채소와 견과류에 중점을 둔 주의 깊은 식단 계획

주의자들의 추론 능력과 작업 기억이 눈에 띄게 높아졌다는 사실을 보여주었다.[11] 고령자들은 동물성 단백질을 덜 소비하므로 크레아틴 결핍에 특별히 주의를 기울여야 한다.[12]

실천하고 있는 식이요법이 당신에게 잘 맞다면 굳이 중단할 필요는 없다. 다만 주요 비타민과 미네랄의 혈중 수치를 주기적으로 확인하는 것이 좋겠다.

비타민과 미네랄 점검하기

혈액 검사가 가장 정확하긴 하지만 매주 피를 뽑기란 현실적으로 불가능하다. 이때 음식 트래커를 활용하면 좋다. 대부분의 식단 트래킹 프로그램은 섭취하는 탄수화물, 단백질, 지방의 비율을 볼 뿐, 미량 영양소(마그네슘, 콜린, 비타민 D, 비타민 B군 등 주요 비타민과 미네랄을 얼마나 섭취하고 있는지)까지는 추적하지 않는다. 미량 영양소를 추적한다면 패턴을 인지하고 다음 혈액 검사 이전에 보다 빨리 영양소 결핍을 발견할 수 있다. 이때 식단 트래커는 완벽한 영양소 자료를 갖춘 포괄적 식품 데이터베이스를 바탕으로 삼는, 신뢰할 수 있는 것이어야 한다. 자료 입력을 쉽게 할 수 있는 트래커 프로그램을 찾도록 하라. 나는 제품의 바코드를 촬영하거나 미니 검색 엔진에 식품의 이름을 입력할 수 있는 앱을 선호한다. 트래킹을 할 때는 최소한 일주일, 이상적으로라면 몇 주간 섭취하는 음식을 체크해야 한다. 당신의 데이터는 의사에게 혈액 검사를 받아 볼 필요가 있다는 확신을 주는 데 도움이 될 것이다.

음식을 먹는 게 좋을까, 영양제를 먹는 게 좋을까?

사실 영양소 결핍의 문제를 해결하기 위해서라면 비타민을 섭취하기보다 부족한 영양소가 포함된 음식을 더 많이 먹는 것이 효과적이다. 우리의 신체는 멀티 비타민보다는 식품에서 영양소를 보다 원활하게 흡수하기 때문이다.[14] 하지만 주의할 점이 있다. 심각한 결핍 상태라면 충분한 식품 섭취로 이를 만회하는 것이 어려울 수 있다. 예를 들어 내가 심각한 비타민 D 결핍 상태였을 때, 의사는 내 수치가 회복될 때까지 하루 권장량의 약 40배에 달하는 알약을 처방했다. 빠른 시간 내에 그 정도의 비타민 D를 식품이나 햇볕에서 얻는 것은 대단히 어렵고, 위험할 수도 있기 때문이다. 비타민, 미네랄, 보충제를 선택할 때는 랩도어Labdoor 나 컨슈머랩스Consumer Labs 와 같은 제3의 독립 검사 조직을 통해 각 제품의 순도를 확인할 것을 권한다.

'다다익선'이 항상 옳지는 않다

우리 몸에 아무 결핍이 없다고 가정해보자. 당신은 본보기가 될 만한 식단을 지키고 있다. 그렇다면 비타민 섭취가 필요할까? 꼭 그렇지는 않다. 인지 능력과 가장 밀접한 연관이 있는 일부 비타민(B_6, B_{12}, 엽산을 비롯한 비타민 B군)은 수용성이다. 따라서 과다 섭취를 하게 되면 대개는 소변으로 배출된다(아주 낮은 확률로 문제가 생기는 경우도 있긴 하지만).[15] 결핍 상태를 바로 잡는 것이 상당한 인지 능력 향상을 가져올 수 있는 반면, 학계에서는 추가적인 비타민 섭취가 결핍이 없는 중년 이상의 성인들에게 유의미한 인지적 혜택을 주지는 못한다고 밝히고 있다.[16] 일반적인 성인의 경우, 오메가3이 인지 능력을 향상시킨다는 제한적인 증거가 있을 뿐이다.[17] 임신 중의 오메가3 복용이 아기의 인지 능력을 향상시키는지에 대해서는 증거가 엇갈리고 있지만 피해를 주지는 않는 것으로 보인다.[18]

더욱이 지난 10년간 수많은 연구들이 매일 멀티 비타민을 복용하는 사람들의 전 원인 사망률all-cause mortality(심장마비, 뇌졸중 등과 같이 일반적인 원인의 사망률)이 비타민을 먹지 않는 사람들에 비해 낮지 않다는 것을 보여주었다.[19] 특히 어떤 연구에 따르면 특정 미네랄 보충제(철분과 구리)를 섭취하는 경우에는 장기적으로 사망 위험이 약간 높아지기도 했다. 그렇지만 이 연구는 병증이나 만성 질환에 대응하기 위한 이유로 보충제를 섭취할 수 있다는 가능성을 고려하지 않았기에 약간은 걸러 들을 필요가 있다.[20] 또한 많은 양의 비타민과 미네랄 보충제 섭취는 중금속과 오염 물질에 대한 노출 위험을 높일 수 있다.[21]

자연스럽게 잠드는 일의 중요성

멜라토닌melatonin은 영양소 결핍을 치료하지는 않지만 수면의 문제를 상당히 안전하게 치료하는 데, 혹은 최소한 관리하는 데 도움을 줄 수 있다.[22] 밤에 잠들기가 힘들다면 0.5에서 15밀리그램을 사용해서 효과를 볼 수 있다.[23] 멜라토닌은 단기적으로는 안전하지만 장기적인 사용에 대한 영향은 알려지지 않았다.[24] 수면제는 많은 합병증을 낳는다. 수면제는 진짜 수면 상태가 아닌 진정제나 마취제를 투여한 것과 비슷한 상태를 유도한다. 수면제 역시 습관이 될 수 있어 좋지 않고[25] 더구나 자연스럽게 잠이 드는 두뇌의 능력을 방해하는 약물도 있기에 주의가 필요하다. 이는 결국 사람을 더 피로하게 만들고 학습, 기억, 주의력, 감정 조절 등 수면 중에 일어나는 많은 뇌의 작용들을 방해한다.[26]

제대로 된 질병 치료

몇 년 전 나는 예상치 못했던 만남으로 두뇌를 업그레이드하는 행운을 얻었다. 나는 지속적인 복통과 브레인포그를 경험해왔고 여러 병원을 전전했으나 아무런 소득도 얻지 못한 상태였다. 그러던 중 우연히 정기적으로 가는 병원의 주치의가 자리를 비워 새로운 의사를 만나게 되었다. 그는 전염병에 대한 전문의 자격까지 가진 의사였다. 당시 나는 의사에게 더 이상 복통이나 브레인포그에 대해 말하는 것을 포기한 상태였지만 그가 '다른 불편한 점'은 없냐고 물어 다시 한번 이야기를 해보기로 마음먹었다.

그는 내 이야기를 듣자마자 헬리코박터 파이로리Helicobacter pylori 라는 박테리아 검사를 해본 적이 있냐고 물었다. 들어본 적이 없는 병명이었다. 그의 예상대로 내 검사 결과는 양성으로 나왔다. 의사는 많은 사람들이 이 박테리아를 갖고 있지만 증상으로 나타나지는 않는데, 내 경우는 최근 해외여행으로 이국적인 음식을 먹은 것이 증상을 유발시켰다고 설명했다. 집중적인 항생제(그리고 장내 유익균을 되살리기 위한 프로바이오틱 제제) 치료 이후 내 복통과 브레인포그 증상은 현저히 줄어들었다. 헬리코박터 파이로리가 정말 사라진 것일까? 대변 검사 결과가 음성으로 나왔다. 만세! 균은 사라졌고 나의 두뇌는 업그레이드되었다. 이것은 더 많은 연구가 이루어져야 하는 상당히 새로운 분야이긴 하지만 간헐적으로 브레인포그, 두통, 감정의 기복을 경험하고 있다면 장내 미생물군의 건강에 대해 의사와 상담하고 감염에 대한 검사를 받아보는 것도 좋은 방법이다.[27]

마음의 감기를 방치하지 마라

우리는 정신 건강의 문제를 해결하며 인지 능력을 엄청나게 향상시킬 수 있다. 코로나바이러스의 대유행으로 쉽고 안전하게 서로와 접촉할 수 없는 세상을 경험하면서 사람들은 사회적, 정서적 유대의 중요성을 민감하게 인식하게 되었다. 다른 사람들, 혹은 나 자신보다 큰 무엇인가에 '연결되어 있다는 느낌'은 긍정적인 동기 부여와 연관이 깊으며 당신의 성과에도 영향을 준다.[28]

오늘날 점점 온라인화되는 세상에서 외로움은 심각한 사회적 문제로 부상하고 있다. 외로움은 우울증, 자살 경향, 전반적인 건강 악화와 같은 심각한 건강상의 문제와 연관된다.[29] 미국 성인 14명 중 한 명이 가지고 있는 주요 우울 장애major depressive disorder, MDD가 인지에 미치는 영향은 심각한 문제로 이어질 수 있다.[30] MDD 환자의 경우 감정 조절의 역할을 하는 뇌의 전두엽과 변연계에서 건강한 대조군보다 많은 구조적, 기능적 변화가 관찰되는데[31], 그래서 우울증이 있는 사람들은 처리 속도의 저하, 작업 기억의 문제, 전반적인 IQ 하락을 경험한다.[32] 다행히도 이런 장애가 영구적이지는 않다. 여러 대규모 연구가 효과적인 치료를 통해 이전에 우울증을 앓았던 사람들도 인지 기능을 회복할 수 있다는 점을 보여주었다.[33]

정신 건강 장애의 추정치는 나라마다 다르지만 미국 인구 다섯 명 중 한 명은 일생 동안 어떤 형태로든 정신 질환을 경험한다.[34] 정신 건강 장애는 불안과 우울증과 같은 일반적인 질병에서 정신 분열증과 같은 비교적 드문 질환까지 그 범위가 넓다. 정신 건강의 문제는 일찍 시작되고 장기간 치료를 받지 못하는 경우가 흔하다. 정신 질환으로 진단을 받는 사람들의 약 50퍼센트가 이미 14세부터 징후를 보이며, 기준을 24세 이전으로 변경하면 그 비율은 75퍼센트에 육박한다.[35] 필요한 도움을 실제로 받기까지 평균 11년이 걸리는 것으로 나타났다. 이는 정신 건강의 문제와 관련된 모든 불쾌한 증상과 부작용을 제외하고도, 인지 기능이 최선이 아닌 상태로 11년을 보낸다는 의미다.

다행스럽게도 연구자, 임상의, 기타 의료진들의 노력 덕분에, 정신적 성과에 영향을 미치는 여러 가지 정신 건강의 문제에서 치료의 효과와 접근성이 매년 높아지고 있다. 정기적으로 하는 검진이나 매년 맞는 독감 예방 주사처럼 나는 매년 정신 건강과 관련한 일종의 검진을 받는다. 당신도 검사를 받아보기를 권한다. 지금 정신적으로 최적의 상태인지 확실치 않은 상태인가? 약간의 이상을 느끼지만 문제를 딱 꼬집어 말하기가 어려운가? 검사로 손쉽게 이런 문제를 해결할 수 있다. 당신이 느끼고 있는 혹은 의심되는 증상에 따라 정신의학 전문의나 심리상담 전문가와 상담 예약을 잡아보라.

양육 방식이나 함께 시간을 보내는 사람들의 태도에 따라 정신 건강 전문가를 만나는 일을 불편하게 여기는 사람도 있다. 당신이 그런 경우라면, 개인 정보를 더 잘 보호하면서 도움을 얻을 수 있는 대안적인 방법을 이용하면 좋다. 화상 회의나 전화, 베러헬프BetterHelp, 토크스페이스Talkspace, 닥터온디맨드Doctor on Demand 같은 앱을 통해 예약을 하면 병원 대기실에서 누군가가 당신을 알아볼 위험을 없앨 수 있다.[36]

인지적 향상을 원한다면, 그리고 정신 건강에 문제가 있음을 인지했다면 여러 방법으로 그것을 치료함으로써 인생을 바꾸고 인지 능력을 향상시킬 수 있다. 이 점은 아무리 강조해도 지나치지 않다. 건강이 잘 관리되고 회복되면 인지 검사 성적도 향상될 것이다.

이제 건강, 라이프 스타일, 생산성을 샅샅이 파헤쳐 당신의 정신적 성과를 방해하는 병목 요소들을 확인해보자.

체크 건강과 라이프 스타일 자기 평가

다음 설문에서 당신은 10가지 영역에서 건강과 라이프 스타일을 평가해 어느 부분에서 최적화가 필요한지 알아볼 것이다. 어느 영역에서든 최고의 정신적 성과에 도달하지 못하게 하는 병목이 있을 수 있다. 정신적 성과에 영향을 미치는 최근에 겪은 인생의 사건에 대한 질문에도 답하게 될 것이다. 긍정적이든 부정적이든 커다란 사건은 당신의 정신적 성과에 영향을 미친다.

이 설문 뒤에는 잠재적 병목을 확인했을 때 시도해볼 만한 일련의 제안들을 써두었다. 정신적 성과 달성을 목표로 하는 자가 실험을 실행하기 전후에 이 설문에 다시 답해보기를 강력히 권한다.

강조하건대, 이는 다른 누군가와의 경쟁이 아니다. 이 질문들은 정해진 시간 동안 건강과 라이프 스타일에 있어서 '당신'이 어디쯤에 있다고 '생각'하는지를 측정해준다. 가능한 솔직하게 답하라. 연필이나 펜을 들고 시작해보자. 나를 들여다볼 시간이다!

| 건강과 라이프 스타일에 대한 설문: 가까운 과거 되돌아보기 |

점검할 기간을 정한다.

지난 30일 혹은 지난 3개월 동안의 전형적인 하루를 생각하면서 아래의 모든 질문에 답한다. 당신이 예상하는 미래 30일의 모습과 가장 가까운 기간을 선택한다.

지난 30일 _____ 지난 3개월 _____

다음 질문에 1~5점까지의 범위 또는 '해당 없음'으로 답한다.

1점: 전혀 그렇지 않다(그 기간 동안 0~10퍼센트)
2점: 때때로 그렇다(그 기간 동안 11~35퍼센트)
3점: 대체로 그렇다(그 기간 동안 36~65퍼센트)
4점: 대부분 그렇다(그 기간 동안 66~90퍼센트)
5점: 거의 항상 그렇다(그 기간 동안 91~100퍼센트)
해당 없음: 모른다 혹은 해당되지 않는다

1. 수면

나는 상쾌한 기분으로 일어난다.	
나에게 맞는 적절한 시간 동안 잠을 잔다.	
낮 동안 정신이 맑다.	

2. 수분

나는 갈증을 느끼지 않는다.	
하루 몇 차례 소변을 본다.	
내 소변은 맑거나 거의 맑다.	

3. 공기/호흡

나는 쉽게 호흡할 수 있다. 나는 폐, 코, 입, 목이 조이는 듯한 느낌을 받지 않는다.	
나는 호흡을 통해 활력을 얻는다. 숨을 쉴 때마다 양질의 공기를 충분히 마신다.	
공기의 질이 좋다. 이상하거나 불쾌한 냄새가 나지 않는다.	

4. 영양

괴로울 정도의 포만감이나 굶주림을 느끼지 않는다.	

대변을 보는 데 문제가 없다.	
미량 영양소 전반을 균형 있게 섭취한다(비타민 D, 콜린, 오메가 3 등을 충분히 섭취한다).	
나는 다량 영양소(탄수화물, 단백질, 지방)를 적절한 비율로 섭취한다.	

5. 체력/에너지

하루에 적어도 30분 이상의 운동(심박수가 증가하거나, 호흡이 가빠지거나, 노력이 필요하거나, 힘이 드는 지속적 신체 움직임이 필요한)을 한다.	
일상적인 일을 처리할 만한 힘이나 에너지를 갖고 있다. 계단 오르기, 버스 잡기, 강아지 산책, 쇼핑백 운반 등 일상적인 일들을 처리하는 과정에서 숨이 차는 느낌을 받지 않는다.	

6. 안전

나는 신체적으로(다른 사람으로부터, 물리적 환경으로부터 등) 안전하다고 느낀다.	
나는 정서적으로(다른 사람으로부터, 물리적 환경으로부터 등) 안전하다고 느낀다.	

7. 사회적 유대

나는 다른 사람과 연결되어 있다고 느낀다.	

8. 영성/의미

나의 삶은 의미가 있고 긍정적이다. 나는 목적의식을 느낀다. 나는 더 큰 그림과 연결되어 있다고 느낀다.	

9. 의료

의학적 치료가 필요한 건강상의 문제를 갖고 있지 않다. 직장, 학교, 기타 활동에서 시간을 낭비하게 하는 다른 문제를 갖고 있지 않다.	
신경학자, 정신의학과 의사, 심리학자, 기타 공인된 정신 치료사로부터 심리학적 혹은 신경학적 증상을 진단받은 적이 없다. 진단을 받지 않았을 뿐 아니라 일상적인 일에 영향을 미치는 심리학적 혹은 신경학적 증상이 있다는 의심도 들지 않는다.	

10. 인생의 사건과 스트레스 요인

10번 문항의 질문들은 위의 질문과 범위가 다르다. 다음의 진술에 1~5점으로 답하라. 1은 '매우 그렇다'를 의미하며 5는 '전혀 그렇지 않다'를 의미한다.	

출산과 자녀	
나는 아이를 가지려고 노력했거나 아이를 가질 준비를 했거나 최근 첫 아이를 낳았거나 새로운 자녀를 얻었다.	
인간관계	
나는 최근 새로운 연인 관계 혹은 가족 관계를 시작했다.	
나는 결혼을 준비하고 있거나 최근 결혼을 했다. 나(혹은 내 가까운 가족)는 최근 이혼을 했거나 중요한 관계(연인 관계 등)의 종말을 맞았다.	
트라우마	
나 혹은 나와 가까운 사람이 최근 사고를 당하거나, 투옥되거나, 중병으로 입원을 했다. 그밖에 '트라우마'라는 단어를 들을 때 떠오르는 일이 최근에 일어났다.	
죽음	
가까운 사람이 최근 사망했다.	
경제적·직업적·사회적 상황의 변화	
최근 일자리를 잃었거나, 새로운 일자리를 구했거나, 새로운 학교생활이나 새 학기가 시작되었다.	
재정적 상태가 최근 변화했다(이득이나 손실 양쪽 모두 해당).	

위 질문의 답을 꼼꼼히 확인해보자. 해당 영역의 점수가 높다면 그 영역에는 병목이 없을 가능성이 높다. 점수가 낮다면 그 영역에 병목이 존재하며 그것이 정신적 성과를 낮추는 데 영향을 미친다는 것을 의미한다.

보다 엄정한 기준을 얻고 싶거나 위 질문을 자가 실험의 일환으로 사용하려면 이렇게 활용해보자. 먼저 위 질문에 나타난 점수를 사용하지 말고, 대신 매일 잠자리에 들기 전에 각각의 질문에 '예'나 '아니오'로 답을 기록한다. 각 범주(수면, 수분, 공기 등)의 기준 점수는 그 범주에 속한 질문들 각각에 '예'라고 답한 날의 수를 매일 밤 모든 질문에 '예'라고 답했을 경우의 총점으로 나눈 값이다. 당신이 7일간 자료를 수집했다고 가정하면 당신이 매일 밤 수면 범주에서 모든 질문에 '예'라고 답했을 경우 총점은 21점일 것이다(질문 3개 × 7일). 하지만 수면 질문에서 나흘간 두 개에만 '예'라고 답했다면 당신 점수는 8÷21, 약 38퍼센트가 될 것이다.

생활 속 '버그'를 해결하는 다양한 해법들

설문지에 나온 각각의 주제는 우리의 신체적·정신적 건강에 매우 지대한 영향을 미친다. 각각을 주제로 책을 한 권씩 쓸 수 있을 정도다. 때문에 여기서 그에 대한 모든 답을 주기에는 지면의 한계가 있다. 당신이 발견한 병목 영역을 전문적으로 다룬 책이나 자료를 찾아볼 것을 권한다. 그렇긴 하지만 위의 문제들에 대해 내가 우연히 발견했거나 특별히 지식이 있고, 유용하다고 생각하는 몇 가지 해법을 알려주도록 하겠다.

수면 부족, 수면 장애 등 각종 수면 문제

가능한 해법: 컴퓨터나 휴대전화의 청색광이 수면을 방해하지 않도록 블루 라이트 필터와 같은 조광 소프트웨어를 사용한다. 약한 수면 무호흡 증상이 있다는 의심이 든다면 관악기 연주법을 배우는 것과 같은 의외의 치료법을 시도해볼 수도 있다.[37] 목의 힘과 조절력을 키우면 수면 무호흡증의 근본 원인을 치료하는 데 도움이 된다는 연구 결과가 있다. 낮잠은 개발하면 좋은 수면 습관이다. 6분간의 파워냅power nap은 서술 기억(사실을 기억할 때 사용하는 종류의 기억)을 향상시킨다.[38] 미 육군은 반

복적으로 실행할 경우 120초 만에 확실하게 잠에 빠질 수 있는 수면 방법을 완성했다. 이 수면법은 얼굴부터 시작해 목, 어깨, 팔 등 몸의 각 부위를 순차적으로 이완시키는 과정으로 이루어지는데 이는 명상에서 하는 몸 살피기body scan와 비슷하다.[39]

수면 중에 빛이나 소음의 방해가 없도록 안대를 쓰고 귀마개를 착용한다. 빠르게 잠이 들고 싶다면 잠들기 전에 10분간의 독서와 같은 규칙적인 일과를 만들도록 한다.

수분 부족 문제

가능한 해법: 항상 물병을 휴대하고 습관이 될 때까지는 알림을 설정해둔다. 생활하는 지역의 수돗물 품질이 어떤지 확인하고 유리, 비스페놀A가 없는 플라스틱, 스테인리스 스틸, 알루미늄으로 만들어진 재활용 물병을 사용한다.[40]

온도, 오염, 알레르기 등 공기 및 호흡과 관련한 문제

세계보건기구World Health Organization의 최근 발표에 따르면 전 세계적으로 10명 중 9명이 좋지 못한 대기 환경에서 살고 있다고 한다. 미국인 10명 중 4명은 형편없는 대기 환경에서 살고 있다.[41] 또한 여러 연구를 통해 여성들은 따뜻한 환경(섭씨 약 25도)에서, 남성들은 약간 더 서늘한 환경(섭씨 약 22도)에서 가장 효과적으로 일할 수 있다는 것이 밝혀졌다.[42] 수십 개의 다른 변수를 고려한 경제 모델을 이용해 혹서 기간 동안 학생들의 표준화시험Preliminary Scholastic Aptitude Test, PSAT 점수를 분석한 결과, 시험 장소의 온도가 권장 온도보다 섭씨 약 0.5도 높아질 때마다 미국 학생들의

PSAT 점수는 보통 1점씩 떨어졌다.[43] 알레르기는 어떨까? 지속적인 재채기나 코막힘은 짜증스러운 것은 물론이고 인지 능력에도 영향을 준다. 이런 증상을 가진 사람들은 꽃가루가 날리는 계절만 되면 인지 능력이 급감한다.[44]

가능한 해법: 온도계를 이용해서 실내 온도를, 대기 질 측정기를 이용해서 공기의 질을 모니터한다. 보일러를 조정하거나 히터, 선풍기 등을 사용해 온도를 유지시키고 공기 청정기를 사용한다. 호흡에 어려움이 있다면 병원을 찾아 알레르기나 천식 검사를 해보도록 한다. 집먼지 진드기 같은 환경 알레르기가 있다면 삶의 질을 높일 수 있는 치료제나 기타 면역 요법을 고려한다. 집먼지 진드기를 막아주는 베갯잇과 침구도 증상을 줄이는 데 도움을 준다.

영양 불균형 및 영양 부족 문제

가능한 해법: 탄탄한 연구로 그 효과가 입증된 MIND Mediterranean-Dash Intervention for Nuerodegenerative Delay (지중해식 식단과 고혈압 조절을 위한 대쉬 다이어트를 합친 식이요법—옮긴이) 다이어트와 같은 식습관들이 있다. 식사 일기를 적어 브레인포그를 불러오거나 에너지를 빼앗는 자극 식품을 제거하는 실험을 해본다. 브레인포그를 경험하고 있다면 단기적인 제거 식이요법을 통해 다양한 자극 식품 중 어떤 것이 문제가 되는지 가려내 보도록 한다.

체력 및 신체 에너지 약화 문제

가능한 해법: 명확한 의학적 원인이 없다면 운동요법으로 힘과 지구

력을 키워 일상생활에 필요한 체력 소모를 줄이고 전반적인 에너지를 북돋운다.

안전과 관련한 문제

특정한 장소, 환경, 사람들이 집중을 방해하고 불편함을 느낄 정도의 스트레스를 일으킨다면 이는 집중과 학습, 창의성 발현을 어렵게 만든다.

가능한 해법: 당신의 자극 요인이 무엇인지에 따라 다양한 방면(회사의 인사부, 학교의 학생 지원 서비스, 치료사, 상담사, 중재자, 지역 정치 지도자나 종교 지도자)에 도움을 요청할 수 있다. 새로운 기술을 익히거나, 새로운 습관이나 사고방식을 갖는 것(예를 들어 호신술 수업을 듣거나, 명상 훈련을 하거나, 뉴스와 소셜 미디어에 대한 노출을 제한하는 것[45])도 해법이 될 수 있다. 때론 대단히 중요하고 힘든 인생의 변화(비정상적인 인간관계를 끊어내고 불합리한 직장에서 탈출하고 사는 곳을 바꾸는 등)가 필요하기도 하다. 당신에게 효과적이고 기존의 상황에서 가능한 변화를 찾아 실행한다면 보다 안전한 환경을 만들 수 있고 더불어 일상의 정신적 기능을 극대화하는 데에도 큰 도움을 줄 수 있다.

외로움 등 사회적 유대와 관련한 문제

외로움은 정신을 산만하게 하고 고통을 주며 심각한 건강상의 문제를 야기한다.[46]

가능한 해법: 사회적 건강은 정신적 건강의 중요한 측면이다.[47] 자원봉사를 하며 다른 사람을 돕고[48], 감사 일기를 쓰고[49], 인지 행동 요법을 활용하면[50] 외로움에 따른 여러 문제들을 감소시킬 수 있다.

삶의 의미 또는 영성과 관련한 문제

삶이 의미 없는 것처럼 느껴진다면 집중력, 창의성을 발휘하고 정신을 충분히 활용할 수가 없다.

가능한 해법: 명상, 기도, 자원봉사, 자연에서 보내는 시간, 영성 공동체 참여 혹은 경외감, 감사의 마음, 이타심을 자극하는 활동에 참여하는 것이 도움이 된다. [51]

자가 실험에서 좀 더 큰 효과를 얻고 싶다면 이런 병목 요소들을 완화시켜야 한다. 이런 병목 현상을 해결하면 정신적 성과가 향상되는 경험을 할 수 있을 것이다. 행복감은 말할 필요도 없다!

이어질 제2부에서는 당신이 업그레이드의 목표로 고려할 만한 정신 기능의 네 가지 영역을 살펴볼 것이다. 첫 번째는 우리가 공부하고, 일하고, 일상생활을 영위하는 데 핵심적인 역할을 하는 실행 기능이다.

핵심 포인트

1. 건강과 라이프 스타일의 10가지 핵심 영역을 평가해서 정신적 성과에 문제를 가져올 수 있는 잠재적인 병목을 찾는다. 잠재적 스트레스 요인을 찾아내기 위해 최근에 발생한 인생의 사건들에 대한 설문을 진행한다. 이들 역시 정신적 성과에 영향을 줄 수 있기 때문이다.
2. 정신적 성과 개선을 목표로 하는 자가 실험 전후에 건강 및 라이프 스타일 설문과 최근 사건에 대한 설문을 다시 진행하도록 한다.

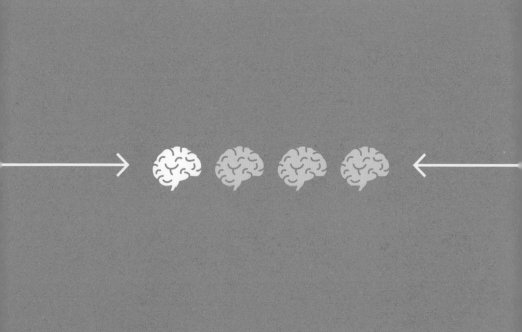

제2부

입문

: 스마트한 뇌로 리셋하기 위한 매뉴얼

제7장

추진력을 더해주는
'실행 기능' 사용법[1]

"의지만으로 충분하지 않다. 반드시 실행해야 한다."

_요한 볼프강 폰 괴테Johann Wolfgang Von Geothe

투자 시간

23분

목표

실행 기능이 무엇인지 알아보고 자신의 실행 기능을 검사
한다.

인생의 어떤 한 장면, 어떤 한 마디의 대화는 세월이 오래 지나도 잊히지 않는다. 내겐 고등학교 시절 한 친구와 나눴던 대화가 그렇다. 우리 기숙사의 여학생들은 늘 식당의 특정 테이블에 앉곤 했다. 마크라는 소년도 가끔 우리와 같이 밥을 먹었다. 어느 날 식당에 늦게 도착한 나는 자리에 앉은 뒤 친구들의 대화 내용을 따라잡기 위해 애쓰고 있었다. 그러다 우연히 마크의 대화 방식을 관찰하게 됐다. 마크는 아이디어를 제시한 후 의견을 적극적으로 내지 않고 나머지 친구들이 열띤 토론을 하는 것을

가만히 지켜보았다. 그가 가끔씩 던지는 질문을 통해 그가 친구들의 이야기를 매우 주의 깊게 듣고 있다는 것을 알 수 있었다. 우리의 주장을 종합하면서도 우리의 생각을 새로운 방향으로 살피게끔 유도하는 질문들이었다.

그는 우리 토론의 큰 그림을 볼 뿐 아니라 세부 사항에도 관심을 가졌고 대화 과정에서 우리 중 누가 어떤 입장을 취했는지까지 기억했다. 한 번에 대단히 많은 것을 마음속에 담아내는 능력, 다른 사람이 편견에 치우치지 않도록 자신의 의견을 억누르는 능력, 대화의 한 부분에서 다음 부분으로 유연하게 넘어가는 능력, 이렇게 세 가지 능력이 눈에 띄었다. 그는 우리의 표정을 지켜보고, 우리 주장의 경중을 가늠하고, 일종의 내부 평가를 하는 것처럼 보였다. 그리고 그 모든 것이 매우 빠르면서도 쉽게 진행되는 듯했다.

그의 이러한 능력들을 관찰하면서 나는 세 가지 의문을 갖게 되었다. 그의 마음속에는 남들보다 큰 공간이 있어서 큰 캔버스에 그림을 그리는 예술가처럼 특정한 순간과 관련된 모든 정보를 수용할 수 있는 것일까? 그는 어떻게 보통의 아이들보다 강한 자제력을 발휘하는 것일까? 그는 정신의 '변속 기어'를 더 빨리 바꿀 수 있는 것일까?

이미 짐작했는지 모르겠지만 그 소년의 성은 '저커버그'였다. 몇 년 후 그는 페이스북을 만들었다. 고등학교 때의 토론이 그의 사업 경로에 어떤 영향을 주었는지도 아무도 모를 일이다. 여기서 내가 말하려고 하는 건 페이스북의 홍보도, 비판도 아니다. 오래전 그가 '실행 기능'이라는 정신 능력의 핵심적인 세 가지 측면을 보여줬다는 이야기를 하고 싶을 뿐이다. 마크가 보여주었던 이 세 가지 측면, 즉 마음속에 현재 가장 적절한 정보를 담아 두는 큰 공간, 자신의 의견을 필요할 때까지 억누르는 능력, 인상적인 정신적 유연성은 모두가 실행 기능의 핵심 요소다.

그렇다면 실행 기능이란 정확히 무엇을 의미할까? 그리고 실행 기능의 향상이 당신에게 어떤 도움을 주는 것일까?

두뇌라는 조직을 이끄는 CEO, 실행 기능

재미있는 상상을 한번 해보자. 당신은 다른 사람의 두 배 정도 되는 아주 빠른 정신 능력을 가졌다. 당신은 어떤 아이디어를 아주 세부적으로 검토할 수 있고, 어떤 상황에서도 몇 단계 앞을 내다볼 수 있다. 모든 가능성을 시뮬레이션해서 다른 사람들은 인식조차 못한 가능성을 고려하며 체스를 한다. 당신은 엄청나게 많은 정보를 한꺼번에 마음에 담아두고 그것들을 조율해서 문제를 해결할 수 있다. 보통 사람이라면 우선 적어두어야 할 정도로 많은 정보를 실시간으로 기억하고 해결하는 것이다. 이런 모든 일이 가능하다면, 당신은 실행 기능의 '슈퍼 히어로'다.

실행 기능은 그 이름이 암시하듯이 두뇌의 다른 능력들을 책임지는 정신 능력이다. 우리 두뇌의 '경영진'은 하루 종일 무슨 일을 할까? 그들은 CEO처럼 계획을 세우고, 결정을 하고, 오류를 바로잡고, 문제를 해결한다. 그들은 예상치 못한 상황을 처리하고 두뇌의 다른 부분이 끙끙대며 처리하는 과제를 감시하고 필요하다면 그 해결에 개입한다. 그들은 외부 세계의 위협과 기회에 주의를 기울이고, 새로운 정보를 정리하고 이해하려 노력하며, 그것을 이전의 경험들과 비교한다.

실행 기능이 CEO라면 그 CEO는 내가 'WIF 팀'이라고 부르는 능력들, 즉 작업 기억working memory, W, 억제inhibition, I, 정신적 유연성mental flexibility, F이라는 하위 능력들을 데리고 다닌다.

'작업 기억'은 정보를 마음속에 저장할 뿐 아니라 적절히 처리하는 능력이다. 전화번호를 듣고 마음속에 저장된 숫자를 전화기에 입력해야 할 때, 큰 수를 종이와 펜 없이 곱할 때, 당신이 귀를 기울이지 않고 있다고 생각해서 자신이 한 이야기를 반복해보라고 청하는 사람에게 그 요청대로 이야기를 할 때 이 능력이 발휘된다. '억제'는 농담의 반전 부분을 발설하지 않게 하고 다이어트를 할 때 케이크 대신 샐러드를 선택하게 하며 쓸데없는 동영상을 보는 대신 중요한 이메일에 집중하게 한다. '유연성'은 하나의 아이디어에서 다른 아이디어로 주의를 이동시키고, 필요하다면 여러 개의 아이디어를 한 번에 통합할 수 있는 능력이다. 이 능력은 이메일을 체크하다가 다른 일로 전환하거나, 다양한 곳에서 얻은 아이디어를 종합하면서 보고서를 쓸 때 등장한다. 그리고 이 세 능력을 합친 실행 기능은 지속적인 집중, 목표 지향, 여러 과제를 순차적으로 처리하는 능력, 체계를 유지하는 능력, 새로운 과제를 다루는 능력을 준다.

실행 기능이 하는 역할에는 각성 수준(얼마나 명료한 상태인지, 얼마나 몰두하고 있는지)을 감시해서 당신을 안전하고 효율적인 상태에 두는 것도 있다. 그런 이유로 각성 수준을 분석해 어려운 과제를 얼마나 잘 처리할 수 있는지를 예측할 수 있다. 지나친 불안감을 가질 때는 매우 단순한 과제만을 완성할 수 있다.[2] 하지만 매우 졸린 상태라면 그조차도 힘들 것이다. 어려운 과제에 성공하고 싶다면 지나치지 않은 중간 정도의 각성이 필요하다.

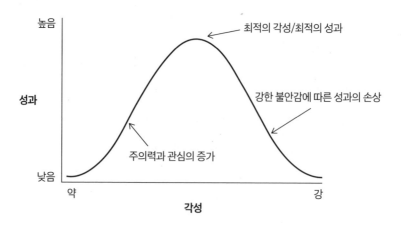

| 최적의 정신적 성과는 중간 각성 수준에서만 가능하다[3] |

최적의 각성/최적의 성과

강한 불안감에 따른 성과의 손상

주의력과 관심의 증가

높음

성과

낮음

약

강

각성

실행 기능은 두뇌의 어디쯤에 있을까?

앞서 언급했듯이 IQ 검사는 문화적 편견이 담겨 있어 정신적 성과를 측정하기에 미심쩍은 척도다. 반면에 실행 기능은 풍부한 신경과학적 데이터를 바탕으로 하기에 그런 면에서 훨씬 더 신뢰할 만하다.

이마에 손가락을 댔을 때, 손 안쪽으로 피부와 두개골을 거쳐 약 2센티미터 정도 되는 곳에 전두엽 피질이 있고 그 안에 실행 기능이 자리한다. 연구자들은 실험대상자를 뇌 스캔 장치에 뉘여 놓고 의사결정을 하고, 계획을 세우는 등 실행 기능을 수행하게 한 뒤 두뇌의 어느 부분이 발화하는지 보는 방법으로 실행 기능이 이루어지는 곳의 위치를 파악했다.[4]

정보를 이용해 결정을 내리고 계획을 세우려면 전두엽 피질이 기억을 저장하고 새로운 감각을 처리하는 두뇌의 다른 부분들과 '대화'를 나누어야 한다. 그 뒤 두뇌의 나머지 부분에 자신의 결정을 알려야 비로소 행동과 반응이 시작된다. 기억, 감각, 행동 개시는 전두엽뿐만 아니라 두뇌

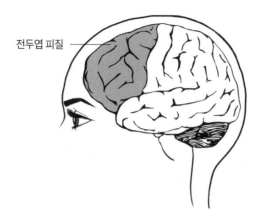

전두엽 피질

의 다른 영역과도 밀접한 관련이 있기 때문에, 실행 기능이 포함되는 과제에는 여러 개의 두뇌 영역이 관여하는 것이 보통이다.[5]

성공의 예측 요소가 되는 작업 기억

실행 기능은 삶의 여러 측면에 걸쳐 성공과 얽혀 있다. 뉴질랜드에서 일단의 연구자들이 한 도시에 사는 1,000명이 넘는 어린이 코호트cohort(특정한 경험과 행동양식 등을 공유하는 연령 집단―옮긴이)를 태어났을 때부터 32세까지 추적한 바 있다.[7] 연구자들은 여러 인지 능력, 그중에서도 어린이들의 자기 통제 수준(실행 기능과 연관된 능력으로 억제를 이용한다)을 조사했다. 그 결과 인생 첫 10년 동안의 자기 통제 수준을 기반으로 개인의 건강, 부, 약물 의존, 범죄까지 예측할 수 있었다. 부나 부모의 사회적 지위 그리고 어린이의 IQ 검사 결과를 이용해 수치를 조정한 이후에도 자기 통제력에 대한 평가는 결과를 예측하는 강력한 변수였다.

미국의 여러 연구들도 뉴질랜드의 이 같은 결과를 뒷받침하고 있다. 이 연구들에 따르면 유아의 작업 기억 점수만 알면 초등학교부터 대학교까지 학생들의 성적을 예측할 수 있다. 작업 기억을 기반으로 하는 예측은 IQ 검사를 기반으로 하는 예측보다 더 정확했다.[8]

실행 기능 장애에는 여러 가지 조건들이 따른다. 쉽게 짐작할 수 있듯이 ADHD 진단을 받은 사람들, 즉 주의력 조절에 문제가 있는 사람들은 전형적으로 실행 기능에 문제가 있다. 잘 알려지지 않았지만 조현병 환자 역시 이 실행 기능에 문제를 갖고 있다.

하버드 대학에서 조현병의 초기 징후를 보이는 10대들을 연구하던 크리스틴 후커Christine Hooker가 들려준 이야기는 조현병에서 이 실행 기능이 중요한 역할을 한다는 사실을 뚜렷이 보여준다. 그녀의 연구 대상인 한 10대 소년은 어느 날 침실에서 잠이 깨 이상한 금속 냄새를 맡았다. 벽이 피로 번들거리는 것처럼 보였다. 그는 벽으로 걸어가 손가락 끝으로 벽을 만졌다. 손가락을 코에 대자 피 냄새가 났다. 당연히 그는 엄청난 공포를 느꼈다. 이 지점에서 후커 박사는 내게 말했다. "그리고 그는 하던 행동을 멈췄습니다." 그는 눈을 감고 벽에 '정말로' 피가 흐를 가능성이 있는지 자문했다. 모든 감각이 벽에서 피가 흐르고 있다고 말하고 있었지만 그는 이 모든 정보를 마음속에 담아두고 꺼내지 말라고 스스로를 설득할 수 있었다. 이후 그의 논리적인 추론 능력이 발휘되기 시작했다. 그는 그 상황이 자신을 지나치게 감정적으로 만들어 똑바로 생각을 할 수 없게 한다고 판단하고 침실에서 나왔다.

후커의 설명에 따르면 조현병 진단을 받은 다른 10대 연구 대상자들과 비교할 때 이 소년의 특이한 점은 작업 기억의 크기에 있었다. 그는 평범한 사람보다 마음속에 더 많은 정보를 담을 수 있었다. 바로 그 점 덕분에 그는 감각의 혼란을 파악하고 감각을 억제하는 능력을 발휘할 수 있었던 것이다. 후커는 그 이후 수년 동안 정신 질환에 따른 혼란 때문에 일상생활에 어려움을 겪는 젊은이들을 대상으로 실행 기능 훈련의 효능을 실험했다.[9] 정신 질환으로 큰 어려움을 겪는 사람도 작업 기억의 향상을 이용해 문제를 관리할 수 있다면 우리 같은 질환이 없는 사람들이 작업 기억을 향상시킴으로써 어떤 일을 할 수 있을지 상상해보라.

작업 기억은 학생들이 학교에서 좋은 성적을 거두는 데에도 도움을 준다. 각기 스털링 대학과 에든버러 대학에 몸담고 있던 부부 연구자, 트레이시 앨러웨이Tracy Alloway와 로스 앨레웨이Ross Alloway는 작업 기억이 IQ보다 훨씬 나은 성적 예측 변수라는 것을 발견했다. 유치원생의 작업 기억을 측정한 그들은 6학년 때의 성적을 95퍼센트의 정확도로 예측할 수 있었다.[10]

어린이 영재들에 대한 최근의 연구는 실행 기능에서 작업 기억이 가진 특별한 힘을 더 잘 보여준다. 연구 대상인 아이들은 10살이 되기 전에 예술, 음악, 수학 기타 분야에서 성인 전문가에 준하는 능력을 보여 영재로 규정됐다. 대개의 사람들은 영재들이 천재적인 수준의 IQ를 가졌을 것이라고 생각하지만 사실 그렇지 않은 경우가 많았다. 그들의 IQ는 108(평균보다 약간 높은)에서 147(평균보다 상당히 높은)의 범위에 있었고 평균 이하의 점수를 받은 어린이도 있었다. 그들은 다양한 분야에서 탁월한 능력을 가지고 있었지만 특히 주목할 만한 수치가 있었으니 실험 대상인 여덟 명의 영재들 중 여섯 명의 작업 기억 점수는 일반 인구의 99퍼센트보다 높았다.[11] 물론 이 같은 소규모 관찰 연구로는 월등한 작업 기억이 그들을 영재로 만들었다고 단언할 수 없을 것이다. 하지만 최소한 남들보다 훨씬 빨리 해당 분야를 익히는 데 도움을 주었다고 가정하는 게 타당하지 않을까?

실행 기능은 업무와 사생활 모두에 영향을 미친다. 휴가를 가야 할 때 얼마나 계획을 잘 세우느냐(그리고 하고 있는 일을 마무리하는 동시에 짐을 얼마나 잘 꾸리느냐)는 현재의 건강 상태와 실행 기능의 작용으로 귀결된다. 한 번에 여러 아이디어를 얼마나 잘 담느냐(동료들이 지난주에 어떤 일을 처리했다고 이야기했는지, 그것이 이번 주 당신이 할 일에 어떤 영향을 줄지) 역시 실행 기능에 달려 있다. 당신은 친구가 너무 많은 음식을 주문하려고 고집할 때 얼마나 유혹에 잘 저항하는가? 상사가 전에 해본 적 없는 업무를 맡길 때 얼마나 자주 참신하고 창의적인 해결책을 생각해내는가? 이 모든 상황에서 일을 처리하는 부분이 바로 실행 기능이다.

체크 실행 기능 자기 평가 1: 자기 보고 검사

자신의 실행 기능을 검사하기란 그리 쉽지 않다. 실행 기능을 검사하는 방법에는 자기 보고 검사와 성과 기반 검사가 있는데, 가장 유용한 그림을 얻으려면 두 검사 모두를 사용하는 것이 좋다. 자기 보고 검사에 대한 설문은 바로 다음 장에 나오는 자기 평가를 사용하라. 성과 기반 검사는 이 장에 있는 검사 예문을 사용하면 된다. 이 책의 제5부에 나와 있는 개입을 시도한 뒤에는 다시 실행 기능을 검사해 변화가 얼마나 있었는지 확인해보도록 한다.

심리학자를 찾아가지 않고 집에서 이런 검사를 해도 괜찮은지 궁금한 사람도 있을 것이다. 임상적인 진단을 원하는 게 아니라는 전제하에서 대답한다면 답은 '그렇다'이다. 물론 심리학자와 일대일로 검사를 한다면 두 사람의 상호작용을 기반으로 검사를 개인화시킬 수 있기 때문에 훨씬 더 가치 있을 것이다. 그러나 뉴로해킹의 실제 가치는 검사를 반복적으로, 심지어는 매일 실시하면서 긴 시간에 걸친 변화를 살피는 데 있다. 일부 컴퓨터 기반 검사가 상당히 정확하다는 증거도 있다. 하버드 대학 부설 정신건강병원의 로라 저민Laura Germine과 그녀의 동료들은 이미 2010년 가정에서 시행하는 컴퓨터 기반 검사로 유효한 결과를 얻을 수 있다는 사실을 입증했다.[12] 최근의 많은 연구들도 집에서 실시하는 온라인 검사의 효과를 보여주고 있다.[13]

이 설문은 실행 기능의 핵심 요소인 작업 기억, 억제, 유연성은 물론 집중력 지속, 목표 지향, 과제를 순차적으로 수행하는 능력, 체계를 유지하는 능력, 새로운 과제를 처리하는 능력을 진단한다.[14]

다시 한번 말하지만 다른 누군가와 경쟁하는 것이 아님을 명심하라. 이 질문들은 정해진 시간 동안 실행 기능에 있어서 스스로가 어디쯤에 있는지 자신의 생각을 가늠하는 것일 뿐이다. 가능한 솔직하게 답하라. 연필이나 펜을 들고 시작해보자. 나를 들여다볼 시간이다!

점검할 기간을 정한다.

이 설문에서는 특정한 기간을 생각하면서 아래의 모든 질문에 답한다.

하루 동안 진행된 특정한 개입의 효과를 평가하는 데 이 설문을 이용하고자 한다면 '지난 24시간'을 선택한다. 만약 장기에 걸쳐 보다 전반적인 실행 기능을 기록하기 위한 목적으로 이 설문을 사용하고자 한다면 '지난 30일'이나 '지난 3개월'을 선택한다.

다음 선택지 중 하나를 골라 어떤 기간을 택했는지 표시한다.

지난 24시간 _____   지난 30일 _____   지난 3개월 _____

다음에 나오는 세 가지 영역에 대한 일련의 질문에 1~5까지 점수를 매겨 자신의 실행 기능을 평가한다. 1점은 형편없음, 2점은 그저 그런, 3점은 중간의, 4점은 잘하는, 5점은 뛰어나게 잘함을 의미한다.

- **기본적인 책임과 집중이 필요한 영역**: 당신이 달성해야 한다고 생각하는 가장 중요한 활동을 선택하라. 일이나 학교생활 등이 될 수 있다.
- **개인적인 프로젝트 영역**: 현재 당신에게 가장 중요한 개인적인 프로젝트를 평가한다. 악기 배우기, 정원 가꾸기, 지역 단체 봉사 등이 될 수 있다.
- **생명 유지 활동과 관련된 영역**: 먹고, 자고, 운동하고, 약속한 시간을 지키고, 잡무를 처리하는 것을 얼마나 잘 기억하는지 평가한다.

각 질문에 대한 점수는 세 영역 각각에 대한 답을 합산해서 구한다. 예를 들어 책임 영역에서의 답이 3(중간의), 개인적 프로젝트 영역에서의 답이 2(그저 그런), 생명 유지 영역에서의 답이 4(좋은)라면 이 질문에 대한 당신의 전체 점수는 9점이 된다.

1. 집중과 목표 지향: 다음의 활동에 참여하는 동안 당신의 집중력과 목표 지향성은 어느 정도인가?

기본적인 책임과 집중이 필요한 영역(일이나 학교생활)	
개인적인 프로젝트 영역	
생명 유지 활동과 관련된 영역	

2. 순차적 처리: 다음 활동에서 계획을 세우고 차례로 단계를 밟는, 다시 말해 보다 큰 목표를 위해서 하위 목표를 계획하고 실행하는 데 얼마나 능숙한가? 순차적인 과제 처리 능력, 목표를 과제로 세분화하는 능력, 특정한 순서로 과제를 계획하는 능력, 계획된 순서로 목표와 과제를 실행하는 능력은 어느 정도인가?

기본적인 책임과 집중이 필요한 영역(일이나 학교생활)	
개인적인 프로젝트 영역	
생명 유지 활동과 관련된 영역	

3. 주의력: 다음의 활동에서 집중을 방해하는 요소를 무시하는 것, 특별히 흥미롭지 않거나 피로할 때 장기간 집중하는 것, 상황의 변화를 인지하고 하던 일을 조율하는 것 등에 얼마나 능숙한가?

기본적인 책임과 집중이 필요한 영역(일이나 학교생활)	
개인적인 프로젝트 영역	
생명 유지 활동과 관련된 영역	

4. 익숙지 않은 문제의 해결: 다음 영역에서 이전에 본 적이 없는 문제를 해결하는 데 얼마나 능숙한가?

기본적인 책임과 집중이 필요한 영역(일이나 학교생활)	
개인적인 프로젝트 영역	
생명 유지 활동과 관련된 영역	

5. 조직화: 다음 활동에서 깔끔하고 조직적인 상태를 유지하는 데 얼마나 능숙한가?

기본적인 책임과 집중이 필요한 영역(일이나 학교생활)	
개인적인 프로젝트 영역	
생명 유지 활동과 관련된 영역	

6. 유연성: 다음 활동에서 정신적으로 유연성을 유지하는 데, 즉 상황의 변화에 근거해 생각이나 행동의 방향을 바꾸는 것에 얼마나 능숙한가?

기본적인 책임과 집중이 필요한 영역(일이나 학교생활)	
개인적인 프로젝트 영역	
생명 유지 활동과 관련된 영역	

채점표

대개는 총점에 집중하게 되지만 이런 간단한 설문에서는 사실 하위 점수가 더 유용할 때가 많다. 자가 실험을 수행하다 보면 이 질문들의 특정 하위 집합이 특이하다는 것을 발견하기도 한다. 예를 들어 세 영역 중 삶의 한 영역이 다른 영역보다 좁은 병목일 수 있다. 혹은 다른 모든 영역에서 12점을 받았으나 조직화 영역에서는 10점을 받았다면 조직화가 당신에게 가장 심각한 병목이라는 사실을 감지할 수도 있다. 이런 식으로 특별히 눈에 띄는 하위 영역이나 그룹이 있다면 자가 실험을 계속해 나가는 동안 해당 영역에 특별히 주의를 기울이길 권한다.

총점은 모든 질문에 대한 답을 합산한 것이다. 당신은 다음 중 어느 등급에 포함되는가?

- 3등급: 18~41점
- 2등급: 42~66점
- 1등급: 67~90점

낮은 점수는 실행 기능에 병목이 있음을 나타낸다. 이런 경우에는 타깃 실행 기능에 대한 개입을 시도해보는 것이 좋다. 제3부에서 그에 대한 자세한 내용을 다룰 것이다.

체크 실행 기능 자기 평가 2: 성과 기반 검사

자기 보고를 통해 실행 기능을 검사해보았다면 다음은 성과 기반 검사다. 매일 개입 전후에 사용할 수 있다. 여기에서 얻은 점수는 뉴로해킹 연구 노트에 반드시 기록해야 한다. 아래의 모든 검사는 연습 효과가 생기기 쉽다는 점을 염두에 두어야 한다(즉 많이 할수록 검사에 능숙해진다). 그런 이유 때문에 선택한 검사를 여러 번 실시하고(예를 들어, 기준이 되는 주에는 하루 한 번) 차점을 기준점으로 삼아야 한다. 이후 개입 기간에 얻은 점수들을 기준 점수와 비교해 해당 개입이 당신에게 얼마나 영향을 미쳤는지 확인한다. 아래의 검사들은 책에서 사용하도록 수정된 것이며 컴퓨터 기반 버전은 웹에서 찾을 수 있다.

작업 기억 검사

바로 앞 페이지 문자 기억하기

1950년대 후반부터 여러 버전의 작업 기억 검사가 활용되어왔다.[15] 다음에 나오는 검사지는 개인적 사연이 있는 버전이다. 어느 날 나는 책의 이 부분을 어떻게 써야 하나 고민하고 있었다. "독자가 인터넷에 접속할 수 없는 공원이나 비행기 안에 있으면 어쩌지?" 컴퓨터 과학자인 남편이 대답했다. "책 자체를 사용하면 되지 않겠어?" 나는 놀라서 소리쳤다. "바로 그거야!" 그렇게 이 버전의 검사가 만들어졌다.

준비물

- 타이머
- 필기구
- 페이지 번호와 글자가 있는 책(어떤 책이든 상관없다)
- 검사 정보와 결과를 기록할 뉴로해커 연구 노트
-

방법

1. 책의 아무 페이지나 펼친다. 결과표에 페이지 번호를 적는다.

2. 타이머를 1분으로 맞춘다.

3. 먼저 'n=1'에서 시작한다. 'n=1'이란 1페이지의 첫 문자를 기억하는 것을 의미한다. 그것이 'o'라고 가정하자. 다음 페이지로 간다. 맨 위에 적힌 새로운 첫 문자를 보면('l'이라고 가정하자) 당신이 기억하고 있는 이전 페이지의 첫 문자를 적는다. 결과표에 'o'를 적는 것이다.

4. 다음 페이지를 본다. 이 페이지의 첫 문자를 보면('p'라고 가정하자), 이전 페이지의 첫 문자를 적는다. 결과표에 'o'와 'l'을 적어야 한다.

5. 타이머가 울릴 때까지 위 과정을 반복한다. 이 작업은 대부분의 사람들이 어렵게 여기는 과제다. 따라서 몇 자 적지 못했다고 낙심할 필요는 없다.

6. n=1이 너무 쉽다면 n=2(두 페이지 앞의 첫 문자를 기억하면서 이후 사용할 수 있도록 이전 페이지의 문자와 현재 페이지의 문자도 기억하는 것을 의미한다)를 시도하고, 다음으로 n=3(세 페이지 앞의 첫 문자를 기억하면서 다음에 사용할 수 있도록 두 페이지 앞, 한 페이지 앞의 문자와 현재 페이지의 문자도 기억하는 것을 의미한다)을 시도한다.

채점

범위: 정확도와 속도를 측정한다. 정확도는 시도한 총 페이지와 당신이 정확하게 문자를 기억한 페이지의 비율이다. 속도는 당신이 시도한 총 페이지다. 최저점은 0점이며 최고점은 1분에 당신이 최대한 넘길 수 있는 페이지의 수다.

떨어지는 자를 얼마나 빨리 잡을 수 있는가[16]

실행 기능이 얼마나 빨리 정보를 처리하고 행동을 취하느냐의 문제만은 아니지만(속도는 연구자들이 실행 기능을 추정하려 할 때 측정하는 여러 요소 중 하나일 뿐이다), 자를 이용해서 반응 시간을 검사하는 것도 실행 기능을 측정하는 한 가지 방법이다. 순수한 실행 기능에 대한 검사는 아니지만 처리 속도가 빠르면 대개 실행 기능도 높다.[17] 점수는 자의 맨 끝을 잡는 것부터 몇 센티 아래를 잡는 것까지 다양하다.

준비물

- 센티미터 눈금이 있는 자
- 필기구
- 검사 정보와 결과를 기록할 뉴로해커 연구 노트

방법

1. 친구가 자를 잡고 있되, '0' 눈금이 당신 손 위에 최대한 가까이 오게 한다.
2. 당신이 주로 사용하는 손의 엄지와 검지를 편 상태에서 그 사이로 자를 떨어뜨린다. 당신이 해야 할 일은 가능한 빨리 자를 잡는 것이다.
3. 잡기 전에 자가 몇 센티미터나 떨어졌는가? 그 수치를 당신의 반응 점수로 환산한다. 예를 들어 잡기 전에 10센티미터가 떨어졌다면 10센티미터가 당신의 반응 점수다.

4. 여러 번(5회 이상) 반복하고 평균 점수를 구한다.

성과 기반 추가 검사: 플랭커 유사 검사, 스트룹 유사 검사

다음의 플랭커 검사와 스트룹 검사는 하나의 예시일 뿐이라는 점을 기억하라. 아래의 검사들을 실시했다면 연습 효과로 인해 재실시는 불가능하다. 지면의 제약 때문에 여기에서 전체를 공개할 수는 없다. 웹에서 더 많은 자료를 찾을 수 있을 것이다. 컴퓨터 기반 버전은 연구자들이 사용하는 버전과 더 유사하다.

억제 검사

플랭커 유사 검사[18]

이 억제 검사는 1970년대부터 계속 사용되어온 고전적인 신경 심리 과제에서 약간의 변형을 준 것이다.

준비물

- 타이머
- 아래의 필기 검사(웹에서 더 많은 사례를 찾을 수 있다)
- 필기구

- 검사 정보와 결과를 기록할 뉴로해커 연구 노트

방법

1. 타깃 부등호가 가리키는 정확한 방향을 적는다(오른쪽 방향이면 'r', 왼쪽 방향이면 'l'). 가운데 부등호는 맨 왼쪽 부등호, 맨 오른쪽 부등호와 같은 거리에 있다.

2. 예시 문제:

   < < > > >

   가운데 부등호가 가리키는 방향은?

   답: r

3. 타이머를 1분으로 맞춘다. 가능한 많은 문제에 답한다.

4. 채점(아래 표 참조): 정답에는 1점, 답을 하지 않았거나 틀린 답은 0점으로 처리한다.

문제	가운데 부등호가 가리키는 방향은?	답
1	> < > > >	r
2	< > > > >	r
문제	**맨 왼쪽 부등호가 가리키는 방향은?**	**답**
3	< < > > >	l
4	> < < > >	r

스트룹 유사 검사[19]

이 검사는 자동적인 반응을 억제하고 규칙의 변화에 적응하는 능력을 평가한다. 이 검사는 1930년대부터 거의 한 세기 동안 사용되었다.[20] 이 검사는 자동적인 반응을 억제하고 관점을 빠르게 전환하는 능력을 평가한다. 색상의 이름은 다른 배경색에 다른 색상의 글꼴로 적혀 있다. 당신이 할 일은 질문에 따라 단어의 의미나 글꼴의 색상을 즉각적으로 답하는 것이다. 예를 들어 검은색의 폰트 색상이 무엇인지 묻는 질문이라면 '흰색'이라고 답해야 한다. 단어의 의미를 묻는 질문이라면 '검은색'이라고 답해야 한다.

준비물

- 타이머
- 스트룹 단어표. 지면의 제약으로 아래에 10개의 예시만을 실었다. 하지만 1분간의 검사를 위해서는 아래에서는 패턴만 확인하고 직접 약 75개의 단어표를 준비해야 한다. 혹은 웹에서 전체 견본을 찾도록 한다.
- 필기구
- 뉴로해커 연구 노트

방법

1. 타이머를 1분으로 설정한다.

2. 글꼴의 색상을 기입한다. 사례 1: **검은색** 답: 흰색

3. 단어의 의미를 기입한다. 사례 2: **검은색** 답: 검은색

4. 채점(아래 표 참조): 질문에 답을 하지 않거나 틀린 답을 했을 경우
   0점, 정답은 문제의 난이도에 따라 1~2점.

	글꼴의 색은 무엇인가?	점수	답
1	검은색	1	검은색
2	흰색	1	흰색
3	검은색	2	흰색
4	흰색	2	검은색
5	검은색	1	검은색
	단어의 의미는 무엇인가?	점수	답
1	흰색	1	흰색
2	검은색	2	검은색
3	검은색	2	검은색
4	흰색	1	흰색
5	검은색	2	검은색

1. 실행 기능은 세 가지 정신 능력, 즉 작업 기억, 억제, 유연성으로 이루어져 있다. 실행 기능이 필요한 종류의 활동에는 장래에 대한 계획, 한 번에 여러 가지 아이디어를 담는 것, 유혹에 저항하는 것, 문제에 대한 창의적인 해법을 떠올리는 것 등이 있다. 이런 능력을 관리하는 두뇌 영역은 전두엽 피질이다.

2. 높은 실행 기능은 학업, 일, 성공을 예견한다.

3. 낮은 실행 기능은 학교에서의 낙제나 낮은 소득 등 학업과 일에서의 어려움과 연관이 깊다. 또한 정신 건강을 저해하고 조현병, ADHD 등 신경학적 문제를 악화시킨다.

4. 컴퓨터 기반 검사는 물론 펜과 종이를 이용한 검사로도 자신의 실행 기능 능력을 측정할 수 있다.

제8장

일, 학습, 인간관계를 도와주는 '감정 조절' 사용법

"자극과 반응 사이에는 공간이 있다. 그 공간에는 반응을 선택하는 우리의
의지가 있다. 우리의 성장과 우리의 자유는 우리의 반응에 달려 있다."

―빅터 프랭클Viktor Frankl

투자 시간

12분

목표

감정 조절 능력이 무엇인지 배우고 자신의 감정 조절 능력
을 검사한다.

빅터 프랭클은 내가 영웅으로 삼고 있는 사람 중 한 명이다. 생존 여부와
관계없이 저녁 식사에 10명의 명사를 초대할 수 있다면 내가 가장 처음
으로 꼽을 사람이 바로 그다. 유대계 정신의학과 의사인 그는 제2차 세
계대전 중에 수용소에 갇혔다. 그는 절망과 공포에 굴하지 않고 주변에
서 일어나는 두려운 일들로부터 의미를 찾기로 결심했다. 그는 거기에
서 벌어지고 있는 모든 일(모든 고통 속에서도 인간성을 지키는 사람과 그렇
지 못한 사람)에 주의를 기울이며 수용소를 나갈 수 있는 행운이 주어진다

면 포로들이 신체적, 정서적으로 살아남는 데 도움을 주었던 심리학적 전략들을 세상과 공유하겠다고 다짐했다. 프랭클은 살아남았고 공전의 베스트셀러《죽음의 수용소에서》에 자신이 관찰한 것들을 기록했다. 그는 이런 일련의 통찰과 기법들을 사용한 치료 활동과 저서들을 통해 수백만의 사람들이 인생에서 보다 깊은 의미와 목적을 발견하도록 도왔다.

나는 이 장 맨 앞의 인용문에서 프랭클이 말하는 '공간'을 감정의 자기 조절emotional self-regulation, 즉 '새로운 EQ'가 발휘되는 곳으로 해석했다. 자극과 반응 사이의 그 공간에는 '결정'을 할 기회가 있다. 그 공간에서 우리가 하는 일이 우리의 미래를 결정한다. 그 중요한 공간에서 감정과 사고를 관리하는 법을 배우는 것이 이 장의 핵심이며 거기에 우리의 '성장과 자유'가 달려 있다.

늘 차분함을 유지하는 사람들의 공통점

연구자들과 임상의들은 감정 조절 능력을 자신의 감정을 관찰하고, 평가하고, 조정하는 능력으로 정의한다. 자신의 감정을 조절하는 능력(어떤 대상에 대해 느끼는 감정의 강도, 경험하는 감정의 다양성, 특정한 감정의 지속 기간)에는 의식적인 부분뿐만 아니라 잠재의식적인 부분도 있다.[1] 자제력과 의지 역시 이와 관련된 개념이다. 감정 조절 능력이 강한 사람은 여러 모순적인 면을 보여준다. 그들 역시 광범위한 감정을 경험한다. 하지만 그들은 그런 감정을 표현하는 시기와 방법에서 놀라운 장악력과 융통성을 보여준다.[2] 다시 말해 감정 조절 능력과 냉정함은 그 의미가 다르다.

감정 조절 능력이 강한 사람은 두 가지 본질적인 특성을 갖는다.

- **감정 표현을 지연시키는 능력:** 예를 들어 장례식에서 갑자기 웃고 싶은 기분이 들었더라도 그들은 자신을 통제한다. 그렇지만 상황이 허락하면 그들은 웃음, 눈물 등의 감정을 자연스럽게 표현한다.
- **자신의 감정, 사고, 생리에 영향을 미치는 능력:** 감정 조절에 어려움을 겪는 사람은 중요한 발표를 앞두고 긴장으로 심장이 뛰는 것을 죽음이 임박했다는 신호로 해석하여 한층 더 불안감을 느낀다. 반면에 발표를 앞둔 초조함을 알아차리고 자신에게 '가슴이 뛰는 건 내가 무척 기민하고 예리한 상태라는 의미야. 아주 좋아!'라고 말하는 것은 효과적인 감정 조절이다. 감정 조절을 잘하는 사람은 이렇게 상황을 재규정함으로써 차분하고 꾸준하게 성과를 향상시킨다.

강한 감정 조절 능력은 일[3], 학업[4], 인간관계[5]에서의 성공과 긴밀하게 연관된다. 예를 들어 클라이언트와의 회의가 얼마 남지 않아 준비에 박차를 가하고 있는데 스트레스를 받아 집중할 수 없다고 느낀다면, 무턱대고 앉아 일을 계속하는 것이 오히려 시간 낭비다. 그럴 때는 일어나서 동네를 한 바퀴를 돌고 난 뒤 집중력을 찾아서 일을 다시 시작하는 것이 낫다. 약간의 불안은 처음에 뭔가를 잘 배우는 데도 도움이 된다. 하지만 흥미롭게도 그것을 효과적으로 기억하려면 불안의 정도가 낮아져야만 한다.[6] 감정 조절 능력은 인간관계를 유지하는 데 큰 혜택을 준다. 자신의 감정을 관리할 수 있는 능력은 큰 장점이다. 감정 관리가 잘 되는 사람이라면 자신이 받고 있는 스트레스와는 전혀 관련이 없는 질문을 한 상대에게 화를 내어서 분란을 조장할 리가 없기 때문이다.

감정 조절에는 물리적인 연습과 시간이 필요하다.[7] 여러 연구는 나이 든 성인이 젊은 성인이나 어린이에 비해 감정 조절 능력이 월등히 높다는 것을 보여주고 있다.[8] 그와 관련해서 나이 든 성인들은 긍정적인 기분에 대한 보고가 부정적인 기분에 대한 보고보다 많다.[9] 그들은 어떤 기술을 개발한 것일까?

감정이 격앙된 상황을 효과적으로 관리하는 4단계 방법이 있다. 성공적인 감정 조절을 위해서는 벌어지는 각 단계를 인식하고 각 시점에서 의식적인 선택을 해야 한다.

- **1단계. 인식:** 감정이 격앙된 상태임을 깨닫는다. 예를 들면 손바닥이 축축한 것을 느끼며 자신이 긴장했음을 알아차린다.
- **2단계. 선택:** 상황 안에서 무엇에 주의를 기울일지 선택한다.
- **3단계. 해석:** 상황을 어떻게 해석할지 선택한다.
- **4단계. 반응:** 상황에 대한 반응을 선택한다.

감정 조절 능력이 강한 사람은 각 단계를 주의 깊게 인식하고 처리하지 못하는 사람에 비해 상황을 더 성공적으로 처리한다.

감정 조절 능력이 강한 사람이 '반응' 단계에서 택하는 방식들이 있다.[10] 여기에 그 몇 가지 사례를 소개한다.

- 감정이 격앙된 상황을 유지할지, 거기에서 벗어날지 결정한다.
- 분위기를 부드럽게 만들 방법을 찾는다. 예를 들면 자기 비하적인 농담

을 해서 다른 사람들을 자기편으로 끌어들이는 식이다.

- 이야기를 하며 상황의 초점을 이동시키거나 상황에 대한 모두의 인식을 바꾼다.
- 사건에 대한 균형감을 얻기 위해 다른 시각을 받아들이려 노력한다.
- 자신이나 상황을 다른 관점에서 보려고 노력한다. 여기에는 갈등이 있는 사람의 관점을 받아들여서 공감대를 형성하거나, 좋은 친구의 입장에서 연민을 가지고 자신을 바라보는 일이 포함된다.
- 감정적 스트레스 요인이 하루아침에 해결될 수 없는 것이라면 그들은 새로운 습관을 구축한다. 부담이 큰 회의 직전에 명상 수업을 받도록 일정을 짜거나 발표가 끝나면 낮잠으로 재충전의 시간을 갖는 계획을 마련한다.

화가 나면 왜 열이 오르게 될까

감정 조절을 시도할 때 우리 뇌에서는 어떤 일이 일어날까? 뇌 스캔 장치에 누워 있는 피험자에게 재미있거나 슬픈 영화를 보여주어 강한 감정을 불러일으킨 뒤 감정 반응을 조절하라고 요청하면 두뇌의 두 영역이 활발하게 활동하는 것을 발견하게 된다.[11] 첫 번째 영역은 두뇌의 앞부분 (전두엽 피질 영역, 실행 기능 과제를 할 때 같은 영역이 활성화된다)이고, 두 번째 부위는 편도체를 비롯해 감정 생성에 관여하는 부위들이다. 특히나 편도체는 환경 안에 있는 대상의 중요성이나 특징을 부호화하는 역할을 하는데, 두려움이나 위협을 느끼면 몹시 활성화된다. 감정 조절 요청을

받은 피험자들의 뇌에서는 전두부와 편도체 사이의 연결 강도가 매우 강해지는 것으로 나타났다.[12]

이런 '발화'는 실행 기능과 감정 조절에 관련된 두뇌 영역이 감정 중추의 활동을 '규제'하고 있음을 의미한다. 감정 조절이 어려운 사람들은 쉽게 감정 조절을 하는 사람들과는 눈에 띄게 다른 두뇌 활동을 보인다. 감정 조절을 잘하는 사람들은 전두엽 영역과 편도체 사이의 연결성이 그렇지 않은 사람들보다 강한 편이다.[13]

하지만 감정 조절이 오직 두뇌만의 작용은 아니다. 크게 화가 났을 때 신체의 여러 부위가 뜨거워지는 것을 느끼지 않는가? 부신 피질(신장 안에 있는 부위)이 혈류로 투쟁-도피 화학물질을 보내고 그 물질이 손끝의 온도 상승, 동공의 확장 등 신체 전반에 일련의 변화를 일으키기 때문이다.[14] 마찬가지로 심장박동 주기와 피부에서 분비되는 화학물질도 감정에 반응해 달라진다.[15] 이런 이유로 감정에 의해 활성화되는 신체 부위에 집중하는 유형의 명상이 감정 통제 훈련에서 좋은 성과를 내는 것이다.

심박수 체크하듯 감정을 체크하기

오늘날 감정 조절 수준을 검사하는 방법은 대부분 스스로 보고하는 설문 형태에 머물러 있다. 몇 년 내에 보다 생물학적 변화를 기반으로 하는 평가를 만나게 될 것이다. 그런 평가는 감정 조절 행동과 관련한 우리 몸의 변화를 탐지해서 피드백을 주는 방식으로 감정 조절을 보다 쉽게 할 수 있도록 도와줄 것이다. 이러한 평가 방법은 대다수가 정신 건강의 영역에서부터 출발한다. 신생 업체 마인드스트롱헬스Mindstrong Health는 환자가 스마트폰을 어떻게 사용하는지 조사해 정신 건강에 대한 단서를 제공한다. 이 앱은 실제로 사용자가 무엇을 하는지 살피는 것이 아니라 화면을 얼마나 빨리 두드리는지, 화면을 얼마나 자주 넘기고 내리는지를 분석해서 정신적 기능의 변화를 나타내는 행동을 감지한다. 이와 비슷하게 사이버보안 업체의 중역이었던 두 사람이 설립한 신생 업체 뉴라메트릭스NeuraMetrix는 타이핑 리듬을 신경학적, 정신적 기능 변화와 연관된 변화의 생물지표로 사용한다. 다양한 웨어러블 트래커가 추적하는 심박변이율은 감정 통제와 연관이 깊은 것으로 알려져 있다.[16] 따라서 머지않아 우리가 착용하는 스마트워치에 심박과 산소포화도를 체크하듯 감정 조절 검사가 나오리라 예상된다.

다음의 자기 평가를 이용하면 당신이 현재 감정 조절에 있어 어느 정도 수준인지 수치로 된 기준을 얻을 수 있다. 이 평가로 자가 실험을 시작한 후 진전을 비교해볼 수 있는 기준점을 갖게 될 것이다. 다음은 자기 평가를 위해서 지금 자신에게 던져볼 수 있는 일련의 질문들이다.

체크 감정 조절 자기 평가

이 설문은 감정 조절의 핵심 측면인 감정을 관찰하고, 평가하고, 수정하는 능력들을 진단한다. 여기에는 자기 진정 기술, 충동 통제 기술, 자기 인식, 주의력 조절이 포함된다.[17]

이것은 당신 자신에 대한 일임을 기억하라. 다른 누군가와의 경쟁이 아니다. 이 질문들은 정해진 시간 동안 감정 조절에 있어서 당신이 어디쯤에 있다고 생각하는지를 측정해준다. 선택한 기간 동안 당신의 상태에 대해 가능한 솔직하게 답하라.

점검할 기간을 정한다.

이 설문에서는 특정한 기간을 생각하면서 아래의 모든 질문에 답한다. 교차 비교가 가능하도록 모든 자기 평가에서와 동일한 시간을 택한다. 예를 들어 실행 기능의 자기 평가에서 '지난 30일'을 택했다면 여기에서도 30일을 택한다.

하루 동안 진행된 특정한 개입의 효과를 평가하는 데 이 설문을 이용하고자 한다면 '지난 24시간'을 선택한다. 보다 정확한 기준을 원한다면 매번 이전 24시간을 생각한다. 만약 장기에 걸쳐 보다 전반적인 감정 조절 능력을 기록하기 위한 목적으로 이 설문을 사용하고자 한다면 '지난 30일'이나 '지난 3개월'을 선택한다.

지난 24시간 _____ 지난 30일 _____ 지난 3개월 _____

각 항목 옆에 아래 점수표에 따른 적절한 숫자를 적어 다음의 진술이 당신에게 얼마나 자주 해당되는지 체크한다. 각 질문에 대한 점수는 그 질문에 표시하는 숫자다. 예를 들어 1번 질문에 1이라고 답했다면 그 질문에 대한 당신의 점수는 1이다.

1점: 전혀 아니다(해당 기간 동안 0~10퍼센트)
2점: 때때로(해당 기간 동안 11~35퍼센트)
3점: 약 절반(해당 기간 동안 36~65퍼센트)
4점: 대부분(해당 기간 동안 66~90퍼센트)
5점: 거의 항상(해당 기간 동안 91~100퍼센트)

1. 내가 어떤 느낌을 받고 있는지(화가 났을 때를 포함해) 의식했다.	
2. 내 감정이 어떤 것인지 알 수 있었다.	
3. 원한다면 감정을 느끼는 방식을 변화시킬 수 있었다.	
4. 화가 났을 때 내 자신의 감정을 누그러뜨릴 수 있었다.	
5. 화가 났을 때 강력한 감정 때문에 자동적으로 촉발되는 행동이나 말들을 멈춤으로써 충동을 억제할 수 있었다.	
6. 화가 났을 때 다른 생각을 하기로 선택할 수 있다.	

채점표

대개는 총점에 집중하게 되지만 이런 간단한 설문에서는 사실 하위 점수가 더 유용할 때가 많다. 자가 실험을 수행하다 보면 이 질문들의 특정 하위 집합이 대단히 흥미롭다는 것을 발견하기도 한다. 하위 집합에 대한 답을 따로 추적하면 특별한 가치를 발견할 수도 있다.

최종 점수는 답을 합산한 것에 3을 곱한 값이다. 높은 점수는 당신이 자신의 감정 조절 능력에 자신감을 느끼고 있음을 나타낸다. 낮은 점수는 감정 조절이 당신의 병목일 수 있음을 나타낸다. 이런 경우라면 감정 조절 능력을 향상시키기 위한 개입을 실험해보는 것이 좋다.

- 3등급: 18~41점
- 2등급: 42~66점
- 1등급: 67~90점

체크 순간 감정 평가

감정 조절에 대한 대부분의 평가는 정확한 그 순간의 분석이 아니라 장기적인 점검이 목표이기 때문에(장기에 걸친 평균 수준을 포착하기 위해), 일간 실험을 위해서는 다음의 기분 평가표를 사용하게 될 것이다. 이 평가는 다음과 같은 방식으로 사용한다. 첫째, 자신의 감정을 촉발시키는 계기를 만든다(즉, 걱정, 분노, 두려움을 불러오는 불쾌한 것에 대해 생각한다). 이후 아래의 순간 감정 평가Momentary Feelings Assessment, MFA를 실시한다.

| MFA: 순간 감정 평가[18] |

다음 18개의 감정 중 절반은 유쾌함에 해당하고 다른 절반은 불쾌함에 해당한다. 현재 각 감정을 경험하고 있다는 진술에 얼마나 동의하는지를 1~5점으로 나타내보자. 1은 '아주 약간 혹은 전혀', 3은 '보통', 5는 '극도로'를 의미한다.

나는 현재…한 감정을 느끼고 있다.	
1. 슬픈	
2. 의욕적인	
3. 화가 난	
4. 연민 어린	
5. 겁먹은	
6. 감사하는	
7. 역겨운	
8. 매우 흥미로운	
9. 불안한	
10. 결의에 찬	
11. 흥분한	
12. 경외감으로 가득한	
13. 유감스러운	
14. 에너지가 넘치는	
15. 짜증스러운	
16. 주의 깊은	
17. 불안정한	
18. 만족스러운	

다음으로 이 책에 있는 개입 중 하나를 시도해서 감정에 대한 통제력을

얻도록 한다. 개입 이후에 MFA를 다시 실시한다. 새로운 점수를 계산해 기분이 바뀌었는지 확인한다.

채점표

모든 홀수 번호의 감정에 표시한 점수를 더한다. 이것이 당신의 '불쾌한' 감정 점수다. 점수의 범위는 9~45점이다. 이후 모든 짝수 번호의 감정에 표시한 점수를 더한다. 이것이 당신의 '유쾌한' 감정 점수다. 이 점수의 범위 역시 9~45점이다.

총점은 '유쾌한' 감정 점수에서 '불쾌한' 감정 점수를 빼서 구한다.

- 3등급: -36~-12점
- 2등급: -13~11점
- 1등급: 12~36점

총점이 낮을수록 전반적인 기분이 저조하고, 총점이 높을수록 전반적인 기분이 좋음을 의미한다. 그러나 총점 외에 하위 점수를 살펴볼 필요도 있다. 하위 점수('유쾌한' 감정 점수와 '불쾌한' 감정 점수)를 총점과 별개로 살펴보는 이유는 자가 실험을 할 때는 한두 개의 질문에서 변화를 관찰하는 것이 더 유용할 수 있기 때문이다. 하위 그룹에 대한 답을 따로 추적하면 특별한 가치를 발견할 수도 있다.

실행 기능과 감정 조절을 살펴보았으니 이제 당신이 기다리고 있었을 영역, 학습 및 기억으로 주의를 돌려보자.

1. 감정 조절은 감정을 관찰, 평가, 수정할 수 있는 능력이다.

2. 감정적으로 격앙된 상황을 효과적으로 관리하는 네 가지 단계가 있다. ① 자신이 감정적으로 격한 상태임을 깨닫는다. ② 마주한 상황에서 주의를 기울여야 할 것을 선택한다. ③ 그 상황을 해석할 방법을 선택한다. ④ 그 상황에 대한 반응을 선택한다.

3. 감정 조절을 하는 동안에는 두뇌와 신체의 여러 부분이 활성화된다. 변연계와 전두엽(두뇌), 부신 피질(신장), 손끝의 온도와 동공 확장(눈), 피부(화학물질 분비)를 비롯한 말초신경계가 활성화되는 것이다.

4. 설문을 통해 당신의 감정 조절 능력을 측정할 수 있다. 미래에는 생리학에 기반을 둔 측정 방법이 보다 많아질 것이다.

제9장

머릿속 창고를 효과적으로 쓰는
'학습 및 기억' 사용법

"기억은 복잡한 것이다. 진실과 동족이지만, 쌍둥이는 아니다."

— 바버라 킹솔버Barbara Kingsolver

투자 시간

15분

목표

기억이 어떻게 작동하는지 배우고 자신의 기억력을 검사한다.

"여기 혹시 자리가 비어 있나요?"

나는 고개를 들어 미소를 짓고 있는 곱슬머리의 남자를 보았다. MIT에서 첫해를 보내고 있을 때였다. 나는 심리학 입문 강의의 앞쪽 자리에 앉아 있었다. "네, 앉으세요." 나 역시 남자에게 미소를 지어 보였다. 이후 그의 이름이 니마 베이세Nima Veiseh라는 것을 알게 되었다. 나는 그에게 왜 이 수업에 관심을 갖게 되었느냐고 물었다.

그는 낄낄 웃었다. "내 기억력은 문제가 있어. 심리학 수업이 문제를 파악하는 데 도움이 되지 않을까 싶어서."

심리학 교수는 화면에 일련의 항목을 띄우고 잠깐 시간을 준 뒤 가능한 많이 기억해보라고 말했다. 몇 줄 뒤에 앉은 학생은 아홉 개를 기억했다. 니마와 내가 기억한 것은 여섯 개뿐이었다. "이것이 작업 기억 검사입니다."라고 교수가 설명하자 니마는 혼자 중얼거렸다.

"아마 내 기억력 문제는 다른 유형인가 봐."

니마는 한참 후 UC 어바인의 연구에 참여해서 자신이 과잉기억증후군hyperthymestic syndrome, hyperthymesia 혹은 '대단히 우월한 자서전적 기억력'highly superior autobiographical memory, HSAM 이라 불리는 증상을 가진 세계에서 몇십 명밖에 안 되는 사람 중 하나라는 사실을 알게 됐다.[1] 나는 대화를 하거나 TV 드라마를 보면 몇 분에서 한 시간 정도 후까지만 시각적, 언어적 세부 사항을 기억할 것이다. 하지만 니마와 같은 과잉기억증후군 환자들은 그것을 '영원히' 기억한다. 과잉기억증후군 환자는 개인의 경험에 대한 검증 가능한 질문에 97퍼센트의 정확도로 답을 한다. 그 경험을 아주 오래전에 했더라도 말이다.[2] 니마는 이후 이 능력을 이용해서 1,500점 이상의 그림에 대한 상세한 자료들을 머릿속에 저장해 특유의 예술 세계를 창조하는 영감으로 활용했다.[3]

니마의 사례를 보았기 때문인지 잊지 않는다는 것이 내게는 대단히 근사한 일로 보인다. 하지만 사실 모든 것을 기억하는 게 꼭 좋지만은 않다. 우리는 망각을 두려워하지만 그것은 대단히 유용한 '정신 정화' 과정이다. 며칠 전 꽉 막힌 도로에서 보낸 2분? 삭제. 할아버지가 돌아가시기 전날 함께 켄터키 더비Kentucky Derby(경마 대회—옮긴이)를 보면서 즐겁게 보낸 2분? 저장. 과잉기억증후군이 있는 사람에게는 이 두 가지 2분간의 경험이 똑같이 기억될 것이다. 개인적인 의미는 극히 다르더라도 말이다. 인간 두뇌의 놀라운 점 중 하나는 약 20와트에 불과한 매우 적은 에너지로 작동한다는 것이다. 두뇌는 이런 소량의 에너지로 수천 배 더 많은 에너지를 필요로 하는 슈퍼컴퓨터보다 더 많은 일을 한다.[4] 두뇌가 이렇게 할 수 있는 이유는 어느 정도 망각 덕분이기도 하다.

니마나 다른 과잉기억증후군 환자들은 항상 엄청난 양의 영화 필름이 지나가는 것처럼 일생을 살아간다. 일부 과잉기억증후군 환자들은 자전적인 기억이 계속 자극을 받기 때문에 새로운 정보를 정리하는 데 집중하기 힘들고 이미 가지고 있는 기억을 검색하거나 활용하는 것도 어렵다고 불평한다.

특출난 자전적 기억을 제외하면 과잉기억증후군 환자가 가진 기억의 다른 측면들은 평균이나 심지어 평균 이하임이 밝혀졌다. 평범한 사람들과 같이 그들도 기억의 오류를 경험한다.[5] 이걸 보면 과잉기억 두뇌를 만드는 것이 영 불가능한 일은 아닌 듯 보인다. 그렇다면 엄청난 자전적 기억 기술의 뒤에 있는 비밀은 무엇일까?

과잉기억증후군 환자들에 대한 2015년의 한 연구에 따르면, 기억이 일관될수록 강박적이게 되는, 즉 사건을 되새기고 머릿속에서 반복할 가능성이 높았다. 연구자들은 니마와 같은 사람들도 일반 정보의 부호화에는 보통의 방식을 사용하지만 자전적 기억을 '공고화'시킬 때만은 다른 방식을 취한다고 생각했다.[6] 기억 공고화는 최근 학습한 경험을 장기 기억으로 보내는 두뇌의 처리 과정인데, 시간의 영향을 받는다.[7] 아마도 과잉기억의 비법은 우수한 공고화에 있는 것으로 보인다. 머릿속에서 반복하고 재생하는 일을 일반적인 사람보다 잘하는 것이다.

'정보'가 '기억'이 되는 3단계 프로세스

자전적 기억만이 아닌 모든 유형의 기억에는 부호화, 저장, 인출의 세 가지 단계가 있다.

- **부호화**encoding. 감각이 어떤 것을 감지했을 때 시작된다.
- **저장.** 감지된 정보는 단 몇 초만 지속되는 감각 기억으로 이동한다. 이후 이 감각 기억의 일부가 단기 기억으로 옮겨간다. 단기 기억은 몇 초에서 몇 분, 혹은 30분 동안 유지되기도 한다. 마지막으로 이 단기 기억 중 일부가 장기 기억으로 저장되며 장기 기억은 평생 없어지지 않을 수도 있다. 하지만 정보가 이 모든 단계를 지나 정확하게 부호화되려면 많은 장애물들을 거쳐야 한다. 예를 들어 동시에 뇌로 들어오는 다른 정보나 깊은 인상을 남길 만큼의 정서적인 의미가 없는 정보의 간섭이 있을 수 있다. 이런 많은 과정이 우리의 통제 밖에서 일어나기 때문에 기억할 필요가 없는 정보가 완벽하게 저장되고 중요한 다른 정보가 잊히는 일이 종종 발생한다.
- **인출.** 마지막 단계는 우리가 전형적으로 기억이라는 활동과 연관시키는 인출 단계다. 이 단계가 성공적으로 이루어지지 않을 때 우리는 '그게 뭐지? 입 안에서 맴도는데 기억이 안 나'라고 말한다.

보통 우리는 특정한 기준을 충족하는 사건이나 사실을 기억한다. 즉 강렬한 느낌을 주거나, 놀랍거나, 이전에 본 패턴과 일치할 때 (혹은 때로 기억하려고 노력할 때) 그 사건 혹은 사실을 기억하는 것이다.[8] 이런 기준을 만족하지 못하면 우리는 그것을 잊어버리게 된다. 우리가 제1부에서 논의했던 '함께 발화하는 뉴런은 함께 배선되어 있다'나 '동기화되지 않은 뉴런은 연결이 끊어진다'는 신경과학자들의 말을 기억해보라. 두 번째 문장이 뉴런 기준에서의 망각 과정이다. 많은 것을 공유했던 학창 시절 친구와 멀리 떨어져 지내게 되면 나중에 이야기할 거리가 없어지는 것처럼 동시 발화가 중단된 뉴런은 연결이 끊기는 경향이 있다. 연결이 끊어진다는 것은 두뇌 기준에서의 망각이다.

우리가 일상을 살 수 있는 건 기억 때문이다

기억에는 크게 네 가지 유형이 있다. 그리고 각 기억 유형은 생명 기능의 여러 다른 측면에서 유용한 역할을 한다. 우리가 방금 논의했던 자전적 기억은 편도체를 비롯한 여러 영역과 관련된다. 앞서 제8장에서 작업 기억, 즉 마음속에 많은 정보를 오랫동안 간직하는 능력에 대해 이야기했던 것을 기억할 것이다. 뇌 스캔을 통해 밝혀진 바에 따르면, 작업 기억에 관련된 영역들은 뇌의 앞부분에 제한된 반면, 자전적 기억과 관련된 영역들은 관자놀이 아래에 위치한 측두엽과 머리 뒤쪽의 후두엽을 아우른다.[9]

학교에서는 주로 의미 기억semantic memory 이라 불리는 유형의 기억을 활용한다. 이는 사상, 개념, 사실에 대한 기억인데, 나라별 수도를 외우고, 영어 단어를 기억하고, 주기율표를 암기하는 것이 여기에 해당한다. 과거가 아닌 미래와 연관된 유형의 의미 기억도 있다. 바로 이것이 미래

계획 기억prospective memory, 즉 무엇인가를 기억해야 한다는 기억이다. 예를 들어 스스로에게 '집에 가는 길에 우유 사는 걸 잊지 말자'라고 말한다면 당신은 지시적 기억을 계속 불러내고 있는 것이다. 해마는 일화적 기억episodic memory(자전적 기억이 일화적 기억의 한 유형이다)과 의미 기억 모두에서 중요한 역할을 한다. 기억에 있어서도 여전히 두뇌의 앞부분이 관여하지만 측두엽이 보다 중요한 역할을 할 수도 있다.

기술을 요하는 동작을 할 때는 또 다른 유형의 기억, 즉 절차 기억 procedural memory에 의존한다. 자전거를 탈 때나 운전을 할 때 이 기억을 이용한다. 뇌의 선조체 영역에서 습관이나 절차 기억이 저장되고 처리되는데, 이때 전두엽이 기억을 그곳에 이르게 하는 데 매우 중요한 역할을 한다. 학습의 첫 단계인 부호화는 주로 작업 기억에 의존하고, 따라서 전두엽에 크게 의존한다. 하지만 어떤 대상에 대해 잘 알게 되면 더 이상 전두엽을 사용할 필요가 없다. 제1부에서 논의했듯이 뇌 스캔 영상에서 주어진 과제에 대한 초심자와 전문가의 뇌 활동을 비교하면 차이를 발견할 수 있다. 초보자가 과제를 수행하기 위해 작업 기억과 기타 실행 기능을 동원하느라 애를 쓸 때면 그 사람의 전두엽 피질이 크게 활성화된다. 반면에 전문가의 뇌는 훨씬 조용하다. 그들은 자동적인 절차나 장기 기억만을 떠올림으로써 문제를 해결한다. 여기에는 선조체와 소뇌 등의 부위가 관련이 있다.

이는 특정 과제뿐 아니라 학습 태도나 학습 행동에도 적용된다. 실행 기능 분야의 선구자인 브리티시컬럼비아 대학의 아델 다이아몬드Adele Diamond는 이렇게 표현한다. "어린이도 이성적으로는 다른 사람을 때리지 말아야 한다는 것을 안다. 그러나 그 지식이 자동화되지 않았다면, 충

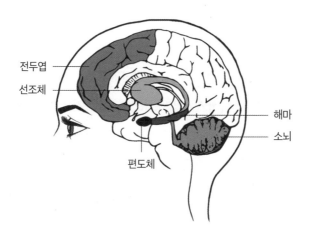

동적으로 다른 사람을 때릴 것이다. 어떤 것을 자동화하는 유일한 방법은 행동, 정확히 말하면 '반복적인 행동'이다. 다른 어떤 것도 그런 일을 할 수 없다."[10]

AI 시대에 학습과 기억이 갖는 의미

고기능 학습 및 기억이 유용한 이유는 무엇일까? 우선 시간을 절약할 수 있다. 정보를 일일이 확인할 필요 없이 기억만 하면 되니까 말이다. 구글 번역기에 단어를 입력하는 것과 외국어로 유창하게 대화를 하는 것의 차이와 같다.

자신감도 향상된다. 몇 분에 한 번씩 유튜브 동영상을 보면서 수술 기법을 복습해야 하는 외과 의사가 있다고 상상해보라. 강연을 하면서 계속 메모를 살피는 TED 연사를 상상해보라. 경기 도중에 멈춰서 드리블하는 법을 확인해야 하는 프로 농구 선수를 상상해보라.

오늘날 빠르게 배우는 능력의 중요성은 점점 더 커지고 있다. 학사 이상의 학위를 요구하는 일자리도 점점 많아지고 있다.[12] 인공지능이 많은 비숙련 일자리를 자동화시키고 있다. 2030년이면 전 세계적으로 7,500만에서 3억 7,500만 명의 사람들이 직업을 바꾸리라 예상된다. 새로운 기술을 빨리 익히는 능력은 다양한 기회에 적응하는 데 도움을 줄 것이다.[13] 일자리에 직접적인 위협이 없는 사람들이라고 해서 안심하긴 이르다. 오늘날은 매일 따라잡아야 하는 새로운 정보가 그 어느 때보다 빠르게 증가하고 있기 때문이다.[14] 좋은 기억력과 함께 빠른 학습 능력을 갖춘다면 이런 변화의 소용돌이 속에서도 타격을 받지 않을 수 있다.

체크 학습 및 기억 자기 평가 1: 자기 보고 검사

내 친구 니마처럼 과잉기억증후군이 있는지 알고 싶다면 UC어바인의 연구 페이지로 가서 선별 검사를 해볼 수 있다.[15] 다른 유형의 학습 능력과 기억력에 대해 알고 싶다면 자기 보고(이들 각 영역에서 자신이 어느 정도라고 느끼는지)와 성과 기반 검사를 수행한다. 그런 식으로 자가 실험을 시작하면 진전을 비교할 수 있는 출발점을 얻게 된다. 성과 기반 검사는 웹에서 찾아볼 수 있다. 다음은 자기 보고 검사를 위한 질문들이다.[16]

이 검사의 목적은 학습 및 기억 능력(추정치)의 기준을 얻는 것이다.

우리는 두 가지 유형의 기억, 즉 일화적 기억(장소, 시간, 감정에 연관된 사적 경험)과 의미적 기억(단어, 개념, 숫자)에 집중하려고 한다.

다른 누군가와 경쟁하는 것이 아님을 명심하라. 이 질문들은 정해진 기간 동안 당신의 학습 능력과 기억력이 어디쯤에 있다고 생각하는지를 측정해준다. 해당 기간 동안의 상태에 대해 가능한 솔직하게 답하라.

점검할 기간을 정한다.

이 설문에서는 특정한 기간을 생각하면서 아래의 질문에 답한다.
하루 동안 진행된 특정한 개입의 효과를 평가하는 데 이 설문을 이용하고자 한다면 '지난 24시간'을 선택한다. 만약 장기에 걸쳐 기억력과 학습의 정도를 기록하기 위한 목적으로 이 설문을 사용하고자 한다면 '지난 30일'이나 '지난 3개월'을 선택한다.

지난 24시간 ____ 지난 30일 ____ 지난 3개월 ____

각 질문에 대한 당신의 점수는 당신이 그 질문에 표시하는 숫자다. 예를 들어 1번 질문에 1이라고 답했다면 그 질문에 대한 당신의 점수는 1이다.

1점: 거의 항상(해당 기간 동안 91~100퍼센트)
2점: 대부분(해당 기간 동안 66~90퍼센트)
3점 약 절반(해당 기간 동안 36~65퍼센트)
4점: 때때로(해당 기간 동안 11~35퍼센트)
5점: 전혀 아니다(해당 기간 동안 0~10퍼센트)
해당 없음: 답이 나오지 않았다.

새로운 숫자를 잘 익히지 못한다.	
이미 알고 있는 숫자를 잘 기억하지 못한다.	
새로운 사실을 잘 익히지 못한다.	
이미 알고 있는 사실을 잘 기억하지 못한다.	
새로운 단어를 잘 익히지 못한다.	
이미 알고 있는 단어를 잘 기억하지 못한다.	
새로운 이름, 얼굴을 익히기가 어렵다.	
이미 알고 있는 이름, 얼굴을 떠올리기가 어렵다.	

물건(열쇠, 지갑, 자동차)을 어디에 두었는지 잘 기억하기 못한다.	
방금 뭘 하려고 했었는지 자주 잊어버린다.	
뜻하지 않게 중복 예약을 하거나 약속을 잊어버려서 두 사람과 같은 시간에 약속을 잡은 적이 있다.	
일상적인 과제(양치, 약 복용, 세금 납부)를 자주 잊어버린다.	
문자로 된 자료를 익히는 데 어려움을 겪는다.	
읽었던 것을 잘 기억하지 못한다.	
들었던 것을 잘 기억하지 못한다.	
도중에 방해를 받으면 내가 말한 것, 내가 한 일, 내가 한 생각을 잘 기억하지 못한다.	
방법이나 지침을 익히거나 방금 배운 방법이나 지시를 기억하는 데 어려움이 있다.	
오래전부터 알고 있던 방법이나 지침을 기억하는 데 어려움이 있다.	

채점표

대개 총점에 집중하게 되지만 이런 간단한 설문에서는 사실 하위 점수가 더 유용할 때가 많다. 자가 실험을 수행하다 보면 이 질문들의 특정 하위 집합이 대단히 흥미롭다는 것을 발견하기도 한다. 기억력과 학습 능력 자기 평가에서 가장 공감이 가는(기억력과 학습 능력에 대한 당신의 내적 정의에 가장 잘 부합하는) 3~5개의 질문을 선택하라. 이런 하위 그룹에 대한 답을 따로 추적하면 특별한 가치를 발견할 수도 있다.

총점은 모든 질문에 대한 답을 합산한 것이다(①). '해당 없음'으로 답을 했다면 그 질문은 최종 점수에 포함시키지 않는다. '해당 없음'을 빼고 답을 한 질문의 총 개수에 5를 곱한다(②). ①을 ②로 나눈다. 나눗셈한 결과에 90을 곱한다.

당신의 점수는 어느 등급에 속하는가?

- 3등급: 18~41점
- 2등급: 42~66점
- 1등급: 67~90점

낮은 점수는 학습 및 기억 능력에 병목이 있음을 나타낸다. 이런 경우라면 학습 및 기억 능력 향상을 위한 개입을 실험해보는 것이 좋다. 장기에 걸쳐 높은 점수를 받았다면 이는 당신의 뉴로해킹 실험이 효과가 있다는 긍정적인 신호다.

체크 학습 및 기억 자기 평가 2: 성과 기반 검사

단어 학습 능력을 빨리 검사해보고 싶다면 다음의 검사를 시도해보자.

단어 학습 검사

준비물

- 타이머
- 단어장 1과 2
- 단어를 기록할 빈 종이와 필기구

방법

1. 타이머를 1분으로 맞춘다.

2. 시작 버튼을 누르고 '단어장 1'에 나오는 단어 20개를 본다. 가능한 많은 단어를 암기한다. 단어장을 가린다.

3. 1분의 휴식 시간을 갖는다. 단어를 생각하지 말라!

4. 다시 1분 동안 단어를 가능한 많이 기억해 적는다.

5. 단어장을 연다. 단어의 몇 퍼센트를 기억했는가?

단어장 #1 (개입 전 검사)

개	퀴노아	반감
탁자	물결	미로
산	메아리	숲
모자	현명한	무릎
기차	둥근	그림
민주주의	벽난로	눈
튤립	경이로운	

단어장 #2 (개입 후 검사)

고양이	강황	축하
소파	구멍	게임
하늘	고요	사막
코트	바보 같은	귓불

- 비행기
- 직사각형인
- 조각
- 군주제
- 전자레인지
- 손
- 데이지
- 좌절

다음 장에서는 마지막 정신적 목표인 창의성에 대해 살펴볼 것이다.

1. 기억에는 단기, 장기 등 여러 가지가 있다. 일화적 기억은 당신 인생의 스토리, 즉 일화에 대한 것이고 의미 기억은 개념과 사실에 대한 것이며 절차 기억은 어떤 일을 하는 방법에 대한 것이다.

2. 학습은 부호화와 저장의 두 단계로 이루어지며 이미 학습한 것을 떠올리는 것은 인출이라 부른다.

3. 빠른 학습 능력은 자동화로 전 세계 노동 시장에 변화가 일어나는 위협적인 상황에서도 커리어에 적응하고 업무를 잘 파악하는 데 도움이 된다. 기억력의 향상은 이미 알고 있는 것을 마음껏 활용하고 누리는 데 도움이 될 것이다.

제10장

아이디어를 샘솟게 하는 '창의성' 사용법

"창의성은 고갈되는 것이 아니다. 더 많이 사용할수록 더 많이 생긴다."

—마야 안젤루Maya Angelou

투자 시간

17분

목표

창의성에 대해 더 깊이 이해하고 자신의 창의성을 검사해 본다.

2015년 겨울, 나는 교육 콘퍼런스에서 강연 요청을 받고 중국 쑤저우 시를 방문했다. 거기에 머무는 동안 콘퍼런스 주최 측에서는 나를 비롯한 세계 각국의 연사들이 상하이 지역에 있는 혁신학교들을 돌아볼 수 있게 해주었다. 그중에서도 특히 나와 동료들의 눈에 띈 교실이 있었다. 한 학교의 미술실이 벽부터 선반 구석구석까지 그림, 드로잉, 벽화, 조각들로 가득 들어차 있었던 것이다. 전문 작가들도 자랑스럽게 자신의 작품이라고 얘기할 만한 섬세하고도 놀라운 창의성을 보여주는 작품들이 엄청나게 많이 있었다.

작품 수준의 다양성은 더 놀라웠다. 뛰어난 걸작들 옆에 어린아이가 대충 그린 것 같은 작품들이 있었다. 미술 교사는 나의 혼란스런 표정을 보고 웃음을 터뜨렸다. 그가 전한 말에 따르면, 이번 학기 학생들의 점수에는 작품의 질만큼이나 그들이 내놓은 작품의 개수도 큰 영향을 미쳤다고 한다. 최종 점수는 그들의 작품이 얼마나 훌륭한가 뿐만 아니라 그들이 얼마나 많은 작품을 만들었는가에 따라 매겨졌다. 학기가 끝날 때쯤이면 미술실은 창작품들로 가득 채워진다고 했다.

작품으로 가득한 이 미술실을 보면서 나는 오래전 기억이 하나 떠올랐다. 미술실을 떠나는 길에 갑자기 7학년 때의 영어 선생님이 생각난 것이다. 그녀는 나와 친구들에게 작문 숙제를 내주었다. 성적에 반영이 되는 과제였다. 그런데 성적은 작문의 내용이 아니라 우리가 쓴 글의 양과 성실성에 달려 있다고 말하는 것이 아닌가? 모두가 놀랐고 약간은 의심을 품었다. "무슨 함정이 있는 거죠?" 반 친구 한 명이 질문을 했다. 하지만 선생님은 미소를 지으면서 말했다. "함정 같은 건 없어요. 원하는 것을 쓰면 돼. 일기, 시, 노래 가사, 이야기, 에세이, 쇼핑 목록… 뭐든지 쓰기만 하면 된단다."

중국의 미술 교사와 7학년 때의 영어 선생님은 뭔가 중요한 것을 알고 있었다. 이것이 무슨 의미인지는 곧 알게 될 것이다.

'천재적'과 '창의적'은 동의어일까?

창의성이란 무엇인가? 이 문제에 대해 확실히 아는 사람이 과연 어디 있을까? 있기는 할까? 창의성은 정의하기가 몹시 어려운 대상이다. 측정은 말할 것도 없다. 사실, 나는 이 책에 창의성에 대한 내용을 넣어야 하는지 한동안 고민을 했다. 결국 뉴로해커로서 우리의 목표는 일상에 영향을 주는 정신적 능력을 향상시키는 것이기 때문에 창의성에 대해 알아야 한다고 결론 내렸다. 다만 여기서 나는 상당히 좁은 범위의 '정량화할 수 있는' 정의를 사용할 것이다. 이것이 보다 실제적인 유용성을 갖기를 바란다. 우리는 창의성이 새로움novelty과 관계가 있다는 것을 알고 있다. 창의성은 창조에 대한 것이고 따라서 무엇인가를 만드는 것이어야 한다. 또한 당신이 만드는 대상은 유용하거나 가치가 있어야 한다. 때문에 나는 이 책에서 많은 연구자들이 택하는 정의를 사용할 것이다. 즉, 여기에서 말하는 창의성은 '주어진 시간 안에 만드는 유용하고 새로운 것의 수'를 의미한다. 좀 더 알기 쉽게 이야기하면 창의성이 우수한 사람은 그렇지 않은 사람보다 주어진 기간에 '더 많은 양'의 '새롭고 유용한 것'을 만들 수 있다는 의미다.

어떤 이들은 창의성이 있으려면 IQ가 천재의 수준이어야 한다고 생각한다. 하지만 수많은 연구가 이런 생각에 이의를 제기한다. 성인 대상의 IQ 검사는 어린이들을 위한 검사보다 어렵게 만들어져 있기 때문에 평균적인 어린이는 성인 IQ 검사에서 평균적인 성인보다 낮은 점수를 받는다. 하지만 노끈 뭉치, 테이프, 스파게티 면, 마시멜로를 이용해서 가능한 높은 구조물을 만드는 과제에서는 유치원 어린이 팀이 성인 팀(그것도 변호사로 이루어진 팀과 경영대학원 학생들로 이루어진 팀)을 크게 앞질 렀다. 유치원 어린이가 월등한 창의성을 보여준 것이다.[1]

또한 여러 연구가 '역치 가설'threshold hypothesis(일정 수준 이상의 지능을 기준으로 지능과 창의성의 관계가 구분된다는 가설. 지능과 창의성이 단순히 정비례하지 않으며 고도의 창의성을 발휘하기 위해 굉장히 높은 지능이 필요하지 않다는 점을 보여준다. —옮긴이)을 지지하는 자료들을 발견하기도 했다.[2] 이 연구들은 개인의 성과를 기반으로 뛰어난 창의성을 보이려면 평균을 약간 웃도는(예를 들어 120, 평균보다 높지만 엄청 높지는 않은) IQ가 필요하다는 것을 보여주었다. 평균적인 사람들은 IQ 검사에서 80~120 사이의 점수를 받고 평균은 100이다. IQ 검사의 구체적인 유형에 따라 다르지만 130 이상이면 IQ 검사 대상자 중 상위 2.2퍼센트에 든다. 수십 년 전 IQ 검사를 만든 사람들은 그 점수를 '천재'의 기준으로 삼았다.[3]

그렇지만 2013년 진행된 독일의 한 연구는 '역치 가설'에 대한 새로운 시각을 제시했다.[4] 이전의 연구들이 소규모 대학생 집단을 연구 대상으로 삼았다면 이 연구자들은 300명에 가까운 표본을 조사했다. 거기에는 학력과 IQ 수준이 다양한 참가자들이 포함되어 있었다. 우선, 참가자들은 심리학 분야에서 활용되는 고전적인 창의성 검사를 거쳤다. 이 창의성 검사에는 '1분 안에 벽돌 하나를 이용해서 할 수 있는 일을 생각해보라' 와 같은 유형의 문제가 있다. '가로 3피트, 세로 2피트, 높이 2피트의 구덩이에는 몇 제곱인치의 흙이 들어 있는가?'와 같은 창의성 검사 문제도 있다(답은 0이다. 구덩이라는 것을 기억해야 한다).[5] 실제 생활에서 얼마나 창의성을 발휘했는지에 대한 질문도 받는다(옷은 고안하거나 만든 적이 있는가? 얼마나 많은가? 그것을 판매한 적이 있는가?). 이 모든 검사를 통해 연구자들은 놀라운 발견을 했다.

그들이 고전 창의성 검사 결과 발견한 역치는 이전에 발견했던 것보다 훨씬 낮았다. 120보다도 한참 낮은 85였던 것이다. '현실 세상'에서의 창의적 성과에 있어서는 IQ와 함께 성격적 특성이 이전의 연구가 보여주었던 것보다 훨씬 큰 역할을 한다는 의미였다. IQ가 높은 사람의 경우 '새로운 경험에 대한 개방성'(핵심적인 성격 특성)이 창의성의 예측 인자였다. 더욱이 창의적 성과에 있어서는 이전 연구에서처럼 IQ가 낮을수록 유리한 현상을 발견하지 못했다. 연구자들은 IQ가 높은 사람이 IQ가 낮은 사람보다 창의적 '성과'가 높았고 그것이 IQ가 가장 높은 사람에게까지 해당된다는 것을 발견했다.

이 결과는 IQ가 낮은 사람도 표현의 기회가 주어지면 더 높은 창의적 성과를 올릴 수 있지만 IQ가 높은 사람은 창의적 욕구를 탐구하고 대해 '인정받을 기회'를 더 자주 얻기 때문인 것으로 보인다. 다시 말해 우리 사회에서는 잠재력보다는 특권이 창의적 표현으로 가는 출구의 역할을 하는 것 같다.

IQ 외에 특정 유형의 사고가 새로운 아이디어와 발명, 새로운 시각을 도출하기도 한다. 선형적 사고는 논리와 추론에 연관되는 반면, 창의성은 가능한 많은 해법을 만들어냄으로써 창의적인 아이디어를 산출하는 확산적 사고divergent thinking, 대상을 다른 시각에서 봄으로써 문제를 해결하는 수평적 사고lateral thinking, 수렴적 사고convergent thinking, 혹은 종합적 사고synthetical thinking 와 연관된다. 또한 사고의 능숙도(아이디어가 얼마나 뛰어난지와 상관없이 아이디어를 얼마나 빨리 생각하고 얼마나 많이 떠올리는지에 대한 것)도 창의성과 연관이 있다.

창의적 사고의 알고리즘

베스트셀러 작가인 스티븐 킹Stephen King은 이렇게 말했다. "정신이 온전한 사람이라면 양이 질을 보장한다고 주장하지는 않을 것이다. 하지만 양이 절대 질로 이어질 수 없다고 말한다면, 그건 우월감에 젖은 무의미한 주장이며 명백히 사실이 아니다."[6]

우리가 역사상 가장 창의적이라고 생각하는 많은 사람들은 커리어를 이어가면서 놀라운 수의 작품을 내놓았다. 찰스 다윈은 120편의 논문을 발표했고, 알버트 아인슈타인은 250편, 지그문트 프로이트는 330편의 논문을 발표했다. 토머스 에디슨은 2,000개에 가까운 발명품에 대한 특허를 가지고 있었다. 요한 제바스티안 바흐는 1,000편 이상의 작품을 썼다. 파블로 피카소는 2만 점의 그림, 조각, 드로잉을 남겼다.[7]

7학년 영어 선생님의 작문 숙제로 돌아가서 반 친구들은 모두 이 숙제가 자의식을 누그러뜨리는 데 도움이 됐다고 이야기했다. 더구나 이전에는 작문을 싫어했던 친구들도 글쓰기를 즐기게 되었다. 내 경우, 그 숙제는 창의성을 발산하는 밸브와 같은 역할을 했다. 늘 완벽주의에 시달리던 나는 이런 새로운 환경이 마침내 나를 해방시켰다는 것을 느꼈다.

나는 판단에 대한 두려움이 없이 마음에서 우러나오는 대로 시와 노래 가사, 단편소설을 썼다. 위에서 논의했듯이 결과물의 양을 늘리면 창의성을 높이는 데 도움이 될 수 있다. 긍정적, 개방적이고 고양된 기분 역시 자의식을 억제하고 더 많은 아이디어를 떠오르게 한다.[8] 이런 상태에서는 내부 비판의 방해를 받지 않는다.

그렇다고 해서 좋은 기분을 유지하고 마법이 일어나기를 기다리기만

하면 창의성이 증진되느냐 하면 그렇지는 않다. 창의성을 얻기 위한 감정적 해법이 완벽하게 밝혀지지는 않았다. 감정의 강도, 심지어는 양가적인 감정 역시 창의성에 중요한 역할을 하는 것으로 보인다.[9] 한때 연구자들은 긍정적인 기분이 창의성으로 이어진다고 믿었다. 하지만 최근의 연구는 더 골치 아픈 진실을 드러내주었다. 강도 높은 감정은 부정적이라 해도 정해진 목표의 달성으로 이어질 수 있으며, 저강도의 감정 역시 부정적이라고 해도 보다 넓고 확산적인 사고, 즉 관점을 전환하고 '큰 그림을 보는 데' 필요한 종류의 사고를 할 수 있게 한다.[10] 전문 지식도 중요하다. 창의성의 두 가지 기준이 참신성과 유용성이라는 것을 기억하라. 어떤 분야에 대해서 전혀 알지 못한다 해도 몇 가지 창의적인 아이디어를 내는 행운을 누릴 수는 있다(특히 당신이 다른 분야의 전문가이고 그 분야의 기술을 전환시키고 있다면). 하지만 전문 지식이 없다면 이 새로운 분야에서 어떤 것이 유용하고 어떤 것이 참신한지 어떻게 알 수 있겠는가? 자신의 기술 수준에 적절한 도전을 하는 것이 핵심이다.[11]

요약하면, 연습을 많이 하고 적절한 기분을 유지하고(기분의 좋고 나쁨보다는 강도의 측면에서) 그 분야에서 일정 수준의 전문 지식이 있어야 한다. 이 모든 것이 당신의 창의성에 영향을 준다.

창의성은 21세기 가장 큰 부富의 원천

우뇌가 창의성을, 좌뇌가 논리를 맡고 있다는 이야기를 들어본 적이 있는가? 나쁜 소식을 들려주게 되어 미안하지만 최근의 뇌 스캔 연구들은 그 생각이 틀렸음을 보여준다. 과거의 가설은 언어 중추가 왼쪽 반구에 있고 공간 능력이 오른쪽 반구에 있는 데에서 비롯된 것으로 보인다. 하지만 최근의 연구 결과는 훨씬 복잡하고 흥미로운 그림을 보여준다.[12]

사람들을 뇌 스캔 장치에 눕혀놓고 창의성이나 창의적인 사고를 요하는 과제를 수행하게 한 최근의 연구들은 창의성이 전두부, 측두엽 및 변연계를 아우르는 여러 대규모 뇌 네트워크에 관여한다는 점을 보여주었다.[13] 이는 임의적으로 선정한 사람들뿐 아니라 프리스타일 래퍼나 재즈 즉흥 연주를 하는 사람들처럼 창의적이라고 부르는 데 반론의 여지가 없는 사람들의 경우에도 마찬가지였다.[14]

그렇다면 우리는 왜 창의성을 향상시켜야 할까? 창의성 향상을 위해 고안된 개입을 추구해야 하는 데에는 많은 이유가 있다. 우선, 창의적인 일을 할 때는 집중 상태, 즉 몰입Flow에서 비롯되는 특별한 종류의 만족감을 느낀다. 활성화된 집중의 느낌에 완전히 몰두하는 몰입은 궁극의 쾌락적 경험이다.[15] 많은 예술가, 과학자, 무대에 서는 사람들이 작품에 몰입했을 때 시간의 흐름이나 모든 자각을 잃는다고 말한다.

둘째, 창의성은 흥미로운 커리어로 이어질 수도 있다. 오늘날은 기후 변화에서부터 AI와 공존하는 방법에 이르기까지 많은 일에 대한 혁신적인 해법이 필요한 시대다. 점점 커지는 빈부 격차를 줄이는 방법은 물론, 식품 공급망을 보다 지속가능하게 만들 방법, 다른 행성으로 여행할 방법 등을 찾아야 한다. 이런 문제 해결에 참여하고자 한다면(그중 어떤 일은 막대한 부를 가져다줄 수도 있다) 창의성을 키워야 한다.

창의성은 개인적인 영예나 불멸의 가능성도 제공한다. 명예나 돈을 원한다면 다른 사람이 하는 것과 비슷한 일을 좀 더 빨리, 좀 더 확실히 하면 될 것이다. 하지만 영원히 기억되고 싶다면 창의성이 필요하다. 창의성을 더 개발하면 당신은 차세대 코코 샤넬, 에디슨, 마리 퀴리, 베토벤, 도스토옙스키가 될 것이다. 당신의 작품이 박물관에 보관되고, 당신의 음악이 모든 사람의 기기에서 재생되고, 당신의 회사가 주식 시장에서 거래되고, 당신이 만든 치료법이 수백만 명의 목숨을 구하고, 당신의 발명품이 전 세계의 상점에서 판매될 수 있다.

체크 창의성 자기 평가 1: 자기 보고 검사

자기 보고(창의성 영역에서 자신이 어느 위치에 있다고 느끼는지)와 성과 기반 검사를 통해 당신만의 기준점을 마련해야 한다. 이렇게 해서 자가 실험을 시작하면 진전 상황을 비교할 수 있는 기준을 얻게 된다. 다음은 자기 보고 평가를 위해 던져야 할 질문들이다. 성과 기반 검사는 웹에서 찾을 수 있다.

이 설문은 창의성의 핵심적인 측면인 유용성, 참신성, 수평적 사고, 확산적 사고, 몰입 능력, 작업의 질과 양, 둘 이상의 영역에 걸친 창의성, '하드스킬'hard skill(연습을 통해 습득하고 향상시킨 기술)을 이용해 창의성을 발휘하는 능력 등을 진단한다.[16]

다른 누군가와 경쟁하는 것이 아님을 명심하라. 이 질문들은 정해진 기간 동안 창의성과 관련하여 당신이 어디쯤에 있다고 생각하는지를 측정해준다. 해당 기간 동안의 상태에 대해 가능한 솔직하게 답한다.

이 설문에서는 특정한 기간을 생각하면서 아래의 질문에 답한다.
하루 동안 진행된 특정한 개입의 효과를 평가하는 데 이 설문을 이용하고자 한다면 '지난 24시간'을 선택한다. 만약 장기에 걸쳐 보다 전반적인 창의성의 정도를 기록하기 위한 목적으로 이 설문을 사용하고자 한다면 '지난 30일'이나 '지난 3개월'을 선택한다.

지난 24시간 ____ 지난 30일 ____ 지난 3개월 ____

창의성을 표출한 분야에 대한 아래의 질문에 답하라. 아래 분야 중에서 자유롭게 선택할 수도 있고 당신만의 분야를 만들 수도 있다.

- 예술: 그림, 드로잉, 조각, 음악, 춤, 글쓰기, 요리, DIY 및 공작
- 디자인: 디지털, 의류, 가구, 인테리어, 조경
- 예능과 설득: 애니메이션, 유머/코미디, 드라마/연극, 마케팅과 광고
- 보호: 의료 진단, 교육, 대인 갈등 해결
- 조직 리더십: 정치 또는 경제 정책
- 과학, 수학 또는 공학: 발견 및 발명

아래의 각 질문에 1~5까지의 범위로 혹은 해당 없음으로 답하라.
1점: 전혀 아니다
2점: 아니다
3점: 보통이다
4점: 그렇다
5점: 매우 그렇다
해당 없음: 답이 나오지 않았다

나는 창의적인 작품의 양이 많았다. 혹은 다작했다.	
내 창의적인 작품들은 참신하고(혹은 참신하거나) 유용했다.	
나는 자주 '몰입' 상태(어떤 활동에 완전히 몰두해서 시간 가는 줄 모르고, 활동의 결과만이 아닌 그 과정까지 즐기는 상태)에 이르렀다.	
나는 수평적 사고에 능했다. 다시 말해 다른 관점에서 상황을 봄으로써 문제를 해결하곤 했다.	
나는 확산적 사고에 능했다. 다시 말해 가능한 많은 해법을 내놓고 거기서 창의적인 아이디어를 뽑아냈다.	
창의적인 활동을 할 때, 나는 하드스킬을 이용했다.	
나는 적어도 한 분야 이상에서 창의성을 발휘했다.	
나는 여러 영역에 걸쳐 창의성을 발휘했다.	

나는 새로운 프로그램이나 과정을 고안해냈다.	
나는 다른 사람의 주의를 끄는 새로운 프로젝트를 시작했다.	
나는 새로운 규칙이나 규제를 성공적으로 통과했다.	
나는 이전에는 다루기 힘들다고 생각되었던 갈등을 해결했다.	
해결할 수 없다고 생각했던 문제를 해결한 적 있다. 혹은 이전에 해본 적 없는 일을 했다.	
나의 창의적인 작품에 대해 이 분야의 전문가들과 경험 많은 사람들이 칭찬을 해주었다.	
지역적인 범위를 넘는 수준(학교, 회사, 도시 등)의 상을 받거나 대회에서 우승하거나 경쟁자들 사이에서 뽑힌 적 있다.	
내 작품이 지역적인 범위를 넘는 수준까지 알려졌다.	
내 작품이 출판되거나, 제작되거나, 연주되거나, 낯선 사람들 사이에서 공유되었다.	
사람들이 내 창의적인 작품에 돈을 지불했다.	

채점표

대개 총점에 집중하게 되지만 이런 간단한 설문에서는 사실 하위 점수가 더 유용할 때가 많다. 자가 실험을 수행하다 보면 이 질문들의 특정 하위 집합이 대단히 흥미롭다는 것을 발견하기도 한다. 창의성 자가 평가에서 가장 공감이 가는(창의성에 대한 당신의 내적 정의에 가장 잘 부합하는) 3~5개의 질문을 선택하라. 이런 하위 그룹에 대한 답을 따로 추적하면 특별한 가치를 발견할 수도 있다.

각 질문에 대한 당신의 점수는 그 질문에 표시하는 숫자다. 예를 들어 1번 질문에 1이라고 답했다면 그 질문에 대한 당신의 점수는 1이다. '해당 없음'으로 답을 했다면 그 질문은 최종 점수에 포함시키지 않는다. 총

창의성 발휘에 대한 추적 평가

다음의 평가는 시험이 아니고 특정 기간 동안(예를 들어 자가 실험 동안)의 창의성을 추적하는 방법일 뿐이다. 자기 평가 대신 사용할 수도 있고 거기에 추가로 사용할 수도 있다.

점검할 기간을 정한다(30일이나 3개월 등).

어떤 영역의 창의성을 평가할 것인지 앞에서 나온 여섯 가지 분야 중 하나를 선택한다.

창의적인 활동(발명, 그림 등)에 얼마나 많은 시간을 투자하는가?

얼마나 많은 작품을 내놓는가?(그림, 시 등의 수)

자신의 창의적 활동에 어떤 '느낌'을 갖고 있는가?(얼마나 집중하는지, 얼마나 자주 몰입 상태에 들어가는지)

작품과 관련하여 어떤 피드백을 받고 있는가?(멘토의 칭찬, 언론 보도, 해당 분야의 인용 등)

점은 모든 질문에 대한 답을 합산한 것이다(①). '해당 없음'을 빼고 답을 한 질문의 총 개수에 5를 곱한다(②). ①을 ②로 나눈다. 이제 나눗셈한 결과에 90을 곱한다. 당신의 점수는 어느 등급에 속하는가?

- 3등급: 18~41점
- 2등급: 42~66점
- 1등급: 67~90점

낮은 점수는 창의성에 병목이 있음을 나타낸다. 이런 경우라면 창의성 향상을 위한 개입을 실험해보는 것이 좋다. 장기에 걸쳐 높은 점수를 받았다면 이는 당신의 뉴로해킹 실험이 효과가 있다는 긍정적인 신호다.

체크 창의성 자기 평가 2: 성과 기반 검사

창의성 검사

대체 용도 찾기 테스트

준비물

- 타이머
- 아래의 예시 단어표
- 종이와 필기구

방법

1분 안에 평범한 물건의 쓰임새를 가능한 많이 생각해낸다!

예: 돌 — 문진, 무기, 문 버팀쇠, 걱정 돌(자신의 걱정을 가져간다고 믿는 걱정 인형에서 파생된 것 — 옮긴이), 장신구, 진입로에 사용, 어항에 사용, 정원 조경에 사용, 조각 재료, 신발에 사용. (1분에 10개 항목)

예시 단어표

- 바구니
- 원반
- 책상
- 지도
- 보관함
- 담배
- 셔츠
- 카메라
- 신문

채점표

양과 질 모두가 중요하다. 스스로 판단을 하는 것이므로 가능한 공정해야 한다. 예를 들어 예시 단어가 '바구니'였고 당신의 답이 '과일을 담는다'였다거나, 예시 단어가 '모자'였는데 당신의 답이 '불쏘시개'였다면 창의성은 낮다. 전형적이지 않은 용도를 생각해낼 때 창의성 점수는 높아진다. 높은 점수를 받으려면 빠르면서 창의적이어야 한다.

창의성 검사

언어 유창성 검사

준비물

- 임의 문자 생성기:https://www.randomlettergenerator.com/(해당 사이트는 영문 알파벳만 취급하고 있다. 검색을 통해 한글 임의 문자 생성기를 제공하는 여러 사이트를 찾을 수 있다. — 옮긴이)
- 타이머
- 아래의 예시 단어표

- 종이와 필기구

방법

임의 문자 생성기를 이용해 문자를 생성시키고 1분 안에 그 문자로 시작하는 단어를 가능한 많이 떠올려본다.

예: 'ㅁ'이 생성되었고 1분 동안 다음의 19개 단어를 생각했다.

마음	머리	먼지
미움	만들다	메기
미운	말하다	메롱
맞춤법	맑다	미음
맷돌	무리	미술
먹다	무지	
마시다	마무리	

지금까지 네 가지 정신적 목표에 대해서 알아보았다. 이제 당신은 우선적으로 집중하고 싶은 목표를 파악하고 결정했을 것이다. 아직 결정하지 못했다 해도 걱정할 필요는 없다. 다음 장이 범위를 좁혀 첫 목표를 선택하는 데 도움을 줄 테니 말이다.

1. 창의성은 새롭고 유용한 아이디어와 창작물을 만들어내는 능력이다.

2. 양질의 창의성을 얻기 위해서는 '양'(더 많은 작품을 만드는 것)에 집중하는 것이 효과적이다. 특정 분야에서 이용할 전문 지식이나 기술을 배우는 것도 도움이 된다. 또는 여러 분야의 전문 지식이나 기술을 학습해서 그들 사이의 색다른 연결성을 발견할 수도 있다.

3. 긍정적인 기분의 유지는 창의성을 높이는 데 도움이 된다. 그러나 감정의 강도(긍정적이든 부정적이든)가 더 중요한 역할을 할 수 있다.

4. IQ 검사에서 낮은 점수를 받은 사람에게는 창의성을 발휘할 기회가 적게 주어지곤 한다. 하지만 낮은 IQ가 창의성의 본질적인 걸림돌은 아니다. IQ가 높은 사람 중에도 새로운 경험에 조금 더 개방적인 사람들이 보다 창의적이었다.

5. 심리 검사(대체 용도 찾기 테스트나 일정 시간 동안 달성한 창의적 활동의 수를 헤아리는 창의성 발휘에 대한 추적 평가)를 이용하거나 기능 검사를 이용하는 등 여러 방법으로 특정 기간에 걸친 창의성을 측정할 수 있다.

제11장

뇌의 가장 취약한 부분부터
해킹하라

"세상의 중요한 업적 중 대부분은, 희망이 보이지 않는 상황에서도 끊임없
이 도전한 사람들이 이룬 것이다."

_데일 카네기Dale Carnegie

투자 시간

9분

목표

첫 뉴로해킹 실험에서 목표로 할 정신 능력을 선정한다.

지금까지 우리는 네 가지 정신적 목표에 대해 알아보았다. 여기까지 읽
은 후에도 어떤 정신적 능력을 업그레이드의 목표로 삼아야 할지 확신이
서지 않았다면 '들쭉날쭉'jaggedness 과 '기복'wobble, 둘 중 하나를 기준으
로 삼아 선택해야 한다. 이게 무슨 얘기인지 지금은 이해가 되지 않을 텐
데, 지금부터 찬찬히 살펴보도록 하겠다.

아주 멀리서 작고 아늑한 마을을 바라본다고 상상해보자. 대부분의
건물 높이가 비슷하다. 법원이나 예배당이 다른 건물보다 높을 텐데, 그

렇다고 엄청나게 차이가 나지는 않는다. 그저 몇 층 차이에 불과하다. 이제 허드슨강 건너편에서 바라본 뉴욕의 스카이라인을 생각해보자. 고층 빌딩에서부터 눈에 잘 띄지 않는 1층짜리 주유소까지 건물 높이가 대단히 다양하다.

만약 여기서 고층 빌딩을 제외시킨다면 어떤 모습일까? 더 이상 뉴욕시처럼 보이지 않는다.

| 고층 건물을 제외한 뉴욕의 스카이라인 |

반대로 낮은 건물을 제외시킨다면 어떤 모습일까? 이 역시 뉴욕시처럼 보이지 않는다.

브레인 해킹과 뉴욕의 스카이라인이 대체 무슨 관련이 있는 걸까? 당신의 두뇌를 이해하기 위해서는 이런 '고르지 않은' 모습들, 즉 최대의 장

| 낮은 건물을 제외한 뉴욕의 스카이라인 |

점과 최대의 약점을 함께 살펴야 한다는 얘기다.

강점과 약점: 어떤 능력을 개발할 것인가?

우리의 두뇌는 다양한 기술과 능력의 덩어리로 이루어져 있으며, 지적 혹은 정서적으로 우월한 강점과 상대적으로 그렇지 못한 약점의 영역이 뒤섞여 있다. '들쭉날쭉'은 연구자들이 인간에게 매우 뛰어난 장점과 매우 뒤떨어지는 약점이 모두 존재한다는 것을 설명하기 위해 사용하는 용어다.[2] 숫자로 나타내는 들쭉날쭉함은 인간의 다양한 능력, 이를테면 주의력, 기억력, 창의성 등에서 평균(일반 인구의 평균)과 개인적 성과 양극단 사이에 존재하는 차이를 말한다. 이런 이유로 서로 다른 두 사람의 뇌는 모두 '평균적인 IQ'를 가졌더라도 매우 다른 강점과 약점을 가지고 있을 수 있다.

자신의 들쭉날쭉한 정도를 알면 병목이나 과제 수행에 필요한 능력에서 취약한 영역을 감지할 수 있다. 과제 수행에 필요한 어떤 영역에서 부족함이 있다면 다른 영역에서의 강점을 발휘할 기회를 가질 수 없다. 예

164

를 들어 노래를 대단히 잘하지만 악보를 읽을 수 없고, 악보를 읽는 것이 합창단 입단의 조건 중 하나라면 악보를 읽는 것은 당신의 병목이 된다. 뉴로해커인 우리는 '기술'이 아닌 '능력'에서 병목을 찾는다. 병목을 찾아 성공적으로 제거하면 이전에 도달할 수 없었던 능력에 접근할 길을 얻게 된다.

학교나 직장에서는 심각한 병목이 있는 사람을 그들의 약점에 따라 분류하고 거기에 꼬리표를 붙이는 경우가 많다. 병목이 강점의 표출을 막는 것이다. 한 어머니가 내게 딸이 마주한 곤란한 문제를 고백한 적이 있다. 그 소녀의 언어 능력은 추상적 사고의 수준이 매우 높았다. 지능의 다른 측면도 상위 1퍼센트에 속했다. 하지만 느린 '처리 속도'가 그녀의 발목을 잡았다. 그 결과 소녀는 읽기에서 하위 10퍼센트의 점수를 받았다. 일부 학교에서는 이 정도로 심각한 차이를 보이는 아이를 '두 번 예외'twice exceptional라고 부른다(난독증이나 ADHD 등 하나 이상의 학습 장애를 가진 지적 영재를 뜻하는 말—옮긴이). '영재'와 '특수 요구'의 두 가지 꼬리표를 함께 갖기 때문이다.[3] 불행히도 이 소녀가 다니던 학교에서는 그녀의 강점을 알아차리지 못했다. 오히려 일반적인 읽기 속도를 따라가지 못한다는 이유로 그녀를 약점이 있는 아이로 분류했다. 학교는 그녀에게 지옥이 됐다. 나는 학습 전문가와의 상담을 비롯해 엄마와 딸이 함께 아이의 병목(처리 속도)을 업그레이드하는 데 초점을 맞춘 뉴로해킹 실험을 해야 한다고 이야기했다.

들쭉날쭉함과 병목의 측정

그렇다면 들쭉날쭉함과 병목을 어떻게 측정해야 할까? 검사한 능력들 전반의 최하 점수, 최고 점수, 평균 점수를 보면 된다. 다양한 정신적 영역에 대한 평가를 실시하고 결과를 검토하라. 점수의 범위가 좁다면 당신은 병목이 있을 가능성이 낮다. 최고 점수와 최하 점수 사이의 차이가 대단히 크다면 당신은 들쭉날쭉한 특성을 갖고 있는 것이다. 이 경우 점수가 가장 낮은 영역을 업그레이드시킬 때 가장 큰 효과를 볼 수 있다. 모든 능력이 상당히 높다면 병목을 걱정할 필요가 없다. 대신 가장 높은 성과를 내는 능력을 연마하거나 성과를 보다 일관되게 만드는 데 집중하는 것이 좋다.

주의력 병목은 다른 정신 능력이 발휘될 수 없게 만드는 가장 흔한 장애물이다. 어린이[4], 우울증이나[5] 불안 장애를[6] 겪는 사람들, 수면이 부족하거나[7] 브레인포그를 경험하는 사람들[8], ADHD가 있는 사람들[9]의 경우에는 특히 더 그렇다. 주의력을 통제할 수 없다면 학습 및 기억, 창의성, 감정 조절에 어려움을 겪을 수 있다. 정신적 성과의 다른 영역(학습 및 기억, 창의성, 감정 조절 등)에서 개발되지 않은 엄청난 잠재력이 있더라도 주의력 병목을 통제하지 못하면 이 모든 정신적 잠재력을 발휘할 수 없다. 따라서 만약 당신이 다른 세 영역보다 실행 기능에서 눈에 띄게 낮은 점수를 받았다면, 실행 기능에 집중하는 뉴로해킹을 시작하길 적극 권한다. 그 부분의 개선이 자동적으로 다른 영역의 개선으로 이어지는 경험을 하게 될테니 말이다. 직접 다른 영역을 개선해서가 아니라 병목을 제거해서 장애를 해소했기 때문이다.

기복: 언제나 일관된 성과를 내고 싶다면

들쭉날쭉함이 다양한 정신적 능력 전반에서 강점과 약점에 나타나는 차이를 의미했다면, 기복은 한 가지 정신적 능력 안에서 발생하는 차이를 말한다. 단, 그 차이는 긴 시간, 즉 장기에 걸쳐 발생한다. 기복이 심한 정신적 능력은 뉴로해킹 자가 실험에서 업그레이드 대상으로 삼을 만한 영역이 될 수 있다.

수치로 이야기하자면 기복은 장기에 걸쳐 한 영역(이를테면 실행 기능)에서 성과의 평균과 최고 혹은 최저점 사이에 나타나는 차이다. 시간대, 연령, 초심자인지 전문가인지(초심자는 기복이 심하며 전문가는 기복이 덜해서 보다 일관적인 성과를 올리는 경향이 있다)에 따라, 또 전반적인 건강을 포함한 여러 다양한 요소들에 따라 능력에 차이가 나타날 수 있다.[10] 기복이 심한 영역을 업그레이드할 때 특히 큰 보상이 따른다. 그것이 잠재력을 발휘할 수 있는 길을 열어주기 때문이다. 장기간에 걸쳐 점수를 관찰하면 자신의 기복을 평가할 수 있다. 특정 정신 능력의 점수가 장기에 걸쳐 다른 영역보다 큰 변화를 보인다면 그 정신 능력이 당신의 전반적 성과에서 병목으로 작용할 가능성이 있다.

나는 기복을 두 가지로 정의하려 한다. 하나는 최고점에 집중하는 것이다. 즉, 평균적인 정신적 성과를 올린 날과 최고의 정신적 성과를 올린 날 사이의 차이에 집중하는 것이다. 두 번째 접근법은 반대다. 평균적인 정신적 성과를 올린 날과 최악의 정신적 성과를 올린 날 사이의 차이에 집중한다. 첫 번째 접근법은 뉴로해킹을 통한 잠재력 개발이 가능한 부분을 보여주며, 두 번째 접근법은 현재 정신적 성과에서 가장 큰 문제로 작용하는 부분이 무엇인지 보여준다.

올빼미형 인간이 아침형 인간들 사이에서 살아남으려면

기복은 특정한 정신적 능력에서 나타나기도 하지만 각자에게 잘 맞는 활동 시간대를 나타내는 '일주기성'chronotype (이를테면 '아침형 인간'인가 '올빼미형 인간'인가)에서도 나타난다. 일주기성은 전반적인 정신적 성과에 놀라울 만큼 큰 기복을 가져온다. 잘 생각해보면 그리 놀랄 일도 아니다. 성장하면서 나는 식탁에서 일주기성 스펙트럼의 양극단을 관찰할 수 있었다. 아침 식사는 완벽한 대조를 보여주는 시간이었다. 엄마는 제시간에 일어나서 아침 식사를 함께해야 한다고 우리를 설득했다. 아빠와 언니와 나는 각자의 자리에서 간신히 앉아 커피를 마시고, 하품을 감추면서 에너지 넘치는 엄마의 수다에 간간히 미소를 지으며 고개를 끄덕이기 위해 노력했다. 우리 세 사람은 아침으로 신나게 주방을 돌아다니는 엄마를 경악과 경외감의 눈으로 지켜봤다. '아침형 인간'의 영약이 엄마의 혈관 속에만 흐르는 것 같았다. "이런 시간에 어떻게 저렇게 활기가 넘칠 수가 있지?" 나는 언니에게 속삭였다. "우리 정말 같은 핏줄 맞아?" 그녀가 나직하게 속삭였다.

일주기성의 어느 쪽에 해당하든 상관없이 정신적 성과는 시간대에 따라 극적으로 달라진다.[11] 같은 사람이라도 하루 동안 최고점과 최저점 사이의 차이가 극히 다를 수 있다. 나는 대입 시험을 봤을 때 시험을 치른 시간대에 따라서 점수가 50~100점까지 달라지기도 했다. 대부분의 경우 사춘기 시기의 일주기성은 '올빼미형'쪽 극단에 치우쳐 있다. 그러나 대부분의 학교는 아침 일찍 수업을 시작함으로써 학생들에게 불리한 환

경을 조성하고 있다. 일주기성에 부합하지 않는 수업 시간은 성과의 부진이라는 결과를 낳는다.[12]

2018년 영국에서 56명의 건강한 참가자를 대상으로 이루어진 한 연구는 두 가지 다른 주의력 과제를 가지고 여러 시간대에 올빼미형 인간과 아침형 인간을 검사했다. 일주기성에 대한 판단은 자기 평가는 물론 활동 트래커나 타액 표본(코르티솔cortisol과 멜라토닌 수치를 조사한다)과 같은 객관적인 측정을 통해 이루어졌다. 검사 결과, 하루 동안 동일한 사람이 낸 최고 성과와 최저 성과 사이의 차이는 놀라울 정도로 컸다. 아침형 인간은 실행 기능 검사에서 거의 100점에 가까운 점수로 하루를 시작했지만 시간이 가면서 점수의 급락을 경험했다. 오후 2시경에는 하루 중 최저 점수인 90점에 근접했다. 이런 측정치를 기준으로 하면 몇 시간 전에 비해 정신적 능력이 10퍼센트가 떨어진 것이다. 아침에는 쉽게 처리할 수 있는 과제도 오후에는 상당히 힘들 수 있는 것이다.[13]

기복이 이처럼 정신적 성과에 영향을 미치는 것은 확실하다. 그렇다면 이를 해결하기 위해 할 수 있는 일은 없을까? 이상적인 세상이라면 각자의 일주기성에 맞는 일정을 따르면 될 것이다.[14] 예를 들어 올빼미형은 오전 11시 전에는 절대 회의 일정을 잡지 않는 식으로 말이다. 하지만 대부분 사람들의 일과는 다른 사람에 의해 결정된다. 나는 학교나 직장에 유연 근무제 도입이 필요하다는 의견을 갖고 있지만 어쨌든 그때까지는 최악의 성과를 보이는 시간대에 뉴로해킹을 통해 자신을 '최적화'시켜야 한다. 올빼미형이라면 아침을 뉴로해킹으로 시작하는 것이 타고난 성향을 극복하는 데 도움을 줄 것이다. 예를 들어 아침 식사 직후 두 가지 개입을 비교하는 자가 실험을 해보면 매우 즉각적인 정신적 성과의 향상을 가져올 수 있다. 아침형 인간이 어쩔 수 없이 저녁에 시험을 봐야 하는 경우라면, 늦은 오후에 자가 실험을 수행하는 방법을 사용할 수 있다. 다시 말하지만 자신의 일주기성에 맞는 시간대에 작업을 할 때 최고의 성과를 얻는다. 하지만 반대 상황에서 일을 해야 할 때라면 두 가지 개입을 비교해 최악의 상황에서 가장 즉각적인 향상 효과를 내는 개입을 이용해야 한다.

나이와 경험 등 기타 기복의 원인

기복에는 다른 원인들도 있다. 어린이와 노인은 삶의 중반에 있는 사람들보다 정신적 성과의 기복이 크다.[15] 그 외에도 건강에 문제가 있는 사람들의 경우에는 정신적 성과의 기복이 크다.[16]

기복의 또 다른 원인은 경험 부족이다. 비숙련 노동자의 작업 완수 시간은 보통 일관성이 없다.[17] 이런 종류의 기복은 경험을 통해 완화할 수 있다. 어떤 과제를 여러 차례 수행한 뒤에는 그것을 완성하는 데 어느 정도 시간이 걸릴지 알게 되는 것이다. 비숙련 엔지니어들의 경우, 과제에 소요될 추정 시간의 차이가 숙련 엔지니어보다 훨씬 크다. 물론 경험 많은 엔지니어라고 해서 시간이 얼마나 걸릴지에 대한 예측이 항상 더 정확하지는 않다. 그렇지만 보다 신용할 수는 있다. 예를 들어 나는 경험이 많은 엔지니어들은 실제로 일이 마무리되는 시간보다 1.5배의 시간이 걸린다고 말하곤 한다는 것을 알아차렸다. 그렇지만 비숙련 엔지니어들의 경우 예상 시간이 상당히 '임의적'이었다. 다시 말해 기복이 심한 것이다.

1. 어떤 영역에 대해 자가 실험을 할지 정할 때는 들쭉날쭉함이나 기복이 있는 정신적 능력을 목표로 해야 한다. 들쭉날쭉함과 기복은 정신적 성과의 어느 부분에 병목이 있음을 의미한다. 병목이 있는 정신적 영역을 목표로 한다면 보다 성공적인 업그레이드에 이를 수 있다.

2. 제7장에서 제10장까지의 설문 결과를 비교해 들쭉날쭉함을 평가한다.

3. 제7장에서 제10장의 성과 기반 검사를 반복적으로 실시했다면 제4장에 나오는 지침을 이용해서 기복을 감지할 수 있다.

제12장

뇌를 활용하면
인생의 만족도가 달라진다

"어디로 가고 있는지 모른다면 엉뚱한 곳에 이르게 될 것이다."

— 요기 베라Yogi Berra

투자 시간

12분

목표

인생 전반의 생산성과 만족도를 점검해본다. 실제 삶을 살아가는 데 뉴로해킹이 얼마나 중요한지 확신하게 될 것이다.

정신적 능력을 업그레이드한다 해도 그걸로 전반적인 삶이 향상되지 않는다면 무슨 소용이 있겠는가? 이 장에서는 실천에 대한 부분과 삶의 만족도를 점수로 측정하고 그에 대해 탐구할 예정이다. 이 측정을 통해 삶의 질을 결정하는 대단히 의미 있는 삶의 측면과 뉴로해킹이 어떻게 연관되는지 주기적으로 평가할 수 있을 것이다.

어떻게 '어제의 나'보다 나아졌는지 알 수 있을까?

나는 새해 결심을 속속들이 탐구하기 위해서 2011년부터 연간 '실천 점수'를 추적하기 시작했다. 매년 나는 구체적인 새해 결심('올해에는 더 나은 사람이 되어야지'와 같은 모호한 결심은 해당되지 않는다)을 한다. 개인적인 삶과 직업적인 삶에서 목표를 설정한다. 목표는 'SMART'라는 다음의 기준을 충족해야 한다. 즉 구체적specific이고, 측정 가능measurable하며, 실행 가능actionable하고, 목표와 연관되며relevant, 시간을 기반으로time-based 해야 한다.[1] 그런 다음 나는 실천 점수, 즉 하겠다고 말한 일과 실제로 실천한 일의 비율을 추적한다.

나는 한 해의 목표를 각 분기에 달성해야 하는 주요 단계로 나눈다. 각 분기에는 책임감을 자극하는 동료와 내가 특정 기간 내에 달성하기로 한 것의 진행 상태를 확인한다. 새로운 해와 분기를 시작할 때면 보다 특별한 회의를 가지면서 서로의 연간 목표와 분기 목표를 확인한다. 회의가 너무 많아 보인다고? 빈도보다는 규칙성이 더 중요하다. 나는 우리보다 만나는 횟수는 적어도 성공적으로 과정을 이끌어간 다른 동료들의 이야기를 많이 들어왔다.

실천 점검의 실제 사례를 살펴보자. 나의 경우, 이 책의 원고를 쓰던 해의 직업적인 목표는 다음과 같았다. 12월 31일까지 완성된 초고를 편집자에게 이메일로 보낸다. 1분기가 끝날 때까지(3월 31일) 나만 알아볼 수 있는 초안을 끝낸다. 2분기 말(6월 30일)까지 편집자에게 원고 두 챕터를 보내 내 스타일과 구조가 적절한 방향으로 가고 있는지 피드백을 받도록 한다.

이러한 결심을 지키는 가장 유연하면서도 강력한 도구는 스프레드시트였다. 나는 자동으로 그래프를 만들 수 있는 방식을 선호한다. 물론 종이에 기록하는 것을 선호하는 사람들도 있다. 방법이야 어떻든 이러한 상태 추적은 '하기로 계획한 것'과 '내가 실제로 달성한 것'을 비교할 수 있게 해준다. 매년 내가 어떤 성공과 실패를 경험했는지, 어떤 것을 배웠는지 파악할 수도 있다. 시간이 지나면서 체계는 변하고 진화했지만 과거의 실천 점수와 최근의 점수를 비교한 정량적 자기 대화quantified self talk의 방식은 큰 변화 없이 유지되고 있다.[2]

나는 실천 점수 외에 삶의 만족도 점수도 추적했다. 실제로 나를 행복하게 만드는 일에 몰두하고 있다는 확신을 얻고 싶었기 때문이다. 실천 점수를 높게 받았더라도 만족감을 느끼지 못한다면 내가 완전히 잘못된 것(실제로는 열정이 없으나 그렇게 해야 한다고 생각하는 것)을 목표로 했거나 목표의 기준을 잘못 세웠다는(지나치게 쉬운 목표를 세운) 의미일 것이다. 마찬가지로 실천은 매우 적었는데도 큰 만족감을 느꼈다면 내가 목표를 잘못 설정했다는(지나치게 많은 목표를 세운) 것을 암시한다. 실천 점수와 삶의 만족도 점수 양쪽을 관리하는 데에는 무리한 약속으로 자신을 속박하지 않으려는 목적도 있다.

삶의 만족도 점수 추적하기

나는 삶의 만족도 점수를 추적하기 위해서 MIT에서 배운 '인생 디자인'Designing Your Life이라는 작업을 시작했다. 담당 교수는 뉴욕시 소재 경영자 코칭 기업인 헨델 그룹Handel Group의 설립자인 로렌 헨델 젠더Lauren Handel Zander였다. 그녀는 스탠퍼드 경영대학원에서 인생 설계 과정을 가르쳤고,《포춘》선정 500대 기업 임원들을 코칭했으며, 누구든 자신에게 솔직하지 못한 태도를 버리고 인생에서 원하는 것을 인정해야 한다고 강조했다.[3] 그녀는 강박적인 책임감과 성실함을 지니고 있었고 나는 그것이 마음에 들었다. 내가 젠더의 수업에서 가장 좋아했던, 그리고 그 후 수년에 걸쳐 직접 적용하고 사용하게 된 활동은 '18가지 영역'18 Areas 이라는 이름의 자기 평가다. 젠더는 자기계발에서 초점이 되어야 하는 18가지 핵심 영역(직장, 관계, 건강, 가정, 재정, 영성 등)을 찾았다.[4]

젠더는 삶의 모든 측면을 1부터 10까지의 등급으로 평가하라고 말한다. 이런 자기 평가를 통해 특정한 순간에 자신이 있기를 바라는 위치와 현재의 위치를 비교할 수 있다. 젠더의 등급에서 1은 끔찍한, 5는 '6이 한동안 지속된', 6은 '약하지만 고통스럽지 않은', 10은 '매우 좋지만 지속 가능하지 못한', 즉 절정의 순간을 나타낸다. 따라서 우리가 목표로 삼아야 할 숫자는 9이다. 목표는 각 영역에서 꿈꾸는 삶을 적고 현재의 삶과 대조한 뒤, 자신에게 왜 아직 꿈꾸는 삶을 살고 있지 않은지 설명하는 것이다. 그런 단절의 이유를 어떻게 극복하고 나아갈지 배우는 것이 그 수업의 핵심이었다.

학기가 끝나자 나는 삶의 모든 영역에서 나의 상태를 계속 추적하고 싶다는 욕구를 느꼈다. 그렇게 긍정 심리학에 대해 알아보기 시작했다. 심리학 분야의 비교적 새로운 이 영역에서는 과학적 방법을 사용해 일부 사람들이 번영하고 번성하는 이유를 연구한다. 이 매력적인 분야에는 행복과 웰빙을 평가하는 그 나름의 도구들이 있다. 나는 긍정 심리학에서 18가지 영역과 유사한 아이디어를 발견했다. 이를 '삶의 수레바퀴'Wheel of Life 라 부르는데 거기에도 행복 설문이 있다.[5] 나는 이것을 한

달에 한 번 이상 하려고 노력하는 편이다. 이 설문은 심리적 웰빙과 행복이 페르마PERMA,[6] 즉 긍정적 정서positive emotion, 몰입engagement, 관계relationship, 의미meaning, 성취accomplishment라는 다섯 가지 감정으로 이루어져 있다는 긍정 심리학의 선구자 마틴 셀리그만Martin Seligman의 발견을 기반으로 한다. 나는 다섯 개의 영역에서 그런 감정을 얼마나 자주 경험하는지 자문하면서 나 자신을 평가한다.

나는 나만의 인생 추적 체계를 만들기로 마음먹었다. 그 체계는 삶의 수레바퀴나 18가지 영역은 물론 긍정 심리학 분야의 또 한 명의 선구자이며 심리학계의 전설인 에드 디너Ed Diener가 개발한 삶의 만족 척도Satisfaction with Life Scale라는 설문과도 아이디어를 공유한다.[7]

나는 이 설문들을 장기간에 걸쳐 반복적으로 실행하면서 현재 삶의 만족도 점수를 추상적이지만은 않은, 보다 통제 가능한 것으로 여기게 되었다. 체중과 안정 심박수가 유전과 라이프 스타일이 혼합된 결과인 것처럼 나는 내 삶의 만족도가 일부는 선천적이지만 어느 정도는 내가 내린 결정을 통해 스스로 통제할 수 있음을 인식하기 시작했다. 대부분의 사람에게 대학을 졸업한 후의 시간은 스트레스가 많고, 자극적이고, 불안과 고뇌로 가득한 시간이고 나 역시 다르지 않았다. 나는 몇 가지 삶의 변화를 겪었다. 나는 일하던 스타트업을 그만두었고, 오랫동안 유지했던 인간관계 하나를 끝냈고, 내 나름대로 '어른'의 모습이 되기 위해 노력하고 있었다. 삶의 결정들과 함께하는 삶의 만족도와 실천 점수를 추적하다 보니 내 선택이 보다 큰 행복과 성공의 방향으로 나를 움직이고 있는지 아닌지를 확인할 수 있었다. 이 장의 마지막에서 내가 직접 사용하는 삶의 만족도 설문지와 실천 워크시트의 수정 버전을 보게 될 것이다.

　다음 몇 년 동안 새로운 직장을 구하고, 새로운 도시로 이주하고, 새로운 인간관계를 시작하는 다양한 선택을 하면서 나는 그 선택들이 특정 영역에서 그리고 전반적으로 삶의 만족도에 어떤 영향을 주는지 알 수 있었다. 그렇게 나는 '대단히 주관적인 결정'을 내리는 훨씬 '객관적인 방법'을 갖게 되었다. 어떤 사람과 관계 맺을 때 행복한지, 어떤 종류의 일을, 어느 정도의 수준으로 할 때 만족감과 성취감을 느끼는지를 판단할 수 있게 된 것이다. 2014년부터 내 추적은 성과를 내기 시작했다. 나는 보다 현명한 목표, 달성했을 때 높은 만족감을 느끼는 목표를 설정하는 법을 배웠다. 그 결과 2014년부터 2017년까지 나의 삶의 만족도와 실천 점수는 점차 비슷해지기 시작했다. 하나가 올라가면 다른 하나도 상승했다. 물론 하나가 내려가면 다른 하나도 하락하는 모습을 보였다.

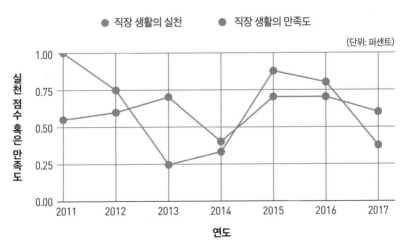

| 나의 직장 생활에서의 실천 점수와 삶의 만족도 점수 |

● 직장 생활의 실천　　● 직장 생활의 만족도

(단위: 퍼센트)

관찰 결과의 해석

물론 개인적 자료에 대한 해석만으로 이러한 결론을 이끌어낸 것은 아니다. 해당 기간에 직업이나 인간관계에서 갖는 각자의 느낌, 심지어 거실에 있는 가구에 대한 만족도 등 모든 자기 보고에는 다양한 요소가 포함된다. 이 활동의 핵심은 삶의 만족도를 최적화하는 선택을 할 수 있고 그래야만 한다는 것을 스스로에게 '상기'시키는 것이다. 그렇지 않으면 내 삶의 결정은 닥치는 대로 임의적으로 내려질 것이다. 다른 사람을 기쁘게 하는 결정이나 '다들 이렇게 하니까 나도 해야 하지 않을까' 같은 결정들로 내 삶이 흘러가 버리게 놔두면서 말이다. 삶의 만족도와 실천 점수를 추적하는 일은 '내가' 무엇을 해야 하는지 파악할 수 있게 해주었다. 나는 그래프를 통해서 어떤 성공이 내게 즐거움을 가져왔는지, 어떤 실패가 내게 슬픔을 가져왔는지 확인하고 나 자신에 대한 지식을 바탕으로 결정을 내릴 수 있었다.

또한 나는 책임감을 자극하는 동료 덕분에 편견에 치우쳐 삶의 데이터를 만들어내고 그것을 해석하려 하는 상황에서 벗어날 수 있었다. 책임감을 자극하는 동료는 나 스스로는 알아차리지 못하는 내 행동의 패턴을 인식하도록 도와주었다. 나 역시 동료에게 그런 유형의 식견을 제공할 수 있었다.

다음은 내가 사용하는 삶의 만족도 설문과 실천 점검표에서 약간의 수
정을 거친 것이다.[8]

　다른 누군가와 경쟁하는 것이 아님을 명심하라. 이 질문들을 통해 정
해진 시간 동안 삶의 만족도와 실천력에 있어서 당신이 어디쯤에 있는지
가늠할 수 있다. 가능한 솔직하게 답하라. 연필이나 펜을 들고 시작해보
라. 나를 되돌아볼 시간이다!

| 삶의 만족도 설문과 실천 점검표 |

PART 1: 삶의 만족도 조사

점검할 기간을 정한다.

이 설문에서는 특정한 기간을 생각하면서 아래의 질문에 답한다.
하루 동안 진행된 특정한 개입의 효과를 평가하는 데 이 설문을 이용하고자 한다면 '지난 24시
간'을 선택한다. 혹은 보다 정확한 기준을 원하는 어떤 24시간을 생각해도 좋다. 만약 장기에
걸쳐 보다 전반적인 삶의 만족도를 기록하는 방법으로 이 설문을 사용하고자 한다면 '지난 30
일'이나 '지난 3개월'을 선택하라.

지난 24시간 ＿＿＿　　지난 30일 ＿＿＿　　지난 3개월 ＿＿＿

개인: 1~10의 등급으로 평가한다.
　1 전혀 이상적이라고 느끼지 않았다./ 비참하게 느껴졌다.
　5 때로 이상적이라고 느꼈다.
　10 자주/지속적으로 이상적이라고 느꼈다.

일(학교, 직장 등): 1~10의 등급으로 평가한다.
　1 전혀 이상적이라고 느끼지 않았다./ 비참하게 느껴졌다.
　5 때로 이상적이라고 느꼈다.
　10 자주/지속적으로 이상적이라고 느꼈다.

	개인	일
1. 좋은 느낌		
a. 많이 웃었다.		
b. 새로운 것들을 배우고 능력을 충분히 발휘했다고 느꼈다.		
c. 삶에 활력을 불어넣는 경험과 휴식의 시간을 가졌다.		
d. 모험이나 성장의 잠재력을 가진 경험을 열린 태도로 받아들였다.		
2. 몰입		
내가 가진 능력과 기술로 문제를 해결할 수 있었다. 문제 상황이 관리 가능하며 흥미롭게 느껴졌다.		
하고 있는 일에 대단히 집중해서 시간 가는 줄 몰랐다.		
3. 인간관계: 핵심 관계와 인맥		
a. 사적 인간관계(가족과 친구, 동료와 네트워크 모임 등)에 만족감을 느꼈다.		
b. 인간관계에 성장이 있었다. 미래를 생각할 때 긍정적인 느낌을 받았다.		
개인 생활:		
a. 주요한 인간관계가 매우 만족스러웠다(연애 상대, 친한 친구, 배우자 등).		
b. 이런 중요한 인간관계가 긍정적으로 발전했다. 미래에 대한 희망을 느꼈다.		
c. 새로운 만남이 긍정적인 방향으로 나아감을 느꼈다.		
직장 생활:		
a. 가장 중요하다고 느끼는 직업적 인간관계(상사, 교사, 멘토, 동업자, 주요 클라이언트 등)에 대해 긍정적인 느낌을 받았다.		
b. 이 관계가 기대했던 방향으로 진행됐다.		
c. 중요한 직업적 인간관계를 찾고 있었다면(새로운 회사를 찾고 있거나 학교에 지원하는 등), 그 목표를 달성했거나 초과 달성했다.		

	개인	일
4. 건강과 외모		
a. 건강하다고 느꼈다.		
b. 나의 외모에 좋은 기분을 느꼈다.		
c. 나의 건강에 좋은 기분을 느꼈다.		
5. 물리적 공간		
a. 물리적으로 집이나 작업 공간에 좋은 기분을 느꼈다.		
b. 정서적으로 집이나 작업 공간에 좋은 기분을 느꼈다.		
6. 재정		
a. 벌어들인 수익에 만족감을 느꼈거나 미래의 소득에 대해 희망적이었다.		
b. 저축한 돈의 액수에 만족감을 느꼈다.		
c. 돈을 쓴 방식에 만족감을 느꼈다.		
7. 승리		
a. 일상의 성과에 만족감을 느꼈다.		
b. 목표를 달성하거나 초과 달성했다.		
8. 시간 관리		
a. 시간을 보낸 방식에 만족감을 느꼈다.		
b. 내가 사용한 시간 관리 시스템의 효과가 좋았다.		
9. '큰 그림'과의 연결		
a. 영적으로든 아니든 나보다 큰 어떤 것과 연결되어 있다고 느꼈다.		
b. 경외감이나 연민을 느꼈다.		
10. 버킷리스트		
a. 희망, 꿈, '내면의 소리'에 귀 기울이는 일에서 진전이 있었다.		

	개인	일
b. 이 기간 동안 버킷리스트 중 하나를 달성했거나 달성에 한 발짝 가까워졌다.		
11. 전반적인 삶		
a. 전반적인 삶에서 만족감을 느꼈다.		
b. 내가 달성한 것들에 만족감을 느꼈다.		
c. 목표를 향해 나아감에 만족감을 느꼈다.		
d. 삶의 방식에서 변화시킬 것이 거의 없다.		

PART 2: 실천 점검표

연간 점검표 매년 초 다음의 질문에 답한다.	개인	일
목표 달성		
지난해의 목표 중 몇 퍼센트를 달성했는가?(실천 분석 첫해라면 빈칸으로 남겨둔다.)		
점검하기		
어떤 목표나 개입이 효과를 냈는가? 효과가 없었던 것은 무엇인가? 계속해서 추진할 개입은 무엇인가?(실천 분석 첫해라면 빈칸으로 남겨둔다.)		
새로운 목표		
올해 말까지 달성할 목표들을 적는다. 삶의 만족도 설문에서의 답을 기반으로 선택할 목록을 정하는 것이 이상적이다. **예: 마감 시한까지 출판사에 내 책의 원고를 보낸다.** 총 3~5개의 목표를 선택한다. 각 목표는 SMART(구체적, 측정 가능한, 실행 가능한, 목표와 연관된, 시간을 기반으로 하는) 기준을 충족해야 한다. **지침: 목표의 70~80퍼센트 달성을 목표로 한다.** 그보다 낮은 점수는 목표가 지나치게 높다는 의미이며 그보다 높은 점수는 적절한 부담이 없었다는 의미다.		

분기별 점검표 매 분기 초 다음의 질문에 답한다.	개인	일
목표 달성		
지난해의 목표 중 몇 퍼센트를 달성했는가?(실천 분석 첫 분기라면 빈칸으로 남겨둔다.)		
점검하기		
어떤 목표나 개입이 효과를 냈는가? 효과가 없었던 개입은 무엇인가? 계속해서 추진할 개입은 무엇인가?(실천 분석 첫 분기라면 빈칸으로 남겨둔다.)		
새로운 목표		
올 분기 말까지 달성할 목표들을 적는다. 연말까지의 목표를 세분화한 버전이라면 이상적이다. 분기별 목표 달성은 연간 목표 달성 과정의 이정표가 될 것이다. **예: 이번 분기 말까지 출판사에 내 책의 초고를 보낸다.** 총 3~5개의 목표를 선택한다. 각 목표는 SMART(구체적, 측정 가능한, 실행 가능한, 목표와 연관된, 시간을 기반으로 하는) 기준을 충족해야 한다. **지침: 목표의 70~80퍼센트 달성을 목표로 한다.** 그보다 낮은 점수는 목표가 지나치게 높다는 의미이며 그보다 높은 점수는 적절한 부담이 없었다는 의미다.		
주간 점검표 매주 초 다음의 질문에 답한다.	개인	일
목표 달성		
지난주의 목표 중 몇 퍼센트를 달성했는가?(실천 분석 첫 주라면 빈칸으로 남겨둔다.)		
점검하기		
어떤 목표나 개입이 효과를 냈는가? 효과가 없었던 것은 무엇인가? 계속해서 추진할 것은 무엇인가?(실천 분석 첫 주라면 빈칸으로 남겨둔다.)		
새로운 목표		
이번 주말까지 달성할 목표들을 적는다. 분기별 목표를 세분화한 버전이라면 이상적이다. 주간 목표 달성은 분기별 목표 달성 과정의 이정표가 될 것이다. **예: 이번 주말까지 1장의 원고를 마무리한다.**		

	개인	일
총 3~5개의 목표를 선택한다. 각 목표는 SMART(구체적, 측정 가능한, 실행 가능한, 목표와 연관된, 시간을 기반으로 하는) 기준을 충족해야 한다. **지침: 목표의 70~80퍼센트 달성을 목표로 한다.** 그보다 낮은 점수는 목표가 지나치게 높다는 의미이며 그보다 높은 점수는 적절한 부담이 없었다는 의미다.		
일간 점검표 매일을 시작하면서 다음의 질문에 답한다.	개인	일
목표 달성		
지난해의 목표 중 몇 퍼센트를 달성했는가?(실천 분석 첫날이라면 빈칸으로 남겨둔다.)		
점검하기		
어떤 목표나 개입이 효과를 냈는가? 효과가 없었던 것은 무엇인가? 계속해서 추진할 것은 무엇인가?(실천 분석 첫날이라면 빈칸으로 남겨둔다.)		
새로운 목표		
오늘 밤까지 달성할 목표들을 적는다. 주간 목표를 세분한 버전이라면 이상적이다. 일간 목표 달성은 주간 목표 달성 과정의 이정표가 될 것이다. **예: 오늘 오후 4시까지 200단어 길이의 원고를 쓴다.** 총 3~5개의 목표를 선택한다. 각 목표는 SMART(구체적, 측정 가능한, 실행 가능한, 목표와 연관된, 시간을 기반으로 하는) 기준을 충족해야 한다. **지침: 목표의 70~80퍼센트 달성을 목표로 한다.** 그보다 낮은 점수는 목표를 지나치게 높다는 의미이며 그보다 높은 점수는 적절한 부담이 없었다는 의미다.		

1. 당신의 뉴로해킹이 특정한 정신적 목표를 업그레이드하는 데에서 더 나아가 전체적인 삶의 개선으로 이어졌는지 추적할 수 있다.

2. 삶의 만족도 설문으로 당신의 뉴로해킹 실험이 삶의 질을 개선했는지 평가한다.

3. 삶의 만족도를 추적함으로써 새로운 식견을 얻을 수 있다. 전체적인 삶의 만족도를 측정할 수도 있고 삶의 다양한 영역에 걸친 만족도를 보다 세분화하여 분석할 수도 있다.

4. 실천 점수를 높이는 것은 생산성을 향상시킬 뿐 아니라 자신과 상대에게 한 말을 잘 지키도록 해 인간관계까지 개선한다.

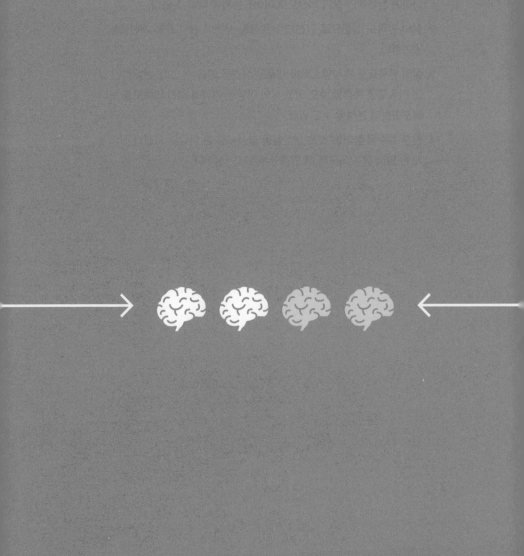

제3부

기본

: 최강의 셀프 브레인 해킹

제13장

가짜여도 괜찮아,
효과 만점의 위약들

"할 수 있다고 믿는 사람은 그렇게 되고, 할 수 없다고 믿는 사람 역시 그렇게 된다."

– 공자

투자 시간
19분

목표
위약(플라시보)의 힘을 이해하고 이를 뉴로해킹 실험에서 자신의 목적을 달성하는 데 활용한다.

헨리 비처Henry Beecher는 젊은 시절 제2차 세계대전 동안 북아프리카와 이탈리아에서 군의관으로 일했다.[1] 대부분의 군 의료 인력은 가능한 많은 환자를 살리고 그 과정에서 자신의 목숨을 지키는 데 집중했다. 보급품이 부족했기에 대부분의 의료 인력은 진통제를 권장량의 절반밖에 쓰지 못했다. 진통제를 전혀 주지 못하는 경우도 많았다. 그러던 중 그는 보급품 부족에 시달리는 한 간호사가 진짜 진통제를 줄 수 없는 환자들에게 식염수를 주사한다는 것을 알아차렸다. 비처는 이유를 물었고 간호사는 관심 어린 보살핌과 함께 이 가짜 약을 주면 아픈 군인들에게 어느 정도 도움이 되는 것 같다고 설명했다. 군인들은 진실을 알지 못했지만 말이다. 그리고 비처는 간호사의 말이 사실임을 확인했다. 이 비정형적인 접근법은 효과가 있었다. 환자들은 기분이 훨씬 낫다고 말했고 심지어는 매우 빠른 속도로 회복했다.[2]

미국으로 돌아온 비처는 수십 개의 연구에서 후일 '위약'placebo이라는 이름을 얻게 된 이런 대체 치료의 결과를 분석했다. 1955년 크리스마스 이브에《미국의학협회저널》Journal of the American Medical Association은 비처의 선구적인 논문〈강력한 위약〉The Powerful Placebo을 게재했다.[3]

비처의 유산은 지금까지도 이어지고 있다. 오늘날 무작위 이중맹검 위약 통제 실험은 약물 실험의 기본이다. '이중맹검'은 환자가 자신에게 투약된 것이 진짜 약인지 위약인지 알지 못하고, 연구자들도 어떤 환자가 진짜 치료를 받았고 어떤 환자가 위약 치료를 받았는지 몰라야 한다는 의미다. 위약의 효과가 상당히 강력하기 때문에 치료 약은 이중맹검 실험에서 위약보다 나은 효과를 넘으로써 그 가치를 입증해야 한다.

다양한 형태의 위약은 수십 년간 이루어진 연구에서 모든 종류의 신체적 고통을 완화하는 인상적인 효능을 보여줬다.[4] 최근 연구자들은 위약이 우울증[5], 불안[6], 파킨슨병[7], 심각한 관절염[8]과 같은 다른 증상에도 도움을 줄 수 있는지 탐구하고 있다.

한 연구에서는 수면 연구 대상자들을 무작위로 나눈 뒤, 한 집단에는 수면의 질이 평균 이하라고 이야기했고 다른 집단에는 평균 이상이라고 이야기해주었다. 이후 이들의 언어 유창성을 비롯한 여러 인지 검사를 시행한 결과, 성과를 예측하는 의미 있는 인자는 환자들 스스로가 평가한 수면의 질이 아니라 무작위로 할당된 수면의 질이었다.[9] 즉, 실제 수면의 질과 상관없이 '수면의 질이 떨어진다'는 이야기를 들은 환자들은 실제로 밤에 잠을 자지 못한 것과 같은 인지 기능 패턴을 보여주었다. 뇌를 업그레이드하는 방법을 다루는 이 책이 위약에 초점을 맞추는 이유가 바로 여기에 있다.

뇌는 가짜도 진짜처럼 받아들인다

이런 말을 들어본 적이 있는가? "몽둥이와 돌로는 내 뼈를 부러뜨릴 수 있을지 몰라도 말로는 내게 상처를 줄 수 없다." 여러 뇌 영상 연구가 사실은 이와 반대라는 것을 밝혀냈다. 감정적 고통, 특히 사회적 거부나 비통한 감정을 느낀 뒤에 일어나는 뇌의 활동 패턴은 신체적 고통 이후의 패턴과 매우 비슷한 모습을 띤다.[10] 두뇌는 다시 말해 이 고통이 신체적 상해 때문인지 정서적인 충격 때문인지에 놀라울 정도로 무관심하다. 정서적 경험과 신체적 경험, 심지어는 실제적인 경험과 상상의 경험까지 모두 동일시하는 이러한 두뇌의 경향을 잘 이용한다면 뉴로해킹의 효과를 극대화할 수 있지 않을까?

위약이 어떻게 효과를 내는지 설명하는 데에는 몇 가지 다른 기제가 있는 것 같다. 그중 세 가지를 알아보자.

먼저 통증 경감의 경우, 위약이 두뇌의 오피오이드opioid 시스템을 통해 우리 몸의 천연 진통제 중 하나인 엔도르핀endorphin이 분비되도록 자극한다.[11] 손가락을 심하게 베였을 때 고통이 계속되지 않고 시간이 좀 지난 후에 통증이 줄어드는 느낌을 받은 적 있는가? 신체에서 만들어진 진통제 덕분이다. 위약은 기분, 수면, 식욕을 조절하는 세로토닌serotonin 같은 화학전달물질(신경전달물질)이나 보상을 조절하는 도파민dopamine 같은 두뇌의 화학전달물질을 자극하는 것 같다.[12] 도파민 분비는 파킨슨병이 위약에 반응하는 이유를 설명해준다. 파킨슨병의 원인 중 하나는 도파민을 분비하는 흑질 내부 뉴런의 퇴행이다.[13] 따라서 위약과 연관된 도파민의 방출은 경직, 안정시떨림, 운동협응 저하 등 파킨슨병이 보이는 주요 증상들의 근원인 도파민 부족에 대항하는 역할을 한다. 우울증도 위약에 반응하는데, 이는 세로토닌의 역할 때문인 듯하다. 효과가 좋은 일부 항우울제는 뇌의 세로토닌 수치를 높이는 작용을 한다. 위약 연구의 선봉에 선 하버드 의과대학의 테드 캡트척Ted Kaptchuk과 그의 동료들은 위약이 바로 그런 세로토닌 매개 경로로 작용함으로써 우울증 치료에 도움을 줄 수 있을 것이라고 주장한다.[14]

위약은 어떻게 이토록 강력한 효과를 발휘하는 것일까? 우리 뇌가 본래 가지고 있는 예측 엔진prediction engines을 위약이 '해킹'한다는 개념적인 이론으로 이를 설명할 수 있다.[15] 다른 사람이 시작한 문장을 그 사람이 끝맺기 전에 당신이 끝맺어본 일이 있는가? 무슨 말을 할지 어떻게 알았느냐는 질문을 받으면, 우리는 보통 '내가 너를 잘 알잖아' 혹은 '전에도 이런 얘기를 했어'라고 답할 것이다. 이러한 문장 완성은 유창하게 말하는 것을 들을 때나 좋아하는 주제에 대해 말할 때, 상대의 본래 화법에 친숙할 때 자주 일어난다. 인식하고 있든 아니든, 우리는 상대의 화법에 대해 일반화가 가능한 '예측 모델'을 만들고 있는 것이다.

일부 과학자들은 끊임없이 패턴을 찾고 일반화를 하는 이런 모델링과 예측 엔진이 우리를 위약에 예민하게 만든다고 믿고 있다. 우리는 패턴을 찾고 그것이 맞아들어가면 보상을 얻는다. 외적 보상을 경험할 필요가 없는 정도까지 말이다. 상상의 예측 엔진이 일치함으로써 받는 내적 보상만으로도 충분하기 때문이다.

위약의 형태도 효과에 영향을 미칠까?

2016년 나는 하버드 대학에서 테드 캡트척의 강연을 들었다. 캡트척은 위약 효과에서는 세부적인 사항들이 매우 중요하며 이때 문화의 영향을 많이 받는다고 강조했다. 일부 국가(예를 들어 미국)에서는 알약이 생의학적 장치를 사용하는 것보다 훨씬 큰 위약 효과를 낸다. 일부 문화에서는 주사가 가장 효과가 좋다. 흰 가운과 벽에 걸린 학위증은 병원 방문의 효과를 높일 수 있다. 적절한 가격 책정도 차이를 만든다. 듀크 대학의 댄 애리얼리Dan Ariely가 진행한 연구에 의하면 참가자들은 저렴한 약보다는 고가의 약에서 더 큰 위약 효과를 경험했다.[16]

캡트척의 연구 논문을 더 읽으면서 나는 사용된 가짜 알약의 색상도 중요하다는 사실을 알게 되었다. 흥분제로는 붉은색의 위약이 가장 좋은 효과를 냈고, 제산제로는 흰색 알약이, 긴장을 푸는 항불안제에는 녹색이, 밝은 기분을 가져오는 데에는 노란색 알약의 효과가 가장 좋았다.[17]

위약은 집중력도 업그레이드시킬 수 있다

옷도 위약 효과를 만든다. 옷이 실제로 사람의 정신적 성과에 변화를 준다는 사실을 여러 연구가 밝혀낸 바 있다. 가장 연구가 활발한 항목은 제복, 부적(행운의 목걸이나 팔찌 같은), 행운의 양말이다. 이상하게도 미신에서 비롯된 이런 물건들이 실제 효과를 가져온다. 사람들이 믿음을 가진다는 전제하에서 말이다. 참가자들에게 무작위로 주의력 과제를 할당한 한 연구를 살펴보자. 피험자들 일부는 실험실 가운을 입고 과제를 수행했고 나머지 사람들은 가운을 입지 않았다. 실험 결과 가운을 입은 사람들의 성과가 더 좋았다. 후속 연구에서는 참가자를 임의로 두 그룹으로 나눈 뒤, 한 그룹에는 그 흰 가운이 어떤 의사의 것이었다고 말하고 다른 그룹에는 화가의 것이었다고 말해주었다. 의사의 가운이라는 이야기를 들은 참가자들은 화가의 가운이었다는 말을 들은 참가자들보다 집중력 과제에서 더 좋은 성적을 거뒀다.[18]

왜 이런 일이 일어나는 것일까? 연구자들은 참가자들이 전형적으로 과학자와 의사의 복장인 연구실 가운을 주의력과 연관시켰다고 추정했다. 실험실 가운이나 의사 가운을 입은 참가자들은 그들이 상상하는 과학자나 의사처럼 사고했을지도 모른다. 주의 깊고 조심스럽게 말이다. 만약 연구자들이 창의적인 과제를 맡겼다면 화가의 가운을 입고 있다는 말을 들은 참가자들이 더 좋은 성과를 냈을 수도 있다.

삶과 죽음을 가르는 말 한마디

위약 효과의 반대인 '역위약 효과'도 엄청난 힘을 갖고 있다. 자신이 아프다고 믿은 후에 실제로 그 질병과 일치하는 증상을 보인 수많은 사례들이 존재한다. 척추지압사 조 디스펜자Joe Dispenza 는 저서 《당신이 플라시보다》를 통해 말기 암 진단을 받고 사망한 한 남성의 이야기를 전했다. 음식을 잘 삼키지 못했던 이 남성은 병원에 갔다가 말기 식도암 진단을 받았다. 당시로서는 치료가 불가능한 질병이었다. 의사의 권고대로 남자는 일단 식도와 위에 있는 암 조직을 제거하는 수술을 받았다. 그가 죽은 뒤에 놀라운 일이 벌어졌다. 부검을 한 의사들이 암을 거의 발견하지 못했던 것이다. 말기 암 진단으로 이어진 처음의 초음파 검사 자료를 다시 검토하자 원래의 의사가 오진을 했음이 밝혀졌다. 그가 죽음에 이르게 된 이유는 그와 주위 사람 모두가 그렇게 되리라고 믿었기 때문인 듯했다. "그가 죽게 된 것은 오로지 가까운 사람들 모두가 그를 죽어가는 사람으로 생각했기 때문이다."[19] 또 다른 연구에서는 호흡기가 좋지 않은 사주를 가진 사람의 경우, 폐 관련 질환으로 사망할 확률이 훨씬 높았다. 단 이런 결과는 그들이 사주팔자를 믿을 때에만 발생했다.[20]

모든 사람이 위약에 반응할까?

논문 〈강력한 위약〉이 발표된 1955년부터 헨리 비처는 위약에 반응하는 사람과 그렇지 않은 사람이 있다는 것을 알고 있었다. 더 많은 실험들이 이어졌고 연구자들은 반응을 보이는 사람과 그렇지 않은 사람 사이에는 심리적 및 생물학적으로 차이가 있으며 이를 통해 반응을 예상할 수 있다는 사실을 발견했다. 어쩌면 심리학적 차이는 그리 놀랍게 느껴지지 않을 수도 있다. 실제로 위약에 반응하는 사람들은 새로운 경험에 대한 개방성이 높고 내수용 자각interoceptive awareness, 즉 체내에서 일어나는 자극이나 변화를 감지하는 자기 인식적 특성이 강한 경우가 많았다.[21] 하지만 생물학적으로도 유의미한 차이가 있었다.[22] 특정 신경해부학적, 신경생리학적 요인으로 위약 치료에 대한 개인의 반응을 예측할 수 있었던 것이다. 또한 도파민 수치가 높은 유전적 변이형을 가진 사람들은 통증 증상을 완화하는 위약 치료로 효과를 볼 가능성이 더 높았다.[23]

자신이 유전적으로 위약에 민감하게 반응하는 사람인지 알고 싶은 가? 여기에는 여러 요소들이 관여한다. '23앤드미'23andMe와 같은 유전체학 상품을 이용해서 DNA 염기서열을 분석하면 내가 그런 성향의 인자를 갖고 있는지 알아볼 수 있다. 도파민 수치에 영향을 미치는 유전자 COMT와 관련된 유전표지 rs4680을 찾으면 a/a 변형유형(a/g 나 g/g가 아닌)을 갖고 있다는 뜻이다.[24] 물론 위약의 원리와 효과는 상당히 복잡해서 오로지 유전에 의해 결정되지만은 않는다. 따라서 a/a 변형유형을 갖고 있지 않다고 해서 실망할 필요는 없다. 그런 유전 인자가 없이도 위약에 쉽게 반응할 수 있다. 가장 좋은 방법은 스스로에게 위약 실험을 해보는 것이다. 이렇게 해서 우리는 이 장의 주제인 아주 중요한 의문에 이르게 된다. 과연 혼자서도 위약 효과를 낼 수 있을까?

가짜인 것을 알아도 진짜처럼 반응할 수 있다

자가 실험을 하는 사람들이 궁금해 할 질문이 있다. 위약은 위약이라는 것을 모를 때에만 효과를 낼까?

그렇지 않다. 여러 연구들에 따르면 설탕 정제나 비활성 물질이라는 이야기를 들었을 때에도 증상의 개선이 나타난다. 이를 '오픈 라벨 위약 효과'open label placebo effect 라고 한다. 단 이때는 조건이 있다. 바로 위약에 반응하는 신체의 능력에 대한 설명을 들어야 한다는 것이다.

2010년 캡트척은 과민성대장증후군 환자들에 대한 연구를 진행했다. 일부 환자들은 비활성 물질로 만들어진 설탕 정제와 비슷한 위약을 받게 되었다. 그러면서 이 약이 임상 연구에서 정신과 연결된 신체의 자연 치유 과정을 통해 과민성대장증후군을 상당히 개선시켰다는 이야기를 들었다. 나머지 환자들은 아무런 치료도 받지 않았지만 의료진으로부터 다른 환자들과 비슷한 정도의 보살핌을 받았다. 놀랍게도 위약을 받았다는 말을 들은 집단이 느끼는 통증의 강도가 상당히 약해졌고, 그들의 삶의 질 역시 향상되는 추세를 보였다.[25] 2017년 하버드/스위스 연구진은 통증을 견디는 것과 관련한 보다 큰 규모의 오픈 라벨 위약 효과 연구를 진행했다. 연구진은 한 그룹에게는 위약을 주면서 그 어떤 설명도 해주지 않았다. 그 그룹의 사람들은 약이 위약이라는 사실만 알 뿐이었다. 다른 그룹은 위약을 받으면서 '이전 실험군이 위약 효과에 따른 자연 치유를 경험했다'는 추가 설명을 함께 들었다. 이 두 그룹을 비교한 결과, 설명을 들은 사람들이 아무런 설명을 듣지 못한 사람들에 비해 진통이 더 줄어드는 효과를 경험했다. 또한 설명을 듣고 위약을 받은 사람들은 실제 진통제라고 생각하고 위약을 받은 사람들과 비슷한 통증 내성을 보고했다.[26]

위약이 제대로 효과를 보려면 어떤 사람이 위약을 제공하는가(예를 들어 흰 가운을 입은 의사)도 무척 중요하다. 그러나 아쉽게도 자가 투여 위약과 권위 있는 인물이 투여한 위약의 효과를 비교하는 적절한 연구는 찾을 수가 없었다. 자신이 아닌 누군가로부터 위약을 받는 변형을 시도해보고 싶다면 당신이 존경하고 신뢰하는 사람에게 부탁을 해보자. 바보 같은 짓처럼 느껴지겠지만 당신이 선택한 개입을 시행하면서 '여러 임상 연구에 따르면 이 개입이 심신 자가 업그레이드를 달성하는 데 상당한 개선을 보여주었다.'라고 말해달라고 부탁한다.

자가 투여에서도 확실한 효과를 보이는 다른 유형의 위약도 있다. 시각화도 그중 하나다.

현실의 벽을 뛰어넘는 놀라운 이미지 트레이닝의 힘

많은 운동선수들이 경기력 향상을 위해 시각화를 이용한다. 사실 운동선수뿐만 아니라 모든 유형의 경기나 공연을 하는 사람들이 퍼포먼스를 극대화하기 위해 시각화를 활용하곤 한다. 할리우드에서 배우로 성공하기 위해 애쓰던 한 젊은이가 있었다. 꿈을 현실로 만들기 위해 그는 3년 뒤 추수감사절을 지급일로 정한, 자기 명의로 된 1,000만 달러짜리 '출연료' 수표를 적어놓았다. 그는 하루 종일 연기 연습을 했고, 밤에는 연기하는 모습을 시각화했다. 그는 그 유명한 멀홀랜드 드라이브에 차를 세우고 그를 꿈으로 데려다줄 모든 단계들을 시각화했다. 3년 후 추수감사절을 며칠 앞둔 날 그는 〈덤 앤 더머〉의 출연료로 정확히 그 액수의 수표를 받았다. 이 젊은이의 이름은 짐 캐리Jim Carrey고 그는 계속해서 〈마스크〉, 〈에이스 벤츄라〉 등의 영화에서 주연을 맡았다.[27]

시각화가 효과를 발휘하는 또 다른 분야가 있을까? 나는 수감 생활을 하면서 머릿속으로 체스 말의 움직임을 상상한 죄수들의 이야기를 들었다. 러시아 인권운동가 나탄 샤란스키Natan Sharansky는 체스를 생존의 도구로 사용했다. "KGB는 내 정신력이 점점 약해지기를 바랐지만 나는 오히려 정신력이 강해지는 것을 느꼈다."[28] 10년 후, 그의 연습은 성과를 냈다. 체스 세계 챔피언 가리 카스파로프Garry Kasparov를 이긴 것이다.[29]

1995년 하버드 의과대학의 알바로 파스쿠알 레온Alvaro Pascual-Leone은 시각화가 행동적 성과behavioral performance와 두뇌 기능 양쪽에 미치는 영향을 조사하기로 마음먹었다. 그는 한 학생 집단에게는 진짜 피아노로 연습을 하도록 하고 다른 집단에는 피아노 없이 연주 연습을 하게 한 후

(공중에 피아노가 있다고 상상을 하고 손가락을 움직이는 식으로) 연습 효과를 비교했다. 몇 주 뒤, 그는 두 집단의 평균적인 연주 능력을 비교했다. 결과는 놀라웠다. 시각화만을 사용한 집단이 손가락 움직임에서 상당한 발전을 보인 것이다. 손가락의 움직임은 실제 연습을 한 집단의 수준까지는 미치지 못했지만 두뇌 변화는 실제 연습을 한 집단과 비슷했다. 이는 오직 시각화만으로도 학습과 관련된 신경 회로를 충분히 변화시킬 수 있다는 점을 시사한다.[30]

짐 캐리, 나탄 샤란스키, 피아노 없이 상상만으로 피아노를 연습한 사람들은 시각화와 정신 훈련의 힘이 얼마나 강력한지를 잘 보여준다.[31]

믿는 대로, 말하는 대로 된다

스탠퍼드 대학의 캐럴 드웩Carol Dweck은 지난 몇십 년 동안 '성장 마인드셋'growth mindset을 연구하고 그 개념을 널리 공유하기 위해 애쓰면서 심리학계와 교육계에서 명성을 쌓아왔다. 성장 마인드셋은 전형적인 의미의 위약은 아니지만 스스로에게 영향을 주는 정신력의 매우 강력한 측면을 잘 보여준다. 그런 의미에서 성장 마인드셋은 위약 효과와 핵심 요소를 공유하고 있다. 여기에서 우리의 목표가 위약 효과를 '의도적'으로 이용하는 방법을 배우는 것임을 고려하면 성장 마인드셋 역시 위약의 힘을 활용하는 또 하나의 수단으로 보아도 좋을 것이다.

성장 마인드셋을 가진 사람은 노력이 성공의 선행 요소 또는 그 과정의 필수 요소라고 믿는다. 그들은 열심히 노력하는 것이 '필요한 재능이 없다'는 신호가 아니라 '재능을 키우는 과정'이라고 믿는다.[32] 이런 믿음 때문에 성장 마인드셋을 가진 사람들은 역경 앞에서도 끈질기게 노력을 계속하며 회복력도 강하다. 그들은 새로운 것을 배울 때 그 일을 즐긴다. 실수와 실패를 학습 과정의 필수적이고 자연스러운 일부라고 생각하기 때문이다. 그들은 실패를 두려워하기보다 실패에서 배움을 얻고 적극적으로 새로운 도전을 추구한다.

반면에 '고정 마인드셋'fixed mindset을 가진 사람은 잠재력이 정해져 있다고 믿는다. 당신이 가진 재능은 태어날 때부터 고정된 것이라고 말이다. 고정 마인드셋을 가진 사람은 똑똑한 사람과 그렇지 못한 사람이 있고, 지능은 고정적이기 때문에 똑똑하지 못한 사람은 할 수 있는 일이 많지 않다고 생각한다. 학교는 당신을 비롯한 학생들의 지적 잠재력을 발견하는 곳이지 그것을 발전시키려고 노력하는 곳이 아니라고 본다. 고정 마인드셋을 가진 사람은 도전적인 일을 맞닥뜨리면 포기하거나 다른 것을 시도할 확률이 높다. 그들에게 성공은 노력 없이 오는 것이고 그렇지 않은 것은 '진정한' 성공이 아니기 때문이다.

다양한 영역의 태도 변화를 목표로 하는 성장 마인드셋 기반의 개입이 있지만 특히 두드러지는 개입은 '성격'에 대한 참가자의 생각을 변화시켜 '성격은 변할 수 있다'는 아이디어를 받아들이도록 격려하는 개입이다. 30분간 컴퓨터를 통해 성장 마인드셋 훈련을 받은 12~15세 청소년은 9개월 후의 후속 검사에서 통제 조건에 배정된 비교 집단보다 불안(평균 12퍼센트의 개선)과 우울감(부모가 보증하는 평균 26퍼센트의 개선)이 눈에 띄게 낮아지는 것으로 드러났다.[33]

제5부에서는 위약의 힘을 강화하는 자가 실험에 대해 이야기할 것이

다. 한 가지 실험은 참가자들에게 계피가 창의성을 높인다고 말하자 실제로 그런 효과가 나타났다는 연구를 기반으로 한다.[34] 다른 하나는 참가자들에게 비강 스프레이(혹은 알약)가 감정 조절에 도움을 준다고 얘기하자 그와 같은 효과가 나타났다는 연구를 기반으로 한다.[35] 하지만 이런 자가 실험에 들어가기에 앞서 몇 가지 개입을 더 점검해보자. 다음은 우리가 매일 흘리는 '땀'에 관한 것이다.

핵심 포인트

1. 의학에서 위약은 실제적인 치료처럼 보이지만 심리적으로 작용하는 치료법이나 절차를 말한다. 위약은 긍정적인 효과를 낼 수도 있고 부정적인 효과를 낼 수도 있다. 위약을 받은 참가자들은 전해 들은 효과와 정확하게 같은 효과를 경험한다. 위약 이외에는 받은 치료가 전혀 없을 때에도 말이다.

2. 위약은 두 가지 방식으로 작용한다. 첫 번째는 두뇌의 패턴 매칭 경향을 이용하며 두 번째는 신체의 생리를 이용한다.

3. 위약은 당사자가 위약이라는 것을 알 때에도 효과가 있다. 참가자들이 자신이 받은 치료가 '가짜'라는 것을 알 때에조차 증상이 개선되는 것을 여러 연구가 증명했다. 단, 이때는 위약 효과의 힘에 대한 사전 설명을 들어야 한다는 조건이 붙는다.

4. 알약의 색상, 입고 있는 제복, 치료의 가격 등 위약의 형태도 효과에 영향을 준다.

제14장

몸에 땀을 내라!
뇌는 더 열심히 땀 흘린다!

"건전한 몸에 건전한 정신은 항상 바라고 기도해야 할 일이다."

— 유베날리스Juvenal

투자 시간

17분

목표

정신적 성과를 업그레이드하는 데 영향을 주는 운동의 힘
을 이해하고 이것을 뉴로해킹 실험에 적용한다.

나는 어린 시절부터 스쿼시 선수로 활약했다. 주니어 올림픽에 출전하
는 등 실력도 꽤 괜찮았다. 그러나 고등학교의 많은 운동선수들이 그렇
듯이 나는 고학년이 되면서 운동과 공부의 갈림길에 서야 했다. 대학 코
치의 주목을 끌려면 학교 외부의 경기에 더 많이 참가해서 전국 순위를
높여야 했고, 경쟁률이 높은 과학 분야에 지원하려면 수학과 과학 과목
에서 좋은 성적을 거둬야 했다. 양쪽 모두에서 내 출발점은 남보다 뒤에
있었다.

2학년이 될 때까지 나의 운동과 학업 성적은 성과가 일정치 않았다. 100퍼센트 집중하는가 싶다가도 어느새 다음 순간에는 환상의 세계에 빠져들곤 했다. 과제를 잊어버리는 것뿐 아니라 중요한 스쿼시 시합을 하는 동안에도 정신은 딴 데 가 있었다. 고맙게도 졸업을 2년 앞둔 여름 날 두 가지 기회가 찾아왔다. 유명한 연구소에서 나를 인턴으로 채용했고 영국에서 열리는 엘리트 스쿼시 훈련 캠프에서도 나를 훈련생으로 받아준 것이다. 나는 코치였던 마크 루이스Mark Lewis에게 영국의 수준이 훨씬 높다는 이야기를 꺼냈다. 겁이 난다고 하면서 말이다. 그는 고개를 끄덕였다. "겁이 날 만도 하지. 그렇다면 이렇게 준비하면 돼. 몸을 인생 최고의 상태로 만드는 거야."

코치는 전력 질주를 하고 자전거를 타는 고강도 인터벌 트레이닝으로 새로운 훈련 체계를 만들 것을 권했다. 혹독한 훈련이었다. 보통의 스쿼시 훈련과 웨이트 트레이닝에 이 훈련까지 합쳐졌다. 봄이 끝날 무렵, 나는 훨씬 강해지고 빨라진 나를 발견하고는 몹시 놀랐다. 달라진 것이 또 있었다. 머리가 더 맑아졌다.

스쿼시 훈련 캠프에서 루이스의 말이 옳았다는 것을 알 수 있었다. 첫 주를 마치자 근육들이 비명을 지르는 것 같았다. 하지만 훈련은 효과를 발휘했다. 부상을 피할 수 있었다. 여름의 연구 인턴 생활도 비슷했다. 첫 주에는 매일 점심시간이면 머리가 깨질 것 같았지만 인터벌 트레이닝 이후에는 그렇지 않았다. 상사가 대학원 수준의 미생물학 교과서를 건네면서 주말 동안 공부를 하라고 지시하면 나는 얼굴에 미소를 띠고, "와 정말 기대돼요!"라고 대답했다. 매일 일과를 마쳤을 때는 기진맥진했지만 다음날 아침이면 활력이 차올랐다. 왜인지는 모르겠지만 신체적인 건강이 정신적인 지구력으로 이어졌다.

그해 가을, 나의 학업 부담은 그 어떤 때보다 컸다. 그뿐 아니라 스쿼시 대회들 때문에 거의 매 주말마다 원정을 가야 했다. 하지만 어려운 수업들을 듣고 이전보다 공부할 시간이 적었는데도 이전의 불규칙했던 성적(시험에서는 A를 받고 과제 제출은 완전히 잊어버리는) 문제는 더 이상 발생하지 않았다.

완벽한 실험과는 거리가 있는 개인적인 경험이었지만 나는 궁금해졌다. 운동은 두뇌 기능에 어느 정도나 영향을 줄 수 있을까?

건강한 신체에 건강한 뇌가 깃든다

운동은 인지 개입 중에서도 가장 신비롭고 황홀한 것이라 말할 수 있다. 지금까지 이루어진 연구에 따르면 운동은 네 가지 목표 분야, 즉 실행 기능, 학습 및 기억, 감정 조절, 창의성 모두에서 좋은 성과를 낸다. 그뿐만 아니라 매우 즉각적으로 효과를 낸다. 한 번의 운동만으로도 정신적 혜택을 볼 수 있는 것이다. 어떤 경우에는 이런 혜택이 운동이 미처 끝나기 전에 시작된다!

그렇다면 운동은 실행 기능과 주의력에 어떤 영향을 줄까? 2016년 캐나다왕립학회Royal Society of Canada의 신경과학자 아델 다이아몬드와 그녀의 동료 다프네 링Daphne Ling은 실행 기능 향상을 목적으로 하는 개입에 대한 연구 논문을 발표했다.[1] 논문은 요가와 같은 집중력에 관련된 운동, 그리고 태권도와 같이 자기절제에 포커스를 두는 운동을 통해 광범위한 이득을 얻을 수 있다는 점을 강조한다. 다이아몬드와 링은 더 나아가 많은 대결 형식의 스포츠와 팀 스포츠가 실행 기능까지 향상시킨다는 가설을 세웠지만, 그런 부분을 직접 평가하는 연구로까지 발전하지는 못했다. 2014년 또 다른 연구자들이 진행한 무작위 통제 실험은 200명 이상의 청소년을 대상으로 핏키즈FITKids라는 방과 후 운동 프로그램이 실행 기능에 도움을 주는지 조사했다. 연구원들은 자제력과 유연성의 상당한 증진은 물론 뇌의 전기적 활동에서도 의미 있는 변화를 발견했다.[2] 나는 스쿼시와 같이 경쟁이 심한 스포츠도 그와 유사한 인지적 혜택을 줄 것이라고 생각한다. 하지만 나는 편견을 가질 수밖에 없는 입장에 있기 때문에 더 많은 연구가 필요하다고 생각한다.

단 한 번의 운동으로도 똑똑해질 수 있다

2012년 노스캐롤라이나 그린보로 대학의 유카이 창Yu-Kai Chang과 그의 동료들은 1회 운동이 인지에 미치는 정확한 효과를 파악하기 위해 79개의 연구에 대한 메타 분석을 실시했다.[3] 이들 연구의 대상자는 전 세계 2,000명 이상의 남성과 여성, 어린이와 노인, 건강한 사람들과 장애가 있는 사람 등이었다. 연구에는 다양한 강도의 운동이 포함되었다. 아주 가벼운 운동에서부터 최대 강도의 운동과 유산소 운동(심장 강화 운동), 무산소 운동(스프린트), 근력 운동, 유산소 운동과 근력 운동의 결합 등 다양한 유형의 운동에 대한 분석이 이루어졌다. 이후 연구팀은 실행 기능과 기억력을 비롯한 다양한 유형의 인지 능력을 조사했다.

그 결과 1회의 운동만으로도 인지에 작지만 긍정적인 영향을 미칠 수 있음이 밝혀졌다. 또한 이런 결과는 운동 중, 운동 후, 운동을 끝내고도 한동안 유효했다. 주의력, 특히 집중력은 운동의 영향을 가장 많이 받는 인지 유형 중 하나였다. 운동을 통해 집중력 기반의 과제 성과가 향상된 정도는 연구팀이 측정한 모든 다른 인지 능력에서보다 월등히 높았다. 실행 기능과 기억력에 있어서는(의사결정, 언어의 유창성, 자극에 대한 기억, 부정확한 반응을 억제하고 정확한 반응을 택하는 능력), 15~20퍼센트의 향상이 나타났다.[4]

연구진이 예상한 대로 반응은 개개인마다, 즉 두뇌마다 달랐다. 그렇다면 사람들마다 이렇게 차이를 보이는 이유는 무엇일까? 우리는 이어질 내용에서 특히 창과 그 동료들이(그 외 다른 연구팀도) 더 자세히 탐구한 여덟 가지 영역에 대해 알아볼 것이다. 다음의 질문들을 읽고 연구 결과를 예측해보도록 하자.

운동 vs. 카페인, 활력에 더 도움이 되는 것은?

2017년 미국의 한 연구팀은 일간 수면 시간이 평균 6.5시간 이하인 수면 부족을 겪는 여대생들을 대상으로, 이들의 정신을 맑게 유지하는 데 무엇이 도움이 되는지 연구했다. 실험에 참가한 여대생들은 10분간 계단을 오르내리는 등의 운동을 하거나 커피 한 컵에 해당하는 양의 카페인을 섭취하거나, 위약을 복용했다. 단기적으로 활력을 가장 많이 높인 것은 계단 운동이었다.[5]

운동을 하던 사람 vs. 운동을 안 하던 사람, 더 이득을 얻는 쪽은?

미국 스포츠의학회American College of Sports Medicine가 고, 중, 저로 나눈 신체 단련 범주를 근거로 했을 때, 신체 단련 정도가 높은 참가자의 운동 후 인지 성과 평균 상승률은 12퍼센트 이상이었고 중간 수준 참가자의 경우 8퍼센트였다.[6] 신체 단련 정도가 낮은 참가자는 엇갈린 경험을 했다. 일부는 운동 전보다 인지 성과가 악화되었지만 다른 일부는 운동 전보다 거의 23퍼센트가 향상되는 모습을 보였다. 신체 단련 정도가 낮은 일부 참가자가 혜택을 보지 못한 이유는 아마도 즉각적인 혜택을 볼 수 없을 만큼 지쳤기 때문일 것이다. 정리하면 다양한 강도의 운동은 사람들에게 전반적으로 혜택을 주며 이런 혜택들은 신체 단련 정도가 높은 참가자들에게서 조금 더 즉각적인 것 같다. 신체 단련 정도가 높은 사람들이 상대적으로 눈에 띄는 인지적 혜택을 보이는 이런 추세는 앞서 유카이 창의 메타 분석 결과와도 일치한다.

저강도 vs. 고강도, 사고력에 더 도움이 되는 것은?

운동 후 인지 검사에서 사람들이 보인 성과는 어떤 강도의 운동이든 대체로 전보다 후가 더 나았다. 미국 스포츠의학회의 지침에 따르면, 운동 강도의 수준은 달성한 심박수와 최대 심박수의 비율로 측정한다. 가볍고 적당한 운동(최대 심박수의 50~76퍼센트)을 하고 난 후 인지 능력은 평균 8퍼센트 향상됐다. 고강도 운동(최대 심박수의 77~93퍼센트)을 했을 때는 평균 12퍼센트 정도 향상됐다. 초고강도 운동(최대 심박수의 93퍼센트 이상)의 경우, 보상은 훨씬 더 컸다. 평균 약 16퍼센트 향상했던 것이다. 도움이 되지 않는 유일한 운동 강도는 매우 가벼운 운동(최대 심박수의 50퍼센트 미만)이었다. 이때 평균 인지 능력은 4퍼센트 정도 하락했다.

땀은 얼마나 흘려야 할까?

정신과 의사이자 하버드 의과대학의 교수인 존 레이티John Ratey 와 과학저술가 에릭 헤이거먼Eric Hagerman 이 쓴《운동화 신은 뇌》에서 내가 가장 좋아하는 부분은 걷거나 뛰거나 전력 질주를 할 때 일어나는 생물학적 변화를 다룬 챕터다.[7] 이 부분에서는 움직임의 강도에 따른 효과를 철저히 조사한다.

걷기: 만족감을 주는 선택

레이티와 헤이거먼은 심박수의 55~65퍼센트로 걷는 것이 기분을 좋게 만드는 이유를 설명한다. 이런 저강도 운동 중에 사람은 지방 연소 상태에 있게 되며, 이는 혈류 내 유리 트립토판free tryptophan 의 양을 증가시킨다. 트립토판은 만족과 행복의 감정을 준다고 알려진 신경전달물질로, 세로토닌의 전구물질일 뿐만 아니라 노르에피네프린norepinephrine과 도파민이 분비되는 방식도 변화시키는 물질이다. 세로토닌의 증가와 노르에피네프린이 주의력에 미치는 역할, 도파민이 동기 부여에 미치는 역할을 결합시키면, 우리 조상들의 뇌가 왜 산책을 즐기도록 진화했는지 알수 있다.

조깅: 당장은 스트레스, 이후에는 걱정 완화

조깅(혹은 최대 심박수 65~75퍼센트 정도의 중강도 운동)은 특유의 효능을 갖고 있다. 중강도 운동은 기본적으로 스트레스 훈련이다. 중강도 운동 중에 아드레날린adrenalin과 코르티솔이 혈류로 주입되기 때문에 신체의 회복력이 향상된다. 당신의 몸은 스트레스 반응의 일환으로 그런 화학물질의 조절에 나서는데 그것을 조절하는 부분이 시상하부 뇌하수체 축이다. 뇌유래신경영양인자brain-derived neurotropic factor, BDNF(레이티가 두뇌가 가진 '기적의 분자'miracle-Gro라고 부르는)는 새로운 뉴런의 구성 요소로, 이 역시 신경 회로 강화에 관여한다. 심근에 의해 생성되는 펩타이드 호르몬인 심방나트륨이뇨펩티드atrial natriuretic peptide도 스트레스 완화에 도움을 준다. 엔도르핀과 엔도칸나비노이드endocannabinoids는 통증을 줄이고 차분함을 증가시킨다.

달리기 혹은 전력 질주: 당장은 고통, 이후에는 더 큰 성장

고강도 운동(예를 들어 최대 심박수의 75~90퍼센트에 달하는)을 하면 몸은 당신이 위기 상황에 처했다고 생각한다. 혐기성 구간(혈류에서 구할 수 있는 에너지뿐 아니라 근육에 저장된 에너지까지 사용하는)에 진입하면 뇌하수체는 인체성장호르몬human growth hormone, HGH의 분비를 자극한다. HGH는 두뇌의 크기를 증가시키고 위에서 언급한 많은 성장 인자들을 관리하고, 신경전달물질 수치를 조절하고, 뉴런의 성장을 촉진하는 데 중요한 역할을 한다. HGH는 운동을 마친 후 몇 시간 동안 혈류 속에 존재하며 열심히 활동을 한다. 레이티와 헤이거먼은《운동화 신은 뇌》에서 영국 바스 대학에서 이루어진 연구에 대해 설명한다. 30분 동안 전력으로 자전거를 탄 단 한 번의 운동으로 HGH가 600퍼센트 상승했다. 또한 HGH의 상승은 운동 후 2시간 동안 계속 이어졌다.

유산소 vs. 근력, 인지 효과를 극대화시키는 쪽은?

창과 동료들의 연구에 따르면, 유산소 운동과 근력 운동의 결합이 가장 큰 효과를 낸다. 평균적인 인지 성과가 즉각적으로 약 12퍼센트 상승했던 것이다. 반면에 유산소 운동만으로는 평균 4퍼센트 상승에 그쳤고 근력 운동만으로는 오히려 약 12퍼센트의 하락이 나타났다.

이런 결과에서 얻을 수 있는 교훈은 무엇일까? 운동을 통한 인지 기능의 상승이 필요하다면 근력 운동과 유산소 운동의 결합(이 장의 마지막에서 읽게 될 15분 계획과 같은)이 가장 효과가 좋다는 것이다. 하지만 이런 연구들은 다양한 사람들을 대상으로 한 연구 결과의 평균값이다. 우리가 논의하는 모든 개입이 그렇듯이, 당신의 뇌가 반응하는 방식은 연구에 언급된 사람들의 반응과 다를 수 있다. 따라서 몇 가지 접근법과 검사를 통해 당신에게 가장 적합한 운동 방식이 무엇인지 알아보도록 하라!

또한 비록 당신이 실행한 운동 유형이 당신이 기대하는 인지적 혜택을 주지 않았다고 할지라도, 다양한 운동에는 인지적 성과를 훨씬 뛰어넘는 여러 가지 건강상의 이점이 있다는 것을 기억해야 한다. 예를 들어, 근력 운동은 골다공증 예방과 심혈관 건강 증진 등 건강상의 혜택을 준다.[8] 2010년 케이트 램보른Kate Lambourne과 필립 톰포로프스키Phillip Tomporowski가 조지아 대학에서 실시한 연구에서는 사이클의 효과가 달리기보다 컸다. 두 사람은 운동과 인지에 대한 연구 40개 이상을 검토한 결과, 자전거 타기는 운동 중과 운동 후에 인지 성과 향상과 관련이 있는 반면, 트레드밀 달리기는 운동 중 성과 저하와 운동 후 약간의 성과 향상으로 이어졌다. 구체적으로 달리기 후에 측정된 인지 성과의 상승은 평균 4퍼센트 정도였고, 8퍼센트가 상승한 사람도 있었다. 사이클의 경우, 상승률은 약 8퍼센트였고, 12퍼센트의 상승을 보인 참가자도 있었다.

젊은 vs. 늙은, 누가 더 혜택을 누리는가?

1회 운동이 인지에 미치는 긍정적인 효과는 세 집단(고등학생, 30세 이상의 성인, 65세 이상의 노인들)에서 각기 다르게 나타났다. 노령층의 경우, 운동이 인지 능력을 평균 4~8퍼센트 향상시켰다. 초등학생과 청년 (20~30세)도 운동의 인지적 혜택을 누렸지만 그 정도는 평균 2.5퍼센트에 불과했다. 그러나 이러한 추정치는 어디까지나 평균이므로 개인에게는 그 영향이 훨씬 작을 수도, 훨씬 클 수도 있다는 점을 기억해야 한다.

아침 vs. 저녁, 더 도움이 되는 시간대는?

연구에 따르면 아침 운동이 평균 16퍼센트 정도의 인지 성과 향상을 가져왔다. 오후와 저녁 시간의 운동 차이는 통계적으로 유의미하지 않았다. 아마도 결과의 변동성이 너무 크기 때문일 것이다. 오후 운동은 평균 4퍼센트 정도의 인지력 향상을, 저녁 운동은 약 8퍼센트의 감소로 이어졌다.

기억력을 높이고 싶다면 전력 질주를 하라

고등학교 때, 어떻게든 운동 시간을 마련하려고 노력하던 나는 쉬는 시간에 맨손 체조를 하기 시작했다. 그렇게 휴식 시간을 운동으로 보내고 나면 공부가 더 쉽게 느껴진다는 것을 깨달았다. 친구에게 이 이야기를 하자 그녀도 나의 비공식적인 실험에 동참했다. 쉬는 시간에 팔벌려뛰기와 팔굽혀펴기를 하는 경우와 의자에서 일어나 스트레칭을 한 경우 이후 공부가 얼마나 잘 되는지를 비교한 것이다. 답이 나오자 소문이 퍼졌다. 곧 여자 화장실에서 음악에 맞춰 거울 앞에서 춤을 추고 팔벌려뛰기를 하다가 타이머가 울리면 다시 책상으로 달려가 새로 가다듬은 정신의 혜택을 확인하는 학생들이 생겨났다.

연구에 따르면, 덧셈 뺄셈처럼 이미 잘 알고 있는 인지 기능에 대한 검사에서는 운동이 그 성과를 평균 8퍼센트 정도 높인다. 새로운 정보를 학습하는 경우에는 운동이 자유 회상free recall의 성과를 거의 19퍼센트 향상시켰다. 자유 회상은 15개의 새로운 단어 목록을 받아 주어진 시간 안에 학습하는 기억력 검사인데, 일부 참가자의 자유 회상 점수는 약 23퍼센트까지 향상됐다.

독일 뮌스터 대학의 연구에서는 건강한 젊은 남성들을 세 그룹으로 나눠 실험을 진행했다. 한 그룹에게는 15분간 의자에 앉아 휴식을 취하게 했고, 두 번째 그룹에게는 3분씩 2회에 걸쳐 전력 질주를 시켰다(두 번의 전력 질주 사이에는 천천히 달리도록 했다). 마지막 세 번째 그룹에게는 느리고 꾸준한 속도로 40분간 달리기를 시켰다.[9] 비교 결과, 전력 질주 그룹의 단어 학습의 속도가 20퍼센트 빨라졌다. 뇌유래신경영양인자(다른 말로 '기적의 분자')도 가장 많이 증가했다. 또한 일주일 후에 단어를 기억하는 기억 유지 능력의 향상과 관련된 도파민 수치가 가장 높았다. 뿐만 아니라 어휘의 장기 기억(8~10개월 후)과 연관된 에피네프린epinephrine 수치의 증가 또한 발생했다. 학습 능력의 차이가 몇 개월이나 지속됐다는 사실에 나는 놀라움을 금치 못했다. 그렇다면 새로운 것을 배운 직후의 고강도 운동은 효과가 없지만 학습 몇 시간 후의 고강도 운동이 기억 공고화를 훨씬 효과적으로 만든다는 가설은 참일까? 한 연구에서는 72명의 참가자가 특정 장소와 사진의 연관성을 배웠다. 이후 참가자는 무작위 세 그룹으로 분류됐다. 첫 번째 그룹은 학습 직후 35분의 운동을 했고 (최대 심박수 80퍼센트 이하의 고강도) 두 번째 그룹은 4시간 후 35분 동안 고강도 운동을 했다. 세 번째 그룹은 자연의 모습이 담긴 영상을 보는 통제군으로 분류됐다. 48시간 후, 세 그룹 모두 사진과 장소의 연관성을 얼마나 잘 기억하는지 확인하는 시험을 치렀다. 그 결과 학습 4시간 후에 운동을 한 집단이 가장 좋은 성적을 냈다.[10]

자제력을 키우고 싶다면 운동이 답이다

감정 조절은 기본적으로 감정과 행동의 통제에 관한 일이다. 놀랍게도 운동은 장기적으로 자제력 또한 높이는 것으로 밝혀졌다. 오스트레일리아 맥쿼리 대학의 연구자들은 참가자들에게 4개월 동안 자신의 행동을 추적하게 했다.[11] 2개월 후, 참가자들은 규칙적인 운동 요법을 시작했다. 참가자들은 자제력의 여러 측면에서 '통제 기간'에 비해 상당한 개선을 경험했다. 스트레스, 감정적 고통, 흡연, 알코올, 카페인 소비가 감소했고, 보다 몸에 좋은 음식을 먹었고, 자신의 감정을 보다 잘 조절하고, 집안일을 더 많이 하고, 약속을 잘 지키고, 학습 습관을 개선하고, 지출을 보다 잘 관리했다고 보고했다.

혁신적인 아이디어와 운동의 상관관계

또한 운동은 활력을 높이고[12], 부정적인 감정을 완화하고 긍정적인 감정을 북돋는다. 미국과 캐나다 대학의 연구자들은 10분간의 운동이 부정적인 감정을 감소시킨다는 점을 발견했다.[13]

우리는 운동을 통해 기분이 나아지며 긍정적인 기분이 창의성의 예측 인자 중 하나라는 사실도 알고 있다.[14] 그렇다면 운동으로 창의성 또한 높아지는 것이 그리 놀라운 일은 아닐 것이다. 정말로 운동은 기분을 좋게 만듦으로써만 창의성 향상에 도움을 줄까?

영국 미들섹스 대학의 한 연구팀은 유산소 운동을 한 그룹과 '중립적인' 비디오를 본 그룹의 참가자들이 확산적 사고 과제에서 내는 성적을 비교했다. 그 결과 운동이 기분과는 별개로 다양한 반응을 생각해내는 능력과 연관된 창의성의 척도를 높이는 것으로 나타났다.[15] 창의성을 증진시킬 수 있는 운동 유형에는 걷기가 수렴적 사고와 확산적 사고 모두에 큰 영향을 미쳤다. 스탠퍼드 대학의 연구원들은 앉아 있는 사람들, 트레드밀 위를 걷는 사람들, 그리고 야외에서 걷는 사람들을 비교하는 실험을 했다. 실험 결과 밖에서 걸었던 사람이 가장 참신하고 높은 수준의 유추를 했다.[16]

오스트리아 그라츠 대학의 연구팀은 규칙적으로 운동을 하는 사람들이 보다 자연스럽게 창의성을 발휘하는 반면, 앉아서 생활하는 시간이 긴 사람들의 창의적 아이디어는 주로 '결연한 노력'을 통해서 나온다는 점을 발견했다.[17] 이 연구는 자주 운동을 하는 사람이든 오래 앉아 있는 사람이든 높은 창의성 수준에 이를 수 있다는 점을 보여준다. 한편 이 연구는 "유레카!"를 외칠 때처럼 전혀 기대하지 않은 상황일 때와 창의성을 발휘하기 위해 적극적으로 노력할 때 모두에서 높은 창의성이 발휘된다는 것도 보여주었다.

> **핵심 포인트**
>
> 1. 운동은 인지 성과를 향상시킬 수 있다. 인지 성과는 저강도나 중강도 운동 직후에 평균 8퍼센트 향상됐다. 고강도나 초고강도 운동 이후의 인지 성과 향상률은 약 12~17퍼센트였다.
> 2. 근력 운동 직후에는 인지력이 떨어지지만, 근력 운동에 유산소 운동을 결합시키면 인지력이 향상됐다. 사이클은 즉각적인 인지력 향상 측면에서 달리기보다 더 효과적이다.
> 3. 운동이 인지 성과에 미치는 영향은 연령대에 따라 달라진다.
> 4. 운동을 하는 시간대도 영향을 준다. 아침 운동은 인지 성과를 평균 17퍼센트 정도 높였다. 오후 운동은 약 4퍼센트의 향상을, 저녁 운동은 약 8퍼센트의 감소를 불러왔다.
> 5. 운동은 우리가 업그레이드의 목표로 삼는 네 가지 정신적 능력, 즉 실행 기능, 학습 및 기억, 감정 조절, 창의성 각각에 영향을 줄 수 있다. 운동은 기분을 좋게 하며 수면 부족 완화에도 도움을 준다.

제15장

푸른 빛이 내려와
너를 더 똑똑하게 하리니

"빛을 주어라. 그리하면 사람들은 길을 찾을 것이다."

―엘라 베이커Ella Baker

투자 시간

12분

목표

정신적 성과를 업그레이드하는 측면에서 청색광이 가지는 영향력을 이해하고 그것을 뉴로해킹 실험에 적용한다.

나는 인생의 대부분을 눈이 많은 보스턴에서 보냈다. 하지만 정작 계절성 정서 장애seasonal affective disorder(이하 SAD)가 생긴 것은 화창한 캘리포니아에 살면서부터였다. 2019년 1월 나는 새로운 장기 프로젝트를 시작하면서부터 모든 일을 오후와 저녁에 할 수 있게 되었다. 원하는 만큼 늦게까지 깨어 있다가 새벽부터 이른 오후까지 잠을 잤다. 전형적인 올빼미형 인간이었던 나는 이것을 하늘이 준 선물이라고 생각했다.

내 증세와 스케줄의 연관성을 처음엔 알아차리지 못했다. 변화는 '뱀

파이어 스케줄'을 시작하고 몇 주 후 생기기 시작했다. 언젠가부터 친구들의 농담에도 웃을 수가 없었다. 할 일 목록에서 이상한 현상이 생겼다. 하루를 마감할 때면 마치지 않은 항목이 그날을 시작할 때보다 더 늘어나 있었다. 빈 벽을 쳐다보고 있다가 시계를 확인하고는 내가 꽤 긴 시간 그렇게 멍하니 있었다는 사실을 알아차렸다. 이후 잠을 지나치게 많이 잤다. 그렇게 슬플 일도 없는데 갑자기 울고 있는 나를 발견했을 때는 뭔가 잘못되었음을 인정할 수밖에 없었다.

CES-D Center for Epidemiologic Studies Depression scale (역학연구센터 우울척도)라는 우울증 검사를 해보니 내 상태는 '심각' 수준의 바로 아래 있었다. 보스턴에 계신 아버지와 통화를 하면서 내 증상을 말씀드리자 아버지는 의외의 질문을 했다. "요즘 햇빛은 얼마나 쬐니?"

아버지가 해결책을 내놓았다. 광선 치료 램프였다. 아버지와 이야기를 나누고 많은 조사를 거친 후, 나는 5,000룩스(1룩스는 약 90센티미터 떨어진 곳에 있는 촛불 하나의 밝기이고, 직사광선은 약 10만 룩스이다)의 빛을 내는 40달러짜리 램프를 주문했다. 5,000룩스에 불과했지만 나는 램프를 눈이 아닌 내 얼굴 옆쪽으로 향하게 했고,[1] 그것도 60센티미터 떨어진 곳에 놓았다. 효과는 빨랐다. 몇 번 만에 효과가 나타나기 시작했다. 다음 몇 주 동안, 나는 30분(때로는 한 시간 내내) 동안 작은 정사각형 조명을 얼굴 옆에 두는 것으로 하루를 시작했다. 곧 농담이 재미있어지기 시작했다. 갑자기 울고 싶은 충동이 서서히 사라졌다. 할 일 목록의 항목이 줄어들기 시작했다. 광선 치료를 시작한 지 일주일 만에 다시 CES-D 검사를 받았다. '우울증이 없는' 범위로 무사히 복귀했다. 만세!

광선 치료가 모두에게 완벽하게 적용되는 우울증 치료법은 아니다.

하지만 호기심이 생기는 것은 막을 수 없었다. 빛이 내 뇌에 어떻게 이런 마법을 부리는 것일까? SAD를 완화시키는 것 이외에 다른 효과는 없을까? 내 경우에는 집중력과 생산성도 높아졌는데, 빛이 보다 전반적인 인지력 향상에 도움이 되지는 않을까?

인간은 왜 밤에 잠들고 아침에 깨는가?

MRI를 사용하면 빛이 어떻게 각성도와 기분을 통제하는지 탐지할 수 있다. 우리 뇌가 빛을 감지하면 그 즉시 각성도를 조절하는 영역(시상하부, 시상 등)과 기억과 감정을 조절하는 영역(편도체, 해마 등)을 비롯한 두뇌의 수많은 영역들이 활기를 띤다.[2] 빛이 만드는 드라마의 주인공은 눈에 있는 광光수용기(특히 빛에 의해 활성화되는 뉴런)와 두 가지 화학물질, 즉 각성을 유발하는 노르에피네프린과 졸음을 유발하는 호르몬인 멜라토닌이다.

이들은 이렇게 작용한다. 눈에 빛이 들어오면 광수용기가 뇌에 전기 신호를 보낸다. 눈과 가까운 뇌의 영역(시교차 상핵)은 신호를 받은 뒤 멜라토닌의 생성을 감소시킨다. 빛이 많아지면 멜라토닌은 감소하고 멜라토닌이 감소하면 졸음이 줄어든다. 반대로 빛이 적으면 멜라토닌이 많이 생성되고 멜라토닌이 많으면 졸음이 심해진다.

그러나 낮에는 노르에피네프린이 더 큰 역할을 한다. 눈의 광수용체는 근처의 다른 뇌 영역(청반)을 자극해 대뇌 피질 전체에 노르에피네프린 방출량을 늘린다. 투쟁-도피 반응에 대해 들어보았는가? 노르에피네

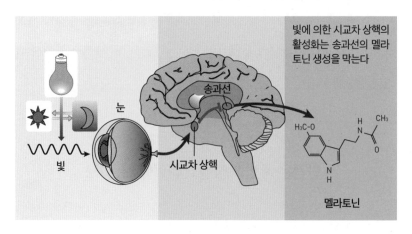

프린은 투쟁-도피 반응에서 각성도를 높이고 바로 행동할 준비를 하는 데 중요한 역할을 한다. 따라서 빛이 강하다는 것은 노르에피네프린이 많다는 것을 의미한다.[3] 기본적으로 멜라토닌이 조절하는 졸음과 노르에피네프린이 조절하는 각성은 빛에 의해 조절되며 균형을 이룬다.

빛의 색상 그리고 안전을 위한 참고 사항

빛의 색깔은 빛에 대한 뇌의 반응 방식에 영향을 미친다. 밤늦게 컴퓨터 화면을 보는 것이 숙면에 좋지 않다는 얘기를 들어보았을 것이다. 시차를 극복하는 가장 좋은 방법은 햇볕을 쬐는 것이라는 이야기도 익숙할 테다. 태양은 자연적인 청색광의 원천이며, 우리는 청색광의 양과 시간대를 연관시키도록 진화해왔다. 한낮의 눈부신 빛과 대조되는 따뜻한 주황색의 석양을 생각해보라. 우리의 일주기 리듬은 이렇게 색에 기반한 변화에 맞춰져 있다. 밤늦도록 컴퓨터를 하거나 스마트폰을 쳐다보는 것이 불면증으로 이어지는 이유는 컴퓨터 화면에서 나오는 청색광 때문에 뇌가 지금을 한낮이라고 '생각'하기 때문이다. 그래서 잠이 오지 않는 것이다. 이런 이유로 나는 잠자리에 들기 전 마지막 1시간 동안 청색광을 차단하는 주황색 렌즈의 안경을 쓴다. 또 컴퓨터 화면 조명을 시간대에 따라 짧은 파장(파란색)에서 긴 파장(노란색과 빨간색)으로 부드럽게 바꿔주는 소프트웨어 프로그램을 사용한다. 잠자리에 들 때쯤이면 컴퓨터 화면이 호박색이 된다. 이런 기능을 하는 많은 소프트웨어 프로그램들이 있다. 나는 수년 동안 노트북과 전화기에 무료 프로그램을 사용했다. 설정에서 색상 전환 타이머를 변경할 수 있다.

청색광에 특히 민감한 사람들이 있기 때문에 이 장에서 설명하는 개입에는 주의를 기울여야 한다. 예를 들어 양극성 장애가 있는 사람들에게는 광선 요법이 조증 또는 경조증을 유발할 수 있다(여름철, 즉 빛이 증가하는 시간에는 조증 및 경조증 발현의 위험이 더 크다). 양극성 장애 진단을 받지 않았어도 한 번에 몇 시간씩 청색광을 받으면 짜증이 심해진다고 보고하는 근로자들이 있다.[5]

청색광을 특히 주의해야 하는 또 다른 집단은 안과 질환을 가지고 있거나 당뇨 환자처럼 안과 질환의 위험이 있는 사람이다. 이런 사람들은 청색광에 지나치게 노출되었을 때 눈의 피로를 경험할 수 있다.[6] 사람들은 컴퓨터 화면을 보고 있을 때 눈을 깜빡여야 한다는 것을 종종 잊는다. 따라서 자주 눈을 깜빡이도록 상기시키는 것도 좋은 방법이다. 눈의 피로를 피하는 가장 좋은 규칙은? 다른 조명을 켜둔 상태에서 청색광을 보는 것이다.

이제 인지력 향상의 부분으로 들어가 보자. 빛은 SAD를 겪는 사람들에게만 효과가 있을까? 빛으로 커피와 같은 일반적인 인지 향상 효과를 얻을 수 있을까? 만약 그렇다면 얼마나 효과가 더 좋을까? 여러 무작위 통제 연구가 이런 질문에 답을 해준다.

청색광은 전반적인 인지 기능에 어떤 영향을 줄까?

프랑스 보르도 대학의 연구진은 참가자들에게 늦은 밤 전국을 횡단하는 도로 여행을 하게 했다.[7] '자동차 계기판에 있는 청색광이 운전 정확도를 높일까?'라는 질문에 답을 얻기 위한 실험이었다. 20~50세 사이의 건강한 남성으로 이루어진 48명의 용감한 참가자들은 3회에 걸쳐 한밤중에 400킬로미터를 운전했다. 참가자들은 무작위로 세 그룹에 배정되었다. 한 그룹에는 카페인(카페인 200밀리그램, 커피 네 잔에 상당하는 양)을 투여했고, 한 그룹은 지속적으로 청색광에 노출되도록 했으며, 한 그룹에는 위약(가짜 카페인 알약)을 투여했다. 어떤 결과가 나왔을까? 위약군은 깨어 있는 데 어려움을 겪었다. 이들이 이 한밤의 모험을 하는 동안 차선을 넘은 횟수는 평균 26회였다. 그에 반해 카페인군과 청색광군의 성적은 거의 두 배에 가까웠다. 카페인군이 차선을 벗어난 횟수는 평균 12번이었다. 청색광군의 성적은 카페인군과 비슷했다. 그들이 차선을 밟은 횟수는 14회에 불과했다.

어떤 색상의 빛이 가장 좋을까?

이전의 연구에서 연구자들은 청색광(480나노미터 정도의 짧은 파장)을 선택했지만 우리 조상들은 모든 색이 합쳐진 밝은 흰색(400~700나노미터) 태양광에 반응하도록 진화했다. 내가 그 연구들을 읽으면서 의아하게 여겼던 부분이 있었다. 왜 SAD 광선 치료는 1만 룩스 노출을 최적으로 여기는데 이 연구에서의 청색광은 200룩스에 불과할까? 유명한 조명 제조업체인 필립스Philips는 청색광이 "가장 효율적인 유형의 에너지로, 200룩스의 청색광만으로도 1만 룩스의 백색광과 비슷한 효과를 얻을 수 있다."고 설명하고 있다.[8] 따라서 가장 관련성이 높은 스펙트럼에만 집중하면 전체 스펙트럼만큼 강력한 효과를 얻을 수 있다.

일반적으로 청색은 정신적 성과를 높이는 데 가장 효과적인 색상으로 알려져 있다. 100명 이상의 영국 사무직 직원들을 대상으로 한 관찰 연구는 백색광과 청백색광blue-white lights 조명 아래에서 일하는 근로자들의 자기 보고 설문을 대조했다. 근로자들은 백색광보다 청백색광 아래에서 주간의 작업 성과와 각성도가 눈에 띄게 높아졌다고 보고했다.[9]

청색광은 실행 기능과 주의력에 어떤 영향을 줄까?

2013년 스웨덴에서 이루어진 무작위 통제 실험에서는 청색광이 실험 기능 과제의 성과를 높인다는 사실이 밝혀졌다. 연구자들은 21명의 건강한 참가자들이 각기 다른 날 다양한 인지 과제를 수행하는 동안 그들을 청색광, 백색광, 카페인, 카페인 위약에 노출시켰다. 결과는? 청색광과 카페인을 노출된 참가자들은 백색광이나 위약에 노출된 참가자들보다 인지적 성과가 더 좋았다. 시각 반응 검사에서는 카페인과 청색광군 모두 성과의 향상을 보였지만 실행 기능 검사에서는 청색광군이 카페인군보다 더 좋은 성적을 올렸다.[10] 이상하게도 푸른색의 눈동자를 가진 참가자들은 청색광 노출에서 특히 더 많은 도움을 받았다. 푸른 눈이 갈색 눈보다 보호 색소의 층이 적어 푸른 눈의 사람들이 어두운 색상의 눈을

가진 사람보다 빛에 민감하게 반응하기 때문인 것으로 분석된다.[11]

그렇다면 청색광의 인지력 향상 효과는 얼마나 지속될까? 대부분의 연구는 빛에 노출되는 동안이나 빛에 노출된 직후에 참가자를 검사했다. 이와 다르게 광선 치료를 하고 조금 기다렸다가 검사를 한다면 어떤 일이 일어날까? 2016년 애리조나 대학과 하버드 의과대학의 연구자들은 실행 기능의 한 측면인 작업 기억 부분에서 그 문제를 조사했다. 그들은 참가자들을 청색광이나 주황색 빛(통제군)에 30분간 노출시킨 뒤 40분을 기다렸다. 이후 연구자들은 참가자들이 작업 기억 검사를 어떻게 치르는지 관찰하고 검사 동안 뇌의 어느 영역이 활성화되는지 지켜봤다.[12] 기능적 자기공명영상functional magnetic resonance imaging, fMRI에서 청색광에 노출된 참가자들은 작업 기억과 연관된 영역(왼쪽과 오른쪽 배외측 전전두피질 같은)의 활동성이 증가했다. 실질적으로 청색광 노출 집단은 작업 기억 검사에서 가장 어려운 부분을 더 빠르게 수행했다. 더 많은 연구가 필요하겠지만(빛에 노출되고 40분 이상의 시점을 조사한 적절한 연구는 찾을 수 없었다), 이들 연구는 청색광이 인지에 미치는 영향이 바로 사라지지 않고 유지됨을 시사한다.

청색광은 기억력에 어떤 영향을 미칠까?

청색광은 기억력 과제에 도움을 줄까? 건강한 18~32세의 참가자 30명을 대상으로 한 2017년의 한 연구는 청색광의 효과와 황색 혹은 주황색 빛(약 580나노미터)의 효과를 비교했다.[13] 애리조나 대학의 연구진은 무작위로 선정한 사람을 30분간 청색광이나 황색광에 노출시키고 기억력 성과를 비교했다. 참가자들은 단어 목록을 암기한 직후 가능한 많은 단어를 떠올리는 과제를 받았다. 청색광이나 황색광 노출 후 조명 세척(실내 조명의 영향을 무효로 돌리기 위한 작업)을 포함한 90분의 시간이 지나고 나서 참가자들에게 단어를 다시 떠올리라는 과제가 주어졌다. 결과는? 평균적으로 청색광 노출군은 학습한 단어 중 2퍼센트 미만을 잊은 반면, 황색광 노출군은 학습한 단어 중 거의 15퍼센트를 잊었다. 또다시 청색광의 우세로 밝혀진 것이다.

핵심 포인트

1. 빛은 두뇌의 각성도에 영향을 준다. 졸음이 오는 시간에 참가자들에게 운전을 시도하게 한 연구에서, 청색광이 카페인과 비슷한 효과를 냈다. 청색광의 효과는 카페인의 효과와 비교해 손색이 없다.

2. 청색광은 다른 색상보다 뇌를 강화한다. 낮 시간에 졸음을 줄이고 작업 성과를 높이는 데 청색광이 백색광보다 효과적이었다. 청색광은 기억력 증진에도 황색광보다 효과적이었다.

3. 양극성 장애나 안과 질환이 없는 사람이라면 청색광의 부작용은 아주 적다. 그렇지만 카페인과 마찬가지로 각성도를 과도하게 높일 수 있다. 잠자리에 들기 직전이나 기분 장애로 진단을 받은 경우라면 사용을 피한다. 안과 질환이 있는 사람은 사용 전에 의사와 상담해야 한다.

4. 빛이 주는 효과의 지속 여부에 대한 연구는 아직 한계가 있다. 하지만 한 연구는 인지 향상 효과가 청색광 노출 후 40분간 지속된다는 것을 보여주었다.

제16장

뇌파를 바꾸면 머릿속도, 마음도 원하는 대로 바뀐다

"나에게 사고 제어 컴퓨팅은 그림붓만큼이나 간단하고 강력한 도구다. 이 젤을 옆에 두고 당신 곁에 앉아서 새로운 도구상자로 세상을 만들고 우리 자신에 대한 발견을 할 수 있는 날이 오길 기대한다."

—애리얼 가튼Ariel Garten

투자 시간

20분

목표

정신적 성과를 업그레이드하는 뉴로피드백의 힘을 이해하고 그것을 뉴로해킹 실험에 적용한다.

인도의 사격 국가대표 선수 아브히나브 빈드라Abhinav Bindra는 자서전에서 자신은 어린 시절 그 어떤 종목의 스포츠에도 출전할 수 없을 것 같은 외형을 갖고 있었다고 말했다. 그는 자신을 '몸을 움직이기를 싫어하고 운동하는 것에 양면적인 감정을 가진 뚱뚱한 남자아이'였다고 묘사했다. 그렇지만 그는 아버지가 한 달에 한 번씩 총을 관리하는 것을 지켜봤고 그 규칙적인 일이 그의 관심을 사로잡았다. 10살이 되자 아버지는 그에게 총을 쏘는 것을 허락해주었다. 그 순간, 빈드라의 사격 열정에 불이 붙었다.[1] 그는 1998년 코먼웰스 게임에서 최연소 선수로 출전하며 기대를 모았지만 2004년 아테네 올림픽에서는 7위에 그쳤다. 당시 스물두 살이 됐던 그는 금메달을 딸 기회가 사라지고 있음을 깨달았을 것이다. 이후 4년 동안 그는 암벽등반과 야크 우유 마시기 등 다양한 자기계발 실험을 시도했다. 내게 무엇보다 흥미로웠던 것은 빈드라의 '바이오피드백' 실험이었다.

빈드라는 스포츠 심리학자와 함께 호흡과 심박을 통제하는 법을 배우면서 자신이 투쟁-도피 모드(사격은 투쟁 모드나 도피 모드에 있을 때 성공적이다. 하지만 하나의 모드에서 다른 모드로의 전환이 이루어질 때 실수가 발생한다)에 있도록 관리하고, 과도한 근육 긴장을 없애고, '내적 독백'을 줄이고, 반응 시간과 집중력을 전반적으로 높였다.[2] 결과는? 빈드라는 2008년 베이징 올림픽 10미터 공기소총에서 금메달을 획득했다. 112년 만에 인도가 개인 종목에서 처음으로 얻은 금메달이었다.

명상의 다른 이름, 바이오피드백

빈드라가 금메달을 따고 거의 10년이 지났을 무렵 나는 샌프란시스코의 헤이트 애쉬버리로 향하고 있었다. 바이오피드백의 선구자이며 캘리포니아 주립대학 교수였던 게오르크 풀러 본 보자이George Fuller von Bozzay를 만나러 가는 길이었다. 그는 자신의 저서와 동일한 주제를 다룬 내 연구에 대한 이야기를 나누고 싶다는 나의 요청을 흔쾌히 받아주었다. 나와 악수를 하면서 박사가 움찔하는 것을 보고 나는 황급히 사과를 했다. "제가 원래 손이 항상 차요."

"불안감을 갖고 있나 보죠?" 그가 말했다. 나는 얼굴이 달아오르는 것을 느꼈다. 전문가처럼 보이기 위해 애를 쓰고 있는데 긴장하고 있다는 말을 듣는 기분이란! 나는 손이 항상 차다고 다시 한번 강조했다. 그는 고개를 끄덕였다. "그럼 항상 불안감을 갖고 있는 거겠죠." 대체 이게 무슨 일이람.

"한 가지 활동을 해봅시다." 나는 회의감과 약간의 당혹감을 애써 누르면서 자신의 생각을 설명하는 그에게 귀를 기울였다. 그는 점진적 이완 명상을 해보자고 권했다. "바이오피드백이 뭔지 알고 싶어서 온 것 맞죠?" 나는 고개를 끄덕였다. 그는 손끝 온도 추적 장치를 건넸다. "바이오피드백을 배우는 가장 좋은 방법은 직접 경험해보는 것입니다. 손끝 온도를 잽시다." 나는 그의 말에 따랐다. "명상을 하는 동안 온도가 변하는지 지켜보세요." 나의 당황한 표정이 그대로 드러났을 것이다. "그냥 지켜만 보세요. 무슨 일이 일어날지 누가 알겠어요? 명상을 마치면 손끝 온도를 다시 재죠."

10분 명상 후 나는 훨씬 긴장이 풀렸다는 것을 인정할 수밖에 없었다. 이후 나는 손끝 온도 측정기로 눈을 돌렸다. 믿을 수가 없어서 다시 한번 확인해야 했다. 손가락의 온도가 5도 이상 올랐던 것이다. 나는 방을 둘러보았다. 명상을 하는 동안 실내 온도를 높인 것은 아닐까? 밖은 추운데 사무실에 오랫동안 앉아 있었으니 손가락 온도가 자연스럽게 올라간 거겠지. 정말 생각의 힘이 몸의 변화를 일으킨 것일까?

풀러 본 보자이 박사에게 시간을 내주어서 감사하다는 인사를 한 후 나는 집으로 돌아와 바로 측정기를 주문했다. 그것만이 아니겠지. 뭔가

가 더 있을 거야. 언젠가 불교 승려들의 이야기를 들은 기억이 났다. 오로지 집중력과 깊은 명상만으로 추운 방에서 자신들이 깔고 앉은 젖은 시트를 말린다는 얘기였다.[3] 나는 그런 경지에 이르기 위해서는 매우 긴 시간이 필요할 것이라고 생각했다.

일주일 뒤 손끝 온도 측정기가 도착하자, 나는 똑같이 10분간의 명상을 했다. 똑같은 일이 일어났다. 처음에 내 손가락 끝은 죽은 사람처럼 차가웠지만 마지막에는 보통의 평범한 인간 수준으로 따뜻해졌다. 실내 온도에는 변화가 없었다. 나는 그 부분을 확인했다. 나, 명상, 온도 측정기 그리고 사고를 통한 신체의 마법과 같은 변화만이 있었다. 믿을 수가 없었던 나는 다시 시도를 해보았다. 다시 또다시. 시간대와 상황을 바꿔가며 다양한 시도를 했다.

완벽하지는 않았다. 명상에 전혀 집중할 수 없는 때도 있었고 그럴 때는 체온에 큰 변화가 없었다. 시작할 때 이미 충분히 이완되어 있어서 손끝 온도가 많이 오르지 않을 때도 있었다. 하지만 회의감이 줄어들 만큼 여러 번의 성공을 경험했다. '심신의 연결'이라는 것이 실재하는 듯했다.

손끝 온도 측정기를 보지 않으면서 명상을 하는 것은 어떨까? 그렇게 해보니 체온이 올라가기는 했지만 간헐적으로 측정기를 확인하는 것만큼 효과적이지는 않았다. 손끝 온도 측정기가 현재의 내적 상태에서 벗어나지 않도록 해주는 역할을 하는 듯했다. 그것은 명상을 보다 효과적으로 이용할 수 있게 해주었다.

"바이오피드백은 바로 그렇게 작동합니다." 나중에 다시 만난 폰 보자이 박사가 말했다. 그는 바이오피드백에 다양한 양식이 있다고 설명해주었다. 온도 외에도 심박수의 변화 혹은 분당 호흡수를 측정하면서 그것을 특정한 감정 상태와 연결시키는 법을 배울 수 있다. 뿐만 아니라 손끝 온도를 통제하는 것처럼 자신의 뇌파를 지켜보면서 그것을 조정하는 법을 배울 수도 있다. 바로 이것이 뇌파 측정기를 사용하는 EEGelectro-encephalogram(뇌파도) 바이오피드백, 일명 뉴로피드백이다.

뇌가 하는 말에 귀를 기울이는 법

뇌파를 이용하는 방법은 뉴로피드백에서 가장 흔하고 오랜 역사를 자랑한다. 최근에 나오는 혈류의 변화를 감지하는 새로운 장비들은 fMRI나 훨씬 저렴하고 휴대가 쉬운 헤모엔세팔로그래피Hemo Encephalo Graphy, HEG 같은 다른 대사 조영 장비를 이용한다. 하지만 뇌파도 기반 뉴로피드백의 인기는 여전하기 때문에 이 부분에 대해 보다 집중적으로 이야기할 것이다.

인간의 뇌는 매시간마다 매우 다른 뇌파를 보여주는데, 특정한 뇌파가 많이 발생하는 것은 특정한 정신적 상태와 연관되는 경우가 많다. 초당 주파수가 8~12헤르츠인 알파파는 이완과 차분한 집중의 상태와 연관되며 스트레스와 불안을 많이 느끼는 사람들은 알파파를 늘리는 것이 좋다.

불균형한 베타파의 출현은 각성과 문제 해결 상태와 연결된다. 어린이들의 뇌파를 들여다보면 TV를 볼 때보다 수학 숙제를 할 때 더 많은 베타파가 출현함을 볼 수 있다. 감마파가 많은 것은 심도 높은 학습이나 창의성과 연관된다.

| 뇌파도⁴ |

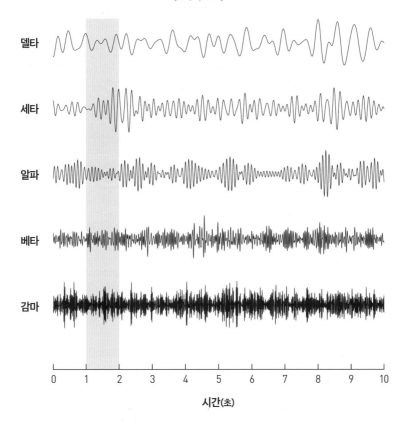

델타

세타

알파

베타

감마

0　1　2　3　4　5　6　7　8　9　10

시간(초)

뉴로피드백의 역사

1960년대 말, 시카고 대학의 조 카미야Joe Kamiya 와 캘리포니아 대학의 배리 스터먼Barry Sterman 은 자신의 뇌파를 통제할 수 있는 인간의 능력에 대한 중대한 발견을 했다. 카미야는 사람들에게 자발적으로 알파파를 생성하는 법을 가르쳤고 스터먼은 쥐들을 훈련시켰다. 스터먼은 쥐들이 보상을 받기 위해 특정 뇌파를 자발적으로 높일 수 있는지가 궁금했다. 그가 타깃으로 정한 뇌파는 정수리 근처 신피질의 한 영역인 감각 운동 피질sensorimotor cortex, SMR에서 나오는 뇌파였다. 이 뇌파는 초당 12~15의 주기를 갖기 때문에 다른 어떤 뇌파보다 베타파에 가깝다. 우연히 SMR에서 나오는 뇌파를 생성시킨 고양이에게 보상을 주자 고양이들은 곧 의도적으로 베타파를 만들어내는 법을 학습했다.

같은 시기에 미항공우주국National Aeronautics and Space Administration, NASA은 스터먼에게 특정 종류의 로켓 연료가 발작을 일으킬 수 있는지 조사해달라고 요청했다. 스터먼은 로켓 연료가 고양이에게 발작을 일으킨다는 사실을 발견했다. 그런데 그는 두 연구에서 대상이 되는 고양이들을 분리시키는 것을 깜박하고 말았다. SMR 제어 연구 대상이었던 고양이 중 몇 마리가 로켓 연료 발작 연구로 들어가버린 것이다. 실수를 깨닫고 데이터를 폐기하려던 그의 눈에 이상한 차이점이 보였다. SMR 연구 대상이었던 고양이들이 다른 고양이들만큼 쉽게 발작을 일으키지 않은 것이었다. 그 고양이들은 발작 유인에 견디는 능력이 훨씬 더 강했다.

어째서인지는 모르지만 뇌파 훈련이 고양이들을 발작으로부터 보호해준 것이다. 이 연구 결과로 많은 연구가 뒤를 이었다. 뇌파 훈련을 전반적인 발작 장애 치료에 사용할 수는 없을까? 1970년대에 조엘 루바Joel Lubar가 SMR을 ADHD 치료에 사용할 수 있는지 조사하는 통제 실험을 시작했다. 뉴로피드백이라는 비약물적 치료법이 탄생하는 순간이었다.

뉴로피드백의 다양한 응용

오늘날 뉴로피드백은 자폐 스펙트럼 장애, 학습 장애, 기분 장애, 불안 장애, 약물 남용, 외상성 뇌손상, 불면증 등 열거하기 힘들 정도로 많은 장애에 응용되고 있다.[5] 이미 2012년, 미국소아과학회American Academy of Pediatrics 는 뉴로피드백을 ADHD의 레벨 1 치료법, 즉 '가장 도움이 되는' 치료법으로 지정했다.[6] 약물과 효능의 수준이 같다는 의미다. 환자가 복용을 중단하면 효과가 사라지는 자극제와 달리, ADHD 뉴로피드백의 목표는 약한 주의력 신경망이 더 잘 작동하도록 훈련시키는 것이다. 자극제를 거의 혹은 전혀 사용하지 않고 뉴로피드백만을 적용한 많은 사례에서 주의력 신경망은 개인이 주의력을 유지할 수 있는 수준까지 강화되었다.[7]

몇몇 연구에서는 베타파와 감마파를 더 많이 생성하도록 훈련시키는 뉴로피드백 방식이 IQ 상승을 가져온다는 것을 보여주기도 했다.[8] 델타파와 세타파는 고진폭 저주파(느린) 뇌파로 주로 졸음과 연관되지만 깨어 있는 동안 이들 뇌파가 많을 때는 공상이나 창조적인 자유 연상으로 연결되는 경향이 있다. 반대로 세타파의 감소는 공상과 산만함을 줄인다.[9]

지역의 뉴로피드백 임상의를 만나자 다양한 사례가 쏟아져 나왔다. 문제아였으나 전 과목에서 A를 받는 모범생이 된 소년이 있는가 하면 평생 피로와 브레인포그로 시달리던 성인은 뉴로피드백 이후 활기를 되찾았다.

뇌파 통제와 IQ 상승의 상관관계

뉴로피드백은 학습 성과와 운동 성과에서 의미 있는 결과를 보여주었다. 여러 연구에 따르면 뉴로피드백 후에 의대생들은 미세수술을 더욱 빨리 배웠고[10], 전문 음악가들은 전문 기술을 더 빨리 발전시켰다.[11] 올림픽 배구 대표팀의 케리 월시-제닝스Kerri Walsh-Jennings,[12] 앞서 언급한 인도 최초의 개인 종목 올림픽 금메달리스트 아브히나브 빈드라, 프로 골퍼 브라이슨 디샘보Bryson DeChambeau 등 많은 올림픽 대표나 프로 운동선수들이 자신들이 우위에 서게 된 공로를 뉴로피드백에 돌리고 있다.[13]

하루 10분 뉴로피드백으로 주의력을 향상시킬 수 있을까?

혼자서도 집단 마음 챙김 훈련과 비슷한 효과를 내는 대안을 찾고자 캐나다의 연구팀은 32세 전후의 젊은 남녀 26명을 모집해 무작위로 실험군과 통제군에 배정했다.[14] 실험 그룹은 가정에서 비교적 저렴한 소비자용 온라인 기기를 사용해 하루 10분씩 뉴로피드백 기반 명상을 실시했다. 통제군은 하루 10분씩 온라인으로 수학 문제를 풀었다. 두 집단 모두 6주 동안 매일 10분의 개입을 실천했다. 처음에 의욕이 큰 쪽은 뉴로피드백 그룹이었지만, 마지막에 주의력 과제의 정확도는 양쪽 집단이 동일했다. 그렇지만 뉴로피드백 그룹은 주의력 과제를 더 빠르게 수행하는 모습을 보였다. 또한 뉴로피드백 그룹은 웰빙이 크게 향상되고, 신체적 증상이 감소하고, 신체 지각력이 훨씬 향상되고, 차분해지는 결과를 보였다.

주의력 업그레이드와 우연한 IQ 향상?

이 모든 사례에서는 매번 IQ 향상에 대한 이야기가 등장했다. 나는 IQ를 척도로 사용하는 것을 썩 내켜하지 않지만, 임상의들이 개입 전후 정신적 성과를 측정하려는 시도에는 강한 흥미를 느꼈다. 더구나 IQ는 안정적인 척도로 여겨졌다. 짧은 개입이 IQ에 변화를 줄 수는 없다는 것이 중론이었다.[15] 2014년 나는 오클랜드에서 열린 콘퍼런스에서 코넬 대학 출신의 물리학 박사 지그프리드 오스머Siegfried Othmer를 만났다. 그는 뉴로피드백으로 병든 아들의 삶이 바뀌는 것을 목격한 뒤, 미사일 개발에서 뉴로피드백으로 자신의 커리어까지 바꾸었다.[16] 나는 그에게 내가 들었던 IQ 상승 효과에 대해 질문했다. 오스머는 발달 지체인 쌍둥이 여아의 사례 연구를 발표한 바 있었다. 뉴로피드백 후 두 어린이의 IQ는 각각 22점과 23점 상승했고 이후 4년 동안 이루어진 세 번의 재검사에서도 그런 발전이 유지되었다.[17] 논문에는 이 쌍둥이 엄마가 치료 후 보낸 편지의 일부가 발췌되어 있었다.

"두 아이 모두 큰 발전을 이루었다고 말씀드릴 수 있습니다. 어디서부터 시작해야 할지 모르겠네요! (…) 우리가 가장 만족하고 있는 부분은 아이들이 학교에서 이룬 진전입니다. 아이들은 이야기를 할 때 추론하고 생각하게 되었습니다. 극히 의존적이었던 아이들이 "자전거를 타러 갈 거야. 좀 이따 연락할게."라고 말하는 아이들이 되었어요." 그 논문은 18~98명에 이르는 어린이를 대상으로 뉴로피드백이 IQ에 미치는 영향을 입증한 다른 여섯 개의 논문도 언급했다. 이 논문들이 보여주는 IQ 상승의 정도는 최하 4점에서 23점 이상까지 다양했다. 대부분의 연구가 어린이를 대상으로 했기 때문에 성인들에게도 이런 유형의 성과가 있을지는 파악하기가 힘들지만 나의 주의를 끌기에는 충분한 효과였다.

내가 성인에게도 같은 효과가 있으리라고 생각하게 된 데에는 몇 가지 이유가 있다. 첫째, 뉴로피드백의 주의력 향상 효과가 너무나 확실히 입증되었다는 사실, 둘째, 주의력이 IQ 검사의 '문지기' 역할을 한다는 사실, 셋째, 대단히 많은 성인들이 주의력에 문제를 겪고 있다는 사실(부분적으로는 스마트폰 때문에) 때문이다. 효과가 얼마나 광범위한지 알려면 더 많은 연구가 필요하겠지만, 당신이 이 문제에 관심이 있다면 뉴로피드백 훈련을 시작하기 전에 IQ 검사를 하고 6개월 후의 날짜로 두 번째 검사를 예약한 뒤(임상의들은 이 정도의 대기 시간이면 연습 효과를 없앨 수 있다고 말한다)[18] 그 사이에 뉴로피드백 훈련을 실시하라. 이런 방식으로 뉴로피드백이 당신에게 효과가 있는지 확인할 수 있다.

뉴로피드백의 장기 효과

나와 이야기를 나눈 임상의들은 클라이언트들에게 나타난 효과가 이후 수년 간(이 기간 동안에는 가끔씩 '보완' 훈련만을 받았다) 지속되었다고 말했지만 뉴로피드백의 장기적 효과에 대해 다룬 연구 문헌은 아직 많지 않다. 공정을 기하기 위해서 밝히자면, 다른 많은 개입에서도 장기적 효과에 대한 자료는 찾기 힘들다. 뉴로피드백만의 문제가 아닌 것이다. 그중 연구자들이 장기에 걸쳐 참가자들을 추적한 두 개의 논문을 발견했다.

독일과 네덜란드의 연구자들은 2013년부터 3년 동안 25명의 건강한 성인에 대한 추적 연구를 실시했다.[19] 연구원들은 이들을 두 집단으로 나눠 한쪽은 자신의 뇌로부터 피드백을 받게 했고 다른 한쪽은 사전에 저장된 다른 뇌의 피드백을 받게 했다. 연구원들은 3년간의 추적 연구를 통해 뉴로피드백 그룹이 뇌파의 변화를 유지하는지 확인했다. 놀랍게도, 생물학적 변화가 유지됐다. 그러나 연구원들은 이상한 선택을 했다. ADHD 환자들에게 전형적으로 사용되는, 즉 베타파를 강화하고 세타파를 감소시키는 뉴로피드백 접근법을 사용한 것이다. 이것은 적합한 프로토콜이라고 할 수 없다. 뉴로피드백 그룹의 인지력을 눈에 띄게 향상시키지 못했기 때문이다.

20퍼센트 업그레이드된 '나'를 만나다

지금까지 뉴로피드백의 다양한 효과들에 대해 알아보았다. 하지만 이런 효과와는 별개로 뉴로피드백을 하는 것에 막연한 두려움을 갖는 사람도 있을 것이다. 그런 걱정을 하는 사람들을 위해 내가 시도했던 뉴로피드백 개입을 들려줄까 한다. 내가 직접 시도했던 뉴로피드백 실험 과정은 이러했다. 나는 집과 병원에서 뉴로피드백을 시도했다. 준비물은 온라인에서 구입한 250달러짜리 뇌파 측정기 하나면 됐다. 스마트폰에 깐 명상 앱이 블루투스를 통해 헤드셋으로 연결된다. 앱은 헤드폰에 지저귀는 새소리를 재생하면서 뇌에 '잘했어'라는 메시지를 전달한다. 윙윙거리는 모래 바람 소리는 '더 열심히 해'라는 메시지를 전달한다.

　게임과 비슷한 뉴로피드백 기제는 나의 경쟁 본능을 자극했다. 헤드셋으로 차분해지는 순간이 감지될 때마다 앱에서는 점수를 부여한다. 한 회가 끝날 때까지 내 목표는 이전 회차의 점수를 갱신하는 것이었다. 헤드셋과 앱 사이의 신호가 매 0.5초마다 갱신되기 때문에 10분의 코스를 실행하는 동안 나는 두뇌의 상태를 파악하고 업데이트할 1,200번의 기회를 갖는다.[20] 내 정신적 상태와 그 결과로 앱에서 내보내는 소리 사이의 관계가 나를 치열한 경쟁 상태로 만들었다. 나는 나의 정신을 전혀 새로운 방식으로 탐구하고, 다루고 있는 나 자신을 발견했다. 100부터

수를 거꾸로 헤아리는 순간을 앱이 차분한 순간으로 기록할지 궁금했다. 불타오르는 화염을 상상한다면 어떨까? 머리 뒤의 한 지점에 집중한다면?

몇 번의 시도 끝에 나는 바람 소리보다 새소리를 더 많이 만들 수 있게 되었다. 사고가 더 명확하고, 예리하고, 빨라지는 것이 느껴졌다. 뉴로피드백이 정말로 나의 인지력을 눈에 띄게 향상시키고 있었던 것일까? 또 다른 실험의 시간이 왔다.

아무런 가이드 없이 하는 명상과 뉴로피드백을 비교한 이전의 연구들은 확실한 결론에 이르지 못했지만 어느 정도 장래를 기대하게 만들었다.[21] 나는 EEG 헤드셋 제품과 앱을 이용한 뉴로피드백 지원 명상과 앱을 이용한 가이드 명상, 이렇게 두 유형의 명상이 주는 즉각적인 효과를 비교하기로 마음먹었다. 뉴로피드백 직후에는 머리가 몹시 맑아졌다. 차나 커피를 마시는 것보다 훨씬 나았다. 밤잠을 잘 잔 것 같았다. 가이드 명상 이후에도 정신이 맑아지는 것을 느꼈다. 가장 큰 차이는 에너지 수준에 미치는 영향이었다. 뉴로피드백 이후에는 보통의 가이드 명상을 한 후보다 훨씬 피곤했다. 이후 나는 뉴로피드백을 정신적 근력 운동의 한 형태로 사용하기로 결정했다. 그 순간에는 나를 지치게 만들지만 장기적으로는 나를 더 강하게 만드는 훈련으로 말이다. 가이드 명상은 스트레스가 많은 하루를 보낸 뒤 머리를 빨리 맑게 하는 방법으로 사용하기로 했다.

국제바이오피드백인증연합Biofeedback Certification International Alliance을 확인한 후 나는 시간당 150달러에 뉴로피드백 치료를 지원하는 병원을 찾았다. 그렇게 토머스 브라운Thomas Browne 박사를 만나게 되었다. 아일랜드 육상 전국대회의 금메달리스트였던 그는 뉴로피드백의 선구자인 조 카미야로부터 가르침을 받은 사람이었다.[22] 나는 몇 개월에 걸쳐서 총 여덟 번의 치료를 받았다. 1회 치료는 약 30분간 진행됐다.

브라운 박사는 가장 큰 문제가 무엇인지 물었다. 나는 브레인포그, 정신적 활력 저하, 실행 기능의 문제(주의 산만과 작업 기억), 불안이라고 답했다. 그는 베타파와 알파파를 늘리고, 세타파를 줄이고, 고베타파를 줄이는(불안을 완화하기 위해) 데 집중했다. 두피에 전극을 부착해 뇌의 신호를 데스크톱 컴퓨터로 보내도록 한 브라운 박사는 내 귀에 헤드폰을 끼워주었다. 나는 눈을 감고 의자에 기대 내 뇌파의 패턴에 반응해서 만들어지는 피드백 음악에 귀를 기울였다. 집에서 이용했던 장치처럼 내가 목표로 하는 뇌파 패턴에 도달할 때마다(내 뇌가 베타파와 알파파가 많고 세타파와 고베타파가 적은 정상 비율의 저주파와 고주파에 이르면) 헤드폰에서 나오는 소리가 보상 패턴으로 바뀌었다. 내가 적정 비율에서 벗어날 때면 유쾌하지 못한 소리가 흘러나와 가벼운 질책의 역할을 했다.

첫 치료 후에 나는 적어도 한 시간 동안 비현실적으로 좋은 기분을 느꼈다. 따스한 금색의 빛 속에 잠겨 있는 듯한 느낌이었다. 몸 전체와 뇌가 빛을 내고 있는 것 같았다. 아찔했다. 뇌가 달라진 것처럼, 더 맑아진 것처럼 느껴졌다. 치료 전에는 내 사고가 바람에 이리저리 날리는 낡은 쇼핑백 같은 느낌이었다면 치료를 받고 나서는 카리브해로 휴가를 간 듯했다. 말이 꼬이지 않았고 내 말이 유창하게 느껴졌다.

측정 결과 내 뇌파는 상당한 변화를 겪었다. 첫 치료 후 브라운 박사는 내 뇌파의 베타파와 세타파의 비율을 비교한 표를 보여주었다. 그러면서 마치 내가 ADHD 진단을 받은 아이와 비슷한 상태라고 말했다. 나는 깨어 있는 상태에서도 잠을 잘 때 지배적인 저주파가 많이 등장했다. 그렇지만 몇 번의 치료만에 내 뇌파는 정상 비율의 범위로 돌아갔다. 또한 그 변화는 계속 유지됐다.

내 인지 검사 점수는 내 약점인 시지각, 작업 기억과 특정 유형의 단기 기억을 비롯한 실행 기능에서 가장 큰 발전을 보였다. 시지각은 약 30퍼센트 개선됐고 뉴로피드백 치료 전에 나의 두 번째 약한 영역이었으며 내가 가장 마음을 썼던 실행 기능은 20퍼센트 이상 개선됐다. 놀랍게도 내가 가장 강한 영역에도 개선이 있었다. 언어 단기 학습 능력이 16퍼센트 향상된 것이다.

집에서의 뉴로피드백과 병원에서의 뉴로피드백을 비교하기는 힘들다. 가정에서의 뉴로피드백은 훨씬 간편하고, 원하는 대로 길이를 조절할 수 있으며, 따로 이동할 필요가 없다. 하지만 제13장에서 다룬 위약에 대한 내용에서 보았듯이 공식적인 개입은 그 '공식성' 자체가 장점이 된다. 개입을 실행하는 사람으로부터 보살핌을 받는다는 느낌 역시 장점이다. 비교가 어려운 또 다른 이유가 있다. 나는 이미 집에서 두 가지 방법을 통해 혜택을 본 후에 병원 치료를 시작했기 때문에 가정에서의 치료로 쉽게 달성할 수 있는 부분들을 달성했고 병원에서의 치료에는 더 어려운 문제들만이 남았을 가능성이 있었다.

어쨌든 집에서의 치료와 병원에서의 치료 각각이 내 실행 기능을 20퍼센트 이상 향상시켰다. 가정 치료에서는 뉴로피드백과 명상을 결합시킨 반면, 병원 치료는 순수한 뉴로피드백이었다. 두 가지를 결합시키는 것이 더 나은 것일까?

앞으로는 인터넷을 통한 원격 치료가 보다 대중화되리라 예상된다.

이미 몇몇 회사가 이런 서비스를 제공하고 있다. 마인드리프트Myndlift 라는 이스라엘의 스타트업은 저렴하지만 품질이 좋은 뉴로피드백 헤드셋을 이용해서 숙련된 전문가로부터 직접 혹은 인터넷을 통해 치료를 받을 수 있게 하고 있다. 가정 뉴로피드백의 편리함이 보편화되기를 바란다.

핵심 포인트

1. 뉴로피드백은 스스로 뇌파를 통제하는 법을 훈련할 수 있게 해준다.
2. 실행 기능에 도움을 주는 방식이 있는가 하면, 학습 및 기억에 도움을 주는 방식도 있다. 외과의사들이나 음악가들이 전문 기술을 개발하고 운동선수가 경기력을 향상시키는 데 도움을 준 방식도 있다.
3. 뉴로피드백은 부작용이 적지만 극히 일부에서 피로와 두통, 메스꺼움을 느끼기도 한다.
4. 적어도 실행 기능에 있어서 뉴르피드백에 따른 향상 효과는 지속성을 가진다. IQ 점수 향상에 있어서도 효과가 지속됐다는 많은 보고가 있다.

제17장

게임이 진짜
뇌를 망치는가?

"체스는 단순한 심심풀이가 아니다. 우리는 인생의 여정에 유용한 여러 정
신적 특질들을 체스를 통해 얻고 강화시키며 습관으로 만든다."

―벤저민 프랭클린, 《체스의 교훈》The Morals of Chess [1]

투자 시간

38분

목표

정신적 성과를 업그레이드하는 게임의 힘을 이해하고 그
것을 뉴로해킹 실험에 적용한다.

계단을 오르다 보니 음악 소리가 들려왔다. 오보에, 클라리넷, 피아노, 하
프, 현악기, 비올라, 첼로, 그리고 타악기 소리를 통해 알 수 있었다. 남편
이 또 그 게임을 하고 있구나. '젤다의 전설: 야생의 숨결'The Legend of Zelda:
Breath of the Wild은 남편이 평일 저녁에 늘 하는 하나의 의식儀式이 됐다. 그
가 처음으로 이 게임을 시작한 것은 콘퍼런스에서 돌아오는 비행기 안에
서였다. 패턴이 명확해졌다. 스트레스가 많은 날 남편은 비디오 게임에
몰두했다. 그가 게임을 하는 시간은 그날의 스트레스 강도에 비례하는

듯했다. 처음에 나는 반발했다. 왜 나와 대화를 나누며 풀려 하지 않는 것일까? 하지만 그 게임이 그에게 가져다주는 행복감은 부정할 수 없는 것이었다. 게임을 한참 하고 나면 그의 바디랭귀지는 묵언의 불평에서 집중과 의지로 바뀌었다. 그는 완전히 긴장이 풀린 상태로 보였고 심지어는 쾌활해 보이기까지 했다.

나는 비디오 게임을 해보지 않고 어린 시절을 보냈다. 하지만 게임을 존중하는 법은 배웠다. MIT에서 좋은 성적을 거두는 많은 친구들이 정기적으로 게임을 즐긴다는 것을 알게 된 후, 나는 '비디오 게임이 두뇌를 망친다'는 주장에 의혹을 갖게 되었다. 게임은 그렇게 간단치만은 않은 문제다. MIT에 있는 동안 게임에 무척 흥미를 느낀 나는 MIT 미디어랩Media Lab의 리서치 팀에서 교육용 비디오 게임을 만들기 시작했다. 게임으로 남편의 기분이 확연히 나아지는 것을 지켜보면서 궁금증이 생겼다. 비디오 게임을 정신적 업그레이드 도구로 사용할 수는 없을까?

진지한 목표 달성을 위한 '진지한 게임'

내가 MIT 미디어랩에서 만든 비디오 게임의 목표는 플레이어들이 공부를 하는 동안 재미를 느끼게 하는 것이었다. 초콜릿을 씌운 브로콜리처럼 얄팍한 속임수가 아니라 진짜 공부와 진짜 재미가 똑같이 섞여 있는 것 말이다. 내가 만든 게임은 '물리적 물리학'Physical Physics이라고 불렀다. 나는 신발 안에 중량 감지기를 넣어 플레이어들이 무선으로 비디오 게임과 소통할 수 있게 만들었다. 플레이어는 움직일 때마다 도표에 나타나는 자신의 움직임을 눈으로 확인하게 된다. 움직이는 동안 도표의 변화를 지켜봄으로써 변위, 속도, 가속도와 같은 물리 개념을 보다 개인적이고 직관적인 방식으로 이해할 수 있는 것이다. 이후 나는 내가 만든 유형의 게임에 이름이 있다는 것을 알게 되었다. '진지한 게임'serious game (우리말로는 기능성 게임이라고 한다―옮긴이)이었다.

간단히 말해, 진지한 게임은 진지한 목적으로 하는 게임이다. 플레이어에게 뭔가를 가르치거나 현실에서의 행동을 변화시키는 등 '진지한 목표'를 달성하기 위해 고안되었기에 그러한 이름이 붙었다. 진지한 게임은 전통적인 교육이 필요한 곳뿐만 아니라 기업, 군대, 의학 교육 등에서 광범위하게 적용된다.[2]

왠지 좀처럼 시키는 대로 하고 싶지 않은 교육이나 의학에서 행하는 전통적인 개입 방법과 달리, 게임은 강한 동기를 부여하며 몰입 상태에 이르게 한다. 인간은 현재 기술 수준에 비해 지나치게 어려운 과제에 직면했을 때 불안을 느끼고 반대로 과제가 너무 쉬우면 지루함을 느끼며 기술 수준에 적합한 과제가 주어질 때 몰입에 이르는 경우가 많다.[3] 게임 속의 과제와 당신의 기술 수준이 적절하게 조화를 이루어야만 몰입 경험을 낳는 중독성 있는 게임이 된다.

게임의 중독성은 보상에 있다. 인생의 다른 대부분의 것들과 달리, 게임은 거의 즉각적인 피드백을 준다. 두뇌는 피드백을 갈망하고 피드백을 받으면 더 많이 받고 싶어 하도록 배선되어 있다.[5] 그리고 이는 우리의 뇌가 새로운 정보나 습관을 빠르게 익히게 도와준다.

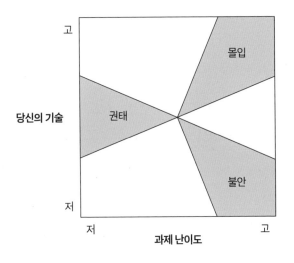

| 몰입, 권태, 불안에서의 기술 수준과 난이도[4] |

고

당신의 기술

권태

몰입

불안

저

저　　과제 난이도　　고

게임으로 두뇌를 변화시킬 수 있을까?

게임에 관한 자료들을 살피기 시작했을 무렵 나는 이 분야의 개척자 중 하나가 미 해군의 해군연구국Office of Naval Research, ONR이라는 것을 발견하고 몹시 놀랐다. 군대가 장교들에게 비디오 게임을 권한다고?

2010년 국방부 웹 라디오Pentagon Web Radio의 오디오 웹캐스트 〈과학으로 무장하기〉Armed with Science에서는 ONR의 전투수행부 계획담당관 레이 페레즈Ray Perez를 인터뷰했다. 그는 비디오 게임을 하는 사람들의 특정 인지 능력이 다른 사람에 비해 10~20퍼센트 높다고 설명했다.[6]

비디오 게임을 하는 사람들에게서 인지적 혜택이 나타난다는 설명은 분명 흥미로웠지만, 그렇다고 비디오 게임이 인지력의 향상을 '유발'한다고 추정할 수는 없었다. 비디오 게임을 하는 사람들이 처음부터 인지

력이 높았을 수도 있지 않은가. '비디오 게임이 인지적 성과를 개선하는
가?'라는 의문에 답하려면 실제 게임을 이용한 실험이 필요하다. 사실
잘 고안된 게임에는 지금까지 우리가 발견한 신경가소성 유발 인자들의
대부분이 포함되어 있다. 실제로 게임이 뇌의 구조적, 기능적 변화 유발
한다는 증거는 대단히 많다. 먼저 구조적으로는 두뇌 영역의 크기, 두께
와 같은 대규모의 변화가 일어난다. 기능적으로는 특정 활동을 할 때 두
뇌의 어떤 네트워크를 켜고 끌지의 문제에 영향을 준다. 800명의 비디오
게임 플레이어들을 대상으로 한 뇌 영상 연구에서 신경학자들은 시각 피
질, 측두 피질, 전액골 피질에 접하는 섬유, 뇌들보, 해마, 시상, 바깥섬유
막과 같은 연합섬유, 기저핵을 연결하는 섬유 등 뇌의 거의 모든 부분에
서 변화를 관찰한 바 있다.[7]

구조적 변화: 두뇌의 어떤 영역이 변하는가?

800명의 비디오 게임 플레이어를 분석한 연구 결과를 설명하는 논문
에는 신경학자들이 "전두엽전영역prefrontal regions에서 관련성이 있는 변
화를 발견했다."고 적혀 있다. 여기에는 실행 기능과 학습 및 기억력에
대한 논의에서 언급했던 영역들, 선조체와 해마는 물론 배외측 전전두
피질dorsolateral prefrontal cortex, dlPFC과 주변 영역, 상부 및 후부 두정부, 전대
상피질anterior cingulate cortex, ACC, 소뇌, 뇌도, 하부피질핵이 포함된다. 두정
엽 상부와 후부와 같이 오감에서 얻은 정보를 통합하고 시주의visual atten-
tion(시각 자극에 대한 주의)를 처리하는 일과 관련된 영역들도 있다. 학습,
감정 처리, 기억과 연관된 활동 변화는 편도체와 내후각 피질의 일부에
서 일어난다.

기능적 변화: 어떤 인지 기능이 변하는가?

3,229명의 참가자를 대상으로 하는 100개의 연구에서는 비디오 게임과 관련된 두뇌의 기능적 차이를 조사했다. 예를 들어 테트리스와 같은 퍼즐 게임을 하는 플레이어들의 경우에는 평균적으로 피질이 두꺼워지고 두뇌 효율이 높아졌다.[8]

오락에 초점을 맞춘 게임에 대한 연구는 아직 초기에 불과하지만 몇 몇 연구가 어떤 유형의 게임이 다른 유형의 게임들보다 인지력 향상에 더 도움이 될 수 있는지 밝혀내기 시작했다. 2014년 플로리다 주립대학 연구진은 비디오 게임을 자주 하지 않는 77명의 대학생들에게 1~2주에 걸쳐 하루 8시간 동안 무작위로 퍼즐 게임인 '포털 2'portal 2나 두뇌 게임인 '루모시티'lumisity를 하도록 한 뒤 문제 해결 능력, 공간 기술, 지속성에 미치는 영향을 검사했다.[9] 루모시티 연구팀에서 일했었던 나는 이 연구의 결과가 특히 궁금했다. 단, 이 연구에 할당된 훈련 시간은 권위 있는 ACTIVE 연구(이에 대해서는 뒷부분에서 설명할 것이다)에 사용된 10시간 등 다른 뇌 훈련 연구에서 효과가 입증된 시간보다 훨씬 적었다. 루모시티를 한 그룹은 세 가지 분야(문제 해결 능력, 공간 기술, 지속성) 모두에서 게임 전후의 검사 사이에 큰 차이가 나타나지 않았다. 하지만 흥미롭게도 포털 2 그룹은 짧은 시간 동안에도 세 가지 분야 모두에서 개선을 보여주었다.

2014년 조지 메이슨 대학의 연구원들은 단순히 오락에 초점을 둔 게임과 두뇌 게임이 참가자들의 작업 기억과 문제 해결 능력에 미치는 영향을 비교했다. 그들은 42명의 건강한 노인들을 모집하여 무작위로 '라이즈 오브 네이션스'Rise of Nations(연구원들이 전략적 추론을 강화할 수 있을 것으로 생각한 실시간 전략 게임), '스페이스 포트리스'Space Fortress(신경과학자들이 시각운동성/작업 기억을 향상시키기 위해 고안한 두뇌 게임), '브레인 피트니스'Brain Fitness(신경과학자가 청각 인식을 강화하기 위해 고안한 두뇌 게임 모음)에[10] 배정하고 6주간 훈련하도록 했다. 결과는? 작업 기억의 측면에서 가장 개선된 그룹은 스페이스 포트리스를 한 그룹이었다. 문제 해결의 측면에서 가장 많이 개선된 그룹은 브레인 피트니스를 한 그룹이었다. 라이즈 오브 네이션스(오락이 우선적 목표인 게임)가 시간 낭비라는 뜻은 아니다. 하지만 당신의 목표가 작업 기억이나 문제 해결 능력을 향상시키는 것이라면, 시도해볼 개입 목록에서 스페이스 포트리스나 브레인 피트니스를 보다 상위에 두는 편이 좋겠다.

나이가 들수록 게임을 해야 하는 이유

노인들에게 효과가 좋은 치료 유형은 젊은이들에게는 효과가 없을 수 있다. 그 반대도 마찬가지다. 따라서 나이 든 두뇌를 업그레이드하는 데 특히 관심이 있는 사람이라면 이 부분을 놓치지 말라. 오래전부터 정신적 노화를 막기 위해 매일 퍼즐과 십자말풀이를 하는 것이 좋다는 말을 들어보았을 것이다. 인지력의 노화를 지연시키면서 진짜 과학의 뒷받침을 받는 다른 게임은 없을까? 두뇌 게임 산업이 항상 과학적 뒷받침을 받는다고 할 수는 없다. 그러나 그런 추세와 반대로 꾸준히 과학적 근거에 큰 비중을 두는 게임 제작업체도 있다. 앞으로 논의할 두 가지 연구는 캘리포니아대-샌프란시스코 대학의 명예교수이며 미국국립과학원National

Academy of Sciences 과 미국국립의학회national Academy of Medicine의 회원인 신경가소성 연구의 선구자 마이클 머제니치Michael Merzenich가 만든 두뇌 게임 평가를 다룬다.

2013년,《노화·건강저널》은 ACTIVE 연구Advanced Cognitive Training for Independent and Vital Elderly의 결과를 발표했다.[11] 이 연구는 독립적이고 활력 있는 노인을 위한 고급 인지 훈련으로서, 미국립보건원의 자금 지원을 받아 65~90세의 참가자 약 3,000명을 대상으로 한 무작위 통제 실험이다. 두뇌 게임 참가자들은 통제군과 달리 기억력, 추론 능력, 시각 처리 속도에서 개선을 보였다. 이들은 일상 활동(옷 입기, 집 청소와 관리, 돈 관리, 쇼핑, 약 복용 등)의 독립성도 통제군보다 개선되었으며[12] 통제군보다 자기 과실에 의한 자동차 사고도 적었다. 참가자들은 더 이상 두뇌 게임을 하지 않았지만 2년, 5년, 심지어 10년 후의 후속 검사에서도 오래전의 게임으로 얻은 혜택이 계속됐다.[13]

IHAMSIowa Healthy and Active Minds Study 라고 불리는 또 다른 대규모 무작위 통제 실험도 있다. 620명의 중년 이상 성인을 대상으로 한 이 실험에서, 실험군은 ACITVE에서와 같은 두뇌 게임을 했고 통제군은 컴퓨터 기반의 십자말풀이를 했다.[14] IHAMS 연구는 두뇌 게임이 십자말풀이보다 효과가 좋다는 것을 보여주었으며 동시에 중년의 성인들도 게임을 통해 노인들과 같은 혜택을 얻을 수 있다는 사실을 증명해주었다. 게임 활동의 이점은 시간에 따라 다르며 효과는 시간이 많을수록 높게 나타났다. 무작위로 선택되어 다른 참가자들보다 게임을 더 많이 한 참가자들이 더 많은 혜택을 보았기 때문이다. 마지막으로 ACTIVE 연구에서와 마찬가지로 게임을 더 이상 하지 않는데도 혜택은 지속되었다. 1년 후의 후속 검사에서 더 이상 게임을 하지 않는 상태에서도 여전히 상승 효과가 유지됐던 것이다.

십자말풀이보다 효과가 좋은 다른 두뇌 게임들도 있다. 루모시티, 휘튼 칼리지, 웨인 주립대학의 연구진은 2015년 5,000명에 가까운 온라인 참가자들을 무작위로 루모시티 그룹과 십자말풀이 그룹에 배정했다. 실험 결과 두뇌 게임 그룹이 대부분의 훈련받지 않은 인지 능력 측정에서 훨씬 높은 수치를 기록했으며 일상생활의 개선 역시 두뇌 게임 그룹이 많았다.[15] 그러나 ACTIVE나 IHAMS와 달리, 이 루모시티 논문에는 루모시티 직원들이 공저자로 참여했기 때문에 편향의 가능성이 높다.

2013년 샌프란시스코-캘리포니아 주립대학의 연구진은 '뉴로레이서'NeuroRacer라는 3D 레이싱 게임을 개발했다.[16] 그들은 60~85세 노인들을 모집해 그들의 멀티태스킹 능력을 20대 젊은이들과 비교했다. 총 12시간(하루 1시간씩 일주일에 3일 4주간) 뉴로레이서 게임을 한 노인들의 멀티태스킹 능력은 훈련을 받지 않은 20대보다 나았다. 뇌파에서 집중력과 관련해 눈에 띄는 변화를 보였던 것이다. 더 인상적인 부분은 여기에서 얻은 성과의 향상이 6개월 후의 후속 검사까지 지속되었다는 점이다. 이 연구가《네이처》Nature 의 표지를 장식한 것은 당연한 일이었다.

비디오 게임에 대한 잘못된 오해와 편견

비디오 게임이 폭력을 조장한다고 걱정하는 사람들이 있다. 엇갈리는 과학적인 증거들이 사람들을 더 혼란스럽게 만든다. 2018년《분자정신의학》

Molecular Psychiatry에 발표된 독일의 연구는 심리적 장애가 없는 성인 참가자들의 경우, 매일 30분씩 8주간 '그랜드 테프트 오토V'Grand Theft Auto V라는 폭력적인 비디오 게임을 한 참가자들이 같은 시간 '심즈 3'Sims 3를 하도록 배정된 참가자보다 더 공격적이거나 폭력적인 경향을 보이지 않았다고 결론 내렸다.[17] 이런 결과는 비디오 게임의 폭력성이 현실의 폭력적 행동을 자극한다는 생각을 뒷받침하지 않는다. 그렇지만 비디오 게임과 현실에서의 신체적 공격 행동 사이의 관계에 집중한 24개 연구를 검토한 연구자들은 자신들의 결과를 기반으로 폭력적인 비디오 게임에 대해 강경한 입장을 취했다.[18] 이 연구자들은 9~19세 청소년 1만 7,000명을 대상으로 하는 연구에서 어린이들의 일상에서 눈에 띄게 나타나는 명시적인 신체적 공격 행동과 폭력적인 비디오 게임 사이의 연관성을 발견했다. 이런 연구 결과는 특히 청소년들의 경우에는 폭력적인 비디오 게임과 폭력 행동 사이에 관련성이 있음을 뒷받침한다.

비디오 게임 중독에 대한 우려도 있다. 최근 세계보건기구는 2019년에 발표한 국제질병분류International Classification of Diseases에 '인터넷 게임 장애'internet gaming disorder를 추가했고[19] 미국정신의학회American Psychiatric Association, APA는 2013년 발표한 〈정신질환 진단 및 통계 편람 제5판〉Diagnostic and Statistical Manual Disorders-5에 게임 중독을 잠재적인 정신 장애로 포함시켰다.[20] 많은 성인들이 비디오 게임을 하지만 APA가 인용한 추정치에 따르면 비디오 게임 중독에 대한 임상 진단 기준을 충족하는 사람은 일반 인구의 1퍼센트 미만이다. 다른 예비 연구는 비디오 게임 중독이 다른 정신 건강상의 문제에서 비롯된 질환일 수 있다고 말한다.[21] 모든 임상 진단 기준이 그렇듯이 비디오 게임 중독의 기준을 충족시키려면 게임과의 관계가 삶의 다른 측면에서 '심각한 장애 또는 고통'을 야기해야 한다.[22] 따라서 임상적인 중독에 대해 이야기할 때 우리가 상정하는 대상은 단순히 게임을 즐기는 사람이 아니라, 게임과의 관계 때문에 자신을 돌보거나 학교, 직장, 인간관계 등 삶의 다양한 의무를 수행하는 것이 어려운 사람을 말한다. 건강하고 균형 잡힌 삶의 일부로 게임을 즐길 수 있는 사람이 많은가 하면, 게임 때문에 자기 자신을 잃는 것처럼 느끼는 사람도 있다는 얘기다.[23]

'공부'와 '게임'은 더 이상 적이 아니다!

특정 유형의 비디오 게임은 뇌의 물리적 변화와 실행 기능의 개선을 가져온다. 앞서 논의했듯이, 게임을 하지 않다가 비디오 게임을 시작한 사람들을 대상으로 한 실험은 게임이 피질 영역을 두껍게 만들고 특정 두뇌 네트워크의 효율을 높인다는 사실을 보여주었다. 뿐만 아니라 게임과 관계가 없는 다른 성과로의 전환 또한 가능함을 알려주었다. 즉 게임을 하는 사람들은 겉으로는 게임과 아무 관련 없어 보이는 인지 검사에서도 성적의 향상을 이룰 수 있는 것이다.

선택적 주의력을 향상시키기 위한 액션 게임

시끄럽고 주의를 산만하게 만드는 것들이 가득한 방에 있으면 한 가지 일에, 예를 들어 옆에서 이야기하는 사람에게 집중하기가 무척 어렵다. 이런 경우에는 '선택적 주의'selective attention 의 한계를 경험하게 된다.

우리는 삶의 많은 영역에서 이 선택적 주의력을 발휘하고 있다. 운전을 할 때는 우리 눈에 들어오는 운전과 무관한 시각적 정보들을 걸러 내고 앞에 있는 신호등에 주의를 집중해야 한다. 시험을 볼 때는 조명에서 나오는 윙윙거리는 소리, 반 친구가 초조하게 연필을 두드리는 소리, 시험 감독관이 뿌린 압도적인 향수 냄새를 차단해야 한다. 이런 관점에서 보면 선택적 주의력 향상에 관한 한, 액션 비디오 게임의 빠르고 까다로운 특성이 다른 종류의 게임보다 더 유용하다. 다른 유형의 게임보다 액션 비디오 게임의 빠른 속도가 도움이 되는 것이다. 2017년 스페인과 미국의 연구소에서 이루어진 체계적 분석에 따르면[24] 액션 비디오 게임은 롤플레잉 게임이나[25] 퍼즐 게임,[26] 전략 비디오 게임과[27] 같이 속도가 느린 비디오 게임보다 선택적 주의력을 향상시키는 효과가 크다. 그 이유는 액션 비디오 게임이 제한된 조건에서 더 많은 주의력을 요하는 특징을 가지고 있기 때문이다.

당신을 더 스마트하게 만들 수 있는 두뇌 게임

상업적 두뇌 게임은 많은 논란이 있다. 그 이유 중 하나는 이 분야가 신생 분야라는 데 있고, 또 다른 하나는 사람들이 두뇌 게임에 기대를 거는 정도와 관련이 있다. 우리는 두뇌가 가소성을 가진다는 점을 알고 있으며 그래서 값싸고, 비침습적이고, 재미있는 어떤 것이 두뇌 업그레이드의 비밀을 밝히는 경로가 되어주기를 기대한다. 솔직히 말하면, 나는 신경학자가 설계한 두뇌 게임이 이 책에서 소개하는 대부분의 개입보다 효과적이라는 확신이 없다. 그렇지만 접근성을 고려하면 여전히 생각해 봐야 할 문제인 것은 분명하다.

앞서 언급한 그리고 이후에 언급할 모든 연구는 저명한 상호검토 저널에 발표된 것들이다. 수천 명을 대상으로 한 연구도 있다. 또한 나는 두뇌 게임의 효과를 다른 흥미로운 활동(예를 들어 십자말풀이나 재미있는 교육 프로그램)과 비교한 연구를 선택했다(두뇌 게임 연구는 두뇌 게임의 효과를 아무 행동도 하지 않는 것과 비교하는 경우가 많은데, 이것은 그리 높은 기준이 아니다). 참가자들이 두뇌 게임에서 학습한 기술을 실제 현실의 과제(훈련받지 않은 과제)에 적용한 연구와 두뇌 게임 그룹이 정신적 성과에서 상당히 오랫동안 변화를 경험한 연구들도 언급할 것이다.

질이 높은 연구들을 포함시키기 위해 최대한 노력했으나 이 연구들이 완벽하다고 말할 수는 없다. 대부분이 게임을 만든 업체와 긴밀하게 연관이 있기 때문에(혹은 이 연구를 기반으로 이후 상업용 게임이 만들어졌기 때문에) 결과나 설계에는 항상 편향의 문제가 도사리고 있다. 또한 당신에게 효과가 있을지는 당신이 직접 해봐야지만 알 수 있을 것이다. 자, 그러니 이러한 점을 염두에 두고 시작해보자.

실행 기능을 향상시킨다는 과학적 증거를 가진 두뇌 게임으로 살펴볼 첫 번째 유형은 '듀얼n백'dual n-back이라는 이름의 게임이다. 이 게임에서는 시각 정보와 청각 정보를 추적한다. 다양한 버전이 있지만 보통 두 가지 정보 흐름을 추적한다. 여러 개의 문자를 듣는 동시에 기하학적 그리드에서 일련의 불빛을 보는 것이다. '투백'2-back 버전으로 게임을 할 경우, 2회차 전과 일치하는 문자를 들으면 버튼을 눌러야 한다. 2회차 전에 불이 들어왔던 것과 동일한 타일에 불이 들어오면 다른 버튼을 누른다. '쓰리백'3-back 버전은 3회차 전에 불이 들어온 타일을 지켜보고, 3회차 전에 나온 문자를 귀담아듣는 것을 제외하고는 '투백'과 똑같다. 핵심 과제는 두 가지 정보 흐름을 동시에 추적하고 반응하는 것이다. 이러한 게임은 'n백' 시스템을 인지과학자들이 작업 기억을 '평가'하기 위해 사용하는 검사에서 작업 기억을 '향상시키기' 위해 사용하는 게임으로 전환시켰다는 면에서 매우 혁신적인 시도라 할 수 있다. 개선을 목표로 하는 n백 게임은 계속 어려워지면서 플레이어의 수준에 맞게 조정된다.

인지력 향상을 위해 듀얼n백 게임을 이용하는 것은 아직 과학계의 많은 부분에서 논란의 여지가 있다. 이는 과학자들이 초기 연구에서 발견된 유의미한 결과를 복제하는 데 어려움이 있었기 때문이다. 초기 연구원들은 젊고 건강한 성인 참가자들이 듀얼n백 게임을 한 후 훈련한 적 없는 인지 영역에서 큰 향상이 나타난 것을 발견했다.[28] 이 데이터를 가지고 연구원들은 참가자들이 유동성 지능fluid intelligence이 향상됐다는 대담한 결론을 내렸다. 결정성 지능crystallized intelligence(사실과 같이 이미 가지고 있는 지식을 조종하는 능력)과 대비되는 유동성 지능은 이해, 새로운 문제 해결, 새로운 정보 학습과 관련이 있다. 현재 긍정적인 결론에 도달한 유의미한 메타 분석과 소규모 연구들이 있기는 하지만 듀얼n백의 효과를 다른 유사한 뇌 훈련 개입과 비교하는 대규모 다중 영역 연구는 존재하지 않는다.

일부에서는 이런 게임의 효과를 확신하여 이런 게임이 전반적인 IQ 급등의 원인이라고 믿기도 한다. 예를 들어 노련한 바이오해커biohacker(DNA 등 유전학 관련 내용을 취미로 실험하는 사람—옮긴이)이며 방탄 커피Bulletproof Coffee(버터나 코코넛오일을 넣어 포만감이 오래 가도록 만든 커피—옮긴이)의 창시자인 데이브 아스프리Dave Asprey는 듀얼n백 훈련을 1시간씩 할 때마다 IQ가 2.75점 상승했다고 단언한 바 있다.[29] ADHD가 있는 어린이나 성인들 같이 작업 기억이나 실행 기능의 다른 측면 때문에 고생하는 사람들이라면 이런 종류의 게임을 고려해보는 것도 좋을 것이다.

이런 게임은 진입 장벽이 매우 낮다. 집에서 다운받아 할 수 있는 무료 듀얼n백 게임도 있고 좀 더 품질이 좋고 개인화되어 있으며 환불까지 보장하는 유료 제품도 있다.[30] 나는 수년간 하나를 정해두지 않고 여러 유형의 듀얼n백을 시도해봤다. 내가 하나 확실하게 말할 수 있는 건 이 게임들이 정신적으로 큰 도전을 요구한다는 사실이다. 항상 그렇듯이, 개인마다 차이가 있다. 이런 개입에 따른 정신적 영향은 사람마다 다를 것이다. 호기심이 생기는가? 한번 시도해보라. 절대 손해 볼 일은 없을 것이다.

기분 전환을 넘어 감정 조절도 가능하게 한다

여러 연구자들은 게임이 몇 가지 방식을 통해 감정 조절 능력을 향상시킨다는 점을 연구를 통해 밝혀냈다.[31]

게임은 직접적으로 감정을 변화시킨다

게임은 가끔 이전의 생각에서 주의를 돌리게 함으로써 이전에 느끼고 있던 감정을 게임이 불러온 감정으로 대체시킨다. 이런 관심 돌리기 혹은 '감정 대체'emotion replacement가 어떻게 감정에 대한 더 나은 통제력을 얻는 데 도움을 줄까? 이런 감정 대체가 일어난다는 것을 미리 알고 의도적으로 게임을 도구로 이용하는 데에서 효과가 나타난다. 나는 남편에게 직장에서 스트레스가 많은 기간에 게임을 하는 버릇이 생긴 이유를 물었다. 그는 게임을 스트레스에 대한 '구급약'으로 이용한다고 설명했다. 그는 이 특정한 문제가 단기적이라는 점(직장에서라면 힘든 시기도 거쳐야 하지만 이런 시기가 오래 가지는 않을 것이다)을 알고 있다. 그 사이에 남편은 의도적으로 게임을 통한 관심 돌리기와 인위적인 감정 고양을 단기적인 대처 기제로 사용했던 것이다.

게임이 감정 조절에서 가지는 이런 놀라운 능력을 알아본 다른 사람은 없을까? 2018년 옥스퍼드, 케임브리지, 스웨덴 카롤린스카연구소Karolinska Institute의 연구진은 응급실 환자를 대상으로 한 가지 실험을 했다. 이 환자들은 모두 심각한 교통사고 때문에 응급실에 오게 된 사람들이었다. 각 환자들은 이 연구의 목표가 "간단한 활동이 플래시백flashback(일상적인 일이 트리거로 작용해 과거의 괴로운 기억이 떠오르는 현상─옮긴이) 증상에 어떤 영향을 주는지 알아보는 것"이란 안내를 받았다. 연구진은 이후 각 참가자를 20분간 테트리스를 하거나 20분간 '활동 일지'를 적는 활동에 무작위로 배정했다. 그런 다음 환자들에게 병원에 도착했을 때 그들이 받았던 검사 등의 세부적 사항을 회상하게 했다. 참가자들은 '친구들과 이야기를 나누었다'거나 '가슴과 복부 스캔', '간호사가 링거를 빼주었다'와 같은 일들을 언급했다. 실험 결과 테트리스를 한 사람들은 활동 일지를 적은 사람들보다 이후 일주일간 플래시백을 경험한 횟수가 훨씬 적었다.[32] 이런 결과는 내 남편이 비디오 게임으로 기분을 전환하듯이 스트레스가 큰 상황에서 기분 전환을 했기 때문에 나온 것일까? 꼭 그렇지만은 않다.

사실, 연구자들은 그보다 훨씬 구체적인 부분에 주목했다. 그들은 두 뇌의 시각 체계가 고도의 집중력을 요하는 테트리스에 몰두한 나머지 얼마 전 발생한 충격적 사건의 시각적 기억을 공고화할 능력이 없다고 생각했다. 테트리스는 시각적 기억을 보통의 방식대로 처리하고 저장하는 능력을 방해함으로써 충격적인 사건의 기억을 온전히 저장하지 못하게 만든 것이다. 온전한 기억 공고화의 능력을 빼앗긴 뇌는 이후 PTSDpost-traumatic stress disorder(외상후 스트레스 장애)의 플래시백을 쉽게 생성시키지 못했다. 이 연구는 적절한 시점에 하는 적절한 비디오 게임이 기분 전환 이상의 일을 한다는 사실을 보여준다. 적절한 시점에 하는 비디오 게임은 감정적 사건을 처리하는 '능력' 자체에 변화를 주어 이후의 감정 조절을 훨씬 쉽게 만든다.

게임은 '실패의 기술'을 훈련시킨다 [33]

많은 코치들이 게임이 어린이들에게 성공과 실패를 경험하게 해주고 그 어떤 것보다 중요한 교훈, 즉 성공이나 실패가 모두 일시적이라는 점을 알려준다고 이야기한다. 그리고 더 나아가 여기에서 얻는 교훈이 장기적으로 가장 큰 가치를 가진다고 강조한다. 나는 스쿼시 선수로 활동하던 시절, 첫 세트를 쉽게 따내고도 결국 게임에서 패했던 적이 있다. 첫 세트를 나에게 뺏긴 상대 선수는 패배로 무너지는 대신 그것을 자기반성의 계기로 돌려놓았다. 그녀는 두 번째 세트가 시작하기 전 90초의 휴식 시간 동안 방금 전 자신의 플레이와 나의 플레이를 분석했다. 나는 그녀가 코치와 다음 세트의 전략을 논의하는 것을 들었다. 나는 90초의 휴식 시간 동안 그저 웃고, 물을 마시고, 나의 승리를 장담하면서 기분 좋은 시간을 보냈다. 첫 번째 세트는 내가 이겼지만 다음 세트를 계속 이긴 것은 상대였다.

게임은 상상력을 통해 감정 조절을 도와준다 [34]

비디오 게임에서는 내 맘에 드는 캐릭터를 고르고, 같은 장면에서 여러 번 게임을 하기도 하고, 숨겨진 스토리와 보상을 찾기 위해 다른 캐릭터로 같은 부분을 다시 거치기도 한다. 이런 유형의 환상은 현실에서 매우 유용한 기술을 제공한다. 바로 '다른 버전의 나' 혹은 '다른 버전의 내 인생'을 상상하는 능력이다. 감정 조절이란 당신이 상황을 보는 방법이나 상황에 대해서 느끼는 방식에 변화를 주는 일과 같다. 이를 통해 당신은 행동 방식을 변화시켜 자신과 자기 인생을 바꿀 힘을 얻는다. 이 모든 것은 사실 매우 힘든 과정이다. 그 과정의 중요한 첫 단계는 상황이 '달라질 수 있다'고 상상하는 일이다. 당신이 '다르게 느낄 수' 있으며 당신이나 다른 사람이 '다르게 행동할 수 있다'고 상상하는 것이 중요하다. 게임을 하는 것은 상상력이라는 중요한 근육을 키워준다.

게임은 감정 조절을 직접적으로 가르친다

당신이 불안해할수록 게임이 어려워진다면 어떨까? '마이티어'Mightier라는 게임은 아이들에게 정확히 그런 일을 한다. 바이오피드백을 사용해 플레이어의 심박수가 증가하는 것을 감지하면 게임 난이도가 높아지는 것이다. 이 게임은 감정 조절에 문제가 있는 아이들이 자신의 감정을 인식하고 감정을 조절하는 법을 배울 수 있도록 돕기 위해 고안됐다. 아이들은 높아진 난이도를 감정 상태와 연관 짓는 법을 배운다. 게임은 신호를 보내 하던 게임을 멈추고, 심호흡을 하고, 그런 다음 게임을 재개하라고 알려준다. 게임은 그들이 침착함을 되찾는 순간 난이도를 낮춘다. 보스턴 어린이 병원과 하버드 의과대학의 연구원들은 마이티어 게임을 한 어린이들이 12주 후 실제 생활에서의 감정 조절 능력도 개선됐음을 발견했다. 감정 폭발이 62퍼센트, 반대 행동이 40퍼센트 감소했으며 아이의 부모들은 아이로 인한 스트레스가 19퍼센트 줄어들었다고 보고했다.[35]

마이티어보다 철저한 연구는 아니지만 성인 대상의 바이오피드백 기반 게임, '네버마인드'Nevermind에 대한 서던캘리포니아 대학 학생들의 연구도 있다. 심박수를 관리하지 않으면 공포감이 커지는 세계를 배경으로 한 이 게임을 통해 플레이어들은 심박수를 관리하는 방법을 배운다. 임상적인 장애를 치료하려는 의도에서 만들어진 게임은 아니지만, 소규모 연구로 게임을 하는 동안 일부 참가자들의 투쟁-도피 반응 조절 능력이 증가했다.[36]

평생 동안 감정 조절 능력을 발휘하는 데 도움을 줄 수 있는 게임은 어디 없는지 궁금한가? 답은 긍정적이다. 비디오 게임 디자이너 제인 맥고니걸Jane McGonigal은 TED 강연을 통해서 자살 충동과 싸워야 했던 자신의 이야기를 공유했다.[37] 맥고니걸은 뇌진탕을 경험했고 이 일은 그녀에게 지속적인 고통을 남겼다. 눈에 띄는 개선 없이 회복이 지연되자, 그녀는 이전과 같은 수준의 뇌 기능을 회복할 수 없으리라 생각했다. 그러던 중 특별한 가능성을 하나 엿보게 된다. 게임 디자인 기술을 뇌진탕 회복에 사용해보기로 한 것이다. 그녀는 뇌진탕 회복에 필요한 일상의 과제를 게임으로 전환시킴으로써 자신의 삶에 대한 통제력을 회복하기 시작했다. 결국 회복된 맥고니걸은 궁금증을 갖기 시작했다. 자신의 게임(그녀가 슈퍼베터SuperBetter 라고 이름을 붙인)이 다른 사람들에게도 도움을 줄 수 있을까?

전 세계 수백만의 사람들을 통해 이것이 가능한 일임이 밝혀졌다. 슈퍼베터는 만성 질환으로 고통받는 사람들, 외상에서 회복하기 위해 애쓰는 사람들, 갑작스럽게 불행한 일을 겪은 후 우울증에 시달리는 사람들을 끌어들였다. 지루한 일상의 책무를 창의적인 방식으로 다루고 싶은 사람들도 이 게임에 관심을 가졌다. 연구자들까지 슈퍼베터에 관심을 가지면서 맥고니걸을 전율하게 만들었다. 심각한 우울증 증상을 겪는 283명의 사람들을 무작위로 나누어 하루 10분씩 한 달 동안 슈퍼베터를 하거나 나중에 게임을 할 수 있는 대기자 명단에 올렸다. 한 달이 지난 후, 슈퍼베터 게임을 한 사람들의 우울 증상은 대기자 명단에 있던 사람들에 비해 평균 23퍼센트 이상 개선되었다.[38]

슈퍼베터는 파워 업power-up(컴퓨터 게임에서 참가자가 특정한 점수를 따면 어떤 등장인물이 얻게 되는 혜택─옮긴이), 퀘스트quest(게임을 원활하게 진행하기 위해 이용자가 수행해야 하는 임무 또는 행동─옮긴이), 얼라이ally(게임에서 한 편이 되는 동맹, 협력자─옮긴이)와 같은 전형적인 게임 요소들을 이용해 게임을 더 많이 하도록 동기를 부여한다.

이즈음에서 실제적인 보상을 사용하는 감정 조절 게임이 있는지 궁금해지지 않는가? 운동을 하는 데 어려움이 있는 사람이라면 이런 앱 중 하나를 시도해봐도 좋을 것이다. 2019년 이루어진 '스웨트코인'Sweat-coin 이라는 유사 게임 앱에 대한 연구는 6개월간의 다운로드를 추적해 사용자들의 신체 활동이 약 19퍼센트 증가했음을 보여줬다.[39] 실제로 운동을 하면 앱 내의 게임 머니를 벌어 현실에서 실제 물건을 살 수 있다. 건강 관리에 대한 인식이 높은 소비자와 연결되기를 원하는 브랜드는 물론 의료비를 줄이고자 하는 정부나 보험사와의 연계를 통해 게임 머니의 환전도 가능하다. 관련 앱으로는 어치브먼트Achievement, 다이어트벳Dietbet, 채러티마일즈Charity Miles 가 있다.[40]

한 시간 만에 기억력 천재가 된 그들의 비밀

한 시간을 공부한 뒤 몇 달을 공부한 친구들과 같은 혹은 더 좋은 성적을 받는다면? 이것이야말로 진정한 뉴로해킹이 아닐까? 기말 시험을 앞두고 전전긍긍하는 학생들에게 꿈같은 소리로 들릴지도 모르지만 2013년 생물을 공부하는 영국 학생들에게 실제로 벌어진 일이다.[41] 이 학생들 중 한 명은 이렇게 말했다. "1시간의 간격 학습spaced learning 시간을 가졌을 뿐이에요. 대부분이 간격 학습 후에 좋은 성적을 거뒀어요. 그 외에는 공부를 전혀 하지 않았는데 말이죠. B나 C이던 성적이 이제는 올 A나 A+가 되었죠. 놀라웠어요." 연구에 따르면 시행한 간격 학습의 버전에 따라 전형적인 방법보다 200퍼센트[42] 이상 나은 결과를 얻을 수도 있었다.[43]

이 연구를 우연히 발견하고 나는 안도의 한숨을 쉬었다. 이것이야말로 내가 뉴로해킹 여정을 시작하면서부터 찾고 있던 종류의 개선이었기 때문이다. 하지만 간격 반복 학습은 이 책에서 다루지 않을 것이다. 간격 학습은 정확히 게임이라고는 할 수 없지만 경이로운 개입임에는 틀림없다.

그렇다면 대체 간격 학습이란 무엇일까? 이 책의 앞부분에서 만났던 성공적인 뉴로해커를 떠올려보자. 〈제퍼디!〉 우승자 로저 크레이그는 소프트웨어 프로그램을 사용했다. 이 소프트웨어의 성공 비결은 무엇일까? 그 비법은 간격 반복(간헐적 인출spaced retrieval, 간격 효과spacing effect, 간격 학습 등 여러 가지 이름으로 불린다)이었다. 개념은 단순하다. 기억해야 할 정보를 플래시 카드에 옮긴 뒤, 잊기 직전에 정보를 복습하는 것이다. 연구자들은 정보를 복습하는 일정을 여러 가지로 시도해보았지만 그 아이디어의 기반은 인간의 평균적인 망각 시점에 대한 연구였다.

2011년 퍼듀 대학의 연구진은 전형적인 공부법과 간격 반복법의 효과를 비교했다.[45] 참여 학생의 75퍼센트가 전형적인 방법이 높은 성적을 올리는 데 더 효과적일 것이라 예측했지만, 84퍼센트가 간격 반복법을

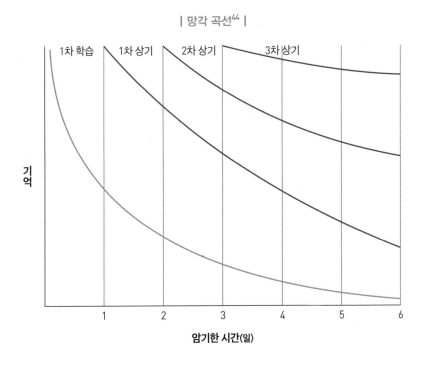

| 망각 곡선[44] |

사용한 후 더 좋은 성적을 올렸다. 더구나 이 공부법을 사용한 학생들의 개선도가 훨씬 높았다. 이들의 성적은 평균 36~43퍼센트 향상됐다.

학교를 졸업한 사람으로서 이 방법을 어떻게 써먹을 수 있을지 궁금하다면, 다른 학습 목표를 생각해보라. 학습 내용을 플래시 카드로 옮길 수 있는 것이라면 무엇이든 간격 학습을 통해 효과를 볼 수 있다. 외국어, 빠르게 변화하는 업계에서 매일 쏟아지는 전문 용어, 새로운 직장 동료의 이름과 얼굴 등에도 적용된다. 배우고자 하는 열정만 있다면 간격 학습에는 한계가 없다. 플래시 카드를 만들고 싶지 않다면 간격 학습을 기반으로 하여 만들어진 각종 교육 앱들을 사용해도 된다. 시중에 나와 있는 언어 학습 앱들은 간격 학습을 대표적인 기능으로 내세우곤 한다.

특정 분야에서 학습 효율을 높이고자 하는 사람들을 위해 아래 몇 가지 게임을 추천하려 한다. 내가 직접 시도해봤던, 도전 정신을 자극하고 이용하기 쉬운 게임들이다. 이것 외에도 다양한 게임들이 있으니 시도해보길 바란다.

- **커뮤니케이션 분야:** 직장, 학교, 인간관계에서 소통의 기량을 연마하도록 도와주는 게임을 원했던 나는 그 목적에 딱 맞는 모바일 앱을 찾았다. '엘리베이트'Elevate 라는 이름의 게임은 매력적이고 도전적이며 재미있다. 스마트폰으로 하는 교육 게임의 장점은 아주 작은 단위로 되어 있다는 것이다. 나는 택시를 타거나 일상생활 중 몇 분간의 짬이 날 때면 엘리베이트 게임을 한다. 이 회사는 2015년 자사 앱에 대한 긍정적인 연구 결과를 발표했다. 자신들이 직접 개발한 검사를 이용한 연구였다.[46] 임의로 참가자 146명은 게임 그룹

에, 125명은 게임을 하지 않는 그룹에 배정했다. 두 집단은 게임 전후에 검사를 받았다. 일주일에 5회 엘리베이트 게임을 한 실험군은 게임을 하지 않은 사람들보다 점수가 70퍼센트 가까이 높았다. 대부분의 두뇌 훈련이 그렇듯이 연습할 기회를 많이 가질수록 도움이 됐다. 게임을 가장 많이 한 사람들(일주일에 4회 이상)은 일주일에 2회 이하로 게임을 한 사람들에 비해 점수가 17.5퍼센트 높았고 일주일에 2~3회 한 사람보다 9.5퍼센트 높았다. 이것은 게임을 해본 내 경험과도 일치했다. 엘리베이트 게임을 한 날은 단어를 잊거나 생각의 흐름을 놓치는 순간이 확실히 적었다. 하지만 이런 유형의 관찰에는 문제가 있다. 엘리베이트를 하지 않은 날에는 내가 더 바빴기 때문에, 스트레스를 더 많이 받고 휴식을 적절히 취하지 못했을 수도 있는 것이다. 한마디로 건망증이 생길 만한 날일 가능성도 배제할 수 없다. 하지만 전반적으로 이 게임은 매력적이고 도전적이라는 느낌을 준다.

- **외국어 분야:** 나는 하루 몇 분간 짧은 시간을 이용해서 스페인어 실력을 키울 수 있는 방법을 고민하기 시작했다. 인기 있는 무료 언어 앱인 '듀오링고'Duolingo에는 스페인어에서 영어로, 영어에서 스페인어로 번역되는 짧고 재미있는 수업들이 있다. 때문에 완전히 스페인어에 몰두한다고는 생각할 수 없지만, 인출을 중심으로 하는 재미있는 접근법이 매일의 진전을 느낄 수 있게 해주었다. 퀸즈 칼리지의 루먼 베슬리노브Roumen Vesselinov 교수는 듀오링고가 35시간의 연습으로 초급 대학 과정에 상응하는 양을 가르치며[47] 유료

언어 프로그램 로제타 스톤Rosetta Stone을 이용하면 한 학기 분량의 자료를 학습하는 데 불과 55시간이 걸린다는 점을 발견했다.[48] 문법이나 단어를 공부하고 싶은 사람에게는 듀오링고가 보다 효율적인 앱이겠지만 해당 언어로 생각하는 보다 도전적인 몰입 경험을 원한다면 시간이 좀 더 걸릴지라도 로제타 스톤이 더 나은 선택일 것이다.

- **스포츠 분야:** 프로 선수들도 '인텔리짐'IntelliGym의 농구, 하키, 축구 비디오 게임을 이용한다는 것을 아는가? 왜 실제로 경기를 하지 않고 비디오 게임을 할까? 일부 조직에서는 신체 상태나 관중의 함성 등의 방해를 받지 않고 스크린을 통해 게임을 하는 것이 멘탈 개선에 도움을 준다고 생각한다. 더구나 연습 시간이 늘어나면서(선수가 자리에 앉아서도 연습을 하기 때문에) 얻은 우위가 팀에 큰 성과를 가져다줄 수 있다. 미국 하키국가대표 선수들은 인텔리짐을 이용한 훈련을 시작한 후 게임의 득점수가 평균 42퍼센트 증가하는 결과를 얻었다.[49] 그 외에도 빙상에서의 부상은 15퍼센트, 머리 부상은 28퍼센트 감소했다.[50] 이는 이런 게임에 '게임 지능'을 훈련시키는 잠재력이 있음을 시사한다.[51]

- **수학 분야:** 2018년 기준, 사용자가 7,000만을 넘어서는 칸 아카데미Khan Academy는 다양한 주제에 관한 무료 교육 영상을 보유한 웹사이트다. 이중에서도 특히 수학 학습 영상이 교사와 부모, 학생들에게 가장 인기가 높다. 칸 아카데미가 다른 수학 교육 방법보다 우수

하다는 것을 입증하는 무작위 통제 실험은 발견하지 못했지만 조지아 공과대학의 연구진은 칸 아카데미가 어떻게 수학 교육에서 게임의 원리를 통합하고 있는지 보여주었다.[52] 게임화가 바로 그들이 이룬 성공의 비결이었다.

- **속독 분야:** 속독이 좋은 교육 방법인지에 대해서는 증거가 엇갈린다. 사람들이 가장 걱정하는 부분은 속도를 높이면 이해도가 떨어진다는 것이다.[53] 난해하거나 기술적인 글이라면 속독이 적절치 않을 것이다. 그렇더라도 속독을 익히고 싶다면 그 과정을 게임화한 '스프리더'Spreeder 와 '리드미'Read Me 같은 앱들이 많이 있다.[54]

게임 본연의 즐거움을 느낄 때 창의성이 폭발한다

솔직히 먼저 이야기하자면, 나는 비디오 게임이 창의성에 미치는 효과에 대한 증거들을 훑어보고 나서 약간 실망을 했다. 지금으로서는 연구 결과가 명확하지 않은데, 둘 다 비교적 새로운 분야이기 때문이다. 결정적인 과학적 증거를 찾기가 쉽지 않았지만 몇 개는 발견할 수 있었다.

펜실베이니아 주립대학과 성균관 대학의 연구진은 비디오 게임을 이용해 참가자들의 기분을 바꾼 뒤 창의성을 검사해서 어떤 기분이 가장 창의적인 결과를 가져오는지 관찰했다. 그들은 일명 'DDR'이라고 불리는 댄스댄스레볼루션DanceDanceRevolution (음악에 맞춰 적절한 시점에 화살표 모양을 밟는 리듬 댄스 게임)이라는 게임을 저, 중, 고강도로 하게 함으로써 실험 대상자들의 감정 강도를 바꿨다. 그 결과 창의성 발휘에 가장 최적인 기분은 부정적이지만 차분한 감정을 느낄 때 그리고 강한 긍정적 감정을 느낄 때였다. 이런 상태에 이르기 위해서는 이 실험처럼 DDR 게임을 5분간 실시하는 방법이 있다(참가자들은 'Pump Up the Volume'이라는 노래에 맞춰 4분 동안 춤을 추었다). 이상하게도 창의성 향상으로 이어지는 또 다른 조합은 참가자들이 DDR 게임을 저강도로 실시하고 난 뒤 나열된 사진들 중에 사람의 표정을 잘못 인지했다는 이야기를 들려주어 불쾌한 기분을 유발했을 때였다.[55]

게임과 창의성에 대한 또 다른 연구에서는 352명의 참가자들을 임의로 네 개의 집단에 배정했다.[56] 한 그룹에게는 아무런 지시 없이 '마인크래프트'Minecraft 게임을 하게 했다. 마인크래프트는 샌드박스 스타일의 비디오 게임으로, 플레이어들이 게임 속 세상을 탐험하고 제공된 도구들로 무엇이든 원하는 것을 만드는 게임이다. 두 번째 그룹은 마인크래프트를 하되 '가능한 창의적으로' 하라는 지시를 받았다. 세 번째 그룹은 레이싱 게임을 했고 네 번째 그룹은 TV를 봤다. 이후 참가자들에게 우리와 다른 행성에서 자란 외계인을 상상해보라는 질문을 했다. 이 연구에서 지시 사항이 최소한이었던, 즉 그저 마인크래프트를 하라는 지시만을 받은 그룹이 가장 창의적인 외계인을 그렸다. '창의적이어야 한다'는 명시적인 지시를 받았던 사람들을 비롯한 다른 참가자들의 창의성은 그들보다 뒤떨어졌다. 연구자들은 지시를 받지 않을 때보다 명시적인 지시를 받을 때 성과가 더 떨어진다고 결론 지었다. 지시가 없는 상황에서 사람은 스스로 동기를 부여하고 과제 본연의 즐거움을 누릴 수 있기 때문으로 추측된다.

이 모든 것은 게임이 큰 힘을 갖고 있으며 잘못하면 부정적인 방법으로도 사용될 수 있음을 보여준다. 그러므로 당신이 업그레이드하고자 하는 정신적 능력에 맞는 게임을 현명하게 선택해야 한다. 이 책의 다음 부분에서는 지금까지 보았던 것보다 약간은 더 복잡하고 어쩌면 조금 위험할 수 있는 일련의 개입들에 대해 살펴볼 것이다.

> **핵심 포인트**
>
> 1. 게임은 실행 기능, 기억력, 불안과 우울감 감소 등의 감정 조절에 도움이 된다.
> 2. 나이 든 성인의 경우, 두뇌 게임으로 노화에 따른 기억과 실행 기능의 하락을 막을 수 있다.
> 3. DDR이나 마인크래프트와 같은 일부 게임은 창의성 향상에 도움을 줄 수 있다.
> 4. 모든 게임이 똑같이 만들어지지는 않는다. 당신이 업그레이드하고자 하는 정신적 능력에 적합한 유형의 게임을 선택하도록 한다. 과학적 연구에서 좋은 성과를 보인 게임을 선택하는 것이 좋다.

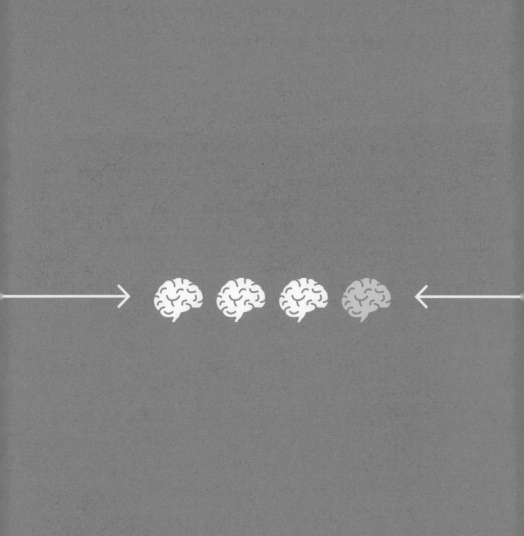

제4부

심화

: 효과적인 브레인 해킹을 위한 전문가 가이드

제18장

뇌에 직접 전류를
흘려보내면 일어나는 변화

"많은 것이 이미 이루어졌으나 나는 그 이상을 이룰 것이다. 앞서 찍혀진
발자국을 따라 새 길을 개척하리라."

—메리 셸리Mary Shelley, 《프랑켄슈타인》Frankenstein

투자 시간
30분

목표
정신적 성과를 업그레이드하는 전기적 자극의 힘을 이해
하고 그것을 뉴로해킹 실험에 적용시킨다.

눈꺼풀이 무거울 때, 마감이 닥쳤을 때, 커피를 방금 마셨는데도 멍한 기
분이 나아지지 않을 때, 정신을 맑게 해줄 좋은 방법이 없을까 궁금할 것
이다. 머리에 전류를 보내는 방법은 어떨까? 아무래도 조금 꺼림칙한
가? 그렇다면 그 방법으로 서번트savant(정상인보다 지적 능력이 떨어지나
특정 분야에서만큼은 비범한 능력을 보이는 사람—옮긴이)와 같은 문제 해결
능력을 갖게 된다면, 바로 전문가 수준으로 악기를 연주할 수 있다면, 계
속 참신한 아이디어를 낼 수 있다면, 해볼 만하다는 생각이 드는가?

영화 〈뻐꾸기 둥지 위로 날아간 새〉를 봤다면 거기서 전기 충격 요법 이후 기억을 상실한 멍한 눈빛의 환자를 기억할 것이다. 프랑켄슈타인 박사는 전기를 이용해서 괴물을 만들지 않았던가!

대학 진학을 앞둔 어느 여름 날, 아버지가 내게 기사 하나를 보여주셨다. "하루 동안의 서번트"Savant for a Day 라는 제목의 〈뉴욕 타임스〉 기사는 단숨에 나를 끌어들였다. 기사의 내용은 이러했다. 기자는 시드니 대학 지하에 앉아 있었고 불안한 그와 달리 느긋한 교수가 그의 '창의성 모자'에 전원을 켰다. 10분도 걸리지 않는 이 치료로 기자는 창의력은 물론 문장에서의 실수를 찾는 능력까지 획기적으로 향상되는 경험을 했다. 나는 그해 가을 대학에 가면 이런 두뇌 자극기를 사용해야겠다고 생각했다. 시험도 이제 식은 죽 먹기다!

그러나 그런 날은 빨리 오지 않았다. 그 교수가 사용했던 두뇌 자극기, TMS transcranial magnetic stimulator 는 집에서 사용할 만큼 안전하지가 못했다. 주로 병원에서 사용되는 것이었고 기계는 작은 냉장고 크기였으며 발작을 유발할 위험이 높았다. 두개전기자극cranial electrical stimulation, CES 요법을 실시하려면 머리에 전극을 붙여야 한다. 전극은 전류를 통제하는 상자에 연결되어 있다. 문제는 FDA가 CES를 3등급 의료 장비로 분류하고 있다는 점이다. 이는 자격이 있는 임상의만이 사용할 수 있다는 뜻이다. 가정에서 뉴로해커가 실험할 수 있는 방법은 없었다.[1] 나는 다른 방법을 찾기 위해 노력했다.

두 번째 막다른 길은 두개미주신경자극기transcranial vagal nerve stimulation, tVNS 였다. 이것은 외과적 수술로 이식이 필요했던 미주신경자극기의 업그레이드 버전으로, 비침습형이다. 미주신경은 투쟁-도피 반응과 그 반대인 휴식-소화 반응에 중요한 역할을 한다. 이 때문에 연구진들은 문제에 따라 미주신경을 다르게 이용해 집중력과 각성도를 높이거나 불안을 느끼는 사람의 긴장을 풀 수 있다고 생각했다. 비침습형이므로 수술을 할 필요도, 커다란 기계를 끌고 다닐 필요도 없다. 작은 동글dongle(소프트웨어 보호 장치—옮긴이)을 귀에 끼우면 된다. 탐이 나는가? 잠깐만 다시 생각해보라. 이 글을 쓰고 있는 현재까지 인지 향상과 관련해 tVNS의 효과를 입증한 연구는 불과 20개도 되지 않으니 말이다.[2] 일부 신생 업체들이 소비자용 tVNS를 내놓고 있는데 듣기에 그럴듯하지만 적절한 과학적 연구의 대상이 된 적은 없다. 200달러 이상을 내고 검증도 제대로 되지 않은 기기를 쓰는 것은 내게는 있을 수 없는 일이다. 보다 엄정한 검사가 이루어져서 빨리 tVNS를 시도해보는 날이 오길 고대한다.

내가 고려하는 세 번째 신경 조절 방법은 광생물조절photobiomodulation 이다. 이것 역시 매우 흥미롭다. 고대 이집트인들은 미라를 만들 때 이와 유사한 방식을 사용했다. 그들은 미라를 준비할 때 코를 통해 뇌를 꺼냈다. 코에서 뇌로 가는 직통로가 있기 때문이다.[3] 광생물조절은 코로 뇌를 꺼내지는 않고(다행히) 코를 통해 뇌 쪽으로 다양한 파장의 빛을 비춤으로써 기능을 조절한다. 통증이 없고 수술이 필요 없으며 코에 고리만 끼우면 된다. 매우 흥미로운 시범 연구가 있다. 하지만 여기에도 tVNS와 같은 문제가 있으니 안전성과 유효성 측면에서 나를 만족시킬 만큼 충분한 연구는 없는 상태다. 또한 가정용 기기의 가격이 아직 수백 달러에 이른다.[4] 아직 몇 년은 지켜봐야 하겠지만 연구가 무르익는다면 상업적으로 곧 이용 가능한 흥미로운 제품이 나올 것이다.

침대를 고르는 골디락스(영국의 전래동화 《골디락스와 곰 세 마리》Goldilocks and the Three Bears에 등장하는 소녀의 이름. 숲속에 있는 곰의 집에 들어간 소녀가 주인이 없는 사이 가장 좋은 음식을 먹고 가장 좋은 침대에서 쉬었다는 줄거리에서 유래해 일반적으로 너무 뜨겁지도, 너무 차갑지도 않은, 딱 적당한 상태를 이르는 말로 사용된다. ㅡ옮긴이)이 된 것 같은 느낌이다. 딱 맞는 것이 없다. 그러던 중 나는 한 콘퍼런스에 참석한 스탠퍼드 대학원생들의 예상치 못했던 친절에서 이 문제의 답을 찾을 수 있었다.

21세기에 도달한 프랑켄슈타인

나는 신경 자극의 선도자가 되겠다는 희망을 품고 런던 칼리지에서 개최하는 교육 신경과학 콘퍼런스에 참석했다. 둘째 날 마지막에 우리 일행은 근처 맥줏집으로 갔다. 그곳에서 캐나다 출신의 한 대학 교수가 우연히 내가 대학원생에게 던지는 질문을 듣게 되었다. "두뇌 자극을 이용해서 학습 시간을 단축하는 연구를 하는 사람이 없을까요?" 교수의 눈빛이 호기심으로 반짝였다. 그가 대화에 끼어들었다. "흥미로운 질문이군요. 옥스퍼드 대학의 로이 코헨 카도시Roi Cohen Kadosh를 아십니까?" 수많은 이메일을 주고받은 후 나는 옥스퍼드 대학 심리학과 건물을 찾게 되었다. 웅장한 고딕 성당 분위기의 이 대학 안에서 나는 다음 힌트를 찾았다.

"지금까지 어떤 유형의 신경 자극을 조사하셨습니까?" 코헨 카도시가 물었다. 나는 그동안 다루었던 모든 방법들을 이야기했다. 그는 더 안전하고, 작은 기기를 사용하고, 건강한 사람도 이용할 수 있는 방법을 아는 것일까? '하루 동안의 서번트'에 나온 기기 같은 것을? 그는 잠깐 생각하다가 이렇게 답했다. "tDCS에 대해 알아보시죠."

경두개직류자극transcranial direct-current stimulation (이하 tDCS)을 뜻하는 tDCS는 두피의 특정 부위에 부착된 전극을 통해 플러스 전류와 마이너스 전류를 보내는 기기를 이용한다. '양극'이라 부르는 플러스 전극은 그 밑에 있는 뉴런의 발화 확률을 높이고 '음극'이라 부르는 마이너스 전극은 그 밑에 있는 뉴런의 발화 확률을 낮춘다. 전극을 어느 위치에 부착하느냐에 따라 전류가 어떻게 흐르고, 두뇌의 어떤 부분에 영향을 주는지가 결정된다.[5]

코헨 카도시는 이러한 두개직류자극 요법이 계산 장애(숫자에서의 난독증에 가까운)가 있는 사람들의 수학적 능력을 높일 수 있는지에 대한 연구를 계획 중에 있었다. 그 연구 계획을 듣자 tDCS가 정확히 내가 찾던 것이란 느낌이 왔다. 그날 밤 인터넷에서 찾은 tDCS 기기의 사진은 나의 확신을 더욱 굳어지게 만들었다. 기기는 중학교 전기 실험 과제와 비슷한 모습을 하고 있었다. 9볼트 배터리, 손바닥 크기의 전자회로 그리고 한쪽에는 한 쌍의 스펀지 전극이 달려 있었다. 회로의 다른 한쪽에는 작은 플라스틱 토글이 연결되어 있었다. 이것으로 배터리에서 나오는 전류의 양을 조절한다. 몇 년 후, 내가 이걸 직접 만들게 될지는 나조차도 몰랐지만 말이다.

시간을 빨리 돌려서 몇 년 후 뉴올리언스에서 열린 신경과학학회 콘퍼런스로 가보자. 4만 명 이상의 신경과학자들이 뉴올리언스로 모여들었다. 내게는 특히 기억에 남는 콘퍼런스였다. 그곳에서 청하이 룩Chung-Hay Luk을 만났기 때문이다. 학부에서 생명공학을 전공하고 당시 신경과학 박사 과정을 밟고 있던 그녀는 전기 패션에 대한 열정으로 여가 시간에는 LED 전구가 반짝이는 드레스를 만드는 사람이었다. 그녀는 나처럼 인지 강화 연구에 대해 깊은 열정을 갖고 있었다. 나는 옥스퍼드 대학에서 코헨 카도시와의 대화 이후 tDCS에 많은 관심을 가져왔지만 아직 장치를 접해본 적이 없다고 말했다. 그녀의 얼굴에 미소가 떠올랐다. "그럼 우리가 직접 만들죠. 제가 적당한 곳을 알아요."

그렇게 나는 스탠퍼드 대학원생들이 살고 있는 팔로 알토 코옵co-op (건물 전체에 대한 소유권을 주민들이 공유하는 입주 형식—옮긴이)을 찾았다. 피터 틸Peter Thiel 펠로우들(억만장자 피터 틸의 후원으로 사업을 시작한 재능 있는 대학 중퇴자들)이 주기적으로 찾는 곳이었다. 그들은 우리가 이곳에서 tDCS 모험을 시작하도록 해주었다. 입구에서 룩과 만났다. 그녀는 틸 펠로우는 아니었지만 그들과 친구였다. 스탠퍼드 대학원생으로 최근 백악관 기술 펠로우십을 마치고 돌아온 빌랄 마무드Bilal Mahmood가 이 모험에 함께 하기로 했다. 나는 우리가 최초의 상업용 tDCS를 만든다면 최초의 인간 기니피그가 되게 해주겠다는 약속으로 그를 끌어들였다. 그는 만약을 위해서 삭발까지 했다(사실 그는 삭발을 할 필요가 없었다. 머리카락이 있어도 tDCS 기기는 잘 작동한다. 그러나 그가 이미 머리를 밀어버려서 나는 진실을 이야기해줄 수 없었다).

전문가와 다름없는 청하이 룩의 납땜 솜씨와 빠른 손 덕분에 우리는 오후에 첫 시제품을 완성했다. 우선 장치가 안전한지 확인해야 했다. 우리는 전압계를 이용해서 이 장치가 0.5~2.0밀리암페어의 전류를 생성한다는 것을 확인했다. 인간에게 안전한 수준이다. 다음 단계는 실험 설계를 하는 것이었다. 나는 마무드에게 몇 가지 선택지를 주었다. 그는 타이핑을 빨리 하는 과제에 흥미를 보였다(그는 독수리타법을 사용했다).

앞서 논의했듯이 어떤 개입이든 시도하기 전에 기준을 마련해야 한다. 마무드는 몇 차례 1분간의 타이핑 테스트와 반응 시간 테스트를 거쳤다. 이후 우리는 tDCS 프로토콜(설계안)을 선택해야 했다. 마무드의 타이핑 속도를 개선하는 것이 목표였기 때문에 우리는 그의 머리에서 정확한 부분에 양극(양의 전류 흐름이 몸 안으로 들어가는 곳)과 음극(전류가 몸 밖으로 나가는 곳)이 위치하도록 해야 했다. 기존 연구 프로토콜에서 자극의 범위는 최소 5분에서 최대 40분이었다. 우리는 15분을 택했다. 그런 다음 아래에 두뇌의 운동 피질이 있을 머리의 가장 위쪽 가운데에 양극을 위치시켰다.[6] 음극은 아래에 안와가 있을 안공 주위에 위치시켰다. 전극의 스펀지가 너무 커서 마무드의 눈이 거의 다 가려졌다. 80년대 스타일의 머리띠가 전극을 제자리에 고정시키는 데 도움을 주었다.

마지막 단계는? 마무드에게 어떤 일이 일어날지 설명하고 괜찮은지 확인한다. "네 뇌에 전기 충격을 가할 예정이야. 찬성해?"

농담이다. 실제로 우리가 한 말은 다음에 가까웠다. tDCS는 모든 신경 조절 접근법 중에서 가장 안전한 것으로 밝혀졌다. 2016년의 검토 논문에서 일단의 연구자들은 전형적인 tDCS(대부분의 연구자들은 2.0밀리암페어로 30분을 넘기지 말아야 한다고 조언하지만 최소 4.0밀리암페어에서 최대 7.2쿨롬으로 하루 40분 미만)를 3만 3,200회 반복한 1,000명의 대상자를 관찰했고 회복할 수 없는 부상이나 '심각한 부작용'에 대한 보고를 전혀 발견하지 못했다.[7]

tDCS는 약간의 전류만을 추가하는 것이고 전압이 너무 낮아(배터리의 9볼트보다 훨씬 낮은 전압을 받는다) 전기 충격 요법과는 비교가 되지 않는다. 사실 전류가 너무 낮아서 위험보다는 제대로 자극을 줄 수 있는지를 걱정해야 한다. 0.2에서 2밀리암페어의 전류가 큰 스펀지 전체에 걸쳐 퍼지는 데다 귀, 피부, 두개골 바로 밑의 세포가 뇌를 감싸고 있기 때문에 두뇌 표면에 있는 신경의 발화를 유발하는 일조차 힘들 것이다. 이론상 으로는 전류가 이미 발화의 문턱에 있는 신경들의 발화를 유발하는 것이 라 할 수 있다. 이는 명령command이라기보다 두뇌에게 내놓는 전기적 제 안electrical suggestion에 가깝다. 어쨌거나 그렇긴 하지만 일부 사용자는 피 부에 가벼운 발진이나 피로 혹은 두통을 호소했다.

자극기를 켜자마자 마무드가 이상한 표정을 지었다.

"얘들아." 그가 말했다. "흰 빛이 보이는데 이거 정상이야?"

룩과 나는 얼어붙었다. 우리 둘은 동시에 소리를 질렀다. "뭐라고?" 우리는 전극을 떼어내고 자세한 상황을 물었다. 마무드는 통증은 없었 다고 우리를 안심시켰다. 흰색 빛은 우리가 전극을 제거하자마자 사라 졌다. "다행히 주마등은 보이지 않더라고." 그는 우리를 안심시켰다.

룩이 충격에서 먼저 헤어 나왔다. "우리가 전극을 눈에 너무 가까이 붙였던 것 같아. 안내眼內 섬광이었을 거야." 섬광은 전기 자극을 받은 사 람에게 보이는 번쩍이는 불빛이다.

TMS를 비롯한 다른 유형의 신경 조절에서도 섬광 현상이 나타난다. 한동안은 전극을 시각 정보를 처리하는 후두부와 같은 뇌의 특정 부분에 붙였을 때에만 섬광 현상이 일어난다고 생각했다. 그러나 2012년 러트 거스 대학의 연구진들은 전극이 눈 가까이에 위치할 때 섬광 현상이 더 자주 일어난다는 점을 발견했다. 전류가 너무 가까우면 눈 안의 망막이 tDCS에 의해 자극을 받는 것으로 보인다.[8]

우리는 이후 몇 차례 더 마무드를 대상으로 실험을 진행했다(이런 섬광 현상을 겪은 후에도 그는 다시 돌아왔다. 머리가 조금 더 자라 있었다). 그리고 꽤 긍정적인 결과를 얻었다! 그의 타이핑 속도는 자극 전보다 빨라졌고 반응 시간 역시 나아졌다.

자극과 훈련의 컬래버레이션

tDCS는 아직 새로운 기법이지만 우리는 그것이 뇌 안에서 어떻게 작용하는지에 대해서는 조금 알고 있다. tDCS를 이용하면서 동시에 성과를 높이고 싶은 타깃 과제를 수행할 때 효과가 더 좋은 것으로 보인다. 자극과 훈련을 동시에 하지 않는 실험은 설계에서 실패할 수 있다. 문헌에서 확인한 몇 건의 실패 사례도 이런 이유 때문일 것이다. 훈련과 함께하는 자극의 필요성은 다른 동물 실험에서도 마찬가지였다. 예를 들어 연구진이 쥐의 피질에 전기 자극만 주었을 때는 눈에 띄는 효과가 거의 없었지만 다른 영역이 동시에 자극을 받았을 때는 두뇌 안에서 구분할 수 있는 변화가 나타났다.[9]

뉴멕시코 앨버커키의 연구진은 tDCS를 받는 동안 인간 참가자의 생물학적 변화를 관찰했다. 연구진들은 뇌파의 즉각적인 변화와 뇌의 백질에서 나타나는 장기적인 유형의 변화를 연구했다.[10] 즉각적으로는 tDCS가 신경의 발화 가능성을 이전보다 높이는 듯 보였다. 예를 들어 tDCS를 적용하는 동안 개별적으로 팔의 신경을 자극하면, 팔 신경을 자극하는 것과 관련된 뇌파가 tDCS를 받기 전보다 여섯 배 활성화되었다. 또 그 효과는 바로 사라지지 않았다. tDCS가 끝나고 한 시간이 조금 못되었을 때 팔 신경을 개별적으로 자극하자 뇌파의 움직임이 원래보다 2.5퍼센트 증가했다. 더 놀라운 발견은 5일 후에 있었다. 뇌 영상을 통해 tDCS 자극을 받은 영역의 백질에 눈에 띄는 변화가 생겼음이 드러났다. 그런 소량의 전류가 뇌에 구조적 변화를 야기한다는 것은 예상치 못한 일이었다. 쥐의 경우에는 tDCS가 신경절과 뇌 안의 칼슘 농도를 바꾸었다. 이 연구에서 사람들에게 나타난 백질의 변화도 일부는 이런 이유 때문일 것이다.[11]

전기 자극으로 머릿속 전구를 밝히다

2013년 오스트레일리아에서 60명의 건강한 성인을 대상으로 tDCS 연구가 진행됐다. 참가자들은 무작위로 컴퓨터화된 인지 훈련 게임을 한 가짜 tDCS 그룹, 컴퓨터화된 인지 훈련 게임을 한 유효한 tDCS 그룹, 인지 훈련 게임 없이 tDCS만 한 그룹에 배정되었다. 참가자들은 자신들이 받는 tDCS가 진짜인지 가짜인지 알지 못했다. 모든 참가자의 실행 기능은 기준점을 설정하기 위해 개입 전에 한 번, 10번의 훈련 후에 한 번, 개입이 끝나고 4주 후에 한 번 이렇게 세 번씩 측정했다. 4주 후 이루어진 후속 검사에서 tDCS 그룹이 주의력, 처리 속도, 기억력 부분에서 가짜 tDCS 그룹을 능가했다.[12]

- **멀티태스킹**: 2016년, 20명의 건강한 미 공군 병사를 대상으로 tDCS 검사를 한 결과 참가자들의 멀티태스킹 능력이 향상됐다. 참가자

들은 NASA에서 본래 항공기 승무원들의 과제 처리 역량(시스템 모니터링, 일정 관리, 자원 관리, 소통 등)을 평가하기 위해 고안된 검사를 받았다. 이후 한 그룹은 tDCS를, 다른 그룹은 그와 비슷한 가짜 치료를 받았다. 진짜 tDCS로 자극을 받은 참가자들은 가짜 tDCS로 자극을 받은 참가자보다 30퍼센트 높은 점수를 기록했다.[13]

• **인지 통제:** 인지 통제는 실행 기능의 주요한 특징이다. 우리는 이러한 인지 통제에 따라 변화하는 상황에 유연하게 적응할 수 있다. 특히 인지 통제는 현실에서 복잡한 목표를 추구할 때 매우 중요하다. 정지-진행stop-go 과제라는 인지 제어 테스트가 있다. '진행' 신호(녹색 신호)가 보이면 최대한 빨리 반응하고 '정지' 신호(적색 신호)가 보이면 즉시 정지하는 것이다. 2013년 진행된 한국 대구 대학교의 연구에서는 40명의 건강한 참가자들을 무작위로 실제 tDCS 개입 혹은 가짜 tDCS 개입에 배정했다. 자극을 받는 동안 실제 tDCS 그룹은 정지-진행 과제에서 가짜 tDCS 그룹보다 좋은 성적을 냈다. 그러나 자극이 끝난 후, 실제 tDCS 그룹은 가짜 tDCS 그룹과 같은 성적을 냈다.[14]

• **작업 기억:** 2005년 발표된 한 연구와 2015년 발표된 연구, 2012년 발표된 연구는 tDCS가 작업 기억에 미치는 영향을 탐구했다. 하버드 의과대학에서 실시한 2005년 연구에서는 단 10분의 tDCS 자극 후에 작업 기억이 향상되었다.[15] 연구진은 전전두엽 피질을 덮고 있는 머리 부위에 양극을 위치시키고 일차 운동피질을 덮고 있

는 머리 부위에 음극을 위치시켰을 때 성과가 향상된다는 점을 발견했다. 전극의 위치를 반대로 하자 효과가 없었다. 이는 이 프로토콜의 특수성을 잘 보여준다. 따라서 직접 시도할 때는 주의를 기울여 원하는 목표에 맞는 정확한 곳에 전극을 위치시켜야 한다.

참가자들은 자극 시작의 후반부(후반 5분)에 작업 기억 검사를 받았다. 한 시간 후 그들은 tDCS 자극을 10분 더 받았다. 2회 중 1회는 가짜 자극이었고 다른 1회는 실제 자극이었지만 참가자들은 어떤 것이 가짜인지 알지 못했다. 연구자들은 순서(참가자들이 실제 자극과 가짜 자극 중 어느 것을 먼저 받을지) 역시 임의로 정했다. 작업 기억 검사는 제7장에 나온 '바로 앞 페이지 문자 기억하기'(일명 n=1) 과제였다. 대규모 연구는 아니었지만 연구 결과는 긍정적이었다. 건강한 성인을 대상으로 한 실험이었다는 사실 때문에 직접 시도해볼 때 사용하면 좋을 프로토콜이다.

2015년 펜실베이니아 대학의 연구진은 tDCS를 쓰리백(n=3) 작업 기억 과제(어려운 과제)나 원백(n=1) 작업 기억 과제(대단히 쉬운 과제)와 결합시킬 때 성과의 개선이 더 커지는지 확인하는 연구를 진행했다. 그들은 24명의 건강한 참가자들을 무작위로 실제 tDCS 그룹과 가짜 tDCS 그룹에 배정하고 tDCS를 받는 동안 원백 작업 기억 과제나 쓰리백 작업 기억 과제를 실행하도록 했다. 참가자들은 작업 기억 과제와 tDCS 결합 실험의 전후에 실행 기능 검사를 받았다. 가장 속도가 빠르고 가장 정확한 그룹은 어려운 쓰리백 작업 기억 과제와 실제 tDCS를 조합한 그룹이었다.[16]

놀라운 결과였다. 가장 어려운 과제를 하느라 가장 지쳤을 거라 예상되는 사람들이 가장 좋은 성적을 낸 것이다. 결과를 확인하기 위해 나는 비슷한 결과를 낸 다른 연구를 찾아보았다. 2012년 유니버시티칼리지 런던의 연구진이 수행한 연구도 비슷한 효과를 보여주었다. 이 연구에서는 22명의 참가자를 무작위로 나눠 양극 tDCS 혹은 tDCS 없이 인지 과제를 수행하게 했다. 그 결과 tDCS를 받은 그룹의 성적이 가장 좋았다.[17]

기억력의 전원을 계속 켜두는 법

2015년 나는 샌프란시스코에서 열린 퀀티파이드 셀프 콘퍼런스에 참석했다. 이때 눈에 띄는 강연이 있었다. 대학생인 JD 리담JD Leadam은 연단에 올라 자신의 끔찍한 대학 시절을 열정적으로 이야기했다. 그는 불안, 스트레스, 주의력 저하, 책을 통한 학습의 어려움(그는 자신을 청각 학습자로 생각했다)으로 오랫동안 고통을 받았다. 매우 꼼꼼한 자가 추적자self-tracker(웹사이트나 다른 기술을 이용하여 자신의 신체적, 정신적 상태나 활동을 세심하게 추적하는 사람을 일컫는 신조어—옮긴이)였던 그는 다양한 보충제를 섭취했지만 어떤 것도 큰 도움이 되지 않았다. 그러나 tDCS를 받은 후 시험에서 떨어질 것이라는 불안은 시험에서 좋은 성적을 거두리라는 확신으로 변했다.[18] tDCS를 이용한 후속 실험과 성공에서 영감을 얻은 그는 tDCS 회사를 차리기에 이르렀다.

콘퍼런스 이후 나는 tDCS를 이용해 리담이 학습 및 기억 능력에서 거둔 성공을 얼마나 일반화할 수 있을지 궁금해졌다. 문헌을 찾아보았더니 다음과 같은 학습 및 기억 분야에서 긍정적인 결과를 얻은 다양한 연구들을 발견할 수 있었다.

- **목록에 있는 단어 학습과 기억:** 2016년 이탈리아, 영국, 미국 출신의 연구자들이 무작위 이중맹검 연구를 실시했다. 한 집단의 참가자는 진짜 tDCS를 받고 다른 집단은 가짜 tDCS를 받았다. 연구진들은 참가자들(28명의 건강한 노인)에게 이틀 전에 학습한 단어 목록을 떠올리도록 했다. 그러고 나서 다시 한 달 뒤 그 단어들을 가능한 많이 기억해보도록 했다. 목록의 단어를 학습하는 동안 tDCS를 받은 참가자들은 가짜 tDCS 치료를 받은 참가자들에 비해 성적이 거의 평균 34퍼센트 높았다.[19]

- **수학 불안:** 나에게 tDCS에 대해 알려주었던 옥스퍼드 대학의 로이 코헨 카도시를 기억하는가? 2010년 여름 그는 나와의 인터뷰에서 tDCS를 사용해서 수학적 능력을 향상시킬 수 있을지를 연구하고 있다고 언급했다. 이 실험에서 난산증dyscalculia(계산 능력과 관련한 수학 학습장애의 한 형태―옮긴이) 진단을 받은 사람들이 특히 큰 효과를 봤다. 그는 tDCS 이후 대학생 15명의 계산 능력이 개선되는 결과도 얻었다. 심지어는 6개월 후에도 그 효과가 지속됐다.[20] 몇 년 후, 그와 동료들은 보다 심층적인 연구를 통해 직관에 반하는 결과를 얻었다. 수학 불안이 있는 사람들은 tDCS를 통해 수학 문제 풀이에서 속도를 높인 반면, 불안이 없는 사람들은 tDCS로 속도가 일시적으로 악화되었던 것이다.[21]

- **얼굴과 이름 학습 및 기억:** 2015년 미국의 연구진이 24명의 30세 이하 건강한 성인을 무작위로 진짜 tDCS 그룹과 가짜 tDCS 그룹에 배정해 일련의 얼굴과 이름 쌍을 학습하게 했다. '즉시 상기'와 '지연 상기' 상황(자극-학습 시간 24시간 후 측정)에서 tDCS를 받은 그룹은 가짜 tDCS를 받은 그룹에 비해 눈에 띄게 좋은 성적을 올렸다. 얼마나 나았을까? 진짜 tDCS 그룹은 가짜 tDCS를 받은 그룹보다 평균 50퍼센트 더 많은 이름을 기억했다. 진짜 tDCS 그룹은 기억에서 저지른 실수도 적었다.[22]

- **운동 학습:** 악기를 더 빠르게 배우고, 운동을 더 빨리 익히고, 타이핑을 빨리 치는 법을 배우는 등 신체 활동이 포함된 과제를 보다 빨리 숙련시키고 싶은 사람이라면 tDCS가 도움이 될 것이다. 10여 개의 논문을 체계적으로 분석한 결과에 따르면, tDCS가 특정한 유형의 단순 과제에서 건강한 성인의 운동 학습 능력을 26퍼센트 이상 개선시켰다. 55퍼센트 이상의 개선이 나타난 경우도 있었다(어린이 대상의 몇몇 연구).[23] 하지만 어린이에게 이런 시도를 하는 것은 권하지는 않는다. 이들 연구는 전문가의 감독하에서 이루어졌다.

불안과 분노를 잠재우는 전기 충격

정보와 조언을 공유하는 사이트 레딧Reddit에는 tDCS에 대한 논의를 전문으로 하는 대규모 커뮤니티가 있다.[24] 그중에서도 가장 눈에 띄는 곳은 우울증 때문에 가정에서 tDCS를 시도하는 사람들이 궁금한 점을 질문하고 서로 정보를 공유하는 코너다. 여기에 올라온 글을 몇 개 읽고 나자 나는 tDCS를 보다 일반화시켜 사람들이 대응하기 힘든 감정을 관리하는 데 도움을 줄 수 있지 않을까 하는 궁금증이 생겼다. 약간의 조사 끝에 나는 미국과 이탈리아 대학 출신의 연구자들이 실시한 철저하고 광범위한 연구들을 만나게 되었다.[25]

• **슬픔과 불안의 관리:** 2006년과 2009년에 이루어진 연구에 따르면 tDCS를 받은 사람들은 최대 30일 동안 슬픈 감정이 감소된 상태를 유지했다. 한 연구의 참가자들은 tDCS를 받은 후 긍정적인 그림을 보다 쉽게 알아볼 수 있게 되었다. 정신이 부정적이고 침체된 생각으로 가득할 때는 하기 힘든 일이었다.[26] 2014년 다른 연구에서 불안감이 심한 참가자들은 tDCS를 받은 후 스트레스 호르몬인 코르티솔 수치가 감소하고 불안감이 줄어드는 경험을 했다고 보고했다.[27]

• **분노 관리:** 2014년의 한 연구는 특정한 배치로 tDCS를 사용하면 주도적 공격성proactive aggression (화를 버럭 내는 등 순간적인 감정에 따른 공격성인 반응적 공격reactive aggression 과 대비되는 말로 계획적이고 의도적인 공격성을 뜻하는 말—옮긴이)을 성공적으로 줄일 수 있다는 점을 보여주었다.[28] 2014년의 연구와 동일한 tDCS 배치를 사용하되 인지적 재해석 과제(괴로운 감정적 문제를 재해석하거나 그에 대해 새로운 시각을 얻는 방식)를 결합시킨 2015년의 연구는 15분간 tDCS를 받은 20명의 참가자들이 부정적 감정의 감소를 느꼈다는 것을

발견했다.[29] 2012년에 이루어진 연구에서는 2014년, 2015년의 연구에서 사용된 것과 반대의 tDCS 배치를 사용했다(양극을 이전의 연구들처럼 머리의 오른쪽에 두지 않고 왼쪽에 두었다). 그 결과 모욕을 당했다고 느꼈던 참가자들은 더 심한 분노 반응을 보였다.[30]

- **인내와 만족 지연:** 2018년 이루어진 연구에서 연구자들은 79명의 참가자들을 20분간의 진짜 tDCS와 가짜 tDCS에 무작위로 배정했다. 그리고 실제 tDCS를 받은 참가자들이 인내심을 더 가지고 불편함을 더 오래 견딘다는 사실을 발견했다.[31] '지연된 보상'과 관련한 2018년에 이루어진 또 다른 연구에서는 다른 두 가지 유형의 tDCS를 받음으로써 24명의 참가자들이 지금 당장의 보상보다 이후의 더 큰 보상에 대해 갖는 선호도가 높아졌다.[32] 마지막으로, 직접적인 감정 통제는 아니지만 언급할 가치가 있는 연구가 있다. 하버드 의과대학에서 2008년 50명의 참가자들을 대상으로 진행한 연구는 tDCS가 음식에 대한 욕구와 디저트에 대한 유혹을 이겨내는 데 도움이 된다는 것을 보여주었다. 이는 음식 소비 감소로까지 이어졌고 일부는 이러한 행동이 30일까지 지속됐다.[33]

창의성의 뇌를 깨우다

2007년 저명한 신경학자 올리버 색스Oliver Sacks는 《뉴요커》New Yorker에 13년 전부터 발견된 놀라운 사례를 소개했다.[34] 뉴욕주에 살고 있던 정형외과 의사 토니 시코리아Tony Cicoria는 공중전화에서 전화를 걸고 있었다. 하늘은 맑았지만 지평선에 먹구름이 보였다. 갑자기 번개가 치면서 그 충격이 전화기를 통해 시코리아에게 전달됐다. 다행히 그는 이 사고에서 살아남았을 뿐 아니라 심한 부작용도 없어 보였다. 그러나 몇 달 후 변화가 나타났다. 이전까지 음악에 관심이 없었던 그가 갑자기 피아노 음악에 매료된 것이다. 그는 피아노 음악을 듣고 싶었고 피아노를 연주하고 싶었다. 그는 출근 전 피아노를 치기 위해 새벽 4시에 일어나기 시작했다. 일이 끝나자마자 다시 피아노 앞으로 달려갔다. 얼마 지나지 않아, 그는 작곡을 시작했다. 결국 그는 공연 요청까지 받았다. 이런 사례는 비단 시코리아만에게만 일어난 일이 아니다. '후천적 서번트 증후군'acquired savantism이라는 용어는 두부 외상에 의해 선천적이지 않은 고급 기술을 갑자기 얻게 되는 경우에 사용되는 말이다. 전 세계적으로 후천적 서번트로 검증된 사례가 10여 건 존재한다.

일부 연구자들은 두부 외상과 번개가 모두 같은 일을, 즉 다른 영역을 통제하고, 분류하고, 판단하는 두뇌 영역의 활동을 중단시키거나 억제하는 걸지도 모르겠다는 가설을 떠올렸다. 이런 다른 영역들이 통제로부터 자유로울 때 보다 창의적인 표현이 나오는 것은 아닐까?

내가 두뇌 자극에 처음으로 관심을 갖게 된 것은 2003년 〈뉴욕 타임스〉의 한 기사 때문이었다. 오스트레일리아의 연구자 앨런 스나이더Allan Snyder와 리처드 치Richard Chi는 2011년 창의성과 관련한 실험을 진행했다. 그들은 참가자들에게 문제를 풀도록 지시했다. 문제를 풀기 위해서는 일련의 특정한 규칙을 사용해야 했다. 그런 다음 그들은 비슷해 보이지만 또 다른 새로운 문제들을 제시했다. 그러나 이번 문제들은 이전 문제의 규칙을 완전히 무시해야 풀 수 있는 것들이었다.[35] 그러나 대부분의 참가자들은 이러한 사실을 알지 못했다. 한 그룹은 앞서의 기법을 다시 사용하려 했지만 성과가 없었다(결과적으로 단 20퍼센트만이 문제를 풀었다). 반면 다른 그룹의 참가자들 대다수는 새로운 문제에서 사고방식을 전환시켰다. 그들의 성적은 다른 집단보다 세 배나 높았다! 성공적으로 사고방식을 전환시켜 새로운 접근법을 찾은 집단은 진짜 tDCS를 받은 집단이었다.

잠시 음악적 창의성의 이야기로 돌아가 보자. tDCS가 음악 초보자들과 전문가들에게 비슷한 영향을 미칠지 의문을 가진 미국의 연구원들이 있었다.[36] 흥미롭게도 tDCS는 초보 재즈 즉흥 연주자들에게는 도움이 됐지만 전문가들에게는 피해를 줬다. 심사위원들은 실제 tDCS를 받은 초보 연주자들이 가짜 tDCS로 자극을 받은 동료들보다 우세하다고 판단했다(물론 초보자들의 즉흥 연주는 여전히 전문가들보다 질이 떨어진다는 평가를 받았다). 반면 실제 tDCS를 받은 전문가들은 가짜 tDCS로 자극을 받은 동료들에 비해 실력이 떨어지는 경험을 했다. 실험은 여러 날에 걸쳐 여러 번 반복됐고 여러 조건에서 효과가 유지된다는 것이 드러났다.

연구원들은 과제에 초보인 사람들의 경우, 통제되고 의도적인 정신 과정에 의존하는 경향이 있는 반면, 전문가들은 이러한 유형의 사고에서 벗어나 더 자동적인 정신 과정에 의존하는 경향이 있기 때문에 이러한 일이 일어났다는 가설을 세웠다. 계단을 내려갈 때 다음에 내딛어야 할 발이 오른발인지 왼발인지를 일일이 생각해야 한다고 상상해보라. 계단에서 넘어질 것이 분명하다! 연구원들은 통제되고 의도적인 정신 작용을 하는 영역인 전두피질을 자극했다. 그 자극은 초보자에게는 필요한 유형의 정신 활동에 도움을 주었다. 하지만 전문가에게는 애초에 그런 유형의 정신 활동에 도움이 필요치 않았던 것이다.

뇌에 전기를 흘려보내기 전에 생각해야 할 것들

자가 실험에서 tDCS를 시도하는 데 관심이 있다면 몇 가지 명심해야 할 것이 있다. 나와 친구들이 한 것처럼 기기를 직접 만들 수도 있겠지만 나는 구입하는 편을 권한다. 안전성과 개인화가 가능한지를 살펴보라. 200달러 미만의 믿을 만한 기기들이 있기는 하지만 맹검 실험을 하려면 가짜 설정이 탑재되어 있어서 통제 조건을 만들 수 있는 기기가 필요하다. 안타깝게도 이런 기능이 있는 기기들은 전문 연구진이 만든 것으로 보통 가격이 300달러가 넘는다.

항상 그렇듯이 자가 실험은 자신에게 가장 잘 맞는 접근법을 찾아내는 열쇠가 될 것이다. tDCS의 결과에는 개인차가 크다. 전문 재즈 연주자와 초보자의 결과가 정반대였던 것처럼 말이다. 내가 읽은 어떤 연구 결과에 따르면 참가자가 오른손잡이인지 왼손잡이인지도 결과에 영향을 미쳤으며, 연령이나 성별에 따라 차이가 있었다는 연구 결과도 있다. 내가 직접 해본 실험에서 친구 한 명은 윙윙거리는 소리에 매우 민감했던 반면, 안전 수준의 최대치까지 올라갔는데도 아무런 느낌이 없다는 친구도 있었다.

더욱이 tDCS를 시도할 때 무슨 생각을 하느냐도 결과에 영향을 미친다. 오스트레일리아 출신의 연구원 재러드 호바스Jared Horvath는 tDCS

문헌에서 가장 논란이 많았던 논문의 저자다. 그가 하버드 의과대학 연구실에서 일하고 있던 몇 년 전, 나는 그와 점심을 먹으며 tDCS에 대해 이야기를 나누었다. 그 당시 그는 tDCS에 대단히 낙관적이었다. 하지만 그는 훌륭한 과학자답게 모든 것에 기꺼이 의심을 가졌다. 그와 그의 공저자들은 단 한 번의 tDCS 세션이 실행 기능과 기억력을 비롯한 건강한 성인의 인지 능력에 미치는 영향에 초점을 맞췄다. 연구는 두어 건에 불과했지만 호바스는 중요한 발견을 할 수 있었다. tDCS 치료 전 뇌의 상태가 tDCS의 효과에 영향을 미친다는 점이었다.[37] 이후 그는 시카고 대학에서 논문을 발표하면서 tDCS의 효과는 인지 처리가 최적이 아닌 시간대(예를 들어 젊은 성인의 경우 아침 시간)에 탐지하기가 더 쉽다는 가설에 이르렀다.[38] 누구나 뇌가 학습할 준비가 됐을 때가 있고 그렇지 않을 때가 있다. 시카고 대학 연구원들의 생각이 맞다면, 우리가 상대적으로 저조한 상태에 있을 때 tDCS가 보내는 적은 양의 전류로부터 혜택을 얻을 수 있는 것이다. 다시 말해 나 같은 올빼미형 사람들은 오전 시간에 tDCS를 이용한 자가 실험을 하는 것이 효과적이다.

주의: tDCS를 사용하면 안 되는 사람은?

tDCS는 지금까지 살펴봤던 다른 개입보다 까다롭다. 머리에 전류를 흘려넣기 때문이다. 물론 적은 양이긴 하지만 큰 혜택이 있더라도 작은 위험을 간과할 수는 없는 일이다. 나는 이 방법을 몇 번 시도해봤지만 일부 사람들처럼 반복해서 사용하지는 않았다. tDCS 실험을 하기로 했다면 대단히 주의를 기울어야 한다. 부작용은 없는지 신경을 써야 한다. 의심이 든다면 조심해서 나쁠 것 없다. 커피를 외면하고 신경 자극으로의 전환을 결심하기에 앞서, 처음 내게 tDCS의 존재를 알려준 옥스퍼드 대학의 로이 코헨 카도시의 추가적인 조언에 귀를 기울이는 것이 좋겠다.

인지적 혜택과 반대되는 개념으로 '인지적 비용'cognitive costs 의 가능성을 염려한 코헨 카도시와 그의 동료들은 2013년에 특정한 수학 능력의 학습 속도를 향상시키기 위해 tDCS를 사용하는 연구를 실시했다. 그러자 다른 유형의 수학 능력에서는 참가자의 점수가 크게 하락하는 것이 아닌가?[39] tDCS 전극을 다른 구성으로 배치하자 하락세가 역전되었다. 두 번째 능력이 다시 상승한 것이다. 하지만 첫 번째 능력은 다시 하락했다. 다시 말해 두 능력이 서로 균형을 이루고 있는 것이다. 하나를 향상시키려면 다른 하나는 희생해야 한다. 인지적 혜택이 있었던 모든 tDCS 연구에 참여자나 연구자도 모르는 이러한 인지적 비용이 존재했던 것은 아닐까? 직접 tDCS를 시도하고 있다면 실험을 멈추고 정신 능력을 전반적으로 평가해서 하나의 능력을 높이기 위해 노력하는 동안 나도 모르게 다른 능력을 억압하고 있지는 않은지 확인해보도록 하라. 모르는 사이에 대가를 치르는 일이 없도록 하고 혹시 그런 일이 발생했다면 가능한 한 신속하게 문제를 해결할 수 있어야 한다.[40]

또 하나 주의를 기울여야 할 문제는 이 책 전체에 걸쳐 계속 설명하고 있는 부분이다. 두뇌에 전류를 주입할 때라면 특히 더 주의를 기울여야 한다. 펜실베이니아와 하버드 의과대학 연구원들은 〈경두개직류자극 자가 사용자에 관한 공개 서한〉An Open Letter Concerning Do-It-Yourself Users of Transcranial Direct-Current Stimulation 을 통해 이렇게 말했다. "일반적으로 기능에 이상이 없어서 얻는 것보다 잃을 것이 많은 건강한 피험자들이라면, 수용 가능한 위험의 수준이 각기 다르다는 것을 고려하라."[41] 이런 정서에는 나도 동의한다. 이런 이유 때문에 나 역시 tDCS를 자주 사용하지 않는다.

tDCS를 사용하면 안 되는 사람은 누구일까? 많은 tDCS 연구원들이 실험에서 특정한 사람들을 제외시킨다는 것을 알아두어야 한다.[42] 배제 기준은 상당히 넓다. 임신한 사람, 피부 자극에 내성이 낮은 사람이나 두피에 습진이 있는 사람은 제외된다. 정신 활성 약물을 복용하는 사람들이나 우울증, 양극성 장애, 정신 질환이 있는 사람들도 제외된다. 마지막으로 발작의 위험이 있는 사람, 머리, 치아, 귀에 제거할 수 없는 금속(도금, 임플란트 등)이 있는 사람, 인공 달팽이관 이식 수술을 받은 사람, 그리고 지난 5년 내에 뇌진탕 등 두부 외상으로 입원한 적이 있는 사람은 제외한다. tDCS가 이러한 범주에 속하는 사람들에게 어떤 영향을 미치는지가 잘 알려져 있지 않기 때문이다. 이러한 제외 사항에 해당되지 않는 경우 tDCS가 사용자에게 미칠 영향을 예측하는 것이 보다 쉬워진다. 그렇더라도 tDCS를 시도하기 전에 의사와 반드시 상담해야 한다.

마지막으로 몇 가지 일반적인 사항을 더 일러두어야 하겠다. 이런 개입들이 매우 흥미롭기는 하지만 그 어떤 개입도 노력 없이 즉각적으로 지식을 가져다주지는 않는다. 이들은 '촉매'일 뿐이다. 두뇌와 삶의 다양한 측면을 업그레이드하는 화학적 변화를 만들 반응제를 제공할 뿐이다. 예를 들어 이전에는 내내 집중하는 것이 어려워서 2시간 동안 해야 했을 공부를, 이제는 집중력이 향상되어 1시간 반 만에 할 수 있게 되는 식으로 말이다. 여전히 공부는 해야 한다! tDCS의 효과가 가장 클 때는 인지 훈련과 동시에 했을 때였다는 것을 기억하라. 특히 가장 어려운 인지 훈련을 했을 때 혜택이 가장 컸다. 신경 이식이나 완벽한 인간-컴퓨터 인터페이스가 등장하기 전까지는 스스로 노력하는 학습이 필요하다. 이런 도구들을 사용한다고 해서 학습이나 자기계발에 들이는 시간을 줄이기 않기를, 오히려 이 도구들이 학습과 성장을 위한 시간을 더 많이 갖게 하는 자극제가 되기를 바란다.

핵심 포인트

1. 신경 자극을 위한 방법으로는 여러 가지가 있다. 가장 안전하고, 저렴하고, 연구가 많이 이루어져 있으며, 이용하기 가장 쉬운 것은 경두개직류자극, 즉 tDCS이다. tDCS에서는 아주 적은 양의 전류를 두뇌에 보낸다.

2. 특정 tDCS 프로토콜은 실행 기능, 감정 조절, 학습 및 기억력, 창의성 증진에 도움을 주었다.

3. tDCS는 부작용이 많지 않지만 섬광을 보는 것, 약한 피부 자극 및 화상, 두통이 나타날 수 있다.

제19장

하루 한 알,
머리가 좋아지는 약

투자 시간

36분

목표

정신적 성과를 업그레이드하는 누트로픽nootropic의 힘을
이해하고 그것을 뉴로해킹 실험에 적용시킨다.

이제 이 책에서 다루는 개입 중에 가장 널리 알려졌지만 가장 위험하기
도 한 개입을 알아볼 차례다. 우리가 논의할 개입 중에 유일하게 '침습적
인' 개입이기도 하다. 즉 효과를 내기 위해서는 몸 안으로 들어가야 하는
것이다. 일부에서는 이 약을 스마트 약물, 똑똑해지는 약이라고 부른다.
연구자들과 뉴로해커들은 이를 누트로픽이라고 부르는데 이는 루마니
아의 심리학자이자 화학자인 코르넬리우 기우르기Corneliu Giurgea가 만들
어낸 말이다.[2] 누트로픽은 인지 기능을 향상시킬 수 있는 처방약과 비처

방약(보충제, 미네랄, 비타민)으로 나눌 수 있다.

이번 장에서는 내가 추천하는 약과 추천하지 않는 약의 목록을 다룰 것이다. 후자를 언급하는 이유는 현재는 권하지 않는 약들 중에서도 미래에는 시도해볼 수 있을(단, 상당한 양의 연구와 개발로 일반적인 사용이 가능하게 된다는 전제에서)만한 힌트를 주기 때문이고 손대선 안 되는 약은 무엇인지, 그 이유가 무엇인지 알아두어야 하기 때문이다. 뉴로해킹의 여정을 걷다 보면 처방약을 불법적이고 종종 위험한 방식으로 사용해서 효과를 볼 수 있다고 믿는 사람들을 만나게 된다. 그런 무조건적 믿음을 가져서는 안 되는 이유를 이해한다면 호기심을 억제하고 끔찍한 부작용에서 자신을 지킬 수 있을 것이다. 용량에 대해서도 논의하겠지만 개인의 반응에는 큰 차이가 있다는 점을 항상 기억해야 한다. 가장 최소의 용량을 이용하더라도 부작용을 방심해서는 안 된다. 내가 권하는 누트로픽에 대해 알아보기 전에 우선 당신에게 약간 겁을 주는 설명을 하게 될 텐데, 결국은 좋은 방향이니 안심하도록 하라.

뇌를 위한 영양제는 까다로워야 한다

FDA는 충분한 연구가 뒷받침되지 않은 상태로 의학적 효과를 주장하는 누트로픽 제조업체에 철퇴를 가하기 시작했다.[3] 업계의 규범을 생각하면 놀랄 일도 아니다. 오늘날 비처방약, 비타민, 보충제에 대한 규제와 검사는 처방약에 대한 엄정한 규제나 검사와는 비할 바가 못 된다. 미국의 경우 특히 그렇다. 이는 약 성분 표시에 쓰인 성분 말고 다른 것이 들어

갔을 수도 있다는 의미다. 또한 비소와 같은 독약 등 이상한 물질로 오염되어 있을 수도 있다. 이상한 음모론자의 말처럼 들리는가? 나 역시 비타민에 대한 연구를 시작하기 전에는 이런 말들에 회의적이었다.[4] 하지만 연구 과정에서 내가 발견한 것들에 몸서리를 쳐야 했다. 여러 보고에 따르면 비타민과 보충제에는 비소, 납, 기타 오염물이 포함되어 있는 경우가 많다.[5] 한 논문은 "FDA의 조치는 제조 품질에 대한 전향적 평가보다는 안전하지 못하다고 판명된 제품을 제거하는 데 국한되어 있다. 환자의 피해 보고가 있기 전까지는 FDA의 감독은 거의 존재하지 않는다."라고 설명했다.[6]

누트로픽 제조업체만이 아닌 보충제와 비타민 업체 전체가 제품의 신뢰성과 순도에 대해서 비난을 받기 시작했다. 과거의 나는 '두뇌 활성 비타민'이나 보충제 섭취로 마주할 수 있는 위험이 기껏해야 아무 효과도 없는 것이라고 생각했다. 나는 많은 제품이 두뇌에 전혀 효과를 미치지 못한다는 사실을 발견했다. 약물이 혈액-두뇌 장벽을 통과할 수 없기 때문이다. 보통의 사람들은 실수로 너무 많은 양을 복용했을 경우 그저 소변으로 배출된다고 생각하고 있다. 하지만 안타깝게도 이런 가정은 대부분 틀렸다. 혈액-두뇌 장벽을 지나는 화합물은 극히 적지만 일부 화합물은 체내에 남아 축적된다.

보충제 업계는 규제에서 비교적 자유롭기 때문에 일부 기업은 알츠하이머와 같은 심각한 질병을 고칠 수 있다고 과학적 근거가 없는 주장을 펴기도 한다. 2019년 FDA와 미국연방거래위원회Federal Trade Commission, FTC는 여러 제조업체에 허위 광고를 중단하라고 경고했고 소비자들에게 보충제 복용에 각별히 유의할 것을 당부했다.[7] '과학적으로 입증되었다'

고 주장하는 누트로픽 회사가 내놓는 연구 결과를 읽을 때면 그들의 술책에 분노하지 않을 수 없다. 거의 모든 연구가 인간이 아닌 쥐를 대상으로 한 것이기 때문이다. 그게 왜 문제가 될까? 생의학 연구는 보통 동물실험에서 시작하지만 결국에는 인간에게 효능이 있다는 것을 반드시 증명해야 한다. 여러 가지 이유로 쥐의 뇌에는 좋은 효과를 보이지만 인간의 두뇌에 적용되었을 때는 효과가 상당히 떨어지는 개입이 많다.[8] 이런 실패율은 주요 제약사들이 두뇌에 좋은 신약 개발에서 뒷걸음을 치는 이유 중 하나다.[9]

일부 보충제 제조업체들이 하는 또 다른 부도덕한 일이 있다. 누트로픽 제조법을 뒷받침하는 연구가 있다고 주장하는 것이다. 하지만 이것은 '제품 전체'가 아닌 화합물의 '특정한 일부분'에 대한 연구일 때가 많다. 중요한 것은 사용된 화학 물질의 양과 그들 사이의 작용이다. 이렇게 상상해보자. 체리 케이크를 먹으면 오래 산다고 주장하는 연구가 있다. 당신은 이런 연구 결과를 보고 놀랄 것이다. 케이크는 '몸에 좋은 음식'과는 거리가 멀기 때문이다. 연구자들이 어떻게 그런 결론에 이르렀는지 묻자 연구진은 한 연구에서 체리를 먹은 쥐들이 그렇지 않은 쥐들보다 오래 살았다고 답했다. 그렇다면 케이크에 담긴 다른 성분의 건전성은?

허브, 보충제, 비타민 제품이 품질이 낮거나 뒷받침하는 연구가 존재하기 힘든 또 다른 이유가 있다. 돈이 없기 때문이다. 제약회사들은 값비싼 임상 실험을 진행할 여력이 있다. 특허권의 보호로 그들의 제품이 시장에 출시되어도 최소한 몇 년간은 다른 회사가 제품을 복제할 수 없기 때문이다. 반면 허브, 보충제, 비타민은 특허를 취득할 수 없다. 다른 회사가 실험에 돈을 쓰지 않고도 시장에 들어와서 제품을 복제할 수 있는 상황에서 실험에 돈을 쓸 회사는 없다.

무조건 똑똑해지는 '마법의 약'은 없다

적어도 미국의 경우는 처방약에 대한 품질 관리 기제가 비처방약에 비해 강한 편이다. 그런 까닭에 건강한 사람을 더 똑똑하게 만들기 위해 고안된 처방약은 존재하지 않는다. 제약 시스템의 작용 방식 때문에 그런 것만은 아니고 의약 자체가 '진단 가능한 질병'을 가진 사람들을 위한 것이기 때문이다. 따라서 당신이 먹는 모든 처방약은 '치료'가 필요한 증상에만 효과가 있고 그런 증상이 없다면 복용한 사람에게 피해를 줄 수 있다.

일부에서는 '공부 잘하는 약'(예를 들어 시험 기간에 벼락치기를 하려고 먹는 ADHD 치료제 애더럴Adderall)이 큰 인기를 모으고 있지만 거기에는 대단히 심각한 단점이 있다. 우선, 이런 행동 자체가 불법이다(한국에서는 애더럴과 유사한 효능을 가진 메틸페니데이트methylphenidate를 제외한 대부분의 ADHD 치료 약물이 금지되어 있다. —옮긴이). 예를 들어 미국 법무부는 처방 없이 처방약을 복용하는 것을 불법으로 간주한다.[10] 가족이나 친구에게 처방된 약을 복용하는 것도 마찬가지다. 이런 제한을 두는 데에는 아주 중요한 건강상의 이유가 있다. 이런 약은 오래되었을 수 있고(일부 약은 시간이 지나면 예측할 수 없는 상태가 되기도 한다) 완전히 오염되었을 수도 있다.[11] 또한 남용과 오용의 가능성이 높다.[12] 흥분제를 남용 혹은 오용할 경우, 끔찍한 부작용이 발생할 수 있다. 환각, 공황, 떨림, 복통, 심장 이상 등 다 열거하기도 힘든 많은 증상을 겪을 수 있는 것이다.[13]

일부에서는 흥분제가 정신적 성과를 개선한다는 믿음을 갖고 있지만 여러 연구가 이런 생각이 완전히 틀렸다고는 할 수 없더라도 최소한 불완전하다는 사실을 계속해서 밝혀내고 있다. ADHD 진단을 받지 않은 사람들이 암페타민 사용으로 혜택(기억력부터 수학적 능력까지)을 보았다고는 하지만 그 효과는 ADHD가 있는 사람에 비해 훨씬 낮다. 연구자들은 큰 효과가 나타난 경우에도 표본을 신뢰하기 어렵다고 지적한다. 좋은 반응을 보인 일부 참가자가 활동 과잉이거나 공식적으로 ADHD 진단을 받지 않았을 수도 있기 때문이다.[14] 그런데도 많은 사람들이 '공부 잘하는 약'의 효능을 믿는다. 이는 ADHD가 없는 사람에게 이런 약물이 에너지와 의욕을 높였기 때문일 것이다.[15] 이런 약물은 더 민첩해지고 집중이 잘 된다는 '느낌'을 준다. 그들의 '실제 역량'에 변화가 있는 것이 아니고 자신의 역량에 대한 '인식'에 변화가 있는 것이다.[16]

실제 ADHD 환자들의 경우에는 완전히 다른 이야기가 펼쳐진다. ADHD가 있는 두뇌는 충분한 노르에피네프린(핵심 신경전달물질)이나 그것을 구성하는 화학 성분(도파나 도파민)이 부족한 경우가 많은데, 각성제가 이런 결핍을 교정할 수 있다.[17] ADHD인 내 대학 동창은 약을 먹었을 때와 끊었을 때의 IQ를 측정했다. 약을 먹었을 때의 IQ가 20점 이상 높았다. 검사를 감독한 내게는 전혀 놀라운 일이 아니었다. 약을 먹지 않고 검사를 할 때는 계속 딴생각을 하는 것을 지켜보았기 때문이다. 이 때문에 그녀는 시간이 끝나기 전까지 몇 개의 문제를 풀지 못했다. 하지만 약을 먹었을 때는 시험 시간 내내 집중력을 유지하고 모든 문제를 풀었다. 마찬가지로 연구자들이 각성제 치료를 받기 전 ADHD 어린이의 IQ를 검사하고 치료 1년 후에 검사를 하자 치료를 통해 검증 가능한 IQ가

상당히 높아졌다.[18]

다시 말하지만 이것은 진짜 ADHD 진단을 받은 사람들의 이야기다. ADHD가 아닌 사람은 ADHD 약물을 먹는 것만으로는 큰 혜택을 보지 못할 뿐 아니라 중독을 비롯한 부작용의 가능성이 있다.[19] 요약하자면 ADHD가 아닌 사람들에게는 절대 추천하지 않는다. 뉴로해커인 당신은 두뇌를 더 똑똑하고 더 효율적이고 더 빠르게 만들기 위해 시간과 노력을 투자하고 있다. 당신의 머릿속에서 당신을 믿으며 끈기 있게 버티고 있는 당신의 귀중한 장기인 뇌를 위험에 빠뜨리지 않도록 조심하라.

이 장에서 이야기하는 개입을 절대 시도해서는 안 되는 사람이 있다. 임신을 했거나, 심각한 의학적 질환이 있거나, 약을 복용하고 있거나 25세 이하라면 이 장에서 소개하는 개입은 피하거나 최소한 의사와의 상담 후에 시도하도록 하라. 두뇌는 20대 중반이 되어야 중요한 발달이 완료된다.[20] 또한 '똑똑해지는 약'이 두뇌 발달에 미치는 신경화학적 영향을 분석하는 연구는 아직 초기에 불과하다. 때문에 이런 약을 통한 실험은 유보해야 두뇌에게 온전히 발달할 기회를 줄 수 있을 것이다. 도움이 될지 모르겠지만, 내 경우에도 뇌가 효율적으로 움직이기 시작한 것은 20대 중반 이후였다. 따라서 꼭 원한다면 제3장에 소개된 개입들을 먼저 시도해보고 의사와도 의논해보길 권한다.

내 안전성 평가는 끝났으니 이제 본론으로 들어가 보자!

인지 향상을 위한 누트로픽 허브

허브가 뉴로해킹 여정에 도움이 될까? 최근 들어 대마속屬의 허브로 만들어진 CBD 오일 같은 허브 제품이 큰 주목을 받고 있다. 인간은 수천 년까지는 아니더라도 수백 년 전부터 기분을 나아지게 하고 인지 능력을 향상시키기 위해 갖가지 허브를 사용해왔다.[21] 허브란 무엇이며, 허브가 어떤 작용을 한다는 주장이 있는지, 복용에 관련한 문제는 무엇이 있는지 자세히 살펴보자.

항상 상호작용과 부작용의 가능성을 확인하고 의사의 조언을 받아야 한다는 점을 다시 한번 강조해야겠다. 내 친구 하나는 예상치 못했던 부작용으로 병원에 입원했던 적이 있다. 그녀는 만성적인 경증 불안감을 해소하기 위해 비처방 보충제(CBD 오일)를 사용해왔다. 어느 날, 그녀는 감기 기운을 느끼고 처방전 없이 살 수 있는 일반 감기약을 먹었다. 그리고 다음 날, 예상치 못한(그리고 희귀한) 부작용으로 결국 병원에 입원했다. 몇 달이 지난 후에도 그녀는 기억력 부분에서 문제를 겪었다. CBD를 나쁘게 말하려는 것이 아니라 어떤 물질이 어떤 상황에서는 무해하지만 다른 물질과 결합하면 해로울 수 있다는 얘기다.[22] 허브는 알코올 및 카페인과도 위험한 상호작용을 일으킬 가능성이 있다.

내가 여기서 논의하려 하는 대부분의 누트로픽 허브는 긴 문화적, 의학적 전통을 갖고 있다. 대부분이 아유르베다Ayurveda(세계적인 대체의학으로 손꼽히는 인도의 전통 의학―옮긴이)나 한의학에서 비롯되었으며 몇 가지는 남태평양과 아마존에 기원을 두고 있다. 서구의 과학자들은 근원이 되는 지역에서만큼 이들 허브에 대해 잘 이해하지 못하고 있다. 또 어느 나라에서는 효과가 좋다고 해도 여러 가지 이유로 다른 나라에서는 동일한 효과를 내지 못할 수도 있다. 식습관과 라이프 스타일이 본래 사용되던 곳과 완전히 다르다는 점도 영향을 끼친다. 예를 들어 어떤 문화에서 흔하지만 다른 문화에서는 그렇지 않은 음식과 함께 복용했을 때 효과가 가장 좋을 수 있는 것이다. 마지막으로 수확한 허브의 효능이 농경 방식의 변화나 환경의 변화로 달라질 수도 있다. 알지 못하는 부분이 너무 많은 것이다.

감정 조절을 위한 누트로픽 허브

특별히 감정 조절에 도움이 된다고 '입증된' 허브는 찾을 수 없었지만 다음의 허브들은 감정 조절 측면에서 어느 정도 도움이 될 수 있다. 뒤에서 허브가 기분을 개선하고, 스트레스를 줄이고, 불안을 감소시키는 데 도움을 준다는 증거에 대해 논의할 것이다. 이런 논의에서 종종 언급되는 '주관적 웰빙'subjective well-being이라는 용어는 대부분의 사람들이 '기분이 좋고, 행복하고, 기운이 난다'고 말하는 것을 이를 때 연구자들이 사용하는 말이다.

- **홍경천**Rhodiola rosea : 한의학에서 쓰이는 이 허브는 '북극 뿌리'arctic root라고도 불리며 본래 유럽의 고원 지대에서 생겨나 아시아로 퍼졌다. 홍경천은 북아메리카 일부 지역에도 자생한다. 홍경천은 피로한 사람들에게 활력을 준다는 것이 입증되었다. 특히 이 허브는

피로가 사고 능력에 미치는 부정적인 영향을 없앤다고 알려져 있다.[23] 계속 장복해도 홍경천의 효능은 변하지 않는다고 하는데 장기적인 효과와 관련해서는 더 많은 연구가 필요하다.

스트레스가 많은 일을 하거나 만성적으로 미루는 버릇을 갖고 있다면(즉, 스스로 스트레스 상황을 만든다면) 홍경천이 매력적으로 보일 것이다. 하룻밤 동안의 각성이 아니라 장기적으로 스트레스가 많고 잠이 부족한 상황에서 높은 성과를 올리고자 한다면 고려해 볼 만하다. 그렇기는 해도 연구 문헌에서 피로하지 않은 상황에서도 인지에 도움을 준다는 증거는 찾지 못했다. 따라서 피곤하지 않은 평소 상태에서 기능을 향상시키리라고 기대하기는 힘들다.

NIH 산하 국립보완·통합의학센터National Center for Complementary and Integrative Health 의 홍경천 항목에 언급된 부작용에는 과도한 침 생산, 어지러움, 구강 건조가 있다.[24] 내가 확인한 온라인 리뷰 중에는 홍경천 복용 후 오히려 불안감이 증가하는 경험을 했다는 사용자가 보고가 있었다. 하지만 다른 사람들은 불안감이 감소했다고 말했다.[25] 사람들이 보고한 부작용이 홍경천 때문인지 그들이 일상에서 하는 다른 일 때문인지는 파악하기 어렵다. 직접 적절한 실험을 하는 사람이 많지 않기 때문이다. 하지만 훨씬 더 걱정스러운 문제가 있다. 한 학술 보고는 상업적으로 이용 가능한 홍경천 제품 대다수에는 성분 표시에 명시된 양이 포함되어 있지 않고, 주요 추출물의 함량에 큰 차이가 있어서 신뢰할 만한 수준의 효능이 없을 수 있다고 말하고 있다.[26]

주의: 의료 전문가와 상의하라.

- **아슈와간다**Ashwagandha **:** 아슈와간다는 매우 잘 알려진 아유르베다 허브다. 전통 의학에서 사용되는 많은 허브들이 그렇듯이 용도가 다양하지만 우리는 스트레스나 불안에 맞서는 능력에 초점을 맞출 것이다.

스트레스를 받는 참가자들에게 매일 300밀리그램의 아슈와간다를 투여하자 여러 가지 효과가 나타났다. 2012년 연구의 경우, 복용 60일 후 위약 집단은 사회적 기능 장애의 3.7퍼센트 감소를 보고한 데 비해, 복용 집단은 68.1퍼센트의 감소를 보고했다.[27] 같은 연구에서 복용 집단은 44퍼센트의 스트레스 감소를 보고한 반면 위약 집단은 단 5.5퍼센트의 감소를 보고했다. 이 연구가 이중맹검이었다는 것에 주목할 필요가 있다. 이는 참가자들이 약을 받는 순간, 참가자와 연구자 모두 누가 위약을 복용하고 누가 진짜 아슈와간다를 복용하고 있는지 알지 못했다는 것을 의미한다.

스트레스 받고 불안해하는 참가자들을 대상으로 한 또 다른 연구에서는 상담 및 호흡 훈련과 함께 하루에 두 번 아슈와간다를 복용하도록 했다. 참가자들의 증상은 56.5퍼센트 개선됐다. 위약 집단도 상담과 호흡 훈련을 받았는데 그들의 증상은 30.5퍼센트 개선되는데 그쳤다.[28]

아슈와간다 추출물의 양을 달리해도 긍정적인 효과가 나왔다. 건강하지만 스트레스를 받는 여성과 남성으로 구성된 한 집단은 8주 동안 다른 종류의 아슈와간다 추출물을 하루 두 번 250밀리그램씩 복용했다. 아슈와간다 복용자 39명은 위약 복용자 19명보다 스트레스가 적었으며 아슈와간다 복용자는 수면의 질도 향상되었다고 보고했다.[29] 복용량과 추출물의 종류를 달리 했을 때도 스트레스 증상을 줄일 수 있었다. 125~250밀리그램의 아슈와간다(11.90퍼센트의 아슈와간다, 1.05퍼센트의 다당류, 40.25퍼센트의 올리고당류, 3.44퍼센트의 다당류)를 6주 동안 하루 두 번에 나누어 투여받은 참가자들은 불안감 및 수면 부족, 건망증 등과 관련 증상의 현저한 감소를 보고했다.[30]

대부분 허브들이 그렇듯 장기에 걸쳐 소비자를 추적해 효과가 얼마나 좋은지, 안전성에 문제는 없는지 확인한 연구 결과는 찾아볼 수 없었다.[31] 더 많은 연구가 필요한 상황이다.

위에서 언급한 용량으로 단기간(몇 주에서 몇 달) 복용할 경우, 큰 부작용은 발견되지 않았다. 그러나 너무 많이 먹으면 치명적일 수 있으니 주의해야 한다. 복용량이 적은 경우에도 어지럼증, 두통, 졸음, 복통 등 가벼운 부작용이 나타날 수 있다. 드물긴 하지만 간 효소 상승, 간 손상, 알레르기 반응, 빠른 심장 박동을 보고하는 사람도 있다. 아슈와간다는 혈압과 혈당을 낮출 수 있고 갑상선 호르몬 수치를 증가시킬 수 있다. 따라서 이런 부분에 문제가 있는 사람이라면 실험 전에 의사와 상의해야 한다.[32] 식사와 함께 복용하는 것이 복통을 피하는 데 도움이 될 수 있다.

주의: 의료 전문가와 상의하라. 권장 용량에 대해 알려주는 신뢰할 수 있는 연구 기반 온라인 사이트로는 examine.com이 있다. 그곳에서 아슈와간다 관련 페이지를 참조하라.

• **카바**Kava: 미국에서 인기가 높아지고 있는 카바(후추과에 속하는 폴

리네시아 산 풀 또는 이 뿌리줄기 가루를 추출하여 만드는 음료―옮긴이)

칵테일 바에 대해 들어본 적이 있는가? 나는 샌프란시스코의 카바 바를 가본 적이 있다. 나와 내 친구들은 각자 카바를 하나씩 주문했다. 바텐더는 반으로 잘린 코코넛 껍데기 세 개에 탁한 갈색 액체를 부으면서 이 액체가 건강에 얼마나 좋으며 고대로부터 종교적, 의식적 전통에서 얼마나 큰 역할을 맡고 있는지 열정적으로 이야기했다. 겉모습 때문인지 맛은 그리 놀랍지 않았다. 흙탕물처럼 보였고 맛도 비슷했다. 하지만 잠시 후 상황이 흥미로워졌다. 혀와 볼의 감각이 조금씩 없어지기 시작했다. 바텐더에게 물었더니 그것이 카바 음료의 정상적인 효과라고 했다. 곧 이완된 느낌이 퍼졌다. 오랫동안 느끼지 못했던 기분이었다. 어린 시절 여름방학이 끝나고 학기의 첫 주에나 느꼈던 이완되었으면서도 정신이 맑은 행복한 상태가 떠올랐다. 친구들은 술을 마실 때의 느낌과 비슷하지만 정신 상태는 그와 전혀 다르다고 평했다. 카페인과는 비교할 수 없을 정도로 정신이 매우 또렷해지는 게 느껴졌다. 호기심이 많고, 개방적이고, 말이 많고, 장난기가 많은 상태가 되었다. 나는 바텐더에게 사람들이 카바를 마신 후 술을 마신 것처럼 호전적으로 변한 적이 있는지 물었다. 그는 카바를 마신 사람이 다른 사람을 해친다는 것은 상상하기 힘들다는 듯이 웃었다.

이후 자리에서 일어나면서 나는 신체에 일어난 변화를 알아차렸다. 정신은 계속 맑은 상태였지만 신체의 나머지 부분은 그렇게 반응하지 않았다. "카바를 마신 후에는 운전을 하거나 기계를 다루면 안 되겠어." 내가 농담을 했다. 술을 마셨을 때와 같은 느낌은 아니었지만(걷거나 신체를 움직이는 데에는 문제가 없었다) 신체 반응이 약간 느려진다는 느낌을 받았다.

나는 집으로 돌아오자마자 조사를 시작했다. 아마추어 과학 블로그들은 카바가 '주관적 웰빙의 향상' 및 '불안 감소'와 연관된다고 지적하고 있었다. 내 경험과 일치하는 듯했다.

2012년의 한 연구에서, 연구진은 참가자를 임의로 두 그룹으로 나눠 한 그룹에는 30밀리그램의 옥사제팜(항불안제)을 복용하게 하고 다른 그룹에는 정제형 카바 1회분(180밀리그램)을 복용하게 했다. 참가자들은 자신이 먹은 약이 무엇인지 알지 못한 상태로 복용 전후에 인지 검사를 받았다. 참가자들은 일주일의 간격을 두고 매번 세 알씩 약을 복용했다. 위약을 복용한 후 사람들의 불안 수준은 높아진 반면, 카바 알약을 복용한 후에는 같은 수준으로 유지됐다. 옥사제팜을 복용한 그룹의 불안 수준은 평균적으로 하락했지만 각성도 또한 같이 하락했다. 카바를 복용한 후에는 내가 바에서 느꼈던 것처럼 각성도의 하락이 없었다.[33]

독일 예나 대학에서는 1997년 불안 장애 진단을 받은 100명의 참가자를 대상으로 25주에 걸쳐 이중맹검 무작위 통제 실험을 실시했다. 참가자는 무작위로 카바 집단과 위약 집단으로 분류되었다. 카바 집단은 8주 후부터 불안 증세의 상당한 감소를 경험하기 시작했다.[34] 멜버른 대학의 연구진은 불안 장애 진단을 받은 사람들(대부분 범불안 장애)을 대상으로 한 여러 주에 걸친 카바 사용 실험들을 검토했다. 검토 대상인 여섯 개의 무작위 통제 실험들 중 네 개에서 증상의 약 36퍼센트 감소라는 눈에 띄는 결과가 나왔다.[35]

하지만 카바를 장기간 복용하거나 한 번에 많은 양을 복용하게 되면 간 손상과 독성 효과의 위험이 있으니 주의해야 한다. 대부분의 문제가 명확하게 카바 사용과 연관되었다고 할 수는 없지만 일부에서는 카바를 지속적으로 사용하고자 하는 사람들은 자주 간 기능 검사를 해야 한다고 권고하고 있다. 또한 피부 발진에 대한 보고도 있지만 이 역시 카바가 직접적인 원인으로 입증되지는 않았다. 미국을 비롯한 많은 지역에서는 카바에 대한 규제가 없지만, 일부 유럽 지역에서 카바를 복용하려면 처방이 필요하다.[36]

주의: 의료 전문가와 상의하라. 세계보건기구는 알약을 복용할 때보다 액체로 마실 때 활성 성분을 더 많이 섭취하게 된다고 경고하고 있다.[37] 안전을 위해 운전할 사람을 따로 정해두고 한 번에 한 잔 이상 마시지 않을 것을 권한다. 이보다 자주 카바를 복용할 생각이라면 정기적으로 간 기능 검사를 받아야 한다. 또한 카바 바마다 껍질에 담겨 있는 카바의 양이 다르다는 데 유의해야 한다. 권장 복용량에 대한 더 자세한 자료는 examine.com의 카바 관련 페이지를 참조하라.

실행 기능 향상을 위한 누트로픽 허브

당신이 마시는 커피, 차, 당신이 먹는 초콜릿, 당신이 마시는 청량 음료나 에너지 음료에는 전 세계 사람들에게 아주 잘 알려진 가장 오래된 누트로픽이 함유되어 있다. 바로 카페인이다. 카페인은 전 세계의 모든 문화권에서 수천 년 동안 이용되어왔다.[38] 카페인 자체는 누트로픽으로서 찬반이 나뉘지만 차에서 발견되는 아미노산, L-테아닌 I-theanine 과 결합되면 약점의 일부는 사라진다.

대부분의 사람들은 활력을 얻기 위해서 커피를 마시고, 그것 외에 다른 효능은 없다고 생각한다. 간혹 커피잔에 '커피: 바보 같은 짓을 더 빠르고 더 활기 있게 하라!'라는 글귀가 적혀 있는 것을 본다. 나는 그 말이 무척 마음에 든다. 밤샘을 해본 대학생이라면 누구나 증언할 수 있다시피(그리고 신경과학자들이 연구실에서 확인했듯이) 카페인은 수면 박탈 상태에서 맑은 정신을 유지하는 데 대단히 효과적이다.[39] 이렇게 커피는 정신의 각성도와 처리 속도를 높이지만 지능의 향상과는 전혀 관련이 없다.

카페인이 '바보 같은 짓을 더 빠르고 더 활기 있게'하도록 한다는 말 속에는 진리가 담겨 있다. 카페인 용량을 최소 50밀리그램(커피 약 반 잔)에서 최대 450밀리그램(커피 약 네 잔)까지 달리 하여 이루어진 10여 번의 실험에서 연구자들은 카페인을 섭취한 참가자의 경우 처리하는 간단한 과제의 수가 늘어나고 반응 시간도 짧아진다는 것을 입증했다. 특히 높은 각성도를 필요로 하는 과제에서 이러한 점이 두드러졌다. 그렇지만 기억력을 요구하는 복잡한 인지 과제에서는 참가자들의 성과가 낮아지는 경우가 많았다.[40] 흥미롭게도 인식력의 향상을 경험한 그룹이 있었는데 이들은 외향적인 사람들로 이루어진 집단이었다. 런던 골드스미스 대학의 2010년 연구에서 카페인을 섭취한 외향성의 참가자들(카페인을 섭취한 내향성 참가자는 제외)은 작업 기억의 상승을 경험했다.[41]

L-테아닌은 카페인의 조금은 광적인 에너지를 보다 매끄럽고 통제 가능한 종류로 바꿔주는 똑똑한 조수 역할을 한다. 녹차를 한 잔 마시고

나면 활력이 생기되 커피를 먹었을 때처럼 과민해지지는 않는 것을 느낀 적이 있는가? 그것이 L-테아닌의 작용 때문이다.

카페인과 L-테아닌을 같이 섭취한 사람들은 카페인을 섭취한 사람들과 마찬가지로 피로감이 감소하고, 각성도가 높아지고, 두통이 줄어들고, 반응 시간이 짧아지고, 심지어는 단어 인식 과제에서 속도가 빨라진다고 보고했다.[42] 지금까지의 연구를 기반으로 하면 그 외에도 카페인과 L-테아닌을 같이 섭취했을 때 주의력을 통제하는 능력(하나의 과제에서 다른 과제로 전환하는 능력)이 향상되고, 주의를 흩뜨리는 일에 대한 민감성이 낮아지며, 전반적인 집중력이 개선됐다.[43]

카페인만을 섭취했을 때의 부작용에는 과민이나 불안, '카페인 크래시'caffeine crash(처음에는 활력을 느끼지만 이후 신체가 물질을 대사를 시키면서 갑자기 기운이 떨어지는 현상), 두통, 구역질, 혈압 상승, 초조함, 안면 홍조, 불면증, 불규칙한 심박, 근육 경련, 위장병, 말이나 생각에 조리가 없는 현상 등이 있다.[44]

카페인을 섭취했을 때 얻을 수 있는 긍정적인 인지적 효과의 대부분은 카페인 섭취량이 많아질수록 사라진다. 이렇게 내성이 생기는 것을 피하려면 카페인 섭취의 주기를 만들어야 한다. 카페인 섭취가 많은 사람이라면(하루 커피 네 잔 이상) 한 달 동안 커피를 끊어야 다시 카페인을 처음 사용하는 사람과 비슷하게 효과를 볼 수 있다.[45] 카페인을 지속적 사용하면 인지적 효과는 약해지지만 각성의 능력은 지속된다. 이는 금단 증상을 감소시키기 때문에 나타나는 현상일 수도 있다. 커피 한 잔을 마셨을 때 좋은 기분을 느끼는 이유는 커피가 기분을 좋게 만들어서가 아니라 당신이 더 이상 카페인 금단의 부작용을 느끼지 않기 때문일 가

능성도 있는 것이다.[46]

카페인을 처음 사용해본다면 100밀리그램부터 시작해보는 것이 좋다. 100밀리그램이면 커피 한 잔 정도의 양이다. 100~200밀리그램의 카페인에 100~200밀리그램의 L-테아닌을 같이 섭취하면 적당하다. 100밀리그램 미만의 L-테아닌을 사용한 연구에서는 효과가 거의 없는 것으로 드러났다.[47] 카페인은 과다 섭취하지 않도록 해야 한다. 지나친 카페인 섭취로 사망하는 사람도 있기 때문이다.[48] 하루 최대 카페인 사용량은 약 400밀리그램이다.[49] 임신한 사람이라면 하루 200밀리그램을 초과하면 안 된다. 유전이 카페인에 대한 반응성에 영향을 미치므로 주의가 필요하다. 23앤드미를 비롯한 소비자 유전체학 상품 사이트를 통해 카페인과 관련된 DNA 정보를 얻을 수 있다.[50]

주의: 의료 전문가와 상의하라. 보통의 차에서 섭취하는 카페인이나 L-테아닌의 함량을 초과하지 않는 한 인지 향상 효과는 미미하다는 것이 연구를 통해 밝혀졌다. 인지 향상을 원한다면 커피와 함께 L-테아닌 보충제를 섭취하는 것이 좋다.

학습 및 기억력 증진을 위한 누트로픽 허브

바코파몬니에리Bacopa monnieri는 인내를 요하기는 하지만(기억력에 유의미한 효과를 보려면 최장 12주가 걸린다) 어떤 누트로픽보다 인지 향상에 큰 역할을 한다. '은혜의 허브'herb of grace라고도 알려진 이 식물은 습한 열대 지역에서 자라며 수천 년간 약재로 사용되어왔다.

처음 바코파몬니에리를 먹기 시작할 때 느낄 수 있는 효능은 불안 감소다. 기억력 향상의 효과가 시작되는 시기는 복용 후 8~12주가 흐른 뒤이다.[51] 간혹 빠르면 3~4주 안에 기억력 향상을 보고하는 경우도 있다. 바코파몬니에리의 효과는 다른 허브나 심지어 처방약과 비교해도 뒤지지 않는다. 2013년 바코파몬니에리, 모다피닐Modafinil(기면증이 있거나 교대 근무를 하는 사람들에게 각성 상태를 유지하도록 처방하는 약물로, 일부에서는 누트로픽으로 사용하기도 한다), 인삼의 효과를 비교하는 이중맹검 위약 통제 연구에서 바코파는 매우 좋은 효능을 보였다. 바코파몬니에리를 복용하기 전에 배운 정보를 더 잘 기억하거나 새로운 정보를 더 빨리 배우는 데에는 도움이 되지 않았지만 새로운 정보를 더 오랫동안 기억하는 데에는 도움이 됐다. 기억력의 유의미한 향상이 나타난 것이다. 바코파몬니에리를 복용한 사람들의 인지 검사 성적은 위약을 복용한 사람들보다 35퍼센트 가까이 높았다. 인삼과 모다피닐의 성적 향상은 약 30퍼센트였다.[52]

2013년 518명을 대상으로 하는 아홉 개 이상의 연구를 검토한 결과, 멀티태스킹 및 시각적 주의와 반응 시간 검사(선택 반응 시간)의 두 가지 인지 검사에서 일관되게 높은 점수가 나왔다.[53] 아직 바코파몬니에리에 대한 연구 자체가 많지 않지만 증거의 질과 설득력은 향상되는 추세다.

바코파몬니에리의 섭취 시 부작용으로는 구역질, 경련, 붓기, 설사 등이 있다.[54] 이러한 부작용은 지방과 함께 섭취하면 완화된다. 그러므로 제대로 흡수되도록 하려면 음식과 함께 먹는 것이 좋다. 그래서 전통적으로 바코파몬니에리는 정제 버터와 함께 먹는다. 또한 긴장을 풀어주지만 일부에서는 복용 후 기력이 떨어지거나 무기력해진다고 말하기도 한다. 따라서 카페인과 함께 먹거나 밤에 먹어야 할 수도 있다.

주의: 의료 전문가와 상의하라. 여러 연구를 통해 학습 및 기억 능력에서의 변화가 나타나기까지 걸리는 시간이 밝혀졌으므로, 복용 전 학습 및 기억의 기준점과 8~12주 동안 복용한 후 결과를 비교하는 프로토콜을 사용해야 할 것이다. 구체적인 권장 용량은 examine.com의 바코파몬니에리 관련 페이지를 참조하라.

창의성을 위한 누트로픽 허브

창의성을 향상시키는 누트로픽에 관해서는 연구가 많지 않다. 몇 개의 후보가 있기는 하지만 확신을 갖고 권할 만한 수준은 아니다. 법적으로 허용되는 나이라면 알코올을 소량 섭취하는 것이 창의성을 향상시킬 수도 있다. 한 연구에서는 참가자에게 약간의 술을 마시게 한 후 창의성 검사를 실시했다.[55] 술에 취한 참가자들은 통제 집단의 참가자에 비해 약간 좋은 성과를 냈다. '적당하게' 취하기만 한다면 말이다.[56] 알코올은 불안감과 어색함, 자의식을 줄이기 때문에 창의적인 사고를 가로막는 내부의 '검열관'을 잠재우는 역할을 하는 것 같다.

감정 조절에서의 누트로픽(홍경천, 아슈와간다, 카바)도 기분을 더 좋게 관리해줌으로써 창의성 향상에 도움을 줄 수 있다. 앞에서 설명했듯이 강한 긍정적 기분 혹은 부정적이지만 차분한 기분이 창의성을 높이기 때문이다. 하지만 위의 허브들이 창의성에 미치는 영향을 조사한 공식적인 연구는 찾지 못했다. 당신이 당신의 몸을 이용한 최초의 연구자가 될 수도 있지 않을까?

내가 시도하여 효과를 본 것들

집중력을 높이고 기분을 좋게 하며 에너지를 북돋우는 다른 음료들도 있다. 물론 모두 합법적이고 나로서는 부작용을 전혀 경험하지 않았지만, 아직 과학적 증거가 충분치 않다. 과학적 증거가 부족하기 때문에 강력히 추천하기가 망설여지지만 스스로 자주 사용하면서도 여기에 언급하지 않는다면 위선적인 일이 되리라는 생각에 공개하기로 했다.

첫 번째는 과유사Guayusa 다. 아마존이 원산지인 이 차는 커피만큼 많은 카페인을 함유하고 있지만 과민 반응이 훨씬 덜하고 다른 어떤 차보다 항산화 물질이 많이 들어 있다. 기분을 좋게 만드는 효과가 있으며 내 경우에는 이 차를 마셨을 때 창의성이 향상됐다. 글을 쓸 때 딱 맞는 음료다.[57] 열대우림, 특히 에콰도르가 원산지이기 때문에 이 차를 마심으로써 열대우림 보호와 식목에도 도움을 줄 수 있다. 과유사를 홍보하는 레오나르도 디카프리오Leonardo Dicaprio 같은 유명인들이 지적하듯이 과유사를 마시는 것은 환경을 위한 훌륭하고도 대단히 필요한 행동이다.[58]

집중력 향상에 효과가 있는 셰르바 마테Yerba maté, 노루궁뎅이버섯, 차가버섯도 즐겨 먹는다.[59] 셰르바 마테는 차로 마시고 노루궁뎅이버섯과 차가버섯은 커피에 첨가한다. 이들 식물은 동물을 대상으로 실험이 이루어졌고 일부는 생화학적 분석이 이루어졌지만 인간의 정신적 성과에 미치는 일반적인 영향을 파악하기까지는 아직 갈 길이 멀다.

안 하느니만 못한 누트로픽

언급할 가치는 있지만 시도할 가치는 없는 누트로픽도 있다.

- **니코틴 :** 니코틴은 가장 오랜 역사를 지닌, 또 가장 논란이 큰 누트로픽 중 하나다. 우리는 흡연이 암을 유발한다는 것을 확실히 알고 있고 보통 흡연을 생각할 때 니코틴을 떠올린다. 니코틴은 담배의 주원료고 그 자체로 중독성을 가진다. 하지만 니코틴은 사실 완벽한 악당이라기보다는 '은근한 악당'에 가깝다. 예를 들어 1980년대의 연구자들은 이상하게도 흡연자들의 파킨슨병 발병률이 비흡연자보다 낮다는 것을 발견했다.[60] 니코틴과 흡연을 다룬 40건 이상의 임상 연구에 대한 메타분석에서 니코틴은 다른 각성제와 마찬가지로 각성도, 주의력, 일화적 기억, 작업 기억을 향상시킨다는 것이 입증되었다.[61] 그렇다면 모두 나가서 담배를 사와야 할까? 절대 그렇지 않다. 그렇지만 이 연구를 통해 나는 아이디어, 실은 상당히 위험한 아이디어를 떠올렸다. 불리한 면은 제외하고 니코틴의 '혜택'만을 취할 수도 있지 않을까?

나는 상점에서 다소 겸연쩍은 표정으로 니코틴 껌과 캔디, 패치를 구입했다. 중독에서 벗어나기 위해 애쓰는 사람들이 있는 상황에서 평생 담배를 딱 두 대만 피워본 내가 이런 일을 한다는 것이 약간은 무례하게 느껴졌다. 하지만 나는 실험을 계속하기로 마음먹었다.

우선 니코틴 패치부터 시작했다. 실험은 바로 실패했다. 1분도 안

되어서 피부에 불이 붙은 것 같은 느낌이 들면서 눈에 띄게 붉게 변했다. 패치는 실패! 캔디는 어떨까? 다음 날 나는 일련의 인지 검사를 하고, 니코틴 캔디를 먹은 후 다시 인지 검사를 했다. 악영향도, 눈에 띄는 혜택도 없었다. 게다가 니코틴 캔디는 맛이 끔찍했다. 다시 그 캔디를 사용할 일은 없을 것이다. 그렇다면 껌은 어떨까? 이번에는 참을 만했다. 맛이 좀 독했지만 나쁘지 않았다. 나는 일련의 인지 검사를 하고 니코틴 껌을 씹은 후 다시 인지 검사들을 했다. 여러 수치, 특히 언어 유창성(제한 시간 내에 특정 문자로 시작하는 단어를 만드는 능력)이 상당히 상승했다. 그 외에도 의식이 더 또렷해진 것을 느꼈다. 커피를 마셨을 때와 비슷했지만 몸 전체를 채우는 조금 다른 또렷함이었다. 수확이 있는 걸까?

다음 날에도 다시 검사를 했다. 하지만 아침은 먹지 않았고 검사 직전에 커피를 마셨다. 이것은 끔찍한 행동이었던 것으로 밝혀졌다. 곧바로 시야가 좁아지고, 불길한 기분이 들고, 알 수 없는 두려움이 엄습하고, 손이 눈에 보일 정도로 떨리는 상태가 시작됐다. 뭔가 잘못되었음을 깨달은 나는 의사인 어머니에게 전화를 걸었다. 어머니는 무엇을 하고 있었냐고 물었고(어머니는 내 뉴로해킹 실험에 대해 알고 계신다) 곧 내가 공황 발작을 일으켰다는 사실을 알려주셨다. 내가 어떤 일을 겪고 있는지 아는 것만으로도 안정을 찾는 데 상당한 도움이 됐다. 나는 주방으로 가서 음식을 좀 먹고 호흡 훈련을 하고 남은 하루 동안은 커피를 마시지 않았다. 나는 각성제를 혼합할 때, 특히 공복에는 좀 더 주의를 기울이기로 마음먹었다.

나는 정말로 집중하지 않으면 안 되는 '비상시'를 대비해서 니코틴 껌을 준비해두기로 결심했다. 정말 필요할 때에만 일시적으로 이용할 생각이었다. 실제로는 많아야 1년에 한 번 이용한다. 니코틴만큼 효과적이고 훨씬 덜 위험해서 내가 훨씬 더 좋아하는 다른 누트로픽들도 있다. 내 친구들도 니코틴으로 인한 비슷한 공황 발작을 경험했다. 한 친구는 몇 개월 동안 매일 니코틴 껌을 씹다가 심각한 금단 증상을 경험하기도 했다.

- **라세탐**Racetam : 라세탐은 약물 또는 보충제라고 불리기도 하고 단순히 '작용제'로 취급되기도 한다. 라세탐은 아세틸콜린acetylcholine이나 글루탐산염glutamate과 같은 신경전달물질을 조절하는 것으로 보이지만 뇌 기능을 변형시키는 기제는 아직 정확히 파악되지 않았다. 온라인 누트로픽 포럼을 둘러보거나 뉴로해커를 인터뷰하게 되면, 피라세탐piracetam, 애니라세탐aniracetam, 프라미라세탐pramiracetam, 페닐피라세탐phenylpiracetam 등 라세탐의 혜택을 극찬하는 사람을 만나게 될 것이다. 이 약물의 효능을 확신하는 사람들이 있긴 하지만 효능에 대한 연구 결과가 너무 엇갈리고 있어서 직접 먹어본 적은 없다. 약한 인지 장애가 있는 노인이나 난독증 환자 등 인지적 차이나 장애를 가진 사람들에게 인지적 증진 효과가 나타난 연구들이 있기는 하지만,[62] 일반적으로 건강하고 평균 이상의 인지 능력을 갖춘 사람들을 대상으로 한 확실한 연구 결과가 없다.[63] FDA는 충분한 연구 지원 없이 의학적 효능을 주장한 누트로픽 제조업체(성분표에 라세탐을 언급한 업체를 비롯해)에 대한 단속을 시작했다.[64]

- **모다피닐**: 모다피닐 및 아모다피닐armodafinil 은 각성도를 높이고 실행 기능 향상 효과를 가져온다.[65] 장거리 운전자나 조종사와 같이 긴 시간 각성 상태를 유지해야 하는 사람이나 기면증 환자처럼 지속적인 졸음으로 고생하는 사람을 돕기 위해 처방되는 약물이다. 제조사인 세팔론Cephalon 이 발표한 부작용 목록에 따르면 1~10퍼센트 이상의 사용자들이 가슴 통증이나 두근거림, 두통, 구역질, 땀, 소변 변화, 요통, 오한, 불안, 불면증을 겪었다.[66] 이런 것들은 흔한 부작용이다. 그보다 빈도가 낮은 부작용으로는 성욕 저하, 발진, 기억상실, 자살 충동(사용자의 0.1~1퍼센트) 등이 있다. 모다피닐은 끊었을 때의 금단 증세가 상당히 심한 것으로 알려져 있다. 기면증이 있는 경우가 아니라면 사용을 권하지 않는다.

지켜봐야 할 잠재력을 가진 누트로픽

누트로픽을 다루는 장에서 환각제를 언급하지 않을 수 없다. 다만 여기서는 '극소량', 즉 일반적인 사용량의 5~10퍼센트만을 투여했을 때의 효과에 대해서만 이야기할 것이다.[67] 몇몇 지역에서는 기분을 좋아지게 하고 불안을 줄이는 수단으로 이 같은 방법이 인기를 얻었다.[68] 2020년 가을, 오레곤은 미국 최초로 정신 의학 분야에서의 실로사이빈psilocy-bin(일명 '매직버섯'의 활성 성분) 사용을 합법화한 주가 되었다.[69] 그렇지만 인지 향상에 있어서는 유의미한 자료가 거의 없다. 미약한 효과 혹은 효과가 없다는 것을 보여주는 몇 개의 연구가 있을 뿐이다.[70] 엄격한 검사를 거치지 않은 이 같은 개입을 이용하는 데에는 상당한 위험이 따른다. 사용이 불법인 곳에서라면 특히 더 주의가 필요하다. 당신의 뉴로해킹 여정에서 실험할 개입을 선택할 때라면 보다 합법적이고 과학적으로 철저하게 검증된 다른 많은 선택지가 있다는 것을 기억하라.

핵심 포인트

1. **구매 시 주의할 점:** 미국을 비롯한 많은 국가에는 뇌 건강과 증진을 목적으로 하는 비처방 비타민, 보충제, 음료, 허브에 대한 규제가 존재하지 않는다. 이는 당신이 사는 제품의 순도가 형편없을 수 있다는 의미다. 다시 말해 얼마나 많은 양의 화합물을 섭취하는지 알 수 없고, 복용 기준을 정하기가 어려우며, 알려지지 않은 부작용을 겪을 가능성이 높다.

2. 처방약은 검증된 질병을 위한 것이다. 당신 앞으로 처방된 약만을 복용해야 한다. 그렇지 않으면 이상한, 심지어는 위험한 부작용을 겪을 수 있다.

3. 허브는 감정 조절, 실행 기능, 학습 및 기억에 효과가 있지만 25세 이하이거나, 임신을 했거나, 심각한 질병이 있는 경우라면 허브의 복용을 피해야 한다. 또 사용하기 전 반드시 의사와 상담하라.

제20장

일상을 바꾸고 있는
신경 기술

투자 시간

33분

목표

신경 기술의 힘을 이해한다.

뉴로해킹 모험을 시작하기 전에 마지막으로 생각해볼 몇 가지 주제를 제시하려 한다. 혁신적인 뇌 관련 기술에는 어떤 것이 있는지 궁금하지 않은가?

나는 이 장의 첫 부분을 공상 과학과 매우 비슷해 보이는 기술을 탐구하는 데 할애할 것이다. 이 기술들은 빠르게 사실 과학scientific facts이 되어 가고 있고 이미 그 자리에 오른 것도 있다.

이어질 내용에서 새롭게 다가오고 있는 세 가지 유형의 기술, 유전자 선별 및 조작, 혼성 인간(일부는 인간이고 일부는 기계인 상태), 인지 데이터의 발전에 대해 다룰 것이다. 뉴로해킹 윤리를 정의할 때 고려해야 할 몇 가지 중요한 사회적 질문에 대해서도 살펴볼 것이다. 무언가를 할 수 있다고 해서 그것을 반드시 해야 하는 것은 아니다. 신경 기술은 세상의 빈부격차를 더욱 악화시킬 수 있다. 가진 자들이 기술에 보다 쉽게 접근해 더 많은 것을 가질 수 있고, 그것을 이용해 더 똑똑해지고, 더 행복해지고, 더 오래 살 수 있게 된다면 어떨까? 마지막에는 내가 가장 기대하고 있는 신경과학 관련 기술의 발전에 대해 논의할 것이다.

더 똑똑한 유전자를 골라낼 수만 있다면

지능은 유전일까? 학습에 있어서 당신이 가진 문제가 아동기 혹은 그보다 더 어린 시절부터 시작된 것이라면? 만약 그렇다면 당신이 할 수 있는 일은 무엇인가? 내가 어린 시절에 겪었던 읽기 문제가 완전히 유전적인 문제는 아니었을까?

2011년, 나는 내 DNA에 대해 더 알아내기 위해 23앤드미의 키트로 검사를 해보기로 마음먹었다. 난독증을 일으키기 쉬운 유전자에 대한 정보를 알게 된 나는 열정적으로 화면을 클릭하며 그 유전자가 있는지 찾았다. 결과는? 없었다. 내 정신유전학에 대해 더 알아낸 것은? 나는 우수한 일화 기억력과 관련된 유전자를 가지고 있었다. 함께 겪은 사건에 대해 친구나 가족들의 기억보다 내 기억이 훨씬 더 선명했던 때가 떠올랐다. 나는 고개를 끄덕였다. 다른 결과들도 나의 개인적인 경험과 일치했다. 그런데 잠깐! 나는 갑자기 이 검사가 별자리 점의 첨단 버전처럼 느껴지기 시작했다. 이것들이 얼마나 정확할까?[1] 인지 관련 유전자에 있어서 대부분의 연구는 아직 초기 단계에 불과하다. 나는 아직도 매년 23앤드미의 결과를 확인하는데 내 DNA에 대한 해석이 바뀌는 경우를 종종 본다. 예를 들어, 23앤드미는 한때 내가 올빼미형이라고 예측했지만, 가장 최근 버전은 내가 일찍 일어나는 것을 선호할 것이라고 예측하고 있다. 이렇듯 이 분야의 연구는 아직 초기 단계에 불과하다. 그러나 과학이 매일매일 발전을 거듭한다는 점만은 확실하다. 지금도 연구자들은 어떤 유전자가 특정한 행동이나 성격을 만드는 데 관여하는지 알아내기 위한 노력을 계속하고 있다.

유전자는 인지와 성과에 얼마나 영향을 미칠까?

지난 몇십 년 동안 우리가 이용할 수 있는 유전학 자료의 양은 크게 늘어났다. 수십억 달러를 들여 인간유전체사업Human Genome Project 을 진행했고 그 외에도 온갖 놀라운 발견을 했다. 하지만 유전 정보에서 진실을 뽑아내는 일은 연구자들이 처음에 생각했던 것보다 훨씬 더 어려웠다. 우리는 연구자들이 성인과 어린이 대상의 많은 실험을 하면서 위 질문에 대한 해답을 찾기 위해 노력하는 모든 과정을 지켜봤다. 어린이들 중에서 높은 IQ 점수를 받거나 발달 정도가 가장 높은 참가자들은 동일한 유전자 혹은 동일한 유전자 조합을 공유하는 경향이 있을까?

이 시점에서의 답은 명료함과 거리가 멀다. 한 가지 확실한 것은 재능은 단일 유전자로 결정되지 않는다는 점이다. 그보다는 엄청난 수의 유전자가 각각 다른 정도로 지능에 기여하는 듯 보인다.[2] 지금까지 연구자들이 수백만의 데이터 포인트를 샅샅이 뒤진 결과, 높은 인지력에 이를 수 있는 조합은 대단히 다양하다. 1995년부터 2009년까지 수집된 '인지적으로 건강한 개인'의 데이터에 대한 최근 검토에 따르면 50개 이상의 유전자가 지능에 관여하지만 각 유전자의 추정 효과에는 엄청난 차이가 있었다. 유전자가 지능에 어떤 역할을 하든 그것은 하나의 유전자가 하는 일이 아니고 전체가 관여한 '조직적 노력'의 결과일 가능성이 크다.[3]

유전과 양육이 인간의 성과에 얼마나 영향을 미치는지 알아보기 위해 스웨덴의 심리학자 안데르스 에릭슨Anders Ericsson 이 실시한 연구에 주목해보기로 하자. 그는 말콤 글래드웰Malcolm Gladwell 이《아웃라이어》를 통해 대중화시킨 '1만 시간 법칙'의 기반이 되는 연구를 한 사람이다. 에릭슨은 음악가, 운동선수, 게이머 등 세계적인 수준에 오른 사람들의 성공 뒤에 있는 근본 원인을 연구하는 데 일생을 바쳤다. 그는 환경에 집중하는 입장을 취했다. "우리는 해당 분야에서 거둔 궁극의 성과를 결정짓는 가장 중요한 요소가 연습이라는 것을 안다. 때문에 유전자가 역할을 한다면 그것은 꾸준한 연습에 매진할 가능성이 얼마나 높은지 결정하는 일이라고 생각해볼 수 있다. 이런 방식으로 본다면 유전적 차이를 완전히 다른 관점에서 보게 된다."[4]

그는 중요한 것을 알고 있었다. '끈질기게 고수하는' 유전자 조합을 찾을 수 있다면, 전반적인 성과에서 엄청난 역할을 할 것이다. 하지만 그 조합이 정신적 성과의 어떤 측면에 영향을 주는지 살피는 것도 흥미로운 일이다. IQ 점수가 높고 학교 성적은 좋지만 긴 시간이 필요하거나 체계적이지 않은 일을 만나면 어려움을 겪는 사람도 있을 수 있다. 나는 표준화된 일을 얼마나 잘할지 예측하는 유전자가 있는 반면 회사를 세우거나 가정을 만드는 일처럼 장기간의 노력이 필요한 일을 얼마나 잘 해내느냐를 예측하는 유전자도 있을 것이라고 짐작한다.

더 똑똑한 아기를 만들 수 있을까?

위 질문은 신생 신경 기술에 대한 논의에서 주기적으로 등장하는 질문이다. 연구자들은 인지 능력을 향상시키는 단일한 '지능 유전자'는 발견하지 못했지만 그 반대의 유전자는 발견했다. 인지 기능의 '저하'로 이어지는 특정 유전적 변형체를 찾은 것이다. 세계적으로 임신 중 다운증후군, 신경관 결함, 에드워드 증후군, 스미스-렘리-오피츠 증후군 등 지적 장애의 위험성이 큰 장애를 검사하는 일이 점점 일반화되고 있다.[5] 그런 이유로 특정 질환의 가족력이 있는 일부 부부들은 난치병 유전자를 옮길 위험이 낮은 난자와 정자를 선택할 수 있는 체외수정과 같은 생식기술을 모색해왔다.

이것이 으스스할 정도로 예쁘고, 총알도 뚫을 수 없이 탄탄한 몸에, 믿기 힘든 지적 능력을 지닌 아이들이 동네 놀이터를 점령하는 날이 곧 온다는 의미일까? 아마 아닐 것이다. 재생산 기술을 특정 유형의 비의료적향상(이를테면 아이의 눈동자 색깔을 선택하는 문제)에 사용할 수는 있겠지만 이런 식의 단순한 유전자 선별이 가능할 만큼의 깊이 있는 이해가 이루어진 특질은 아직 몇 개 되지 않는다. 보다 넓게 보면, 유전자 변형 아기는 단순히 권하지 않는 정도가 아니라 대부분의 지역에서 불법이다.[6] 새로운 기술이 등장한다면 아마도 이에 대한 재검토가 이루어질지도 모르지만 말이다.

2018년 중국의 과학자 허 젠쿠이He Jiankui가 크리스퍼-카스 9CRISPR-

Cas9라는 유전자 편집 기술을 이용해서 쌍둥이 여아에게 HIV 저항성을 만드는 시도를 했다. 세계의 반응은 냉담했다. 중국 당국은 허에게 43만 달러 상당의 벌금을 부과하고 3년간의 징역형을 선고했다.[7] 다른 국가들보다 더 단호한 조치를 취하는 국가도 있다.[8] 2019년 여름, 미 하원 세출위원회는 유전자 조작 아기를 계속해서 불법으로 규정하는 투표를 진행했다.[9]

이런 역풍에도 불구하고, 크리스퍼는 혁신적인 유전학 도구임에 틀림없다. 내가 분자생물학 실험실에서 일할 때만 해도 인간의 유전자에 유전적 변형을 가하는 것이 불가능했다. 대신 우리는 쥐와 같은 '유전 모델 유기체'를 연구했다. 우리는 변형시키고자 하는 각각의 DNA 염기서열에 대해 특정 단백질을 설계하는 훨씬 더 복잡한 접근법을 사용해야 했다. 이 방법은 시간이 많이 걸리고 오류가 발생하기 쉬우며 비용이 많이 들었다. 반면 크리스퍼 기술은 더 쉽고 빠르고 저렴하다. 이런 시스템들은 박테리아가 바이러스와 싸우기 위해 사용하는 자연 방어 기제를 이용한다. 이 기제에 대한 이해 덕분에 우리는 박테리아를 우리 명령에 따라 움직이는 작은 기계로 만들 수 있었다. 이제 우리는 DNA에서 표적 서열을 찾고 기존 조각을 원하는 새로운 유전자 서열로 대체할 수 있다. 이후 박테리아를 통해 개조된 시스템은 우리가 원하는 단백질을 생성한다. 이것은 이미 신경과학을 포함한 많은 분야의 유전학 연구에 혁명을 일으키기 시작했다.[10]

크리스퍼-카스 9 개발의 선도자 중 한 명인 MIT 교수 펑 장Feng Zhang은 2016년 한 강연에서 이 기술의 단점에 대해 언급했다. 의도하지 않은 DNA 조각을 잘라낼 수 있다고 지적한 것이다.[11] 당시 장은 보다 정확한 프로토콜로 다양한 유전학적 원인을 가진 복잡한 질환을 더욱 잘 이해할 수 있게(그리고 어쩌면 하루 만에 치료할 수 있게) 하기 위해 정확도를 높이는 기법을 연구하고 있었다.

직접 크리스퍼-카스9를 시도하고 싶다면(물론 당신의 유전자가 아닌 일부 박테리아의 유전자를 편집해서) 온라인 스타트업 오딘ODIN에서 170달러가 안 되는 가격에 판매하는 홈 키트를 사용해보라.[12] 그렇지만 이 실험을 하려면 냉장고에 대장균을 보관해야 한다. 나는 내가 먹을 음식이 대장균에 오염될 수 있다는 생각 때문에 크게 흥미를 느끼지 못했고 따라서 이 실험을 보류하기로 했다.

인간과 기계의 공생은 이미 시작됐다

사이보그가 있는 미래를 상상할 때면 자연스럽게 그들이 세상을 지배하거나 AI가 인간을 무너뜨리는 시나리오를 그리는 사람들이 있다. 과학자인 나는 신경과학이나 인지과학에 기반을 둔 기술이 인간의 고통을 줄이거나 미리 예방하는 시나리오를 그리는 쪽을 선호한다. 인간과 기계의 구분이 모호해지고 있는 몇 가지 분야를 탐색해보자.

인간의 실수를 줄여주는 기계

졸음 운전, 피로에 지친 외과 의사… 인간의 실수 때문에 목숨을 잃은 사람이 얼마나 많을까? 현재는 다양한 자동차 모델이 '졸음 감지 시스템'을 갖추고 있다. 시선 추적 시스템으로 운전 중에 당신이 눈을 뜨고 있는지 확인하는 것이다.[13] 2008년 지메일은 '고글'goggles 이라는 기능을 선보였다. 늦은 밤에 술에 취해 나중에 후회할 만한 메일을 보내지 못하게 하는 기능이었다. 특정 시간대가 되면 시스템은 기본적인 산수 문제를 낸다. 오답이 지나치게 많으면 이메일 사용이 즉시 차단됐다.[14]

하루 종일 당신의 신체 상태를 추적해서 예방적 권고를 해주는 개인화 시스템이 있다면 어떨까? 피로는 짜증이나 좋지 못한 판단으로 이어지곤 한다. 피곤한 하루 일과 끝에 애꿎은 아이들이나 배우자에게 화풀이를 하는 대신 몇 시간 전에 기분을 전환시키는 예방 조치를 취할 수 있다면 어떨까? 졸음 감지 시스템은 심박, 눈의 움직임, 호흡 등 기타 생물학적 지표를 지속적으로 모니터할 수 있다. 피곤한 사람은 실수를 저지르거나 화를 내기 전까지는 자신이 얼마나 피곤한 상태인지 쉽게 자각하지 못한다. 객관적인 모니터링 시스템이 몇 시간 내에 피로도가 위험한 수준에 이를 것이라고 알려준다면 이를 예방하고자 10분간 낮잠을 자거나 잠깐 산책을 할 수 있을 것이다.

대부분의 사람들은 기획을 하거나, 전략을 세우거나, 결정을 내리거나, 결심을 지키거나 엄청난 양의 새로운 정보를 처리하는 데 어려움을 겪는다. 이 경우에도 기술이 도움이 될 수 있다. 막스플랑크연구소Max Planck Institute 의 연구원 팔크 리더Falk Lieder 는 의사결정과 관련해 각종 프로그램을 제공하는 웹사이트 클리어러 씽킹Clearer Thinking 내에 있는 '결정 도우미'Decision Advisor 라는 툴에 대해 연구했다. 이 툴은 참가자들이 빠질 수 있는 흔한 인지 편견을 피할 수 있도록 도와준다. 연구 결과 그는 결정 도우미 툴을 사용한 후 참가자가 자신의 결정에 대해 느끼는 후회의 정도는 그냥 결정을 내릴 때보다 27퍼센트에서 38퍼센트 정도 낮아졌다는 결론을 얻었다.[15] 이와 마찬가지로 인간의 타고난 두뇌 배선 때문에 잘못된 길에 들어설 가능성이 있는 경우, 적절한 시기에 약간의 인지적 지원을 받는다면 삶을 변화시킬 수 있을 것이다.

인간의 뇌는 포식자를 피하고, 먹잇감이 될 만한 것을 은밀하게 감시하고, 열매들을 찾고 모으는 데 집중했던 지난 2만 년 동안과 크게 달라지지 않았다. 우리의 주의 시스템은 새롭고 빠르게 움직이는 정보를 우선하며 그런 정보가 들어올 때면 에너지와 집중력을 추가적으로 이끌어 낸다. 하지만 현대의 작업은 대부분이 반복적이고 세부 지향적이다. 따라서 오늘날의 과업들과 2만 년 된 뇌를 짝짓는 것은 오류로 가는 지름길이다. 자료 수집(소매업체에서 고객 정보를 관리할 때처럼 동일한 질문이 계속해서 제기되는 경우)과 고속도로 주행은 지루하고 반복적인 작업의 대표적인 사례다. 인간의 뇌가 실수를 저지르거나 잠에 빠지기 쉬운 종류의 작업인 것이다.[16] 자동화가 사람들의 일자리를 빼앗는다는 논의가 있지만, 적절한 자동화는 우리의 직장 생활을 보다 쉽고 즐겁게 만든다. 자율주행차는 사람과 달리 피로를 느끼지 않고, 운전자를 폭행하지 않고, 전화를 받기 위해 핸들에서 손을 떼지도 않는다. 인간과 AI가 함께라면 인간이 실행 기능에서 가진 선천적인 약점이 기계의 강점으로 보완되고 그 반대도 가능한 가장 안전한 운전 경험을 만들 수 있을 것이다.

몸 속으로 들어온 물건들

기술은 일상적인 과제를 보다 쉽게 처리해줌으로써 실행 기능에 도움을 줄 수 있다. 더 이상 열쇠를 찾아 헤매지 않아도 될 것이다. 스웨덴에서는 엄지손가락과 손바닥 사이의 처진 피부에 마이크로칩을 이식하기

로 한 사람이 수천에 이른다.[17] 주로 무선주파수 식별radio-frequency identifi-
cation, RFID 을 적용하는 이런 칩을 통해 이젠 손만 흔들면 집과 사무실 등
의 문을 열 수 있다. 스웨덴 최대의 기차 회사는 승객들이 기차표 대신
칩을 이용할 수 있게 했고, 앞으로도 다른 용도가 계속 나타날 것이다.[18]
이미 일부는 의료 기록을 비롯한 다른 정보를 칩에 저장하기 시작했다.
그다음으로 생체 내장 마이크로칩에 들어가게 될 것은 무엇일까? 사람
들이 점점 현금을 사용하지 않게 되면서 일부에서는 다음 차례가 돈이
될 것이라 생각하고 있다.

지금까지 공항 보안검색을 거치거나 MRI 등 의료 영상 기술을 사용
할 때 칩이 자석에 이끌리는 문제는 없으며, 이식만 제대로 하면 감염 위
험도 거의 없는 것 같다. 손에 마이크로칩이 있을 경우 도난 위험은 지갑
이나 열쇠를 빼앗기는 위험과 비슷할 것이며 도둑질을 하려면 피부까지
잘라내야 하기 때문에 도난 위험이 줄어들 수도 있다. 침습적인 방법을
이용하기 때문에 망설이는 사람도 있을 것이다. 그러나 더 이상 열쇠, 지
갑, 신분증을 어디에 두었는지 기억하고 찾는 데 정신적인 에너지를 소
비하지 않아도 된다는 점을 생각해보자. 이것은 실행 기능 향상에 큰 영
향을 줄 수 있다. 첫 시도를 계획하고 있다면 시애틀에 본사를 둔 제조업
체 댄저러스씽즈Dangerous Things 의 50달러짜리 XEM RFID 칩을 확인해
보라.[19] 나는 아직 칩을 이식하지 않았지만 고려하는 중이다.

생각만으로 무엇이든 가능해진다

신경공학자들은 수십 년 동안 손을 움직이거나 마우스를 움직이거나
말로 음성 인식 프로그램을 작동하는 방법에서 벗어나 뇌의 전기적 충격

을 바로 현실의 움직임으로 옮기는 뇌-기계 인터페이스에 대한 연구를 해왔다. 공상과학 영화처럼 보이는가? 아직 보편화되지 않았을 뿐 생각을 동작으로 전환하는 기술은 이미 존재한다. 이런 기기들은 보통 뇌파나 MRI에 의존한다. 이 기술의 핵심은 두뇌에서 나오는 작고 미묘한 전기 신호를 읽는 것이 아니라 그것을 정확하고 빠르게, 합리적인 비용으로 '해석'하는 것이다.

컨트롤랩스CTRL-labs라는 회사는 새로운 접근법을 채택했다. 두개골을 통해 뇌의 신호를 읽는 대신 손목에 차는 기기로 근육의 전기 신호를 포착하는 방식이다. 이 회사는 2018년 페이스북에 인수되었다. 매각 대금은 5억 달러에서 10억 달러로 추정된다.[20] 뇌-컴퓨터 인터페이스와 관련한 페이스북의 다른 시도들을 고려하면 놀랄 일도 아니다. 페이스북은 '뇌에서부터 바로' 1분에 100단어를 타이핑하는 '무성 인식 시스템'silent speech system을 만들겠다는 목표를 갖고 있다.[21] 다음 5~10년 내에 혹은 그보다 빨리 시장에서 이런 제품을 접하게 될 가능성이 높다.

요리를 하고 있을 때면 금방 손이 끈적해져서 휴대전화를 조작하기가 힘들다. 나는 종종 "실수로 판지를 떼지 않고 피자를 구웠는데 먹어도 괜찮을까?" 또는 "계란은 몇 분이나 삶아야 할까?"와 같은 정보가 필요하다. 이때 음성 명령을 활용하는데, 그다지 완벽하지 않은 게 문제다. 전혀 엉뚱한 결과가 나올 때도 많기 때문이다. 물론 음성 인식 기능의 개선도 도움이 될 수 있지만 그보다 문맥을 인식하는 역량을 발전시킨다면 문제를 더 잘 해결할 수 있을 것이다.

사람들이 구글 글래스google Glass에 겁을 먹는 것이 무척 안타깝다. 나는 내가 보는 것을 구글 글래스도 같이 본다는 것에 개의치 않는 편이다.

사실 나는 구글 글래스로 구글 지도 보는 것을 좋아한다. 007 영화의 주인공이 된 것 같은 느낌이다. 하지만 많은 사람들이 내장된 카메라 기능으로 모르는 사이에 자신의 모습이 녹화되지는 않을까 두려워한다. '사이보그'가 근처에 있다는 것도 달가워하지 않는다. 샌프란시스코의 술집과 식당은 구글 글래스를 착용한 사람이 안으로 들어오는 것조차 금지하고 있다.[22] 일부에서는 구글 글래스가 시대를 지나치게 앞서갔고 사람들도 결국은 그 기술에 익숙해질 것이라고 말한다. 강의를 자동으로 녹음하고 학생들 대신에 자동으로 필기를 해주는 '녹음 펜'(라이브스크라이브live-scribe를 비롯한 스마트펜 기기)과 비교하면 구글 글래스는 '필요한 것'이라기보다는 '있으면 좋은 것'에 가깝다. 사람들은 목소리가 녹음되는 것보다는 얼굴이 녹화되는 것을 더 두려워하는 것 같다(소비자용 구글 글래스는 지난 2015년 판매가 중단됐고 산업용 구글 글래스 역시 2023년 3월 판매 중단을 선언했다. ─옮긴이).

오감을 넘어 세상을 바라보는 기술

보통의 오감을 통하는 것보다 세상을 더욱 다채롭게 경험할 수 있다면 우리의 상상력은 얼마나 향상될까? 신경과학자 데이비드 이글먼David Eagleman은 2015년 TED 강연에서 추가적인 감각 경험을 가능하게 하는 기술에 대해 이야기했다.[23] 이 범용 초감각 변환기versatile extra-sensory trans-ducer, VEST에는 소리를 진동으로 변환시킨 극소 전동기가 있다. 이를 적용한 기기로 청각장애인들이 몸을 통해 세상을 '듣는' 능력을 얻게 되었다.

이글먼과 그의 팀은 벤처 자금을 조달해 이 프로젝트를 착용형 기기로 바꾸는 작업을 시작했고[24] 손목에 착용하는 버즈buzz라는 이름의 기기를 개발했다. 이 기기는 주변에서 소리가 날 때마다 착용하고 있는 사람의 피부에 자극을 준다. 이 방법은 인공 달팽이관 이식에 비해 비용과 복잡성에서 우위에 있으며 수술도 필요치 않다. 이글먼과 그의 팀은 이미 오감을 넘어 사람들이 더 많은 감각을 경험하게 하는 '감각 추가'를 시도하고 있다. 그들은 적외선(모기가 볼 수 있는)과[25] 자외선(나비가 볼 수 있는),[26] 트위터 데이터를 VEST에 투사해 이런 데이터의 흐름을 전혀 새로운 방식으로 '보게' 만들었다. 이글먼과 그의 팀은 다른 사람들도 인간의 창의성과 상상력을 증진시키는 더 많은 애플리케이션을 생각해냈으면 하는 바람에서 VEST를 뒷받침하는 코드를 오픈 소스로 공개하기도 했다.[27]

공정성과 도덕을 가르치는 신경 기술

기술은 인간이 이미 가지고 있는 편견에서 벗어나 보다 공정한 태도를 갖는 데 도움을 줄 수 있다.[28] 인간이 편견에 바탕을 둔 결정을 내릴 때면 신체적으로나 행동에 있어서 특정한 표식이 나타나게 된다. 기계는 이러한 표정의 미세한 변화를 기록하고, 눈동자의 움직임을 추적하고, 심박의 변화를 탐지해 정서적 스트레스의 신호, 혼란스럽거나, 지치거나, 감정적으로 어쩔 줄 몰라 하는 상황에 접어들고 있다는 신호를 보낸다. 이후 기계가 개입해서 위험한 과잉 반응이 나타나지 않게 막는다. 2020년 봄, 조지 플로이드George Floyd 사건(미국 미네소타주에서 경찰의 과잉진압으로 비무장 상태의 아프리카계 미국인 남성 조지 플로이드가 사망한 사건—옮긴이)은 인종적 편견에서 비롯된 경찰의 만행에 대한 관심을 불러일으켰다. 스탠퍼드 대학의 제니퍼 에버하트Jennifer Eberhardt와 같은 연구자들은 뇌신경 영상을 이용해 뇌가 편견을 어떻게 처리하고 만드는지 연구했다. 뇌가 위협의 감정을 어떻게 생성시키는지에 대한 문제는 신경 과학계에서 점차 많은 관심을 받고 있다. 특히 성별에 관한 편견에 대해서는 철저한 조사가 이루어지고 있다. 한 연구에 따르면, 이름만 다른 동일한 이력서들 사이에서 남자 이름의 이력서가 여자 이름의 이력서보다 더 자주 적임자로 선택된다고 한다.[29] 도덕적 신경 기술이 이력서를 보기 전에 이름을 가리라고 상기시킨다면 어떨까?

최근 미국의 의료 부문,[30] 주요 기술 기업의 채용,[31] 미국 범죄 프로파일링 소프트웨어에[32] 사용된 AI가 모두 성별, 민족, 인종적 편견을 가지고 있다는 사실을 생각하면, 기술이 우리를 더 도덕적으로 만들 것이라는 말이 이상하게 들릴 수도 있다. 사실 AI는 불평등을 비롯해 너무나도 인간적인 편견을 반영하는 '기존 자료'에서 패턴을 익힌다. 인간은 편향되어 있고 AI는 그 편향된 인간을 통해서 학습하는 것이다. 하지만 우리 자신에 대한 편견을 완전히 근절하는 것보다는 기계의 편견을 바로잡는 일이 더 쉽다. 그런 수정이 언제든 방어할 수 있는 사람이 아닌 기계에게 적용되기 때문이다.

뇌와 컴퓨터를 동기화시키는 기술

기업가 일론 머스크Elon Musk는 대담한 생각을 하는 것으로 유명하다. 머스크는 기존의 결제 시스템을 와해시키는 일(페이팔PayPal)에서 시작해 태양 에너지 사업(솔라시티SolarCity)으로 이동했고, 이어 우주여행(스페이스 XSpace X), 전기 자동차(테슬라Tesla) 사업까지 발을 넓혔다. 머스크는 오래전부터 AI가 우리를 능가할 것이란 우려를(그리고 이길 수 없다면 동참해야 한다는 의견을) 표명해왔다. 바로 이런 생각에서 그와 뉴럴링크Neuralink 팀은 '라식 수술만큼 안전하고 고통 없이 뇌에 컴퓨터를 연결시키는' 방법을 제안했다.[33]

2019년 여름, 머스크와 그의 팀은 뇌 깊숙이 작은 실을 삽입할 수 있는 재봉틀과 비슷한 모양의 로봇을 공개하며 지금까지 이룬 성과를 발표했다. '신경 레이스'neural lace라고 불리는 이 작은 그물망은 두뇌의 기능을 감시하고 기계와 직접 소통할 수 있는 초소형 전극들로 이루어져 있다. 이를 통해 우리는 우리의 지능을 컴퓨터와 통합하고 증폭시킬 수 있다. 이런 공상 과학적 미래가 실현되기 전에, 신경 레이스를 먼저 의료 분야에 적용한다면 다리가 절단된 환자들이 걷고, 청각, 시각, 언어 능력을 상실한 환자들이 능력을 되찾을 수도 있을 것이다.[34]

공상 과학 영역에서 빠르게 현실 과학이 될 부분으로 신경 먼지neural dust라는 것이 있다. 모래알 크기의 이 작은 감지기는 체내 상태에 대한 실시간 데이터를 제공하고(장기의 상태를 보고하고, 식욕을 억제하거나 방광의 기능을 통제하는 '전자약'을 전달하는 등) 두뇌의 전기 신호를 통해 관심 영역과 관련된 정보를 읽을 수도(심지어는 쓸 수도) 있다.[35] 신경 먼지의 가장 큰 장점은 선이 없으며 피하 주사기를 통해 주입할 수 있다는 점이다. 또한 신경 먼지는 밀폐 상태에 있기 때문에 감염이나 전극의 원치 않은 움직임을 피할 수도 있다.[36]

컴퓨터와 소통하는 기기를 이식하는 대신 완전히 새로운 뇌 조직을 배양해서 손상되거나 질병이 발생한 부분을 대체할 수 있다면 어떨까? 뇌 조직을 직접 이식하는 단계까지는 아직 가야 할 길이 멀지만 두 가지 기술이 미래를 조금 더 가깝게 만들었다. 케임브리지 대학의 신경생물학자 매들린 랭커스터Madeline Lancaster와 동료들은 2019년 다능성 줄기 세포를 이용해 기본적인 연구실 장비로 3D '미니 두뇌'를 키우는 데 성공했다. 이 미니 두뇌는 인간의 뇌가 자궁에서 발달하는 방식을 모사해 임신 첫 3개월 동안 관찰되는 형태 및 유전자 발현 패턴과 똑같이 성장한다.[37] 다른 과학자들은 미니 두뇌 구성의 과정을 더 빠르고, 더 정밀하고, 더 정확하며, 궁극적으로 더욱 반복하기 쉽게 만들기 위해 특수 재료를 이용한 3D 인쇄 방법을 연구하고 있다.[38]

영원한 삶을 위한 수명 신경 기술

공상 과학의 현실화를 깊숙이 파고들다 보면 또 다른 대담한 질문에 이르게 된다. 두뇌나 정신을 보전해서 영원히 살 수는 없을까?

우리를 거기까지 데려다줄 몇 가지 매우 다른 접근법이 있다. 단기적으로 실행 가능한 방법은 '디지털 불멸'이고 훨씬 먼 미래에 있는 다른 방법은 '전뇌 모방'whole-brain emulation이다. 일단 전뇌 모방부터 살펴보자.

수십억 달러 규모에 이르는 유럽의 인간 두뇌 프로젝트Human Brain Project와 두뇌의 정확한 배선을 포착하는 데 집중하고 있는 커넥토믹스Connectomics 같은 많은 연구 단체들이 불멸의 코드를 찾기 위한 연구를 진행하고 있다. 그들은 여러 인간의 뇌 구조를 모방하는 것을 목표로 한다. 특정한 뇌 전체 구조를 모방하기 위해서는 우선 죽어야 한다(지금으로서는 그렇다). 넥톰Nectome, 와이컴비네이터Y Combinator의 지원을 받는 신생 기업은 뇌 보존을 위해 살아 있는 동안 대상자로부터 뇌에 방부제를 주겠다는 동의를 받았다.[39] 불치병에 걸렸을 때 외부 조력에 의한 자살이 허용되는 캘리포니아와 같은 곳에서는 이런 일이 합법이다. 하지만 이보다 더 큰 문제는 방부 처리 과정을 통해 사람의 기억이 저장될 만큼 뇌 안의 접속부가 충분히 보존된다고 믿을 만한 과학적인 근거가 있는가이다. 이 회사는 미국국립정신건강연구소National Institute of Mental Health, NIMH로부터 100만 달러에 가까운 자금을 지원받았으며 이 서비스에 관심을 보인 사람들의 대기자 명단까지 있다. 그러나 과거 이 회사의 하청 업체였던 MIT 그룹은 2018년에 이 회사와의 관계를 정리했다.[40] 나는 넥톰에 연락을 취해서 아직 사업을 계속하고 있는지 알아보려 했으나 답변을 받지 못했다.

보다 실행 가능한 접근법인 '디지털 불멸'은 어떨까? 사랑하는 사람이 세상을 떠난 후에도 그들과 문자로 대화를 할 수 있다면? 어떻게? 문자, 이메일, 소셜미디어 메시지 등으로 당신이 생성한 대화 자료의 양을 생각해보라. 그 모든 것을 합친다면 테라바이트 규모의 데이터가 될 것이다.[41] 다음으로 그 데이터를 머신러닝 알고리즘과 결합시켜 다양한 상황에서 당신이 말하는 내용과 말하는 방식을 모형으로 구축한다. 이제 그 알고리즘을 챗봇에 입력하면 그들이 당신처럼 말을 하게 될 것이다. 감상적으로 보이겠지만 실용적인 일이 될 수도 있다. 예를 들어 우주여행을 하고는 싶지만 연약한 몸으로 무중력 상태나 기타 우주여행에서 발생할 온갖 문제를 감당하고 싶지 않다면, 목적지에 도착했을 때만 부팅이 되는 디지털 버전의 나를 만드는 것도 하나의 방법이 될 것이다. 아직은 연구 단계지만(마이크로소프트 리서치Microsoft Research는 디지털 불멸에 관한 프로젝트를 진행하고 있다. MIT미디어랩도 마찬가지다), 실리콘밸리의 신생 업체, 레플리카Replika가 이 문제에 도전장을 내밀었다.[42] 이들 업체는 사랑하는 사람이 남긴 페이스북 페이지를 비롯한 생전에 그 사람의 디지털 생활을 포착해 AI나 챗봇과 결합시킴으로써 살아 있는 사람들이 고인의 디지털 버전과 계속 상호작용할 수 있도록 하는 것을 목표로 삼고 있다. AI와 챗봇 기술이 발전함에 따라 더 많은 사람이 디지털 불멸을 추구하리라 예상된다.

일상을 최적화하는 인지 데이터의 활용

당신에게는 그렇게 매력적인 주제라고 생각되지 않겠지만 내가 가장 흥미를 느끼는 개발 분야는 인지 데이터 분야다. 작업 기억 성과, 주의력, 수면, 심박수, 먹는 것, 운동, 타이핑 속도, 당신이 보낸 이메일의 수와 받은 이메일의 수 등 당신의 뉴로해킹 실험에서 생성될 모든 데이터를 생각해보라. 실험과 추적이 많아질수록 더 많은 데이터가 축적될 것이다. 지금까지 우리가 논의한 실험의 핵심은 어떤 개입이 나에게 가장 적합한지 결정하는 데 필요한 데이터를 생성하는 일이었다. 나는 여기에서 더 나아가 추적 방법이 개선되고, 새롭고 더 나은 인지 검사가 나오고, 개입의 효과가 개선되면서 우리가 진정으로 혁신적인 것을, 즉 정신적 성과를 예측하는 모델을 만들 수 있게 되기를 기대한다.

특정한 날에 정신적 성과의 어떤 측면이 잘 작동하고 어떤 측면의 효과가 떨어지는지 알 수 있다면 어떨까? 더 나아가서 몇 가지 기본 검사만으로 어떤 종류의 개입이 당신에게 가장 효과적이고 어떤 것을 피해야 하는지 알 수 있다면 어떨까? 이러한 성과를 달성하려면 훨씬 더 고도로 개인화된 데이터가 필요하다. 그러나 일단 그런 데이터만 갖게 되면, 우리는 지금은 상상하기도 힘든 방식으로 일상을 최적화할 수 있을 것이다.

다행히도 최근 몇 년간 사적인 빅데이터를 만들 수 있는 도구, 착용형 기기들이 늘어나고 있다. 끊임없이 작동되고 손쉽게 착용할 수 있는 자동 인지 추적 도구가 있다면 나만의 빅데이터를 만들 수 있는 궤도에 오르게 될 것이다. 단순히 걸음 수를 헤아리거나 수면을 모니터하는 기기가 아니라 인지를 추적하는 기기가 있다면 어떨까? 간접적인 생물학적 방식으로(예를 들어 안구의 움직임이나 동공의 크기는 주의력과 각성도를 보여주는 신뢰할 만한 간접 지표다)[43] 혹은 직접적인 행동의 방식으로(시간 추적 소프트웨어를 이용해 할 일을 적으면 소프트웨어가 주기적으로 집중도나 기분에 대한 질문을 한다) 인지를 추적할 수 있을 것이다. 당신이 타이핑을 하거나 화면을 올리거나 내리고, 넘기는 방식을 추적할 수도 있다. 타이핑 속도와 정확성, 당신이 저지르는 실수의 종류, 심지어 당신이 키를 누르는 특정한 방식까지 모두가 당신의 주의력과 정신 상태를 대신해서 보여줄 수 있다. 파킨슨병을 조기에 진단하기 위해 최근에 개발된 소프트웨어가 바로 이런 방식을 사용한다. 이 소프트웨어를 파킨슨병을 진단하는 용도 대신 뇌의 활동이 최고조인 날과 최악인 날이 언제일지 예측하는 용도로 사용하면 어떨까?[44]

우리에게 궁극적으로 필요한 것은 적기의 피드백, 자동 인지 추적, 개인화된 권고다. 이것이 갖추어진다면 신경 기술에서 완전히 새로운 시대가 도래할 것이다. 하지만 개인 인지 데이터를 충분히 가지고 있다고 해도, 정신적 성과가 '최악'인 날들이 당신에게 불리하게 이용될 가능성 때문에 그 정보를 공유하고 싶지 않을 수도 있다. 데이터를 안전하게 보호하려면 이런 데이터 세트는 우리가 원하는 대로 비공개(또는 공개) 상태에 있어야 한다. 정확한 인지 데이터는 매우 강력한 힘을 가질 것이고 우리의 삶을 개선시킬 것이다. 단, 그 데이터가 나쁜 사람의 손에 들어가지 않아야만 한다. 데이터 보호의 시작점은 인지 데이터를 로컬(클라우드가 아닌)에 저장하고 반복적으로 암호화하는 일이다. 분명히 내가 여기서 요약한 것보다 훨씬 더 좋은 해법이 있을 것이다. 이 부문에서도 큰 발전이 기대된다.

'급진적 인지 향상'이 가져올 경제 시스템

신경 기술 기업 커널Kernel 의 창립자인 브라이언 존슨Bryan Johnson 은 2018년 자신의 블로그에 탐욕, 지혜, 기술 혁신에 대해 내가 가지고 있는 두려움과 희망을 그대로 담은 글을 게시했다.[45] 존슨은 두 가지 경제 사이클을 설명했다. 첫 번째는 우리가 현재 처해 있다고 생각되는 사이클이다. 즉, 소셜미디어 앱처럼 우리의 시간과 주의력을 먹이로 삼는 기업의 수익 모델이다. 궁극적으로 이 회사들은 자신들의 이익을 위해 우리의 정신적 성과를 채굴한다. 개인 정보 보호 및 개인 데이터 통제 지침을 강화하기 위한 최근의 조치들이 어느 정도 도움은 되겠지만,[46] 소셜미디어와 인터넷 기업의 기본적인 사업 모델은 그대로 유지되고 있다. 그들은 우리의 시간을 빼앗고 우리가 거기에 주의를 집중하는 동안 우리에 대한 데이터를 수집한다. 결국 우리는 둘 모두에 대한 통제력을 잃는다. 궁극적으로 이 기술 기업들은 우리가 성장하고, 배우고, 발전할 수 있는 시간을 잃어버리는 데에서 경제적인 이득을 얻는다. 존슨은 첫 번째 경제 사이클을 '잉여 인간의 경제 사이클'이라고 설명한다.

고맙게도, 그는 대안까지 구상해두었다. 이 두 번째 경제 사이클에서 우리는 디지털로 우리 자신의 잠재력을 개발하고 우리 행동의 결과에 대

1. 기술 기업이 인간의 주의력을
채굴한다.

6. 디지털 지능의 투자수익률이 상승한다.
인적 개선의 투자수익률은 하락한다.

2. 인간의 정보를 팔아
돈을 번다!

5. 우리 모두가 '제일 별로인
버전의 나'로 전락한다.

3. 기술 기업은 그 돈으로
전 세계의 뛰어난 인재들을 고용한다.

4. 최고의 인재들은 주의력을 채굴하는 보다
효과적인 심리적 넛지nudge(사람들의 선택을 유도하는
부드러운 개입―옮긴이) 방법을 만든다.

한 소유권을 갖는다. 나는 이것을 읽자마자 뉴로해커인 우리가 취하는
행동을 떠올렸다. 우리는 자가 추적과 자가 실험을 할 때 자신의 잠재력
과 자신의 행동을 채굴한다. 자기 데이터 채굴의 단계 뒤에는 존슨이 '급
진적인 인적 개선'이라고 부르는 단계가 온다. 뉴로해커인 우리에게 그
것은 노력의 결실일 것이다. 존슨은 고용주들이 업그레이드된 직원들에
게 더 많은 보상(승진, 상여금, 임금 인상)을 할 것이라고 예측한다.

존슨의 두 번째 그림을 본 후 나는 이런 의문이 생겼다. 뉴로해킹으로
일반적인 고용 관계 밖에서 경제 사이클이 생성된다면? 바로 여기가 긱
경제gig economy(산업현장에서 필요에 따라 사람을 구해 임시로 계약을 맺고 일
을 맡기는 경제 형태―옮긴이)가 생겨날 수 있는 지점이다. 자신을 업그레
이드할수록 더 많은 시간이 생긴다. 당신은 그 시간을 당신의 전문 지식
을 온라인 시장(기업가, 엔지니어, 과학자, 디자이너, 편집자 등을 대상으로 이
미 존재하는 시장)에서 판매하는 데 사용할 수 있다.[49] 유용한 신제품을 발

1. 우리가 우리 자신의 디지털 정보를 채굴한다.
그것은 우리의 소유이며 우리의 재산이 된다.

7. 인적 개선의 투자수익률이 증가한다.

2. 급진적 인적 개선이 시작된다.

6. 더 나은 도구=보다 빠른 자신의
발전, 공동체의 발전

3. 고용주가 개선된 역량의 대가로
더 많은 보상을 한다.

5. 우리의 수익으로 우리는 더 좋은
도구를 구축해 더 많은 정보를 얻고
자신을 더욱 발전시킨다.

4. 우리의 역량이 커지면서
기업이 돈을 번다.

명해서 온라인 시장을 통해 판매하는 방법도 있다.

나는 나의 인지 데이터는 항상 나의 소유여야 한다고 믿지만 필요하다면 사용 허가를 내는 것도 가능하다. 건강 및 라이프 스타일 데이터(매일 취하는 행동, 수면 기록, 식사 기록 등)를 연구원과 공유하는 대가로 돈을 지급하는 앱이 이미 존재한다.[50] 언젠가는 정신적 성과에 대한 당신의 데이터를 공유해서 더 나은 인지적 개입을 개발하도록 할 수 있는 날도 올 것이다. 당신이 시도하는 뉴로해킹 실험이 뉴로해커들을 위한 새로운 경제체계의 원동력이 될 수 있기를 바란다.

가야 할 길은 아직 멀다

나는 인지과학과 신경과학으로 더 많은 돈을 벌 수 있게 된다면 여러 가지 과학적 문제들이 빨리 해결되리라 생각한다. 해결이 필요한 문제에는 어떤 것이 있을까? 지난 몇 년 동안 심리학계에서 가장 안정적이라고 평가를 받았던 연구 결과들에 대한 비판이 일었다. 복제가 불가능하다는 것이 그 이유였다. 일부에서는 이를 '복제 위기'replication crisis 라고 불렀다.[51] 여러 가지 이유가 있겠지만 그중 하나는 표본의 크기와 관련된 문제다. 보통 신경과학과 심리학 실험은 표본의 크기가 작다(대개 연구당 20~50명).[52] 거기에는 연구원들이 더 큰 규모의 연구를 할 만큼 자금을 얻을 수 없는 것도 한몫을 한다. 표본 크기의 문제가 해결되더라도 세계화가 가속화되면서 또 다른 문제에 부딪힐 것이다. 현재 신경과학 및 심리학 논문의 75퍼센트는 미국이나 유럽에서 발표되고 있다.[53] 이런 연구 결과의 대부분은 다른 나라나 다른 대륙의 사람들에게 일반화되지 않을 것이다. 인도 태생의 신경과학자 타라 티아가라잔Tara Thiagarajan 은 인도와 아프리카의 벽촌을 다니면서 그곳에 사는 사람들의 뇌 활동을 연구했다.[54] 그녀의 팀은 그곳 사람들의 뇌 역학이 북미나 유럽의 연구 대상자들(주로 대학생들)과 다르다는 것을 발견했다. 약간이 아니라 몇 배씩 차이가 나기도 했다.[55] 더 큰 집단을 대상으로 한 연구가 이루어져야 할 뿐 아니라 더 다양한 집단에 대한 연구가 이루어져야 한다.

신경 다양성과 개인 간의 차이 때문에 다른 사람의 인지 데이터로는 자신의 데이터를 완벽하게 예측할 수 없다. 당신의 인지 성과를 향상시키려면 오직 당신만의 실험이 필요하다. 자, 이제 집 안에 당신만의 연구실을 만들어보자. 제5부에서는 15분간의 자가 실험들을 알아볼 것이다.

1. 공상 과학 소설이나 영화에서 존재했던 많은 기술들이 실현되고 있다.

2. 유전자 선별이나 유전자 편집이 인지 분야에 적용될 수도 있을 것이다. 하지만 지능과 인지 성과는 오로지 유전으로 결정되지는 않기 때문에 인지 성과를 업그레이드하는 유전적 개입에는 시간이 더 필요하다.

3. 신경 기술은 실행 기능에서의 실수를 줄이고 불필요한 감정의 폭발을 막는다. 새로운 기술이 이미 창의성과 상상력의 향상을 가져올 수 있다는 점을 보여주고 있다.

4. 도덕적 신경 기술은 우리를 더 똑똑하게 만들어줄 뿐 아니라 보다 도덕적으로 만들어줄 수 있다. 정책 결정, 고용, 법 체계 등 다양한 사회적 배경에서 편견의 역할을 감소시킬 수 있다.

5. 기능에 문제가 있는 두뇌 영역을 고치거나 대체하는 새로운 기술을 통해 건강한 정신을 유지하고 신경 조직과 관련된 질병을 치료하고 심지어는 특정 능력의 불멸까지 가능케 할 수 있다.

6. 인지 데이터는 많은 가능성을 갖고 있다. 뉴로해킹 실험에서 얻는 자료를 저장해둔다면 그것을 이용해서 미래의 정신적 성과를 예측할 수도 있게 될 것이다. 이런 데이터는 개인정보이므로 안전하게 보호하고 통제되어야 한다. 한 가지 방법은 개인이 자신의 아이디어, 상품, 창작물을 공개 시장에서 거래하는 새로운 유형의 경제다.

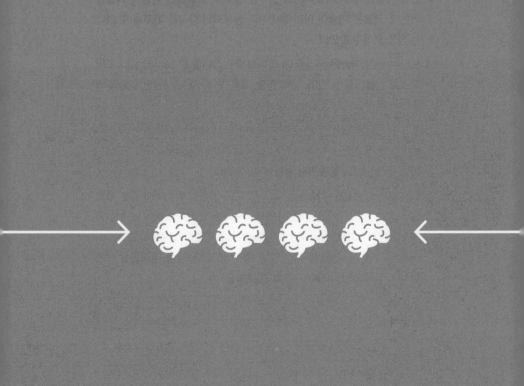

제5부

훈련

: 하루 15분, 산만한 뇌를 기적처럼 스마트하게

제21장

생산성을 높이는
20가지 브레인 해킹 실험

"인생은 하나의 실험이다. 실험이 많아질수록 당신은 더 좋은 사람이 된
다."

─랄프 왈도 에머슨Ralph Waldo Emerson

투자 시간
각자 다름(모든 자가 실험 방법을 읽는다면 51분)

목표
무작위화 기제, 실험 일정, 실험 프로토콜을 선택한다.

축하한다! 드디어 자가 실험을 다루는 장에 도착했다. 당신은 제4장에
설명된 집중─선택─훈련─점검 모델에서 '집중' 단계를 마쳤다. 어떤 정신
적 능력을 업그레이드할지 골랐고 기준이 되는 정신적 성과와 삶의 질에
대한 데이터를 수집했다. 다양한 개입에 대해 알아보았고 바라건대 시
도해보고 싶은 한두 가지를 선택했을 것이다. 자, 이제 자가 실험 계획안,
무작위 추출 일정, 실험 프로그램의 길이를 선택할 시간이다.

다음은 여러 일정표와 자기 평가, 성과 기반 검사, 책 곳곳의 워크시트

를 쉽게 찾을 수 있도록 지름길을 설명해둔 것이다.

1. 자가 실험 일정 샘플은 제4장 '나의 뇌를 브레인 해킹하기 위한 준비' 마지막에 있다.
2. 건강과 라이프 스타일의 병목을 확인하려면 제6장 '뇌를 무너뜨리는 생활 패턴'의 마지막에 있는 자기 평가를 실시한다.
3. 제2부 각 장의 끝에는 네 가지 정신적 능력에 대한 자기 평가 전체와 성과 기반 검사 일부가 있고 내 웹사이트 ericker.com에서 컴퓨터 기반 버전을 찾을 수 있다. 실행 기능의 평가는 제7장, 감정 조절의 평가는 제8장, 학습 및 기억에 대한 평가는 제9장, 창의성에 대한 평가는 제10장에서 찾을 수 있다.

자가 실험 전후나 도중에 삶의 만족도와 실천 점수를 추적하고 싶다면 제12장의 마지막에 있는 설문에 답하고 워크시트를 작성하도록 한다. 이제 첫 자가 실험의 일정에 대해 논의해보자.

무작위화 방법의 선택

자가 실험 계획안을 선택한 후에는 실험이 편향되지 않도록 해야 한다. 항상 무작위화가 필요하지는 않다. 만약 효과를 보기 위해 반복적인 복용이 필요한 실험을 하고 있다면 다른 개입을 통한 무작위화를 실시해선 안 된다. 예를 들어 앞서 언급한 홍경천은 학습 및 기억 능력에 미치는 영향이 나타나기까지 몇 주가 걸린다. 따라서 다른 개입으로 무작위화하지 말아야 한다. 대신 매일 홍경천을 복용하고 기준 점수와 세척 점수와 비교하며 효과가 있는지 확인한다. 두 개입의 단기 효과를 비교하는 a/b 테스트를 할 경우에는 무작위화가 필요하다. 예를 들어 명상과 테트리스 게임이 감정 조절에 미치는 영향을 비교하고 싶다면 무작위화가 꼭 필요하다. 이를 위한 한 가지 방법은 매일 사용하는 개입을 변경하는 것인데, 이 접근법의 단점은 체계적 편향이다. 예를 들어 개입 중 하나가 늘 월요일에 이루어지고 월요일이 항상 스트레스가 가장 많은 날이라면 체계적 편향이 나타날 수 있다. 이런 편향을 피하려면 통계학자들이 '대체 없는 샘플링'이라고 부르는 방법을 사용하면 된다. 실행 직전까지 어떤 유형의 활동을 하게 될지 나조차도 모르게 하는 방식이다. 이로써 긴장감이 유지되고 재미도 있으며 실험의 편향이 약해진다. 다음과 같은 방식으로 적용할 수 있다. 주머니에 서로 다른 색상의 구슬을 넣는다. 각 색상의 구슬이 같은 개수여야 하며 구슬의 총 개수는 자가 실험을 시행하는 일수와 일치해야 한다. 매일 구슬을 하나씩 꺼낸다. 각 색상은 서로 다른 개입을 나타낸다. 색상을 확인한 뒤에는 구슬을 다시 주머니에 넣지 않는다. 이로써 정확한 일수만큼 실험을 진행할 수 있다. 우연히 매일 같은 개입을 적용하게 될 가능성이 있다는 단점이 존재하기는 한다.

'맹검' 실험을 할 수 있는 경우가 있다. 예를 들어 알약이라면 뉴로해킹 동료에게 실제 약과 위약을 일자별로 구분된 약통에 무작위로 넣게 하는 것이다. 동료는 어느 날에 어떤 약을 넣었는지 비밀리에 기록해두어야 한다. 매일 그 날짜에 해당하는 약을 복용한다. 복용을 잊었을 때는 기억나자마자 바로 복용하되 이중으로 복용해서는 안 된다. 실험이 끝나면 동료의 기록을 보고 어느 날 어떤 약을 먹었는지 확인한다.

실험 지속 기간의 선택

나는 이 책에 있는 대부분의 개입에 대해 각각 15~30회 실시할 것을 권한다. 따라서 실험은 30~60일 동안 지속될 것이다. 이렇게 기간을 정한 이유는 '차이식역'just noticeable difference 이라는 생각에서 영감을 받았기 때문이다. 의학에서는 '임상적으로 유의미한 최소한의 차이'라는 개념이 있다.[1] 이게 무슨 말이냐 하면 사람은 변화의 일정한 역치에 이르러야만 둘 사이의 차이를 알아챈다는 얘기다. 당신이 양손을 내밀고 내가 당신 손 위에 내 손을 얹었다고 가정해보자. 이후 나는 손에 압력을 주되 어느 쪽 손인지 말하지 않는다. 압력의 차이가 크면 당연히 당신은 어느 쪽 손에 힘을 주었는지 알아챌 것이다. 하지만 미묘한 차이라면 당신의 추측은 우연과 다를 바가 없다. 당신이 변화를 알아차리는 역치가 바로 '차이식역'이다.

손을 강하게 누를 수도 있고 약하게 누를 수도 있는 것처럼 뉴로해킹 개입의 효과는 눈에 띌 수도 있고 미묘할 수도 있다. 작은 영향을 감지하려면 개입을 더 오래 실행해야 한다. 나는 최소의 표본을 채취하면서도 두 가지 개입 중 더 강력한 것을 정확히 선택할 수 있도록 이 책에 소개된 개입에서 사람들이 받는 평균적인 영향(처리 전 측정값 표준 편차의 약 절반)을 기반으로 컴퓨터 시뮬레이션을 했다. 이렇게 해서 15와 30이라는 숫자가 나온 것이다. 공정하게 말하자면, 이는 대략적인 근사치다. 이 책에서 계속 강조하듯이 사람은 모두 다르기 때문에, 이 숫자가 당신에게 정확히 맞을 것이라고 가정해서는 안 된다. 또한 표본이 적은 것보다는 표본이 많은 것(즉, 실험을 더 오래 실행하는 것)이 항상 더 좋다. 그래야 어떤 결과가 나오든 우연히 얻은 결과가 아니라는 확신을 가질 수 있기 때문이다. 답을 찾기까지 인내가 필요하지만 1년 내내 한 가지 개입에만 매달릴 수는 없는 것도 사실이다. 홍경천처럼 효과를 보기까지 긴 시간이 필요하거나 '로딩' 단계가 있는 개입을 사용할 경우는 15~30일이라는 표준을 꼭 따르지 않아도 된다.

실험 프로토콜의 선택

이 책에 소개된 자가 실험들은 한 가지 자가 개입의 효과를 다른 개입의 효과와 비교하는 데(a/b 테스트) 도움이 되도록 설계되었다. 개입의 효과를 측정할 정신 능력 검사는 1~2분밖에 걸리지 않는다. 따라서 개입 시간이 10분이라면 실험 전체를 실행하는 데 매일 15분 정도면 족하다.

어떤 자가 실험을 할지 선택했다면 준비물 목록에 있는 도구를 구입하거나 만든다. 이후 기준 점수를 측정하고, 실험을 실시하고, 데이터를 기록한다. 세척 기간을 가져야 한다는 것을 잊지 말라. 세척 기간에는 모든 개입을 멈추되 일간 검사로 자신의 상태를 계속 추적해야 한다. 그런 식으로 개입의 효과가 오래 지속되는지 확인할 수 있다. 데이터가 마련되면 다음 장에서 분석 방법을 익히도록 하라.

이 장의 나머지 부분은 마지막의 요점 부분을 이용해서 요리책처럼

	창의성	감정 조절	실행 기능	학습 및 기억
위약	p. 352	p. 362	p. 370	p. 385
운동	p. 354	-	p. 372	p. 387
빛	-	p. 364	p. 375	-
뉴로피드백	-	-	p. 377	p. 389
게임	p. 357	p. 366	p. 379	p. 390
두뇌 자극tDCS	p. 358	-	p. 381	-
약물(누트로픽)	-	p. 367	p. 383	p. 392

사용하도록 하라. 전부를 다 읽을 필요 없이 편하게 훑어보면 족하다.

각 분야별 15분 자가 실험

지금부터 내가 가장 선호하는 자가 실험 20개를 소개한다. 실험은 정신적 목표, 즉 당신이 업그레이드하고 싶은 정신적 능력에 따라 정리되어 있다. 각 실험에는 실행 방법, 만들거나 구입할 재료, 권장되는 개입 쌍(a 대 b)에 대한 설명이 있다. 각각의 자가 실험에는 실험을 개인화시킬 수 있는 방법에 대한 제안도 있다. 마지막으로 각 실험의 비용과 복잡성(잠재적 위험, 필요한 기술 수준 등)이 표시되어 있으니 쉬운 실험부터 시작하고 싶다면 두 영역 모두의 점수가 낮은 실험을 선택하도록 하라.

창의성

다음의 자가 실험들은 정신적 목표 중 창의성에 해당하는 것들이다.

향기 vs. 마법의 말과 향기[2]

이 자가 실험에 대한 보다 자세한 내용은 제13장을 참고하라. 이 실험은 두 가지 개입이 창의성에 미치는 영향을 비교한다. 한 가지 개입에서는 특정한 향기를 맡는다. 또 다른 개입에서는 향기를 맡고 '마법의 말'을 듣는다.

준비물

- 임의성을 위한 구슬
- 감정을 통제하는 느낌을 주는 향기(아래 참조)
- 타이머
- 창의적 경험을 위한 도구. 그림을 그리거나 글을 쓰고 싶다면 종이나 캔버스, 연필, 물감, 붓이 필요할 것이고, 수수께끼를 풀고 싶다면 수수께끼 문제가 필요할 것이다.

비용

- 저(0~50달러)

복잡성

* 저

개인화 방법

* 이 주제에 대한 원래의 연구에서는 계피가 사용되었지만 몇몇 소규모 연구에서는 라벤더, 레몬, 오렌지, 로즈마리, 페퍼민트도 인지력을 향상시켰다. 계피가 아닌 다른 향기를 원한다면 위 다섯 가지 중에서 자유롭게 선택하라. 향기를 내는 방법으로 가장 권장하는 방법은 스프레이형 방향제를 사용하는 것이며 디퓨저를 이용한 에센셜오일, 향주머니, 향초를 사용해도 된다.

방법

1. 매일 추적할 성과 기반 창의성 검사를 선택해 실시한다. 뉴로해커 노트에 점수를 기록한다.
2. 임의적으로 구슬을 골라 그날의 개입이 무엇인지 확인한다.
3. 향기만 맡아야 하는 날이라면 마법의 말은 하지 않는다.
4. 다음 날에는 향기를 맡고 다음과 같은 마법의 말을 한다. "임상 연구는 심신 자가 업그레이드 과정을 통해 상당한 개선이 가능함을 보여주었다. 이 향기를 맡으면 나의 창의성이 향상될 것이다."
5. 10분 동안 창의성을 발휘할 수 있는 과제를 수행한다. 예를 들어 특정 단어나 주제로 짧은 글, 시, 노래 가사를 쓰거나, 집의 인테리어를 바꾸는 상상을 하거나, 눈에 보이지 않는 것을 상상해 그리거나, 인생의 문제에 대해 생각하고 새로운 해법을 브레인스토밍하거나, 퍼

즐이나 수수께끼를 푼다.

6. 계속 향기를 맡으면서 1번의 창의성 검사를 다시 실시한다. 점수를
   기록한다.

걷기 vs. 고강도 인터벌 트레이닝[3]

이 자가 실험에 대한 보다 자세한 내용은 제14장을 참고하라. 이 실험
은 두 가지 개입이 창의성에 미치는 영향을 비교한다. 한 가지 개입에서
는 걷는다. 또 다른 개입에서는 고강도 인터벌 트레이닝을 한다.

준비물

- 임의성을 위한 구슬
- 타이머
- 운동에 적합한 복장과 눕거나 다리를 들거나 걸을 수 있는 공간
- 7분간의 고강도 인터벌 트레이닝을 선택했다면 의자, 팔굽혀펴기와
  윗몸일으키기를 할 수 있는 매트, 운동 자세를 취할 수 있는 벽, 7분
  짜리 고강도 인터벌 트레이닝 앱(혹은 아래 지침을 따른다)

비용

- 저(0~50달러)

복잡성

• 저

개인화 방법

• 부상이나 의학적 문제가 있는 경우에는 운동 요법을 시작하기 전에 의사와 상담하라. 고강도 인터벌 트레이닝이 적합하지 않은 경우라면 대신 걷거나 자전거를 탄다. 단, 고강도 인터벌 트레이닝으로 실시해야 한다. 즉 1분간의 고강도 운동 후에 1분간의 저강도 운동으로 번갈아 실시한다. 요가를 선호한다면 태양경배 자세를 취한다.

나는 존슨앤존슨에서 출시한 '7분 운동'Johnson & Johnson Official 7-Minute Workout 앱을 선호한다. 준비 운동과 정리 운동도 있어서 총 10분이 조금 넘는 운동을 하게 해주기 때문이다. 그 밖에도 질 높은 많은 앱들이 있다.

야외의 자연 속에서 개입을 실행하기로 결정했다면 이 모든 과정을 야외에서 실행해야 한다. 자연 속에 있는 것 자체가 정신적 성과의 향상을 보여주는 개입이다.

방법

1. 매일 추적할 성과 기반 창의성 검사를 선택해 실시한다. 뉴로해커 노트에 점수를 기록한다.

2. 임의적으로 구슬을 골라 그날의 개입이 무엇인지 확인한다.

3. 고강도 인터벌 트레이닝을 해야 하는 날에는 아래 '7분 고강도 인터

벌 트레이닝'의 지시를 따른다.

4. 걷기를 해야 하는 날에는 10분간 걷는다.

5. 1번의 창의성 검사를 다시 실시한다. 점수를 기록한다.

7분 고강도 인터벌 트레이닝[4]

다음은 7분 고강도 인터벌 트레이닝에 대한 지침이다. 운동 전후의 스트레칭을 포함해 총 10분이 걸린다.

1. 다리 올리기 20초, 팔 벌리고 바닥 짚기 20초(양쪽 10개), 몸통 회전 20초(양쪽 10개), 손목 스트레칭 20초(양쪽 10개)

2. 점핑잭 30초, 10초 휴식

3. 월 싯wall sit(일명 투명의자 운동) 30초, 10초 휴식

4. 팔굽혀펴기 30초, 10초 휴식

5. 윗몸일으키기 30초, 10초 휴식

6. 계단 오르기 30초, 10초 휴식

7. 스쿼트 30초, 10초 휴식

8. 트라이셉 딥tricep dip 30초, 10초 휴식

9. 플랭크 30초, 10초 휴식

10. 무릎 올려 뛰기 30초, 10초 휴식

11. 런지 30초, 10초 휴식

12. 푸시업 로테이션 30초, 10초 휴식

13. 사이드 플랭크 한쪽당 15초(총 30초), 10초 휴식

14. 버터플라이 스트레칭 30초, 10초 휴식, 햄스트링 스트레칭 20초(한

쪽당 10초), 사두근 스트레칭 20초(한쪽당 10초), 삼두근 스트레칭 30초(한쪽당 15초)

마인크래프트 vs. DDR[5]

이 자가 실험에 대한 보다 자세한 내용은 제17장을 참고하라. 이 실험은 두 가지 개입이 창의성에 미치는 영향을 비교한다. 한 가지 개입에서는 DDR 게임을 한다. 또 다른 개입에서는 마인크래프트 게임을 한다.

준비물

- 임의성을 위한 구슬
- 모바일, 콘솔, 컴퓨터, 모바일 기기의 마인크래프트 게임(가격은 7~50달러 정도)[6]
- 플레이스테이션, 닌텐도 위, X박스의 DDR
- 타이머

비용

- 중(마인크래프트는 7~50달러, DDR은 약 20달러)

복잡성

- 저~중

개인화 방법

- 마인크래프트와 DDR 게임 둘 다 하는 것을 원하지 않는다면 둘 중 하나를 레이싱 게임으로 대체할 수 있다.

방법

1. 매일 추적할 성과 기반 창의성 검사를 선택해 실시한다. 뉴로해커 노트에 점수를 기록한다.
2. 임의적으로 구슬을 골라 그날의 개입이 무엇인지 확인한다.
3. DDR 게임을 해야 하는 날이라면 10분 동안 실시한다.
4. 마인크래프트 게임을 해야 하는 날이라면 10분 동안 실시한다.
5. 1번의 창의성 검사를 다시 실시한다. 점수를 기록한다.

tDCS vs. 명상[7]

이 자가 실험에 대한 보다 자세한 내용은 제18장을 참고하라. 이 실험은 두 가지 개입이 창의성에 미치는 영향을 비교한다. 한 가지 개입에서는 tDCS를 사용한다. 또 다른 개입에서는 마음 챙김 명상을 한다.

준비물

- 임의성을 위한 구슬

- tDCS 시스템(기기, 양극, 음극, 스펀지, 식염수, 충전 케이블, 머리띠 등)
- 창의적 경험을 위한 도구. 그림을 그리거나 글을 쓰고 싶다면 종이 나 캔버스, 연필, 물감, 붓이 필요할 것이고, 수수께끼를 풀고 싶다면 수수께끼 문제가 필요할 것이다.
- 타이머

비용

- 고(150달러 이상)

복잡성

- 고

개인화 방법

- tDCS 장치를 통해 들어오는 전류의 양을 약간 얼얼하지만 불편하 지는 않을 정도로 조절한다. 바로 얼얼함을 느끼는 사람도 있지만 2밀리암페어에 도달할 때까지 아무 자극도 느끼지 못하는 사람도 있다. 그렇더라도 2밀리암페어를 넘기지 않는다.
당신이 선호하는 창의성 과제를 선택한다. 스트레스를 받거나 지루 함을 느낀다면 다른 창의성 과제를 선택하라.

방법

1. 매일 추적할 성과 기반 창의성 검사를 선택해 실시한다. 뉴로해커 노 트에 점수를 기록한다.

2. 임의적으로 구슬을 골라 그날의 개입이 무엇인지 확인한다.

3. 맹검 처리를 하지 않은 실험을 하고 싶은 경우: tDCS를 사용해야 하는 날이라면 〈좌측 전두엽 피질에 대한 비침습적 tDCS는 도구 사용의 인지 유연성을 촉진한다〉Noninvasive Transcranial Direct-Current Stimulation over the Left Prefrontal Cortex Facilitates Cognitive Flexibility in Tool Use라는 논문에서 설명하는 위치를 선택한다.[8] 자극을 10분간 준다. 마음 챙김 명상을 해야 하는 날이라면 10분간 실시한다.[9] 아래 나오는 지침을 따른다.

4. 맹검 실험을 하고 싶은 경우: 임의적인 일정을 정하고 그걸 혼자서만 알고 있을 친구가 필요하다. '진짜' tDCS를 사용해야 하는 날이라면 친구가 진짜 tDCS를 켜는 설정을 택한다. '가짜' tDCS를 사용해야 하는 날이라면 친구가 기기의 설정을 조절한다. 기기에 가짜 설정이 없다면 친구는 tDCS를 시작했다가 1분 동안 점진적으로 강도를 줄여 꺼야 한다.

5. 두 경우 모두, 개입 후: 창의성을 발휘할 수 있는 과제를 택하되 당신이 전문가인 분야는 제외한다(당신이 그 분야의 전문가라면 이 tDCS 프로토콜이 창의성을 억제할 수 있다). 예를 들어 특정 단어나 주제로 짧은 글, 시, 노래 가사를 쓰거나, 집의 인테리어를 바꾸는 상상을 하거나, 눈에 보이지 않는 것을 상상해 그리거나, 인생의 문제에 대해 생각하고 새로운 해법을 브레인스토밍하거나, 퍼즐이나 수수께끼를 푼다. 10분 동안 이런 활동을 한다.

6. 1번의 창의성 검사를 다시 실시한다. 점수를 기록한다.

마음 챙김 명상

1. 조용한 장소에서 눈을 감고 앉는다.

2. 숨을 깊게 쉬면서 긴장을 푼다.

3. 호흡을 할 때마다 숨이 가슴으로 들어가고 나오는 것, 배가 수축하고 확장하는 것을 느낀다.

4. 감각을 통제하려 하지 말고 앉아 있는 동안 오가는 감각과 생각을 관찰한다.

5. 주의력이 흐트러진다고 느껴지면 부드럽게 다시 주의를 집중한다.

6. 숫자를 세거나 만트라를 반복하면 집중하는 데 도움이 된다.

7. 어려운 감정, 기억, 감각과 마주칠 경우에는 판단을 배제하고 온화한 배려의 마음으로 그들을 마주하도록 노력하라. 고통스러운 생각, 감정, 경험이 떠오른다면 망설이지 말고 더 많은 지원과 도움을 구하도록 하라. 가이드 명상을 지원하는 여러 앱들이 있다. 가장 연구가 많이 이루어진 헤드스페이스Headspace 앱은 체계적인 과정을 제공한다.[10] 인사이트타이머Insight Timer와 같이 무료이면서 사용자 맞춤화가 더 용이한 앱들도 있다.

감정 조절

다음의 자가 실험들은 정신적 목표 중 감정 조절에 해당하는 것들이다.

마법의 말 vs. 마법의 말과 약[11]

이 자가 실험에 대한 보다 자세한 내용은 제13장을 참고하라. 이 실험
은 두 가지 개입이 감정 조절에 미치는 영향을 비교한다. 한 가지 개입
에서는 위약을 복용한다. 또 다른 개입에서는 위약을 복용하고 '마법의
말'을 듣는다.

준비물

- 임의성을 위한 구슬
- 타이머
- 위약. 이름이 알려진 위약 제조업체에서 온라인으로 위약을 주문한
  다. 흰색, 노란색, 파란색, 녹색의 알약을 찾는다(한 알당 약 0.5달러).

비용

- 저(0~50달러)

복잡성

- 저

개인화 방법

- 검사를 하기 전에는 항상 다음의 지시를 따른다: 5분 동안 의도적으
  로 감정적인 고통을 주는 일에 대해 생각한다. 상사의 나쁜 평가, 연

인과의 싸움, 마감일을 어길 수 있다는 걱정, 정치인의 잘못된 행동 등이 있다. 화가 나는 일이 떠오르지 않는다면 스스로를 유혹하는 방법도 있다. 예를 들어 온라인 쇼핑을 하거나 빵을 먹는 것을 자제하고 있다면 의도적으로 유혹적인 상황을 만들어라. 유혹을 마주한 뒤 5분 동안 자신을 통제하기 위해 노력한다.

방법

1. 위약을 복용한다.
2. 5분 동안 의도적으로 감정적인 고통을 주는 일에 대해 생각한다.
3. 매일 추적할 성과 기반 감정 조절 검사를 선택해 실시한다. 뉴로해커 노트에 점수를 기록한다.
4. 358페이지 '창의성 두뇌 자극 실험' 자가 실험에 설명된 마음 챙김 명상을 한다.
5. 임의적으로 구슬을 골라 그날의 개입이 무엇인지 확인한다.
6. 마법의 말을 해야 하는 날이라면 아래와 같이 말한다. "임상 연구는 심신 자가 업그레이드 과정을 통해 상당한 개선이 가능함을 보여주었다. 이 약을 먹으면 나의 감정 조절 능력이 향상될 것이다."
7. 감정 조절 검사를 다시 실시한다. 점수를 기록한다.
8. 주의: 실험이 끝난 뒤에도 감정이 회복되지 않는다면 차분한 음악을 듣거나, 산책을 하거나, 친구와 대화를 나누는 등 스스로를 진정시킬 수 있는 다른 일을 하도록 한다.

청색광 vs. 황색광[12]

이 자가 실험에 대한 보다 자세한 내용은 제15장을 참고하라. 이 실험은 두 가지 개입이 감정 조절에 미치는 영향을 비교한다. 한 가지 개입에서는 청색광을 사용한다. 또 다른 개입에서는 청색광을 제외한 현재 환경에서 사용할 수 있는 조명을 사용한다.

준비물

- 임의성을 위한 구슬
- 청색광: 필립스의 고라이트블루goLITE BLU는 제15장에서 인용한 두 개의 연구에서 사용된 제품이다. 온라인에서 약 80달러에 구입할 수 있다.

비용

- 저~중(0~150달러)

복잡성

- 저

개인화 방법

- 일부 연구에 따르면 매우 하얀 광선도 기분에 비슷한 효과를 낸다. 일반적인 자연 스펙트럼 광선 치료 램프는 가격이 더 저렴하다. 나

는 약 40달러에 베리룩스Verilux의 해피라이트컴팩트퍼스널Happy-light Compact Personal을 주문했다.

눈이 불편함을 느끼지 않을 정도로 빛의 강도를 조절한다. 이후 조절해야 하는 감정 상태를 만들기 위해 스트레스 주는 일에 대해 생각한다. 상사의 나쁜 평가, 연인과의 싸움, 마감일을 어길 수 있다는 걱정, 정치인의 잘못된 행동 등이 있다. 화가 나는 일이 떠오르지 않는다면 스스로를 유혹하는 방법도 있다. 예를 들어 온라인 쇼핑을 하거나 빵을 먹는 것을 자제하고 있다면 의도적으로 유혹적인 상황을 만들어라. 유혹을 마주한 뒤 5분 동안 자신을 통제하기 위해 노력한다.

방법

1. 5분 동안 의도적으로 감정적인 고통을 주는 일에 대해 생각한다.
2. 매일 추적할 성과 기반 감정 조절 검사를 선택해 실시한다. 뉴로해커 노트에 점수를 기록한다.
3. 임의적으로 구슬을 골라 그날의 개입이 무엇인지 확인한다.
4. 청색광을 사용해야 하는 날이라면 청색 조명을 10분간 켜둔다. 황색광을 사용해야 하는 날이라면 황색 조명을 10분간 켜둔다.
5. 감정 조절 검사를 다시 실시한다. 점수를 기록한다.

테트리스 vs. 명상[13]

이 자가 실험에 대한 보다 자세한 내용은 제17장을 참고하라. 이 실험은 두 가지 개입이 감정 조절에 미치는 영향을 비교한다. 한 가지 개입에서는 테트리스를 한다. 또 다른 개입에서는 일기를 쓴다.

준비물

- 임의성을 위한 구슬
- 테트리스 게임(무료)
- 필기구(종이와 연필 혹은 컴퓨터)

비용

- 저(0달러)

복잡성

- 저

개인화 방법

- 테트리스나 일기를 쓰는 것이 마음에 들지 않는다면 대안으로 성인용 네버마인드Nevermind, 어린이용 마이티어, 슈퍼베터 등을 고려해 볼 수 있다.
- 이후 조절해야 하는 감정 상태를 만들기 위해 스트레스 주는 일에

대해 생각한다. 상사의 나쁜 평가, 연인과의 싸움, 마감일을 어길 수 있다는 걱정, 정치인의 잘못된 행동 등이 있다. 화가 나는 일이 떠오르지 않는다면 스스로를 유혹하는 방법도 있다. 예를 들어 온라인 쇼핑을 하거나 빵을 먹는 것을 자제하고 있다면 의도적으로 유혹적인 상황을 만들어라. 유혹을 마주한 뒤 5분 동안 자신을 통제하기 위해 노력한다.

방법

1. 5분 동안 의도적으로 감정적인 고통을 주는 일에 대해 생각한다.
2. 매일 추적할 성과 기반 감정 조절 검사를 선택해 실시한다. 뉴로해커 노트에 점수를 기록한다.
3. 임의적으로 구슬을 골라 그날의 개입이 무엇인지 확인한다.
4. 테트리스를 해야 하는 날이라면 10분간 실시한다.
5. 명상을 해야 하는 날이라면 358페이지 '창의성 두뇌 자극 실험' 자가 실험에 설명된 마음 챙김 명상을 한다.
6. 감정 조절 검사를 다시 실시한다. 점수를 기록한다.

감정 조절 약물 실험

카바 vs. 허브티[14]

이 자가 실험에 대한 더 자세한 내용은 제19장을 참고하라. 이 실험은 두 가지 개입이 감정 조절에 미치는 영향을 비교한다. 한 가지 개입에서는 카바를 마신다. 또 다른 개입에서는 당신이 택한 허브티를 마신다.

준비물

- 임의성을 위한 구슬
- 허브티. 감정의 균형을 느끼는 데 도움을 주는 것이 좋다.
- 식물의 나머지 부분이 아닌 뿌리에서 추출했다는 것이 인증된 '노블'noble 카바를 구입하도록 한다. 제3자 연구소에서 정기적으로 카바 검사를 받는 판매 회사를 찾는다.[15] 카바 라운지에서 구매한다면 가격은 5~8달러이다.[16] 인터넷으로 주문한다면 1회당 4~5달러이며 대용량은 50달러 안팎의 가격으로 구입할 수 있다.[17] 코코넛 밀크와 열대 주스에 섞으면 카바 특유의 흙 맛을 감출 수 있다(적절한 맹검 실험이 가능하다). 이후 통제 집단에는 코코넛 밀크와 열대 주스만 사용한다.[18] 코코아 가루도 맛을 감추는 데 사용할 수 있다. 코코아 가루, 코코넛 밀크, 기타 재료들을 섞어 초콜릿 밀크 카바 스무디를 만들 수도 있다.[19] 맹검 실험을 위해서는 도와줄 친구가 필요하다.
- 주의: 소량만 복용해도 효과가 오래 지속된다. 마시는 형태의 카바를 택하고 싶다면 한 번에 한 잔 이상 마시지 않기를 권한다. 운전을 할 수 있는 사람과 동행하고 얼마나 자주 복용하는지에 세심하게 주의를 기울여라(역 내성의 경향이 있어 많이 마실수록 효과가 강해진다).

비용

- 저(0~50달러)

복잡성

- 중

개인화 방법

- 이후 조절해야 하는 감정 상태를 만들기 위해 스트레스 주는 일에 대해 생각한다. 상사의 나쁜 평가, 연인과의 싸움, 마감일을 어길 수 있다는 걱정, 정치인의 잘못된 행동 등이 있다. 화가 나는 일이 떠오르지 않는다면 스스로를 유혹하는 방법도 있다. 예를 들어 온라인 쇼핑을 하거나 빵을 먹는 것을 자제하고 있다면 의도적으로 유혹적인 상황을 만들어라. 유혹을 마주한 뒤 5분 동안 자신을 통제하기 위해 노력한다.

  이중맹검 실험을 하고 싶다면 위약을 만들어줄 친구가 필요하다. 셀룰로오스 가루를 담은 알약(허브티 대신 사용하는 위약)과 카바 가루를 담은 알약을 같은 개수로 만들어야 한다. 활성 성분과 비활성 성분을 담은 캡슐 각각에 임의성을 위한 구슬 색상을 적는다('빨강', '파랑' 등). 이렇게 해서 구슬을 뽑으면 어떤 알약을 먹어야 할지 알 수 있다.

방법

1. 5분 동안 의도적으로 감정적인 고통을 주는 일에 대해 생각한다.
2. 매일 추적할 성과 기반 감정 조절 검사를 선택해 실시한다. 뉴로해커 노트에 점수를 기록한다.
3. 임의적으로 구슬을 골라 그날의 개입이 무엇인지 확인한다.

4. 허브티를 마시거나 카바를 복용한다. 카바는 효과를 내기까지 15~30분이 걸리므로 두 번째 감정 조절 검사를 하기 전에 간격을 두어야 한다. 그 시간 동안 358페이지 '창의성 두뇌 자극 실험' 자가 실험에 설명된 마음 챙김 명상을 한다.

5. 감정 조절 검사를 다시 실시한다. 점수를 기록한다.

실행 기능

다음의 자가 실험들은 정신적 목표 중 실행 기능에 해당하는 것들이다.

실행 기능 위약 실험

마법의 말 vs. 마법의 말과 소품[20]

이 자가 실험에 대한 보다 자세한 내용은 제13장을 참고하라. 이 실험은 두 가지 개입이 실행 기능에 미치는 영향을 비교한다. 한 가지 개입에서는 흰 실험실 가운을 입고 '마법의 말'을 사용한다. 또 다른 개입에서는 흰 실험실 가운을 입고 '마법의 말'을 사용하지 않는다.

준비물

- 임의성을 위한 구슬
- 흰 실험실 가운
- 타이머

- 필기구(종이와 연필 혹은 컴퓨터)

비용

- 저(0~50달러)

복잡성

- 저

개인화 방법

- 흰 실험실 가운의 대안으로는 여러 가지가 있다. 과학자나 의사보다 더 예리해 보이는 직업이 있는가? 그 직업이라는 것을 인지할 수 있는 제복이나 소품(만년필, 계산기, 청진기, 마법 지팡이, 안경 등)이 있다면 흰 실험실 가운 대신 그것을 사용한다.

방법

1. 매일 추적할 성과 기반 실행 기능 검사를 선택해 실시한다. 뉴로해커 노트에 점수를 기록한다.
2. 임의적으로 구슬을 골라 그날의 개입이 무엇인지 확인한다.
3. 실험실 가운을 입는다.
4. 마법의 말을 해야 하는 날이라면 다음의 말을 따라 한다. "임상 연구는 심신 자가 업그레이드 과정을 통해 상당한 개선이 있음을 보여주었다. 이 가운을 입으면 나의 실행 기능이 향상될 것이다."
5. 15분간 실행 기능과 관련된 과제를 수행한다(예를 들어 제12장의 자기

평가를 사용해 어제의 경과를 평가하고 오늘의 계획을 세운다). 과제를 마치면 뉴로해커 노트에 실행 기능 과제가 어떻게 진행되었다고 느꼈는지 기록한다(1은 형편없다, 3은 보통이다, 5는 완벽하다로 1~5까지의 범위에서).

6. 1번의 실행 기능 검사를 다시 실시한다. 점수를 기록한다.

협응력 운동이나 고강도 인터벌 운동 vs. 운동 없음[21]

이 자가 실험에 대한 보다 자세한 내용은 제14장을 참고하라. 이 실험은 두 가지 개입이 실행 기능에 미치는 영향을 비교한다. 한 가지 개입에서는 협응력 운동이나 고강도 인터벌 운동을 한다. 또 다른 개입에서는 운동을 하지 않는다.

준비물

- 임의성을 위한 구슬
- 타이머
- 운동에 적합한 복장과 눕거나 다리를 들거나 걸을 수 있는 공간
- 7분간의 고강도 인터벌 트레이닝을 선택했다면 의자, 팔굽혀펴기와 윗몸일으키기를 할 수 있는 매트, 월 싯 자세를 할 수 있는 벽, 7분짜리 고강도 인터벌 트레이닝 앱(혹은 아래 지침을 따른다)

비용

• 저(0~50달러)

복잡성

• 중

개인화 방법

• 부상이나 의학적 문제가 있는 경우라면 운동 요법을 시작하기 전에 의사와 상담하라. 고강도 인터벌 트레이닝이 적합하지 않은 경우라면 걷거나 자전거를 탄다. 단, 고강도 인터벌 트레이닝으로 실시해야 한다. 즉 1분간의 고강도 운동 후에 1분간의 저강도 운동으로 번갈아 실시한다. 요가를 선호한다면 태양경배 자세를 취한다.

• 세 가지 운동 중에서 하나를 선택한다: (1) 7분간의 고강도 인터벌 트레이닝, (2) 태권도, (3) 요가. 동작을 적절하게 하고 싶다면 웹사이트의 동영상을 시청할 수도 있고 다음의 지시를 따를 수도 있다.

• 야외의 자연 속에서 개입을 실행하기로 결정했다면 이 모든 과정을 야외에서 실행해야 한다. 자연 속에 있는 것 자체가 정신적 성과의 향상을 보여주는 개입이다.[22]

방법

1. 매일 추적할 성과 기반 실행 기능 검사를 선택해 실시한다. 뉴로해커 노트에 점수를 기록한다.

2. 임의적으로 구슬을 골라 그날의 개입이 무엇인지 확인한다.

3. 운동을 해야 하는 날이라면 당신이 선택한 10분 운동의 지시를 따른다. (아래 운동 지침 참조)

4. 아무것도 하지 않아야 하는 날이라면 10분간 앉아서 휴식을 취한다.

5. 1번의 실행 기능 검사를 다시 실시한다. 점수를 기록한다.

운동 지침

* 7분 고강도 인터벌 트레이닝: 354페이지 고강도 인터벌 트레이닝에 대한 지침을 참조하라.

* 태권도: 아래 14개 동작 각각에 약 43초 소요[23]

  1. 어깨, 팔, 엉덩이 돌리기

  2. 무릎을 돌려서 들어 올리고 바깥쪽과 안쪽으로 당긴다.

  3. 가벼운 제자리 뛰기, 이어 팔 벌려 뛰기

  4. 팔굽혀펴기와 싯 업

  5. 가벼운 제자리 뛰기, 이어 팔벌려뛰기

  6. 다리 올리기(왼쪽, 오른쪽)

  7. 스위치 스탠스, 더블 스위치

  8. 돌려차기

  9. 내려차기

  10. 앞차기

  11. 옆차기

  12. 뒷차기 혹은 역 옆 차기

  13. 뒤 돌려차기

  14. 스쿼트와 사이드 스트레칭

- 요가: 아래의 지시에 따라 호흡을 들이쉬고 내쉰다. 12개 자세 각각
에 50초 소요[24]

  1. 기도 자세-내쉰다

  2. 팔을 들어올린 자세-들이쉰다

  3. 손을 발 옆에 두는 자세-내쉰다

  4. 왼 다리 런지-들이쉰다

  5. 균형 자세-내쉰다

  6. 신체의 여덟 포인트로 경배하는 자세-들이쉰다

  7. 코브라 자세-내쉰다

  8. 균형 자세-들이쉰다

  9. 오른 다리 런지-내쉰다

  10. 손을 발 옆에 두는 자세-들이쉰다

  11. 팔을 들어 올린 자세-내쉰다

  12. 기도 자세-들이쉰다

청색광 vs. 카페인[25]

이 자가 실험에 대한 보다 자세한 내용은 제15장을 참고하라. 이 실험
은 두 가지 개입이 실행 기능에 미치는 영향을 비교한다. 한 가지 개입

에서는 청색광을 사용한다. 또 다른 개입에서는 카페인을 사용한다.

준비물

- 임의성을 위한 구슬
- 청색광 조명
- 40밀리그램의 카페인. 홍차 한 잔, 커피 반 잔, 알약 등이 있다.

비용

- 저~중(0-150달러)

복잡성

- 저

개인화 방법

- 눈이 불편함을 느끼지 않을 정도로 빛의 강도를 조절한다.
- 편향을 통제하기 위해 당신이 선호하지만 지나치게 좋아하지는 않는 카페인(차, 커피, 알약)의 형태를 고른다.

방법

1. 매일 추적할 성과 기반 실행 기능 검사를 선택해 실시한다. 뉴로해커 노트에 점수를 기록한다.
2. 임의적으로 구슬을 골라 그날의 개입이 무엇인지 확인한다.
3. 청색광을 사용해야 하는 날이라면 10분 동안 청색광을 켜둔다. 그 시

간 동안 실행 기능과 관련된 다음의 과제를 수행한다: 제12장의 자기 평가를 사용해 어제의 경과를 평가하고 오늘의 계획을 세운다. 과제를 마치면 뉴로해커 노트에 실행 기능 과제가 얼마나 잘 진행되었다고 느꼈는지 기록한다(1은 형편없다, 3은 보통이다, 5는 완벽하다로 1~5까지의 범위에서).

4. 카페인을 섭취해야 하는 날이라면 그렇게 한다. 30~60분 동안 다른 일을 한다(카페인이 최대의 효능을 내는 데 걸리는 시간). 실행 기능과 관련된 다음의 과제를 수행한다: 10분 동안 어제를 되돌아보고 다음 날의 계획을 세운다. 제12장의 자기 평가를 사용한다. 과제를 마치면 뉴로해커 노트에 실행 기능 과제가 얼마나 잘 진행되었다고 느꼈는지 기록한다(1은 형편없다, 3은 보통이다, 5는 완벽하다로 1-5까지의 범위에서).

5. 1번의 실행 기능 검사를 다시 실시한다. 점수를 기록한다.

실행 기능 뉴로피드백 실험

뉴로피드백 vs. 마음 챙김 명상[26]

이 자가 실험에 대한 보다 자세한 내용은 제16장을 참조하라. 이 실험은 두 가지 개입이 실행 기능에 미치는 영향을 비교한다. 한 가지 개입에서는 뉴로피드백을 사용한다. 또 다른 개입에서는 마음 챙김 명상을 사용한다.

준비물

* 뉴로피드백 헤드셋(150~300달러)과 앱(보통 무료)을 이용하거나 전
  문적인 장비를 사용하는 뉴로피드백 임상 치료사와 예약을 잡는다.
  개인적으로는 캐나다 기업 인터랙슨Interaxon이 제조한 뮤즈 헤드셋
  과 관련 앱을 사용하는 것을 선호한다. 나는 실제 연구에서 이 기기
  를 사용하고 있다.

비용

* 고(150달러 이상)

복잡성

* 중

개인화 방법

* 전문 치료사와 함께 병원에서 실험을 할 것인지, 가정용 기기에 부
  속된 앱 프로그램을 사용할 것인지, 원격으로 치료사와 실험을 하되
  가정용 기기를 사용할 것인지 결정해야 한다. 가정용 기기를 사용하
  기로 결정했다면 기기와 적당한 머리띠를 준비해야 한다.
* 의학적인 문제가 있거나 보다 개인화된 접근법을 원하거나, 더 많은
  돈과 시간을 쓸 의향이 있다면 뉴로피드백 전문가와 일대일로 실험
  을 할 수 있다.

방법

1. 매일 추적할 성과 기반 실행 기능 검사를 선택해 실시한다. 뉴로해커 노트에 점수를 기록한다.

2. 임의적으로 구슬을 골라 그날의 개입이 무엇인지 확인한다.

3. 뉴로피드백을 해야 하는 날이라면 10분 동안 실시한다.

4. 마음 챙김 명상을 해야 하는 날이라면 10분 동안 실시한다. 358페이지 '창의성 두뇌 자극 실험' 자가 실험에 설명된 지시를 따른다.

5. 1번의 실행 기능 검사를 다시 실시한다. 점수를 기록한다.

두뇌 게임 vs. 두뇌 게임[27]

이 자가 실험에 대한 보다 자세한 내용은 제17장을 참조하라. 이 실험은 두 가지 개입이 실행 기능에 미치는 영향을 비교한다. 한 가지 개입에서는 브레인HQ BrainHQ 게임을 한다. 또 다른 개입에서는 듀얼n백 게임을 한다. 듀얼n백을 주된 개입으로 선택할 경우에는 다른 성과 기반 검사를 택해야 한다.

준비물

· 임의성을 위한 구슬

비용

- 0~50달러. 브레인HQ와 듀얼n백은 모두 무료 버전이 있다. 하지만 기능이 많은 것을 이용하려면 비용이 든다.

복잡성

- 저

개인화 방법

- 최고의 결과를 얻기 위해서는 가장 흥미를 갖고 있는 게임을 선택하는 것이 좋다.
- 대안으로 '포탈 2'와 '루모시티'의 효과를 비교할 수도 있다. 10분 동안 한 게임과 십자말 맞추기를 비교할 수도 있다.

방법

1. 매일 추적할 성과 기반 실행 기능 검사를 선택해 실시한다. 뉴로해커 노트에 점수를 기록한다.
2. 임의적으로 구슬을 골라 그날의 개입이 무엇인지 확인한다.
3. 브레인HQ를 해야 하는 날이라면 10분 동안 실시한다.
4. 듀얼n백을 해야 하는 날이라면 10분 동안 실시한다.
5. 1번의 실행 기능 검사를 다시 실시한다. 점수를 기록한다.

tDCS vs. 명상[28]

이 자가 실험에 대한 보다 자세한 내용은 제18장을 참조하라. 이 실험은 두 가지 개입이 실행 기능에 미치는 영향을 비교한다. 이 자가 실험을 위해서는 책의 앞 페이지 문자 기억하기나 컴퓨터 기반 n백 검사를 사용한다. 다른 실행 기능 검사는 변화를 보여줄 가능성이 낮기 때문이다. 한 개입에서는 tDCS를 사용하고 다른 개입에서는 마음 챙김 명상을 한다.

준비물

- 임의성을 위한 구슬
- tDCS 시스템(기기, 양극, 음극, 스펀지, 식염수, 충전 케이블, 머리띠 등)
- 필기구(종이와 연필이나 컴퓨터)
- 타이머

비용

- 고(150달러 이상)

복잡성

- 고

개인화 방법

- tDCS 장치를 사용해 들어오는 전류의 양을 약간 얼얼하지만 불편하

지는 않을 정도로 조절한다. 바로 얼얼함을 느끼는 사람도 있지만 2밀리암페어에 도달할 때까지 아무 자극도 느끼지 못하는 사람도 있다. 그렇더라도 2밀리암페어를 넘기지 않는다.

방법

1. 매일 추적할 성과 기반 실행 기능 검사를 선택해 실시한다. 뉴로해커 노트에 점수를 기록한다.

2. 임의적으로 구슬을 골라 그날의 개입이 무엇인지 확인한다.

3. 맹검 처리를 하지 않은 실험을 하고 싶은 경우: tDCS를 사용해야 하는 날이라면 〈좌측 전두엽 피질에 대한 비침습적 tDCS는 도구 사용의 인지 유연성을 촉진한다〉라는 논문에서 설명하는 위치를 사용한다.[29] 10분간 자극을 준다.

4. 맹검 실험을 하고 싶은 경우: 임의적인 일정을 정하고 그걸 혼자서만 알고 있을 친구가 필요하다. '진짜' tDCS를 사용해야 하는 날이라면 친구가 진짜 tDCS를 켜는 설정을 택한다. '가짜' tDCS를 사용해야 하는 날이라면 친구가 기기의 설정을 조절한다. 기기에 가짜 설정이 없다면 친구는 tDCS를 시작했다가 1분 동안 점진적으로 강도를 줄여 꺼야 한다.

5. 두 경우 모두, 개입 후: 어제를 되돌아보고 다음 날을 계획한다. 제12장의 자기 평가를 사용한다. 과제를 마치면 뉴로해커 노트에 실행 기능 과제가 얼마나 잘 진행되었다고 느꼈는지 기록한다(1은 형편없다, 3은 보통이다, 5는 완벽하다로 1~5까지의 범위에서).

6. 1번의 실행 기능 검사를 다시 실시한다. 점수를 기록한다.

카페인+L-테아닌 vs. 정제 위약[30]

이 자가 실험에 대한 보다 자세한 내용은 제19장을 참고하라. 이 실험은 두 가지 개입이 실행 기능에 미치는 영향을 비교한다. 한 가지 개입에서는 카페인과 L-테아닌을 복용한다. 다른 개입에서는 정제 위약을 먹는다.

준비물

- 임의성을 위한 구슬

- 카페인 100~200밀리그램과 L-테아닌 100~200밀리그램이 담긴 알약을 구할 수 있다. 카페인과 L-테아닌이 결합된 알약은 온라인에서 한 알당 0.15~0.40달러 정도다. 상품평이 좋고 제3자 테스트를 거친 유명 브랜드의 제품을 택하라. 독성을 피하기 위해서라면 값을 좀 더 지불할 가치가 있다.

- 정제 위약: 이름이 알려진 위약 제조업체에서 온라인으로 위약을 주문한다(한 알당 약 0.5달러).

- 이중맹검 실험을 하고 싶다면 위약을 만들어줄 친구가 필요하다. 셀룰로오스 가루를 담은 알약(위약)과 카페인과 L-테아닌을 섞은 알약을 같은 개수로 만들어야 한다. 활성 성분과 비활성 성분을 담은 캡슐 각각에 임의성을 위한 구슬 색상을 적는다('빨강', '파랑' 등). 이렇게 해서 구슬을 뽑으면 어떤 알약을 먹어야 할지 알 수 있다.

비용

- 저(0~50달러)

복잡성

- 저

개인화 방법

- 카페인에 민감한 사람이라면 100밀리그램부터 시작해보는 것이 좋다. 평균적인 성인의 하루 최대 카페인 사용량은 약 400밀리그램이다. 임신부의 경우 미국산부인과학회가 권장하는 카페인 양은 하루 100~200밀리그램이다.

방법

1. 매일 추적할 성과 기반 실행 기능 검사를 선택해 실시한다. 뉴로해커 노트에 점수를 기록한다.
2. 임의적으로 구슬을 골라 그날의 개입이 무엇인지 확인한다.
3. 알약을 하나 먹는다. 30~60분 동안 다른 일을 한다. 카페인이 최대의 효능을 내는 데 걸리는 시간이다. 이후 실행 기능과 관련된 다음의 과제를 수행한다: 10분 동안 어제를 되돌아보고 다음 날의 계획을 세운다. 제12장의 자기 평가를 사용한다. 과제를 마치면 뉴로해커 노트에 실행 기능 과제가 얼마나 잘 진행되었다고 느꼈는지 기록한다(1은 형편없다, 3은 보통이다, 5는 완벽하다로 1-5까지의 범위에서).
4. 1번의 실행 기능 검사를 다시 실시한다. 점수를 기록한다.

학습 및 기억

다음의 자가 실험은 정신적 목표 중 학습 및 기억에 해당하는 것들이다.

마법의 말 vs. 시각화[31]

이 자가 실험에 대한 보다 자세한 내용은 제13장을 참고하라. 이 실험은 두 가지 개입이 학습 및 기억에 미치는 영향을 비교한다. 한 가지 개입에서는 시각화와 '마법의 말'을 이용해서 학습을 한다. 또 다른 개입에서는 실제 몸을 움직이는 연습으로 학습을 한다(보통의 방식).

준비물

- 임의성을 위한 구슬

비용

- 저(0~50달러)

복잡성

- 저

개인화 방법

- 열의를 가지고 배울 만한 과목을 선택한다. 이 자가 실험을 위해서

는 기타나 피아노 연주, 새로운 춤 등 신체적 움직임이 있는 기술을 선택하는 것이 좋다.

• 임의성의 대안으로 일주일 동안은 시각화를 사용하고 다음 일주일 동안은 시각화를 사용하지 않는(실제 몸을 움직이는 연습) 방법이 있다. 이런 식으로 실험을 할 경우에는 각 주의 시작과 끝에 검사를 실시해서 각 방법의 성과를 비교할 수 있도록 해야 한다. 어떤 방법을 선택하든 이런 식으로 연습을 반복해서 각 유형의 개입을 15~30회 실시해야 한다.

방법

1. 매일 추적할 성과 기반 학습 및 기억 검사를 선택해 실시한다. 뉴로해커 노트에 점수를 기록한다.

2. 임의적으로 구슬을 골라 그날의 개입이 무엇인지 확인한다.

3. 시각화를 해야 하는 날이라면 '마법의 말'을 하는 것부터 시작한다. "임상 연구는 심신 자가 업그레이드 과정을 통해 상당한 개선이 가능함을 보여주었다. 시각화로 나의 학습 능력과 기억력이 향상될 것이다." 이후 몸을 움직이지 않고 해당 기술을 연습한다. 눈을 감고, 몸을 움직이지 않은 상태로 10분간 해당 활동을 하는 것을 상상한다.

4. 시각화를 하지 않는 날이라면 10분 동안 일반적인 방식으로 실제 몸을 움직여서 연습을 한다.

5. 1번의 학습 및 기억 검사를 다시 실시한다. 점수를 기록한다.

고강도 인터벌 트레이닝 vs. 꾸준한 운동[32]

이 자가 실험에 대한 보다 자세한 내용은 제14장을 참고하라. 이 실험은 두 가지 개입이 학습 및 기억에 미치는 영향을 비교한다. 한 가지 개입에서는 고강도 인터벌 트레이닝을 한다. 또 다른 개입에서는 꾸준한 속도로 운동을 한다.

준비물

- 임의성을 위한 구슬
- 타이머
- 운동에 적합한 복장과 눕거나 다리를 찰 수 있는 공간
- 7분간의 고강도 인터벌 트레이닝을 선택했다면 의자, 팔굽혀펴기와 윗몸일으키기를 할 수 있는 매트, 월 싯 자세를 할 수 있는 벽, 7분짜리 고강도 인터벌 트레이닝 앱

비용

- 저(0-50달러)

복잡성

- 저

개인화 방법

- 열의를 가지고 배울 만한 과목을 선택한다.
- 부상이나 의학적 문제가 있는 경우라면 운동 요법을 시작하기 전에 의사와 상담하라. 고강도 인터벌 트레이닝에서는 '고강도' 구간에서 얼마나 빠른 속도로 운동을 할지, '저강도' 구간에서는 얼마나 천천히 운동을 할지 결정해야 한다.
- 당신의 몸 상태와 관심도에 맞추어 꾸준한 속도로 할 수 있는 유형의 운동을 선택한다: 자전거 타기, 걷기, 달리기
- 야외의 자연 속에서 개입을 실행하기로 결정했다면 이 모든 과정을 야외에서 실행해야 한다. 자연 속에 있는 것 자체가 정신적 성과의 향상을 보여주는 개입이다.

방법

1. 매일 추적할 성과 기반 학습 및 기억 검사를 선택해 실시한다. 뉴로해커 노트에 점수를 기록한다.
2. 임의적으로 구슬을 골라 그날의 개입이 무엇인지 확인한다.
3. 고강도 인터벌 트레이닝을 해야 하는 날에는 354페이지 고강도 인터벌 트레이닝에 대한 지침을 참조하라.
4. 꾸준한 속도의 운동을 해야 하는 날에는 10분 동안 저-중속(쉽게 대화를 이어갈 수 있어야 한다)으로 자전거를 타거나, 걷거나, 달린다.
5. 1번의 학습 및 기억 검사를 다시 실시한다. 점수를 기록한다.

뉴로피드백 vs. 명상[33]

이 자가 실험에 대한 보다 자세한 내용은 제16장을 참조하라. 이 실험은 두 가지 개입이 학습 및 기억에 미치는 영향을 비교한다. 한 가지 개입에서는 뉴로피드백을 사용한다. 또 다른 개입에서는 마음 챙김 명상을 사용한다.

준비물

- 임의성을 위한 구슬
- 뉴로피드백 헤드셋(150~300달러)과 앱(보통 무료)을 이용하거나 전문적인 장비를 사용하는 뉴로피드백 임상 치료사와 예약을 잡는다.
- 10분간의 가이드 명상(유튜브나 무료 앱)

비용

- 고(150달러 이상)

복잡성

- 중

개인화 방법

- 전문 치료사와 함께 병원에서 실험을 할 것인지, 가정용 기기에 부속된 앱 프로그램을 사용할 것인지, 원격으로 치료사와 실험을 하되

가정용 기기를 사용할 것인지 결정해야 한다. 가정용 기기를 사용하기로 결정했다면 기기와 적당한 머리띠를 준비해야 한다.

- 의학적인 문제가 있거나 보다 개인화된 접근법을 원하거나, 더 많은 돈과 시간을 쓸 의향이 있다면 뉴로피드백 전문가와 일대일로 실험을 할 수 있다.

방법

1. 매일 추적할 성과 기반 학습 및 기억 검사를 선택해 실시한다. 뉴로 해커 노트에 점수를 기록한다.
2. 임의적으로 구슬을 골라 그날의 개입이 무엇인지 확인한다.
3. 뉴로피드백을 해야 하는 날이라면 10분 동안 실시한다.
4. 마음 챙김 명상을 해야 하는 날이라면 10분 동안 실시한다. 358페이지 '창의성 두뇌 자극 실험' 자가 실험에 설명된 지시를 따른다.
5. 1번의 학습 및 기억 검사를 다시 실시한다. 점수를 기록한다.

학습 및 기억 게임 실험

간격 반복 vs. 전형적인 학습 방법[34]

이 자가 실험에 대한 보다 자세한 내용은 제17장을 참고하라. 이 실험은 두 가지 개입이 학습 및 기억에 미치는 영향을 비교한다. 한 가지 개입에서는 간격 반복 소프트웨어를 사용해 새로운 내용을 학습한다. 또 다른 개입에서는 전형적인 학습 방법(실제 암기용 카드)을 사용한다. 이런 개입은 학습 보조 도구이기 때문에 그 도구를 사용하는 동안에만 내용을 학습하는 방법에 영향을 줄 뿐 전반적인 학습에 영향을 주지는 않는다. 학습된 내용에 한하여 자신의 변화를 검사하는 것이지 당신의 학습 및 기억 능력 자체를 검사하는 것이 아님을 염두에 두어야 한다.

준비물

- 간격 학습 앱
- 암기 카드를 만들 도구(종이, 매직펜)

비용

- 저(0~50달러)

복잡성

- 저

개인화 방법

- 당신에게 가장 적합한 가격대와 스타일의 간격 학습 앱을 고른다. '안키'가 가장 잘 알려져 있고 무료지만 다른 선택지도 많다.
- 배우고 싶은 학습 주제를 선택한다. 외국어나 과학처럼 새로운 단어나 개념이 많은 분야여야 한다. 과목에 대해 여덟 가지 이상의 검사가 가능해야 학습 과정을 평가할 수 있다. 학습하려는 단어나 개념을 절반으로 나눈다. 절반은 간격 반복을 사용해서 학습하고, 절반

은 전형적인 학습 방법을 사용해 학습한다.

방법

1. 기준 검사를 통해 학습하려는 주제에 대한 지식을 평가한다.

2. 동전을 던져 간격 학습으로 공부를 시작할지 전형적인 학습 방법으로 시작할지 결정한다.

3. 동전 던지기로 결정된 개입을 이용해 공부를 시작한다. 일주일 동안 매일 그 개입을 사용해 15분간 공부를 한다. 매일 몇 개의 단어를 공부했는지 뉴로해커 노트에 기록한다. 한 주가 마무리되면 그 주에 얼마나 많은 공부를 했는지 검사한다.

4. 다음 주에는 다른 개입으로 전환한다. 번갈아서 8주 이상 실시한다.

5. 자가 실험이 끝나면 두 가지 개입을 사용해서 얼마나 많은 단어를 학습했는지 비교한다. 각 주가 끝나는 시점에 한 검사에서 성적이 얼마나 좋았는지 비교한다. 어떤 개입이 더 나은 학습 결과로 이어졌는가?

바코파몬니에리 vs. 위약[35]

이 자가 실험에 대한 보다 자세한 내용은 제19장을 참고하라. 이 실험은 두 가지 개입이 학습 및 기억에 미치는 영향을 비교한다. 한 가지 개입에서는 바코파몬니에리를 복용한다. 또 다른 개입에서는 위약을 복용한다.

준비물

- 임의성을 위한 구슬
- 바코파몬니에리
- 지방이 많은 음식이나 음료
- 위약: 이름이 알려진 위약 제조업체에서 온라인으로 위약을 주문한다(한 알당 약 0.5달러).
- 이중맹검 실험을 하고 싶다면 위약을 만들어줄 친구가 필요하다. 셀룰로오스 가루를 담은 알약(위약)과 바코파몬니에리를 담은 알약은 같은 개수로 만들어야 한다. 활성 성분과 비활성 성분을 담은 캡슐 각각에 임의성을 위한 구슬 색상을 적는다. 이렇게 해서 구슬을 뽑으면 어떤 알약을 먹어야 할지 알 수 있다.

비용

- 저(0~50달러)

복잡성

- 저

개인화 방법

- 일부 뉴로해커는 바코파몬니에리 복용 후에 구역질, 경련, 붓기, 설사를 경험한다. 따라서 반드시 지방을 함유한 식사와 함께 복용해서

적절히 흡수되도록 한다(주로 정제 버터를 이용한다).[36] 많은 사람들이 복용 후 긴장이 풀리고 약간 졸린 느낌을 보고하므로 밤에 복용하도록 한다.[37]

방법

1. 매일 추적할 성과 기반 학습 및 기억 검사를 선택해 실시한다. 뉴로해커 노트에 점수를 기록한다.

2. a/b 검사 설계는 권장하지 않는다. 기준 기간과 세척 기간을 비교해 어떤 개입이 효과가 있는지 확인한다.

3. 연구에 따르면 바코파몬니에리를 복용한 후 거의 즉각적으로 불안의 수준이 감소한다. 하지만 기억력 향상은 참가자가 12주 이상 복용했을 때 나타났다.[38] 때문에 학습 및 기억에 영향이 있는지 검사하기 위해서는 12주 이상 복용해야 할 것이다.

핵심 포인트

1. 정신적 목표와 개입을 결정한다.
2. 임의성을 위한 방법과 자가 실험의 지속 기간을 선택한다.
3. 20개의 실험 프로토콜 중에 선택한다.

제22장

새롭게 태어난 뇌를
확인하는 법

"성공은 실패를 거듭해도 열정을 잃지 않는 능력이다."

—윈스턴 처칠Winston Churchill

투자 시간

6분

목표

산출된 데이터를 분석하고 다음 조치를 고려한다.

지금까지 당신은 여러 자가 실험을 하고 데이터를 수집했다. 정신적 성과가 개선되었다는 느낌은 있지만 계산을 통해서 정말로 효과가 있는지 확인하고 싶은가? 그렇다면 당신이 수집한 데이터를 어떻게 분석해야 할까? 두 가지 방식, 통계적 방식과 그래픽 방식이 유용할 것이다.

그래픽 방식부터 시작해보자. '백문이 불여일견'이라고 하지 않는가! 우리 뇌에서 숫자를 이해하는 영역은 시각적 처리를 맡은 영역에 비해 그 양이 적으며 최근에 진화했다.[1] 뇌가 글과 같은 기호로 된 정보를 처리하려면 시각 정보를 처리할 때보다 훨씬 긴 시간이 필요하다.[2] 많은 사람들이 숫자를 기반으로 판단하는 것을 불편하게 여기지만 그림에 대한 판단은 편안하게 느낀다. 그러므로 이제부터 그림을 그리고 통계는 잊기로 하자.

평균에 속지 말고 추세를 보라

표에는 추세trend, 기복wobble, 수준level의 세 가지가 나타난다.[3] 추세는 측정점이 전체적으로 상승하는 것처럼 보이는지 하강하는 것처럼 보이는지를 말한다. 기복은 점들이 서로 얼마나 가까이 모여 있는가를 의미한다. 수준은 모든 점의 대략적인 평균을 말한다.

먼저 x축에 날짜를 넣고 y축에 검사 성과를 넣는 그래프를 만들어야 한다. 어떤 스프레드시트 프로그램을 사용하든 상관없다. 기준 기간, 개입 기간, 세척 기간의 측정점에 다른 색을 사용하거나(예를 들어 적색, 녹색, 청색) 다른 기호를 사용한다. 다음으로 세 기간의 그래프를 확인한다. 시간이 지남에 따라 성과가 개선되는 것처럼 보이는가? 기준 기간 후반에 정체기에 도달했나? 이후 개입 기간 동안 다시 상승했나? 세척 시간 동안 거의 동일한 상태를 유지했는가? 그렇다면 그 개입이 매우 효과가 있다는 의미다. 이는 단 한 가지 개입만을(바코파몬니에리처럼 학습 및 기억에 효과를 내기까지 수 주일이 걸리는 누트로픽) 적용했다고 가정한 것이다. 개입이 정말로 정신적 성과를 개선하고 있는지 어떻게 평가해야 할까? 정신적 성과 검사의 평균 점수를 택해야 할까? 아직은 아니다.

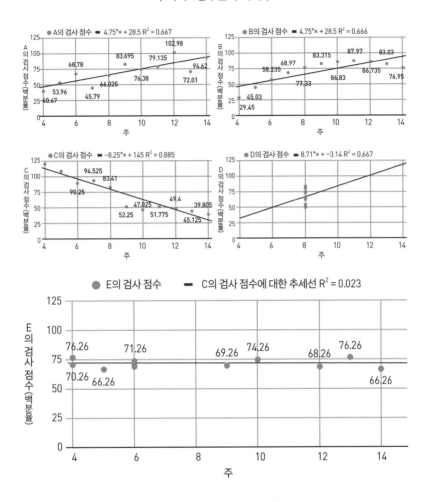

여기서 평균에 대해 잠시 논의해보자. 우리는 평균에 무척 쉽게 속는 다. 내가 먼저 데이터를 그래프로 그려보라고 적극적으로 권하는 이유 도 여기에 있다. 평균이 왜 오해를 낳는지, 전체 실험 그래프를 분석할 때 더 많은 것을 알게 되는 이유가 무엇인지 확인하기 위해서 내가 만든 '리커 5중주단'의 사례를 살펴보자.[4] 위 그래프는 표본 자가 실험 데이터다. 이들 중에서 개입이 효과가 있었던 경우는 언제라고 생각하는가? 결론을 내릴 수 없는 경우는 언제인가?

'A가 상승세이므로 개입이 도움이 되는 것 같다'라고 답한다면 제대로 된 방향으로 가고 있는 것이다. B의 경우 처음에는 상승세였지만 10주차 이후 하락이 시작된 것으로 보아 개입이 감소했을 수 있다. C는 하락세로 보이므로 개입이 성과를 악화시키는 것 같다. D는 측정의 대부분이 같은 날(첫날) 이루어졌기 때문에 결론을 내릴 수 없다. 14주의 마지막 점수가 대단히 높긴 하지만 시간이 너무 차이가 나서 개입이 아닌 다른 상승 원인이 있었을 수 있다.

서로 달라 보이는 이들 그래프에는 공통점이 하나 있다. 이미 짐작하고 있는지 모르겠지만 이들의 평균은 71.25퍼센트로 정확히 같다. 전혀 다르게 보이지만 평균 수치가 같은 표들을 여러 개 보여준 이유는 중요한 사실을 강조하기 위해서다. 평균만 봤더라면 모두가 비슷한 실험이라고 생각했을 것이다. 실제로는 A와 B는 전망이 좋은 개입이지만 다른 것들은 그렇지 않다. 그러므로 평균에 속지 말라. 평균이나 다른 통계치를 계산하기 전에 데이터의 산포도, 즉 흩어진 정도를 살펴야 한다. 그렇지 않으면 중요한 추세를 간과하게 된다. 진짜 중요한 이야기는 추세에 있는 경우가 많다.

마지막의 E의 그래프를 보자. 개입이 어떤 영향을 주었다는 결론을 내렸는가? 굳이 통계치를 내지 않고 약간의 상승과 약간의 하락이 균형을 이루고 있는 것을 보기만 해도, 이 개입의 영향이 거의 없다는 것을 짐작할 수 있다. 자가 실험 후에 데이터가 이런 모습을 띤다면 이 개입이 당신에게 큰 영향이 없다고 결론 내려도 된다.

이번에는 a/b 실험을 해석하는 방법을 알아보자. 두 개의 다른 개입을 무작위화하는, 예를 들면 명상과 테트리스 게임의 영향을 비교하는 유형의 실험이다.

여기에서 궁금한 부분은 두 가지 수치다. 하나는 개입 후의 즉각적인 변화고 다른 하나는 장기적 변화(나는 다음의 예에서 이것을 '익일' 영향이라고 부를 것이다)다. 즉각적인 변화는 개입 이전에 실시한 검사에서 나온 성과 점수와 개입 직후 검사한 성과 점수의 차이다. 두 번째 점수가 첫 번째 점수보다 낮다면 개입이 즉각적으로 능력을 감소시켰다고 추론할 수 있다. 이런 패턴이 경험 전체에 걸쳐 지속되는지 확인하려면 전체 실험에서 모든 즉각적 변화를 그래프로 그려보아야 한다.

반대로 장기적인 변화를 확인하려면 다른 조치가 필요하다. 다음 뉴로해킹 회차를 시작할 때 같은 성과 평가를 실시하면 그 개입의 장기적인 영향을 측정할 수 있다. 이후 즉각적인 변화를 살펴볼 때처럼 전체 실험의 모든 '익일' 수치를 그래프로 그린다. 어떤 패턴이 보이는가? 예를 들어보자. 월요일에 당신의 개입 전 점수는 10점이고 개입은 운동이었으며 개입 후 점수는 8점이라고 가정해보자. 즉각적으로 2점이 감소했다. 화요일에 당신의 개입 전 점수가 12점이라면, 월요일의 개입 전 점수 10점과 비교 해 '익일' 영향은 2점 상승이다.

a/b 검사 설계를 사용했다고 가정하면 두 개입의 성과를 서로 비교하고 싶을 것이다. 각 개입의 영향은 다른 개입의 통제군 역할을 한다. 그러므로 그들의 성과를 서로 비교하려면 각 개입의 '즉각적 차이'와 '익일 영향'을 그래프로 그려서 비교해야 한다.

각 개입이 당신에게 얼마나 영향을 미치는지, 그 영향이 우연이 아닌지 파악하려면 몇 가지 통계 도구를 사용해야 한다. 내 웹사이트에 있는 뉴로해킹 실험 분석을 좀 더 직관적으로 만들기 위한 추가적인 권고 사항을 확인하라. 다음은 a/b 유형 실험으로 얻을 수 있는 그래프의 예시다. 첫 번째 그래프는 교차 무작위화 설계의 원 데이터를 보여준다. 개입

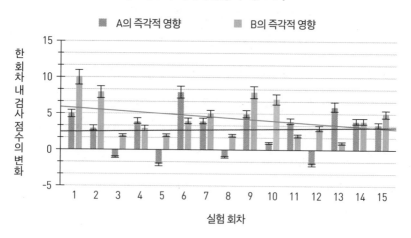

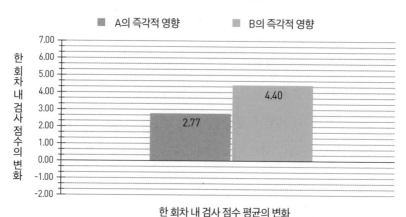

한 회차 내 검사 점수 평균의 변화

기간 동안 수집된 데이터를 보여주는 것이다. 두 번째 그래프는 개입 B 와 비교한 개입 A의 즉각적 영향의 평균을 보여준다.

결정과 다음 단계

'점검' 단계에서 당신의 실험이 얼마나 효과가 있었는지 파악하게 될 것이다. 어떤 개입이 보다 즉각적으로 당신의 정신적 목표를 개선하는 데 도움을 주었는지 발견할 수 있다. 모든 정신적 영역, 건강과 라이프 스타일, 삶의 만족도와 실천 점수를 재평가하기 때문에 보다 광범위한 측면에서 당신이 얼마나 변화했는지도 알 수 있게 된다.

전반적으로 많은 영역에서 개선이 있었고 목표로 한 능력이 향상되기는 했지만 여전히 그 부분이 병목이라는 것을 발견했다고 가정해보자. 그런 경우에는 그 능력을 계속 업그레이드하는 데 집중해야 한다. 만약 실험에서 다른 개입보다 목표 향상에 도움이 된 개입이 있었다면, 당분간은 더 효과적인 개입을 사용하는 데 집중하라. 너무 지루해졌다는 느낌이 들거나 목표로 한 능력이 더 이상 당신에게 병목이 아니라고 느낀다면 자가 실험 프로세스를 다시 시작할 때가 된 것이다.

1. 먼저 그래프를 그리고 통계치를 이후에 계산한다. 성과에 대한 보다 직관적인 해석이 가능할 것이다. 특히 그래프는 우리가 평균에 속지 않도록 도와준다.

2. 각 개입의 효과가 얼마나 좋은지 비교하려면 '변화 점수'를 계산해야 한다.

3. 기준, 개입, 세척 기간 동안 어떤 성과를 냈는지 요약해서 보여주는 수치를 찾는다면 받은 점수의 평균을 내거나 차점(최고점은 요행일 수 있으므로)을 사용한다.

더 나은 뇌를 위한
탐색은 계속된다!

"과학은 조직화된 지식이다. 지혜는 조직화된 삶이다."

－임마누엘 칸트Immanuel Kant

투자 시간

5분

목표

당신이 얼마나 먼 길을 걸어왔는지 기억하고 앞으로의 모
험을 위한 마지막 도구들을 알아본다.

축하한다. 당신은 뉴로해킹 여정의 첫걸음을 내딛었다. 이 장에서는 우
리가 논의한 과정의 개요를 정리할 것이다. 참여할 수 있는 다른 뉴로해
커들의 커뮤니티에 대해서도 알아볼 것이다. 뉴로해커인 동시에 성숙한
시민이 될 수 있는 방법에 대해서도 생각해볼 것이다.

지금까지 걸어온 꽤 먼 길을 한번 쭉 돌아보도록 하자.

제1부에서는 다양한 유형의 뉴로해커들을 소개했다. 뉴로해커들이
뇌 발달에 매우 놀라운 통제력을 갖고 있으며 각자의 뇌에, 심지어 한 사

람의 뇌에도 상당한 차이가 생길 수 있다는 것을 배웠다. 바로 그런 이유로 자가 실험이 우리가 원하는 방식으로 뇌를 변화시키는 열쇠가 되는 것이다. 자가 실험의 방법에 대해서도 함께 배웠다.

제2부에서는 두뇌 업그레이드의 네 가지 목표, 즉 실행 기능, 감정 조절, 학습 및 기억, 창의성에 대해 이야기했다. 이들 각각의 영역은 전문가의 도움으로 개선될 수 있을 뿐 아니라 혼자 집에서도 역량을 키울 수 있다. 이런 능력을 향상시키는 데 사용할 수 있는 가정용 검사 방법에 대해서 소개했다. 이 네 가지 외에 건강이나 라이프 스타일에서 정신적 비효율을 일으키는 여러 드러나지 않는 원인들이 있으며 그런 근본 원인을 제거함으로써 정신적 업그레이드가 가능하다는 이야기도 했다. 마지막으로 정신적 역량 개선 여부를 추적할 수 있도록 삶의 만족도 점수와 실천 점수를 추적하는 방법도 이야기했다.

제3부에서는 가정에서 혼자서 할 수 있는 기초적인 개입과 도구에 대해 알아보았다. 위약 효과, 청색광이 커피보다 좋은 효과를 낼 수 있다는 것, 뇌파를 기록하고 조종하는 방법이 정신적 성과를 상당히 높일 수 있다는 것 등이다. 어떻게 게임이 당신을 더 똑똑하게 만드는지에 대해서도 살펴봤다.

제4부에서는 보다 진보한, 한편으로는 좀 더 위험한 개입에 대해 살펴봤다. 머리에 전류를 흘려보내는 것이 그렇게 바보 같은 일이 아니라는 것, 두뇌가 보다 매끄럽게 작동하도록 만들기 위해 택할 수 있는 제품의 종류, 혁신적인 기술들에 대해서 배웠다.

제5부에서는 정신적 목표에 따라 정리된 각 개입의 실행법을 살펴봤다. 개입과 관련한 권장 사항, 정신적 성과 데이터를 수집하고 파악하는

데 도움이 되는 도구를 찾을 수 있다.

마지막으로 전할 다섯 가지 중요한 팁이 있다.

첫째, 책임감을 유지하게 도와주고 과정을 좀 더 재미있게 만들어줄 뉴로해킹 동료를 찾아라. 친구, 가족과 프로젝트에 대해 의논하되 당신의 진전 상황을 친구의 진전 상황과 직접적으로 비교하지는 마라. 당신은 당신 나름의 길을 걸으면 된다.

둘째, 전 세계의 뉴로해커 커뮤니티에 참여하라. 당신이 있는 지역에 커뮤니티가 없다면 당신이 만들어보는 것은 어떤가?

셋째, 안전에 유의하고 자신을, 혹 다른 사람이 참여한다면 그 사람을 보호해야 한다는 것을 잊지 마라.

넷째, 두뇌는 사람마다 모두 다르며 항상 변화한다는 사실을 기억하라. 당신에게 쉬운 일이 다른 사람에게는 어려울 수 있고 그 반대일 수도 있다. 지난해에는 어려웠던 일이 무슨 이유에선지 올해는 갑자기 쉬워질 수도 있다.

다섯째, 결과를 기대하라! 당신에 대한 다른 사람의 인식에 맞춰 한계를 둘 필요는 없다. 마찬가지로 당신의 인식에 따라 다른 사람의 성과에 제한을 두어선 안 된다. 두뇌에 관한 지식들은 대단히 새롭기 때문에 아는 것보다는 모르는 것이 훨씬 많다. 따라서 늘 호기심을 가지고 대담한 자세로 여정에 임해야 할 것이다.

인간의 뇌는 끊임없이 변화하는 우주에서 가장 매력적이며 변화무쌍한 존재다. 우리는 아직 그것에 대해 배울 것이 너무 많다. 당신의 독특한 두뇌를 탐험하고 나아가 통달하게 되면 당신은 엄청난 부를 손에 넣을 수도 있다. 자가 실험은 성취감과 행복감을 주기도 하고 손톱을 깨물게 하는 좌절감을 주기도 한다는 것을 염두에 두고 있어야 한다.

앞으로 이 책이 당신의 친구이자 지침이 되길 바란다. 자기 자신을 업그레이드하는 것은 결코 끝나지 않는 과정이다. 탐구해볼 가치가 있는 개입과 정신적 목표는 수없이 많다. 따라서 이 내용을 다시 읽고 다양한 자가 실험을 해보길 바란다. 뉴로피드백의 선구자 지그프리드 오스머가 내게 말했듯, "특정한 방법에서 혜택을 보지 못했다고 탐색을 중단해서는 안 된다."[1] 뇌의 변화는 과학적 현실이지만 정해진 답은 존재하지 않는다. 당신에게 맞는 개입을 찾을 때까지 여러 개입을 시도하라. 임상의, 교사, 친구의 도움으로 이 책에서 다루지 않았지만 자신에게 가장 잘 맞는 개입을 찾을 수도 있을 것이다. 개입이 여러 개가 될 수도 있다. 어떤 접근법을 탐구하든, 자가 실험을 적절하게 실시하고 거기에서 즐거움을 얻길 바란다.

뉴로해킹이 더 나은 나를 발견하고, 나를 보다 잘 이해하고, 궁극적으로 나에 대해 통달하는, 즉 나를 목표로 하는 여정이기는 하지만 꼭 혼자가야 하는 것은 아니다. 그 여정을 동료와 함께 공유할 수도 있다. 무엇보다 더 중요한 것은 새롭게 업그레이드된 두뇌로 당신이 앞으로 '어떤 일을 하는가'이다. 당신의 모험담을 듣게 될 날을 기다린다. 즐거운 뉴로해킹 여정이 되시길!

"나는 내가 가진 두뇌를 활용하는 것은 물론이고 빌릴 수 있는 모든 두뇌
까지 최대한 이용한다."

—우드로 윌슨Woodrow Wilson

이 책에 실수가 있다면 모두 저의 책임입니다. 훌륭한 내용의 대부분은
다음의 현명한 사람들과의 대화에서 비롯되었습니다.

가족

- 배런: 놀라운 창의성을 지닌 사랑스러운 사람이 저를 믿어주고 이
  프로젝트에 믿음을 가져준다는 것이 저 역시 이 프로젝트에 믿음
  을 갖는 데 큰 도움이 되었습니다. 인내를 가지고 통계와 데이터 분
  석에 대한 나의 반복적인 질문을 즐겁게 받아준 것에 감사드립니
  다. 자가 실험 일정의 정지 시간을 계산한 훌륭한 시뮬레이션에도
  감사드립니다. 자려 하지 않을 때마다 잠자리로 이끌어주셔서 감
  사합니다. 웃고 싶은 기분이 아닐 때마다 웃게 해주셔서 감사합니
  다. 자신 역시 중요한 부담을 지고 있으면서도 아이들을 돌봐주어

서 이렇게 글을 쓰고 편집하게 해준 것에 감사드립니다. 그러면서 도 자신의 일을 훌륭하게 해내셨죠. 감사합니다. 사랑합니다.

- 어머니와 아버지: 배움에 대한 애정을 불어넣어주셔서 감사합니다. 제 계획을 진심으로 지지해주셔서 감사합니다. 모든 가능한 방법으로 이 프로젝트를 지원해주신 데 감사드립니다. 수많은 원고와 수정들 사이에서 본래 가졌던 비전을 잃고 헤맬 때마다 두 분의 사랑이 저를 제자리로 되돌려주었습니다.

- 어머니: 몰입을 중심으로 구조화된 삶, 가슴과 머리와 손이 균형을 이룬 삶을 추구하도록 가르쳐주신 데 감사드립니다. 넘어졌을 때 일어나는 법을 가르쳐주시고 때로는 재미있고, 때로는 간담을 서늘하게 하는, 하지만 언제나 의욕을 불러일으키는 격려의 말씀을 전해주신 데 감사드립니다. 자라서 되고 싶은 선구적인 여성상을 보여주신 데 감사드립니다. 자신감 넘치고 능력 있는 여성이면서 호기심 많고, 친절하고, 짓궂은 장난을 좋아하는 여성이 되는 것이 충분히 함께할 수 있는 일이라는 것을 증명해주셔서 감사합니다.

- 아버지: 경험적 방법에 대한 애정을 갖도록 격려해주시고 혼자 생각하고 행동하도록 도전 의식을 북돋아주셔서 감사합니다. 한동안 이 프로젝트를 배후에 두고 깊이 생각해보도록 격려해주셔서 감사합니다. 덕분에 마음의 여유를 갖고 예상치 못했던 방식으로 이 프로젝트를 이끌 수 있었습니다. 원대한 생각과 세부적인 것에 대한 존중, 타협 없는 직업윤리가 만나면 꿈이 현실이 될 수 있다는 것을 보여준 산증인이 되어주신 데 감사드립니다. 근본 원리를 추구하고, 엉성한 사고를 혐오하고, 항상 원천으로 되돌아오는 내 마음속

의 과학적 양심이 되어 주셔서 감사합니다. 인간의 시각이란 너무 나 작을 때가 많다는 것을 증명함으로써 불안과 싸우는 법을 가르쳐 주셔서 감사합니다.

- 린제이: 제가 생각에 대해서 생각하는 방식에 이의를 제기하며 긴 시간 동안 대화를 나누어준 데 감사드립니다. 찬물에 들어가는 가장 좋은 방법이 무릎을 안고 단번에 뛰어드는 것이라는 것을 가르쳐준 언니가 되어주셔서 감사합니다. 보다 감정에 솔직한 글을 쓰고 저의 목소리를 찾도록 영감을 주신 데 감사드립니다. 이 원고를 읽는 데 수많은 시간을 할애해주어 감사합니다. 페이지마다 적어주신 적절하면서도 재미있는 논평은 많은 도움이 되었습니다.

- 라사: 당신이 아이를 돌보는 데 도움을 주지 않으셨다면 저는 이 원고를 끝낼 수 없었을 것입니다. 몇 개월에 걸친 당신의 희생 덕분에 저는 일에 완전히 집중할 수 있었습니다. 감사합니다.

- GP: 원고에 대한 당신의 질문과 논평은 격려가 되었을 뿐 아니라 대단히 유용했습니다. 우리 아이에게 보여주는 당신의 기꺼운 헌신은 제게 큰 영감을 줍니다.

- 라사와 GP: 두 분은 정말로 생각과 행동 양면에서 모두 헌신적이고 너그러운 분들입니다. 그런 사실을 알게 된 것이 제게는 큰 행운이었습니다. 저녁 시간의 자유로운 토론, 웃음이 가득한 캐롬 게임, 우리 아이에게 쏟아주시는 애정 어린 관심, 이 프로젝트에 보내준 귀중한 지원에 감사드립니다.

- 우리 꼬마: 태어난 이래로 매일 안겨주는 생각지도 못했던 기쁨과 의미에 감사합니다. 첫 숨을 쉬기 전부터 이 책을 쓰는 데 도움을

주었습니다. 이런 주장을 할 수 있는 아기들이 과연 얼마나 될까요? 아이의 모든 웃음과 달콤한 속삭임과 장난에 감사합니다. 아이와 함께 혹은 아이에게 실험을 하게 될 날을 고대합니다.

팀

- 하워드 윤Howard Yoon : 오랜 시간 동안 이 프로젝트를 저와 함께 해 주어 감사합니다. 갖은 부상과 팬데믹과 삶과 죽음 등 세상이 우리에게 던져준 모든 것에도 불구하고 이 책을 위해 싸워주셔서 감사합니다.
- 마리사 비질란트Marisa Vigilante : 처음부터 제가 뭘 하려 하는지 이해해주어 고맙습니다. 원고에 대해 뛰어난 구조적 통찰력을 보여주신 데 감사드립니다. 팬데믹와 우리 두 사람의 임신이 일정에 차질을 불러왔을 때에도 넓은 마음으로 이해해주셔서 감사합니다.
- 트레이시 비하르Tracy Behar : 작가로서의 제 역량을 두고 도박에 가까운 이런 기회를 주신 데 감사드립니다. 너무나 많은 제 질문에 인내심 있게 상세한 답변을 주신 이안 스트라우스Ian Straus 께도 감사드립니다. 제 몽상을 현실로 만들어주신 리틀 브라운 스파크/HBG 팀 전체에게 감사드립니다.
- 한나 쿠시닉Hannah Kushnick : 깊고 넓은 생각을 가진 사상가, 통찰력 있는 편집자, 마음 넓은 친구인 당신과 일한 것은 제 커리어를 통틀어 가장 현명한 결정이었습니다. 당신은 최선의 노력을 했고, 제 머리를 쥐어뜯는 대신 저를 웃게 만들었고, 제가 정말로 말하고 싶은 말을 알아차리고 그것을 지면으로 옮기는 데 도움을 주었습니다.

- 스테파니 파인 사세Stephanie Fine Sasse : 책임감을 자극하는 동료로서 당신은 최고였습니다. 이 책을 통해서 제가 하려는 말이 무엇인지 바로, 깊이 이해해주시고, 원고에 대해 훌륭한 피드백을 주시고, 저만큼이나 스프레드시트와 자가 추적을 좋아해주시고, 뛰어난 뇌 그림을 그려주신 데 감사드립니다.

- 과학적 사실 확인과 인용 팀: 이 모든 모험을 뒷받침하는 과학에 대한 여러분의 총명함과 노력, 애정 어린 관심에 진심으로 감사드립니다. 이 뛰어난 팀이 제 작품을 두 번이나 확인해주었다니! 사만다 뷰로Samantha Bureau, 마노즈 도스Manoj Doss, 리투 가이쿼드Ritu Gaikwad, 애저 그랜트Azure Grant, 가브리엘라 허쉬Gabriella Hirsch, 캐서린 미클라우Katherine Miclau, 노아 그레이 로젠바이크Noah Grey Rosenzweig, 알레아 스콰라Alea Skwara, 래티시아 왕Laetitia Wang, 여러분들은 모호한 부분을 확인하고, 연구 논문을 찾아내고, 좋은 질문들을 해주셨습니다.

- 제 '두뇌 신탁', 이리나 스카일라-스캇Irian Skylar-Scott, 청하이 룩, 네빌 산자나Neville Sanjana, 에이미 데이치Amy Daitch: 이런 친구들이 내 원고를 읽어주다니 얼마나 행운인가요! 날카로운 시선과 제게 소개해준 추가적인 외부 연구, 이 프로젝트에 대한 여러분의 열정에 감사드립니다.

- 이 책에서 언급된 연구자들, 실험 참가자들, 혁신가들 모두: 제가 여러분의 연구를 제대로 이해하고 공정하게 다루었길 바랍니다. 또한 제가 품고 있는 기쁨과 존경의 마음이 독자 여러분께도 잘 전달되었길 바랍니다. 여러분들이 하고 있는 일에 감사드립니다. 여

러분들의 이야기와 연구 결과를 세상과 공유할 수 있게 해주셔서 감사합니다.

멘토와 친구들

- 토드 로즈Todd rose : 모든 학생이 바라는 관대하고, 이해심 많고, 지원을 아끼지 않는 지도 교수가 되어주셔서 감사합니다.

- 오기 오가스Ogi Ogas 와 티나 실리그Tina Seelig : 처음부터 이 책에 믿음을 가지고 중요한 순간마다 격려와 피드백과 지원을 주셔서 감사합니다.

- 안나 바이스Anna Weiss : 언제나 저에게 넓은 시야를 선사해주셔서 감사합니다. 초고를 읽으면서 마음에 든다고 문자를 보내주셔서 감사합니다. 그 문자가 저를 몇 년은 젊어지게 만들 것 같습니다.

- 데이비드 이글먼David Eagleman(그리고 우리를 소개해준 린제이): 이렇게 지적이고 활력이 넘치는 사람을 내 인생에서 이렇게 일찍부터 만날 수 있었던 것은 행운이라고밖에 말할 수 없습니다. 경외심마저 불러일으키는 에너지와 관대한 조언과 격려로 학자로서 가장 뛰어난 롤모델이 되어주어 고맙습니다. 오랫동안 이 프로젝트에 계속 관심을 가져준 데 감사드립니다.

- 카밀라 록펠러Camilla Rockefeller : 정신과 두뇌를 연결하는 모든 것에 대한 변치 않는 호기심과 창의적인 질문에 감사드립니다. 당신에게 연구 결과를 어떻게 설명하면 좋을지 상상하면서 이 책을 집필했습니다. 제 형편없는 농담에 크게 웃어주셔서 감사합니다. 철학과 우스꽝스러운 일들을 두루 이야기하며 함께 보냈던 밤들, 아홉

살 때부터 시작되어 거의 멈추지 않고 이어진 그 밤들에 감사드립니다. 초고에 대한 유용한 논평에도 감사를 전합니다.

- 피아 팔Pia Pal: 두뇌, 조직화, 생산성에 대한 대단히 흥미로운 대화들에 감사드립니다.

- 데이비드 슈나이더David Snider: 우리가 겨우 중고등학생일 때부터 무엇이든 가능하다고 믿게끔 도전의식을 불러일으켰던 많은 대화들에 감사드립니다. 당신이 책을 출간한 직후 제 책도 읽어보길 고대한다고 말했던 것을 저는 잊지 않았습니다.

- 사촌 로지 베를린Rozzie Berlin 와 로잘린드 베를린Rosalind Berlin: 이 프로젝트에 대해서 논의할 만큼 오래 살아주었다면 좋았을 텐데. 당신들의 날카로운 질문에 저는 몇 번이고 1차 자료를 뒤적여야 했겠지만 그마저도 제게는 즐거운 일이었을 것입니다.

- 슈거 매그놀리아Sugar Magnolia 의 사람들: 롭-샌프란시스코의 집세가 하늘 높은 줄 모르고 치솟을 때에도 제 안식처를 지켜주셔서 감사합니다. 에밀리-글루텐 불내성이 맛있는 음식의 종말을 의미하지 않는다는 것을 증명해주셔서 감사합니다. 놀라운 음악과 재미있는 철학적 이야기들에 감사드립니다. 친절하고, 재미있고, 창의적인, 그리고 긴 파티를 열어준 다른 하우스메이트들께도 감사드립니다.

저자의 글. 브레인 해킹을 시작하기로 결심했다면

1. 해당 이름은 가명을 사용했다.

2. Shaywitz, S. E., et al. "Persistence of Dyslexia: The Connecticut Longitudinal Study at Adolescence." Pediatrics 104 (6): 1351-59, 1999. doi:10.1542/peds.104. 6.1351.

3. Fiester, Leila, and Ralph Smith. "Early Warning! Why Reading by the End of Third Grade Matters." A KIDS COUNT Special Report from the Annie E. Casey Foundation. 2010. files.eric.ed.gov/fulltext/ED509795.pdf; Planty, Michael, et al. "The Condition of Education 2009. NCES 2009-081." National Center for Education Statistics: 41, 2009.

4. Saygin, Z. M., et al. "Tracking the Roots of Reading Ability: White Matter Volume and Integrity Correlate with Phonological Awareness in Prereading and Early-Reading Kindergarten Children." Journal of Neuroscience 33 (33): 13251-58, 2013. doi:10.1523/jneurosci.4383-12.2013; Centanni, Tracy M., et al. "Disrupted Left Fusiform Response to Print in Beginning Kindergartners Is Associated with Subsequent Reading." NeuroImage: Clinical 22: 101715, 2019. doi:10.1016/

j.nicl.2019.101715.

5. Rabiner, David, and John D. Coie. "Early Attention Problems and Children's Reading Achievement: A Longitudinal Investigation." Journal of the American Academy of Child and Adolescent Psychiatry 39 (7): 859-67, 2000. ncbi.nlm. nih.gov/pmc/articles/PMC2777533/.

이 책을 이용하는 방법

1. 내가 사용하는 방법은 코헨의 D 효과Cohen's D effect 크기를 백분위수로 변환하는 것이다. 엄밀히 따지면 '퍼센트(백분율)'라는 것은 '평균적인 백분위수 포인트'라는 뜻이다. 보다 상세한 내용은 "Effect Size (ES) | Effect Size Calculators." (발행 연도 불명) lbecker. uccs.edu/effect-size를 참조하라.

제1장. 뇌를 관찰하고 기억하라!

1. Research and Markets. "The U.S. Market for Self-Improvement Products & Services, 2003-2023: Market Size & Growth, Trends, In-Depth Profiles of 60 Top Motivational Speakers, List of the Top 100 Infomercials." Globe-Newswire News Room. March 3, 2020. globenewswire.com/newsrelease/2020/03/03/ 1994097/0/en/The-U-S-Market-for-Self-improvement-Products-Services- 2003-2023-Market-Size-Growth-Trends-In-Depth-Profiles-of-60-Top- Motivational-Speakers-List-of-the-Top-100-Infomercials.html.

2. Hanley, Brian P., William Bains, and George Church. "Review of Scientific SelfExperimentation: Ethics History, Regulation, Scenarios, and Views Among Ethics Committees and Prominent Scientists." Rejuvenation Research 22 (1): 31-42, 2019. doi:10.1089/rej.2018.2059.

3. Heidt, Amanda. "Self-Experimentation in the Time of COVID-19." The Scientist Magazine. thescientist.com/news-opinion/self-experimentation-in-the-time- of-covid-19-67805; Tan, Sy, and N. Ponstein. "Jonas Salk (1914-1995): A Vaccine against Polio." Singapore Medical Journal 60 (1): 9-10, 2019. doi:10.11622/smedj.2019002.

4. Altman, Lawrence K. Who Goes First?: The Story of Self-Experimentation in

Medicine. Berkeley: University of California Press, 1998.

제2장. 스스로 뇌를 해킹하는 사람들의 비밀

1. "Roger Craig— Spaced Repetition: A Cognitive QS Method for Knowledge Acquisition." Vimeo. August 23, 2012. vimeo.com/48070812.

2. Wolf, Gary. "Want to Remember Everything You'll Ever Learn? Surrender to This Algorithm." Wired. April 21, 2008. wired.com/2008/04/ff-wozniak/.

3. For more on one of the key pioneers of modern spaced repetition, Piotr Wozniak, and his SuperMemo software: wired.com/2008/04/ff-wozniak/.

4. Craig, Roger. n.d. "Knowledge Tracking." Quantified Self. quantifiedself.com/show-and-tell/?project=638.

5. Harrison, Richard. n.d. "How I Lost 200 Pounds." Quantified Self. quantifiedself.com/show-and-tell/?project=607.

6. Boesel, Whitney Erin. n.d. "My Numbers Sucked but I Made This Baby Anyway." Quantified Self. quantifiedself.com/show-and-tell/?project=1079.

7. Jonas, Steven. n.d. "Show & Tell Projects Archive." Quantified Self. quantifiedself.com/show-and-tell/?project=213.

8. Drangsholt, Mark. "Deciphering My Brain Fog." Quantified Self. August 21, 2014. quantifiedself.com/blog/mark-drangsholt-deciphering-brain-fog/.

제3장. 타고난 뇌도 노력하면 바꿀 수 있다

1. Kaufman, Alan S. IQ Testing 101. New York, London: Springer, 2009.

2. Kaufman. IQ Testing 101.

3. Kim, Woojong, et al. "An FMRI Study of Differences in Brain Activity among Elite, Expert, and Novice Archers at the Moment of Optimal Aiming." Cognitive and Behavioral Neurology 27 (4): 173–82, 2014. doi.org/10.1097/wnn.0000000000000042.

4. Draganski, B., et al. "Temporal and Spatial Dynamics of Brain Structure Changes during Extensive Learning." Journal of Neuroscience 26 (23): 6314–7, 2006.

doi.org/10.1523/jneurosci.4628-05.2006.

5. Zatorre, Robert J., R. Douglas Fields, and Heidi Johansen-Berg. "Plasticity in Gray and White: Neuroimaging Changes in Brain Structure during Learning." Nature Neuroscience 15 (4): 528–36, 2012. doi.org/10.1038/nn.3045.

6. Woollett, Katherine, and Eleanor A. Maguire. "Acquiring 'the Knowledge' of London's Layout Drives Structural Brain Changes." Current Biology 21 (24): 2109–14, 2011. doi.org/10.1016/j.cub.2011.11.018.

7. Mackey, Allyson P., Kirstie J. Whitaker, and Silvia A. Bunge. "Experience-Dependent Plasticity in White Matter Microstructure: Reasoning Training Alters Structural Connectivity." Frontiers in Neuroanatomy 6 (32), 2012. doi.org/10.3389/fnana.2012.00032.

8. Draganski, et al. "Temporal and Spatial Dynamics."

9. Seminowicz, David A., et al. "Cognitive-Behavioral Therapy Increases Prefrontal Cortex Gray Matter in Patients with Chronic Pain." Journal of Pain 14 (12): 1573–84, 2013. doi.org/10.1016/j.jpain.2013.07.020.

10. Yeh, Fang-Cheng, et al. "Quantifying Differences and Similarities in Whole-Brain White Matter Architecture Using Local Connectome Fingerprints." PLOS Computational Biology 12 (11): e1005203, 2016. doi.org/10.1371/journal.pcbi.1005203.

11. Paul Pringle. "College Board Scores with Critics of SAT Analogies." Los Angeles Times. July 27, 2003. latimes.com/archives/la-xpm-2003-jul-27-me-sat27-story.html.

12. "De Novo Classification Request for Neuropsychiatric EEG-Based Assessment Aid for ADHD (NEBA) System Regulatory Information." n.d.accessdata.fda.gov/cdrh_docs/reviews/K112711.pdf.

13. Valizadeh, Seyed Abolfazl, et al. "Identification of Individual Subjects on the Basis of Their Brain Anatomical Features." Scientific Reports 8 (1), 2018. doi.org/10.1038/s41598-018-23696-6.

14. Mars, Rogier B., Richard E. Passingham, and Saad Jbabdi. "Connectivity

Fingerprints: From Areal Descriptions to Abstract Spaces." Trends in Cognitive Sciences 22 (11): 1026-37, 2018. doi.org/10.1016/j.tics.2018.08.009.

15. Yeh, et al. "Quantifying Differences."

16. Ruiz-Blondet, Maria V., Zhanpeng Jin, and Sarah Laszlo. "CEREBRE: A Novel Method for Very High Accuracy Event-Related Potential Biometric Identification." IEEE Transactions on Information Forensics and Security 11 (7): 1618-29, 2016. doi.org/10.1109/TIFS.2016.2543524.

17. Armstrong, Thomas. The Power of Neurodiversity: Discovering the Extraordinary Gifts of Autism, ADHD, Dyslexia, and Other Brain Differences. Cambridge, MA: Da Capo Lifelong, 2010.

18. Whipps, Heather. "Why Did People Become White?" Livescience.com. September 1, 2009. livescience.com/7863-people-white.html.

19. Posner, David. "ADHD: An Overview by David Posner, M.D.— ADD Resource Center." September 23, 2012. addrc.org/adhd-an-overview/#:~:text=ADHD% 20is%20more%20common%20in.

20. Facer-Childs, Elise R., Sophie Boiling, and George M. Balanos. "The Effects of Time of Day and Chronotype on Cognitive and Physical Performance in Healthy Volunteers." Sports Medicine Open 4 (1), 2018. doi.org/10.1186/ s40798-018-0162-z.

제4장. 나의 뇌를 브레인 해킹하기 위한 준비

1. Othmer, Siegfried. Letter to Elizabeth Ricker. Email, March 15, 2021.

2. "Quantified Mind Team." n.d. quantified-mind.com/team.

3. Donner, Yoni. n.d. "Quantified Mind: Scalable Assessment of Within-Person Variation in Cognition." forum.stanford.edu/events/posterslides/QuantifiedMi ndEfficientScalableAssessmentofWithinpersonVariationinCognitiveAbilities. pdf.

4. Ngandu, Tiia, et al. "A 2 Year Multidomain Intervention of Diet, Exercise, Cognitive Training, and Vascular Risk Monitoring Versus Control to Prevent

Cognitive Decline in At-Risk Elderly People (FINGER): A Randomised Controlled Trial." Lancet 385 (9984): 2255–63, 2015. doi.org/10.1016/S0140-6736(15)60461-5.

5. "Neuroscience Lightning Talks." n.d. youtube.com/watch?v=DzwvaicdOJU.

6. "Introduction to Cross-over Designs." n.d. Penn State: Statistics Online Courses. online.stat.psu.edu/stat502/lesson/11/11.1.

제5장. 브레인 해킹을 습관으로 만드는 법

1. "Goals Research Summary." n.d.dominican.edu/sites/default/files/2020-02/gailmatthews-harvard-goals-researchsummary.pdf.

2. Nickerson, David W., and Todd Rogers. "Do You Have a Voting Plan?: Implementation Intentions, Voter Turnout, and Organic Plan Making." Psychological Science 21 (2): 194–99, 2010. journals.sagepub.com/doi/abs/10.1177/0956797609359326.

3. Nolan, Christopher. Batman Begins. Warner Bros. Pictures, DC Comics, Legendary Pictures, Syncopy, Patalex III Productions: 2006.

4. Milkman, Katherine L. "The Science of Keeping Your New Year's Resolution." Washington Post. January 1, 2018. washingtonpost.com/news/wonk/wp/2018/01/01/the-science-of-keeping-your-new-years-resolution/.

5. Sharif, Marissa A., and Suzanne B. Shu. "The Benefits of Emergency Reserves: Greater Preference and Persistence for Goals That Have Slack with a Cost." Journal of Marketing Research 54 (3): 495–509, 2017. doi.org/10.1509/jmr.15.0231.

제6장. 뇌를 무너뜨리는 생활 패턴

1. Baldacci, S., et al. "Allergy and Asthma: Effects of the Exposure to Particulate Matter and Biological Allergens." Respiratory Medicine 109 (9): 1089–104, 2015. doi:10.1016/j.rmed.2015.05.017.

2. Killgore, William, D. S. "Effects of Sleep Deprivation on Cognition." Progress in

Brain Research 185: 105–29, 2010. doi:10.1016/b978-0-444-53702- 7.00007-5.

3. Shehab, M. A., and F. D. Pope. "Effects of Short-Term Exposure to Particulate Matter Air Pollution on Cognitive Performance." Scientific Reports 9 (1), 2019. doi:10.1038/s41598-019-44561-0.

4. Ingraham, Christopher. "Heat Makes You Dumb, in Four Charts." Washington Post. July 7, 2018. washingtonpost.com/business/2018/07/17/heat-makes-you-dumb-four-charts; Goodman, Joshua, et al. "Heat and Learning." National Bureau of Economic Research. 2018. nber.org/papers/w24639.

5. Selhub, Eva. "Nutritional Psychiatry: Your Brain on Food." Harvard Health Blog. April 5, 2018. health.harvard.edu/blog/nutritional-psychiatry-your-brain-on-food-201511168626.

6. Spencer, Sarah J., et al. "Food for Thought: How Nutrition Impacts Cognition and Emotion." NPJ Science of Food 1 (1), 2017. doi:10.1038/s41538-017-0008-y; Vojdani, Aristo, Datis Kharrazian, and Partha Mukherjee. "The Prevalence of Antibodies against Wheat and Milk Proteins in Blood Donors and Their Contribution to Neuroimmune Reactivities." Nutrients 6 (1): 15–36, 2013. doi:10.3390/nu6010015; Yelland, Gregory W. "Gluten-Induced Cognitive Impairment ('Brain Fog') in Coeliac Disease." Journal of Gastroenterology and Hepatology 32: 90–93, 2017. doi:10.1111/jgh.13706.

7. Spencer, et al. "Food for Thought."

8. Peters, Steven. "Nearly 10% of Americans Have a Nutritional Deficiency. These Are the Most Common." USA Today. August 20, 2019. usatoday.com/picture-gallery/news/health/2019/08/20/most-common-nutritional-deficiencies-iron-copper-calcium-among-top/39976199/.

9. "CDC'S Second Nutrition Report: A Comprehensive Biochemical Assessment of the Nutrition Status of the U.S. Population." CDC. 2012. cdc.gov/nutritionreport/pdf/Nutrition_Book_complete508_final.pdf.

10. Grinder-Pedersen, et al. "Calcium from Milk or Calcium-Fortified Foods Does Not Inhibit Nonheme-Iron Absorption from a Whole Diet Consumed over a

4-d Period." American Journal of Clinical Nutrition 80 (2): 404-9, 2004. doi:10.1093/ajcn/80.2.404.

11. Rae, Caroline, et al. "Oral Creatine Monohydrate Supplementation Improves Brain Performance: a Double-Blind, Placebo-Controlled, Cross-over Trial." Proceedings of the Royal Society of London. Series B: Biological Sciences 270 (1529): 2147-50, 2003. doi:10.1098/rspb.2003.2492.

12. Rae, et al. "Oral Creatine Monohydrate."

13. Brown, Wyatt. "Do You Need to Take Multivitamins?" Examine.com. September 18, 2019. examine.com/nutrition/do-you-need-a-multivitamin/; Calton, Jayson B. "Prevalence of Micronutrient Deficiency in Popular Diet Plans." Journal of the International Society of Sports Nutrition 7 (1), 2010. doi. org/10.1186/1550-2783-7-24; Vici, Giorgia, et al. "Gluten Free Diet and Nutrient Deficiencies: A Review." Clinical Nutrition 35 (6): 1236-41, 2016. doi. org/10.1016/j.clnu.2016.05.002; Craig, Winston J. "Health Effects of Vegan Diets." American Journal of Clinical Nutrition 89 (5): 1627S1633S, 2009. htdoi. org/10.3945/ajcn.2009.26736n.

14. Harvard Health Publishing. "Should You Get Your Nutrients from Food or from Supplements?" Harvard Health. 2015. health.harvard.edu/staying-healthy/should-you-get-your-nutrients-from-food-or-from-supplements.

15. Clifford, J., and Curely, J. "Water-Soluble Vitamins: B-Complex and Vitamin C-9.312." Extension. February 26, 2020. extension.colostate.edu/topic-areas/nutrition-food-safety-health/water-soluble-vitamins-b-complex-and-vitamin-c-9-312/; Weil, Andrew. "Can Any B Vitamins Be Harmful?" DrWeil. com. 2019. drweil.com/vitamins-supplements-herbs/vitamins/can-any-b-vitamins-be-harmful/.

16. Forbes, Scott C., et al. "Effect of Nutrients, Dietary Supplements and Vitamins on Cognition: A Systematic Review and Meta-Analysis of Randomized Controlled Trials." Canadian Geriatrics Journal 18 (4), 2015. doi.org/10.5770/cgj.18.189.

17. Mazereeuw, Graham, et al. "Effects of Omega-3 Fatty Acids on Cognitive Performance: a MetaAnalysis." Neurobiology of Aging 33 (7). 2012. doi:10.1016/j.neurobiolaging.2011.12.014.

18. Callahan, Alice. 2017. "Do DHA Supplements Make Babies Smarter?" New York Times. nytimes.com/2017/03/30/well/do-dha-supplements-make-babies-smarter.html.

19. Hoover, Nathan, Ashlyn Aguiniga, and Jaime Hornecker. "In the Adult Population, Does Daily Multivitamin Intake Reduce the Risk of Mortality Compared with Those Who Do Not Take Daily Multivitamins?" Evidence-Based Practice 22 (3): 15. 2019. doi:10.1097/ebp.0000000000000186.

20. Mursu, Jaakko, et al. "Dietary Supplements and Mortality Rate in Older Women." Archives of Internal Medicine 171 (18): 1625. 2011. doi:10.1001/archinternmed.2011.445.

21. Jairoun, Ammar Abdulrahman, Moyad Shahwan, and Sa'Ed H. Zyoud. "Heavy Metal Contamination of Dietary Supplements Products Available in the UAE Markets and the Associated Risk." Scientific Reports 10 (1). 2020. doi:10.1038/s41598-020-76000-w.

22. Buscemi, Nina, et al. "Melatonin for Treatment of Sleep Disorders: Summary." AHRQ Evidence Report Summaries. 2004.

23. Skylar-Scott, Irina. Letter to Elizabeth Ricker. February 14, 2021; Pressler, Ann. "Melatonin: How Much Should I Take for a Good Night's Rest?" Health Essentials from Cleveland Clinic.2020. health.clevelandclinic.org/melatonin-how-much-should-i-take-for-a-good-nights-rest/.

24. "Melatonin: What You Need to Know." National Center for Complementary and Integrative Health. 2021. nccih.nih.gov/health/melatonin-what-you-need-to-know.

25. Harvard Health Publishing. "By the Way, Doctor: Are Sleeping Pills Addictive?" Harvard Health, n.d. health.harvard.edu/newsletter_article/By_the_way_doctor_Are_sleeping_pills_addictive.

26. Walker, Matthew P. Why We Sleep: Unlocking the Power of Sleep and Dreams. New York: Scribner, 2018; Fitzgerald, Timothy, and Jeffrey Vietri. "Residual Effects of Sleep Medications Are Commonly Reported and Associated with Impaired Patient-Reported Outcomes among Insomnia Patients in the United States." Sleep Disorders 2015: 1–9, 2015. doi:10.1155/2015/607148.

27. Willyard, Cassandra. "How Gut Microbes Could Drive Brain Disorders." Nature 590 (7844): 22–25, 2021. doi.org/10.1038/d41586-021-00260-3.

28. Quintero, Esther. "Feeling Socially Connected Fuels Intrinsic Motivation and Engagement." Shanker Institute. 2015. shankerinstitute.org/blog/feeling-socially-connected-fuels-intrinsic-motivation-and-engagement.

29. Beutel, Manfred E., et al. "Loneliness in the General Population: Prevalence, Determinants and Relations to Mental Health." BMC Psychiatry 17 (1), 2017. doi:10.1186/s12888-017-1262-x.30. "Facts and Statistics." Anxiety and Depression Association of America (ADAA). 2021. adaa.org/understanding-anxiety/facts-statistics.

30. "Facts and Statistics." Anxiety and Depression Association of America (ADAA). 2021. adaa.org/understanding-anxiety/facts-statistics.

31. Maletic, V., et al. "Neurobiology of Depression: An Integrated View of Key Findings." International Journal of Clinical Practice 61 (12): 2030–40, 2007. doi:10.1111/j.1742-1241.2007.01602.x.

32. Sackeim, Harold A., et al. "Effects of Major Depression on Estimates of Intelligence." Journal of Clinical and Experimental Neuropsychology 14 (2): 268–88, 1992. doi:10.1080/01688639208402828; Payne, Tabitha W., and Madeline Thompson. "Impaired Mental Processing Speed with Moderate to Severe Symptoms of Depression." Major Depressive Disorder: Cognitive and Neurobiological Mechanisms. 2015. doi:10.5772/59597.

33. Mandelli, Laura, et al. "Improvement of Cognitive Functioning in Mood Disorder Patients with Depressive Symptomatic Recovery during Treatment: An Exploratory Analysis." Psychiatry and Clinical Neurosciences 60 (5): 598–

604, 2006. doi:10.1111/j.1440-1819.2006.01564.x; Priyamvada, Richa, Rupesh Ranjan, and Suprakash Chaudhury. "Cognitive Rehabilitation of Attention and Memory in Depression." Industrial Psychiatry Journal 24 (1): 48, 2015. doi:10.4103/0972-6748.160932; Schaefer, Jonathan D., et al. "Is Low Cognitive Functioning a Predictor or Consequence of Major Depressive Disorder? A Test in Two Longitudinal Birth Cohorts." Development and Psychopathology: 1–15, 2017. doi:10.1017/s095457941700164x.

34. "Mental Illness." National Institute of Mental Health. U.S. Department of Health and Human Services. 2021.nimh.nih.gov/health/statistics/mental-illness.shtml.

35. "Mental Health By the Numbers." National Alliance on Mental Illness (NAMI). 2012. nami.org/mhstats.

36. "The 9 Best Online Therapy Programs of 2019." Verywell Mind. 2019. verywellmind.com/best-online-therapy-4691206.

37. Puhan, Milo A, et al. "Didgeridoo Playing as Alternative Treatment for Obstructive Sleep Apnoea Syndrome: Randomised Controlled Trial." British Medical Journal 332 (7536): 266–70, 2006. doi.org/10.1136/bmj.38705. 470590.55.

38. Lahl, Olaf, et al. "An Ultra Short Episode of Sleep Is Sufficient to Promote Declarative Memory Performance." Journal of Sleep Research 17 (1): 3–10, 2008. onlinelibrary.wiley.com/doi/full/10.1111/j.1365-2869.2008.00622.x.

39. "Fall Asleep in 120 Seconds." healthline.com/health/healthy-sleep/fall-asleep-fast#foundation-alsleep-tips and washingtonpost.com/lifestyle/2019/01/08/i-stopped-sleeping-then-i-tried-method-thats-supposed-work-two-minutes-or-less/.

40. Carefoot, Helen. "Plastic, Metal or Glass: What's the Best Material for a Reusable Water Bottle?" Washington Post. 2019. washingtonpost.com/lifestyle/plastic-metal-or-glass-whats-the-best-material-for-a-reusable-water-bottle/2019/09/25/5edcbe6c-d957-11e9-bfb1-849887369476_story.html.

41. "9 out of 10 People Worldwide Breathe Polluted Air, But More Countries Are

Taking Action." World Health Organization. 2018. who.int/news-room/ detail/02-05-2018-9-out-of-10-people-worldwide-breathe-polluted-air- but-more-countries-are-taking-action.

42. qz.com/470301/men-are-literally-freezing-women-out-of-the-workplace/; Energy consumption in buildings and female thermal demand: nature.com/ articles/nclimate2741; Metabolic equivalent: one size does not fit all: ncbi.nlm. nih.gov/pubmed/15831804 assumed a 154-pound, 40-yr old man (35% higher metabolism than women); comparison between male and female subjective estimates of thermal effects and sensations: ncbi.nlm.nih.gov/pubmed/ 15676395 71.6 degrees F (22 degrees C) vs 77.1 degrees F (25 degrees C) found in that source; arstechnica.com/science/2019/05/test-performance-gender- and-temperature/; hsph.harvard.edu/news/press-releases/extreme-heat- linked-with-reduced-cognitive-performance-among-young-adults-in-non- air-conditioned-buildings/; PSAT study: 1% lost for every 1 degree F increase (much higher effect in non-A/C areas, much higher effect among minority students): hks.harvard.edu/announcements/when-heat-student-learning- suffers, original study is here: scholar.harvard.edu/files/joshuagoodman/files/ w24639.pdf; Gaokao study in China: conference.iza.org/conference_files/ environ_2019/graff%20zivin_j9945.pdf; NYC public schools and high school dropouts: scholar.harvard.edu/files/jisungpark/files/paper_nyc_aejep.pdf; Ingraham, Christopher. "Heat Makes You Dumb, in Four Charts." Washington Post. July 17, 2018. washingtonpost.com/business/2018/ 07/17/heat-makes- you-dumb-four-charts/.

43. Ingraham. "Heat Makes You Dumb."

44. Marshall, P. S., and E. A. Colon. "Effects of Allergy Season on Mood and Cognitive Function." Annals of Allergy, Asthma & Immunology 71 (3): 251–8, 1993. PMID: 8372999. pubmed.ncbi.nlm.nih.gov/8372999/.

45. Spottime이라는 앱은 경찰의 자료를 이용해서 범죄가 발생했던 지역을 표시함으로써 사용자 들에게 문제 가능성이 있는 지점을 피할 수 있도록 알린다. spotcrime.com/를 참조하라.

46. CDC. "Loneliness and Social Isolation Linked to Serious Health Conditions." May 26, 2020. cdc.gov/aging/publications/features/lonely-older-adults.html.

47. Killam, Kasley. "To Combat Loneliness, Promote Social Health." Scientific American. 2018. scientificamerican.com/article/to-combat-loneliness-promote-social-health1/.

48. Killam, Kasley. "A Solution for Loneliness." Scientific American. 2019. scientificamerican.com/article/a-solution-for-loneliness/.

49. O'Connell, Brenda H., Deirdre Oshea, and Stephen Gallagher. "Mediating Effects of Loneliness on the Gratitude-Health Link." Personality and Individual Differences 98: 179–83, 2016. doi:10.1016/j.paid.2016.04.042.

50. Käll, Anton, et al. "Internet-Based Cognitive Behavior Therapy for Loneliness: A Pilot Randomized Controlled Trial." Behavior Therapy 51 (1): 54–68, 2020. doi:10.1016/j.beth.2019.05.001.

51. Nortje, Alicia. "Realizing Your Meaning: 5 Ways to Live a Meaningful Life." PositivePsychology.com. 2021. positivepsychology.com/live-meaningful-life/; Smith, Jeremy Adam. "How to Find Your Purpose in Life." Greater Good. 2018. greatergood.berkeley.edu/article/item/how_to_find_your_purpose_in_life.

제7장. 추진력을 더해주는 '실행 기능' 사용법

1. 이 장에서는 실행 기능을 묘사하기 위해 '새로운 IQ'라는 용어를 사용한다. 실행 기능이 아닌 작업 기억을 다루는 Tracy Alloway, Ross Alloway의 The New IQ: Use Your Working Memory to Think Stronger, Smarter, Faster라는 제목의 책도 있다.

2. Diamond, D. M., et al. "The Temporal Dynamics Model of Emotional Memory Processing: A Synthesis on the Neurobiological Basis of Stress-Induced Amnesia, Flashbulb and Traumatic Memories, and the Yerkes-Dodson Law." Neural Plasticity 33, 2007. doi:10.1155/2007/60803. PMID 17641736. commons.wikimedia.org/w/index.php?curid=34030384.

3. Diamond, et al., "The Temporal Dynamics."

4. In addition to using MRI (which is a correlational tool), researchers have used

causal methods to confirm the relationship between executive function and specific parts of the brain—causal methods such as TMS (transcranial magnetic stimulation).

5. Alvarez, Julie A., and Eugene Emory. "Executive Function and the Frontal Lobes: A Meta-Analytic Review." Neuropsychology Review 16 (1): 17–42, 2006. doi. org/10.1007/s11065-006-9002-x.

6. Fine Sasse, Stephanie. Executive Function: Frontal Cortex. 2021.

7. Moffitt, Terrie E., et al. "A Gradient of Childhood Self-Control Predicts Health, Wealth, and Public Safety." Proceedings of the National Academy of Sciences 108 (7): 2693–98, 2011.

8. Executive functions predict academic performance in the earliest elementary grades through university better than does IQ. (Alloway and Alloway, 2010; Bull and Scerif, 2001; Dumontheil and Klingberg, 2012; Gathercole, et al., 2004; McClelland and Cameron, 2011; Nicholson, 2007; Passolunghi, et al., 2007; St Clair-Thompson and Gathercole, 2006; Savage, et al., 2006; Swanson, 2014). From slide 17 on pdx.edu/social-determinants-health/sites/www.pdx. edu.social-determinants-health/files/Adele%20Diamond.pdf.

9. "Christine Hooker." rushu.rush.edu/faculty/christine-hooker-phd.

10. Alloway, Tracy Packiam, and Ross G Alloway. "Investigating the Predictive Roles of Working Memory and IQ in Academic Attainment." Journal of Experimental Child Psychology 106: 20–29, 2010. doi.org/10.1016/j.jecp. 2009.11.003.

11. Kaufman, Scott Barry. "The Mind of the Prodigy." Scientific American. February 10, 2014. blogs.scientificamerican.com/beautiful-minds/the-mind-of-the-prodigy/.

12. Germine, Laura, et al. "Is the Web as Good as the Lab? Comparable Performance from Web and Lab in Cognitive/Perceptual Experiments." Psychonomic Bulletin & Review 19 (5): 847–57, 2012. doi.org/10.3758/s13423-012-0296-9.

13. Feenstra, Heleen E. M., et al. "Online Self-Administered Cognitive Testing Using the Amsterdam Cognition Scan: Establishing Psychometric Properties and Normative Data." Journal of Medical Internet Research 20 (5): e192, 2018. doi.org/10.2196/jmir.9298.

14. Some inspiration from the following sources: Castellanos, Irina, William G. Kronenberger, and David B. Pisoni. "Questionnaire-Based Assessment of Executive Functioning: Psychometrics." Applied Neuropsychology: Child 7 (2): 93–109, 2016. doi.org/10.1080/21622965.2016.1248557; nyspta.org/wp-content/uploads/2017/08/Conv17-305-dawson-executive-skills-questionnaire.pdf; executivefunctionmatters.com/wp-content/uploads/2012/04/Executive-Function-Processes-Self-Assessment.pd.

15. Baddeley, Alan. "Working Memory: Looking Back and Looking Forward." Nature Reviews Neuroscience 4 (10): 829–39, 2003. doi.org/10.1038/nrn1201.

16. Del Rossi, Gianluca, Alfonso Malaguti, and Samanta Del Rossi. "Practice Effects Associated with Repeated Assessment of a Clinical Test of Reaction Time." Journal of Athletic Training 49 (3): 356–59, 2014. doi.org /10.4085/1062-6059-49.2.04.

17. Schooten, Kimberley S. van, et al. "Catch the Ruler: Concurrent Validity and Test–Retest Reliability of the ReacStick Measures of Reaction Time and Inhibitory Executive Function in Older People." Aging Clinical and Experimental Research 31 (8): 1147–54, 2018. doi.org/10.1007/s40520018-1050-6; Kail, Robert, and Timothy A. Salthouse. "Processing Speed as a Mental Capacity." Acta Psychologica 86 (2–3): 199–225, 1994. doi.org/10.1016/0001-6918(94)90003-5.

18. Eriksen, B. A., and C. W. Eriksen. "Effects of Noise Letters upon Identification of a Target Letter in a Non-Search Task." Perception and Psychophysics 16: 143–49, 1974. doi:10.3758/bf03203267.

19. Stroop, J. R. "Studies of Interference in Serial Verbal Reactions." Journal of Experimental Psychology 18 (6): 643–62, 1935. doi.org/10.1037/h0054651.

20. Stroop, "Studies of Interference in Serial Verbal Reactions."

제8장. 일, 학습, 인간관계를 도와주는 '감정 조절' 사용법

1. Kelley, Nicholas J., et al. "Stimulating Self-Regulation: A Review of Non-Invasive Brain Stimulation Studies of Goal-Directed Behavior." Frontiers in Behavioral Neuroscience 12 (337), 2019. doi.org/10.3389/fnbeh.2018.00337.

2. Aldao, Amelia, Gal Sheppes, and James J. Gross. "Emotion Regulation Flexibility." Cognitive Therapy and Research 39 (3): 263–78, 2015. doi.org/10.1007/s10608-014-9662-4.

3. Urquijo, Itziar, Natalio Extremera, and Josu Solabarrieta. "Connecting Emotion Regulation to Career Outcomes: Do Proactivity and Job Search Self-Efficacy Mediate This Link?" Psychology Research and Behavior Management 12 (December): 1109–20, 2019. doi.org/10.2147/prbm.s220677.

4. Duckworth, Angela, and Stephanie Carlson. "Self-Regulation and School Success." 2013. repository.upenn.edu/cgi/viewcontent.cgi?article=1002&context=psychology_papers.

5. Bloch, Lian, Claudia M. Haase, and Robert W. Levenson. "Emotion Regulation Predicts Marital Satisfaction: More than a Wives' Tale." Emotion 14 (1): 130–44, 2014. doi.org/10.1037/a0034272; Gross, James J., and Oliver P. John. "Individual Differences in Two Emotion Regulation Processes: Implications for Affect, Relationships, and Well-Being." Journal of Personality and Social Psychology 85 (2): 348–62, 2003. doi.org/10.1037/0022-3514.85.2.348.

6. Vogel, S., and L. Schwabe. "Learning and Memory Under Stress: Implications for the Classroom." NPJ Science of Learning 1 (16011), 2016. doi.org/10.1038/npjscilearn.2016.11.

7. Diamond, L. M., and L. G. Aspinwall. "Emotion Regulation Across the Life Span: An Integrative Perspective Emphasizing Self-Regulation, Positive Affect, and Dyadic Processes." Motivation and Emotion 27 (2), 125–56, 2003. doi.org/10.1023/A:1024521920068.

8. Nakagawa, Takeshi, et al. "Age, Emotion Regulation, and Affect in Adulthood: The Mediating Role of Cognitive Reappraisal." Japanese Psychological Research 59 (4): 301–8, 2017. doi.org/10.1111/jpr.12159; Silvers, Jennifer A., et al. "Age-Related Differences in Emotional Reactivity, Regulation, and Rejection Sensitivity in Adolescence." Emotion 12 (6): 1235–47, 2012. doi.org/10.1037/a0028297.

9. Lantrip and Huang. "Cognitive Control."

10. Chowdhury, Madhuleena Roy. "What Is Emotion Regulation? + 6 Emotional Skills and Strategies." PositivePsychology.com. August 13, 2019. positivepsychology.com/emotion-regulation/; Van Bockstaele, Bram, et al. "Choose Change: Situation Modification, Distraction, and Reappraisal in Mild Versus Intense Negative Situations." Motivation and Emotion 44, 2019. doi.org/10.1007/s11031-019-09811-8.

11. Ochsner, Kevin N., Jennifer A. Silvers, and Jason T. Buhle. "Functional Imaging Studies of Emotion Regulation: A Synthetic Review and Evolving Model of the Cognitive Control of Emotion." Annals of the New York Academy of Sciences 1251 (1): E1–24, 2012. doi.org/10.1111/j.1749-6632.2012.06751.x.

12. Paschke, Lena M., et al. "Individual Differences in Self-Reported Self-Control Predict Successful Emotion Regulation." Social Cognitive and Affective Neuroscience 11 (8): 1193–204, 2016. doi.org/10.1093/scan/nsw036.

13. Paschke, et al. "Individual Differences."

14. Harvard Health Publishing. "Understanding the Stress Response." Harvard Health, May 1, 2018. health.harvard.edu/staying-healthy/understanding-the-stress-response.

15. Aristizabal, Juan-Pablo, et al. "Use of Heart Rate Variability Biofeedback to Reduce the Psychological Burden of Frontline Healthcare Professionals against COVID-19." Frontiers in Psychology 11 (October), 2020. doi.org/10.3389/fpsyg.2020.572191.

16. Mather, Mara, and Julian F. Thayer. "How Heart Rate Variability Affects Emotion

Regulation Brain Networks." Current Opinion in Behavioral Sciences 19 (February): 98–104, 2018. doi.org/10.1016/j.cobeha.2017.12.017; Appelhans, Bradley M., and Linda J. Luecken. "Heart Rate Variability as an Index of Regulated Emotional Responding." Review of General Psychology 10 (3): 229–40, 2006. doi.org/10.1037/1089-2680.10.3.229.

17. Kaufman, Erin A., et al. "The Difficulties in Emotion Regulation Scale Short Form (DERS-SF): Validation and Replication in Adolescent and Adult Samples." Journal of Psychopathology and Behavioral Assessment 38 (3): 443–55, 2015. doi.org/10.1007/s10862-015-9529-3.

18. MFA는 긍정적인 심리학에서 행복과 관련된 것으로 밝혀진 감정들(감사, 경외, 연민 등)은 물론, 널리 사용되는 긍정 정서와 부정 정서 스케줄Positive and Negative Affect Schedule 설문에서 측정하는 보다 일반적인 감정들까지 평가한다; Watson, David, Lee Anna Clark, Auke Tellegen. "Development and Validation of Brief Measures of Positive and Negative Affect: The PANAS Scales." Journal of Personality and Social Psychology 54 (6): 1063–70, 1988. doi.org/10.1037/0022-3514.54.6.1063.

제9장. 머릿속 창고를 효과적으로 쓰는 '학습 및 기억' 사용법

1. "Scientific Reports on Highly Superior Autobiographical Memory." n.d. Center for the Neurobiology of Learning and Memory. cnlm.uci.edu/hsam/scientific-reports/.

2. Patihis, L., et al. "False Memories in Highly Superior Autobiographical Memory Individuals." Proceedings of the National Academy of Sciences 110 (52): 20947–52, 2013. doi.org/10.1073/pnas.1314373110.

3. Veiseh, Nima. "TEDxRhodes: Memory and Mindfulness." December 9, 2016. youtube.com/watch?v=9rROVHBUY0A&feature=emb_logo.

4. "Neuroscience: How Much Power, in Watts, Does the Brain Use?" n.d. Psychology & Neuroscience Stack Exchange. psychology.stackexchange.com/questions/12385/how-much-power-in-watts-does-the-brain-use; "Computation Power: Human Brain Versus Supercomputer." Foglets: Science

Discovery. April 10, 2019. foglets.com/supercomputer-vs-human-brain/#:~:text=The%20amount%20of%20energy%20required.

5. Patihis, et al. "False Memories."

6. LePort, Aurora K. R., et al. "Highly Superior Autobiographical Memory: Quality and Quantity of Retention over Time." Frontiers in Psychology (6), 2016. doi. org/10.3389/fpsyg.2015.02017.

7. Urcelay, G. P., and R. R. Miller. "Retrieval from Memory." Learning and Memory: A Comprehensive Reference 1: 53–73, 2008. doi.org/10.1016/b978-012370509-9.00075-9; Squire, Larry R., et al. "Memory Consolidation." Cold Spring Harbor Perspectives in Biology 7 (8): a021766, 2015. doi.org/10.1101/cshperspect. a021766.

8. Hockley, William E., Fahad N. Ahmad, and Rosemary Nicholson. "Intentional and Incidental Encoding of Item and Associative Information in the Directed Forgetting Procedure." Memory & Cognition 44 (2): 220–28, 2015. doi. org/10.3758/s13421-015-0557-8.

9. Bauer, Patricia J., et al. "Neural Correlates of Autobiographical Memory Retrieval in Children and Adults." Memory 25 (4): 450–66, 2016. doi.org/10.1080/096582 11.2016.1186699.

10. When something is new, those who recruit PFC the most usually perform the best. (Duncan and Owen 2000, Poldrack, et al. 2005.) But when you are really good at it, you are NOT using PFC as much. (Chein and Schneider 2005; Garavan, et al. 2000; Landau, et al. 2007; Milham, et al. 2003; Miller, et al. 2003.) From slide 50 of pdx.edu/social-determinants-health/sites/www.pdx. edu.social-determinants-health/files/Adele%20Diamond.pdf.

11. Fine Sasse, Stephanie. Learning and Memory: Frontal Cortex, Striatum, Amygdala, Cerebellum, Hippocampus. 2021.

12. Blumenstyk, Goldie. "By 2020, They Said, 2 out of 3 Jobs Would Need More Than a Highschool Diploma. Were They Right?" Chronicle of Higher Education. January 22, 2020. chronicle.com/newsletter/the-edge/2020-01- 22.

13. Gumbel, Peter. "How Will Automation Affect Jobs, Skills, and Wages?" Podcast. McKinsey Global Institute. 2018.

14. Bourke, Juliet. "The Overwhelmed Employee: Simplify the Work Environment." Deloitte Australia. October 2014. deloitte.com/au/en/pages/human-capital/articles/overwhelmed-employee-simplify-environment.html.

15. Center for the Neurobiology of Learning and Memory. "Highly Superior Autobiographical Memory." 2017. cnlm.uci.edu/hsam/.

16. Lapp, Danielle C. Don't Forget!: Easy Exercises for a Better Memory at Any Age. New York: McGraw-Hill, 1987.

제10장. 아이디어를 샘솟게 하는 '창의성' 사용법

1. Wujec, Tom. "TED: Build a Tower, Build a Team." February 2010. ted.com/talks/tom_wujec_build_a_tower_build_a_team?language=en.

2. Jauk, Emanuel, et al. "The Relationship between Intelligence and Creativity: New Support for the Threshold Hypothesis by Means of Empirical Breakpoint Detection." Intelligence 41(4), 212-21, 2013. doi.org/10.1016/j.intell.2013.03.003.

3. Kaufman, Alan S. IQ Testing 101. New York: Springer, 2009.

4. Jauk, et al. "The Relationship between Intelligence and Creativity."

5. Adapted from the University of Kent, "Mathematical Lateral Logic Test." n.d. kent.ac.uk/ces/tests/maths-logic-test.html.

6. King, Stephen. "Stephen King: Can a Novelist Be Too Productive?" New York Times. August 27, 2015. nytimes.com/2015/08/31/opinion/stephen-king-can-a-novelist-be-too-productive.html.

7. Simonton, Dean Keith. "Creative Productivity: A Predictive and Explanatory Model of Career Trajectories and Landmarks." Psychological Review 104 (1): 66-89, 1997. doi.org/10.1037/0033-295x.104.1.66.

8. Yamada, Yohei, and Masayoshi Nagai. "Positive Mood Enhances Divergent but Not Convergent Thinking." Japanese Psychological Research 57 (4): 281-87,

2015. doi.org/10.1111/jpr.12093.

9. Kaufman, Scott Barry. "The Emotions That Make Us More Creative." Harvard Business Review. August 12, 2015. hbr.org/2015/08/the-emotions-that-make-us-more-creative.

10. Kaufman, Scott Barry. "The Emotions."

11. Baer, John. "Creativity Doesn't Develop in a Vacuum." New Directions for Child and Adolescent Development (151): 9–20, 2016. doi.org/10.1002/cad.20151.

12. Kaufman, Scott Barry. "The Real Neuroscience of Creativity." Scientific American. August 19, 2013. blogs.scientificamerican.com/beautiful-minds/the-real-neuroscience-of-creativity/.

13. Beaty, Roger E., et al. "Robust Prediction of Individual Creative Ability from Brain Functional Connectivity." Proceedings of the National Academy of Sciences 115 (5): 1087–92, 2018. doi.org/10.1073/pnas.1713532115.

14. Liu, Siyuan, et al. "Neural Correlates of Lyrical Improvisation: An FMRI Study of Freestyle Rap." Scientific Reports 2 (1), 2012. doi.org/10.1038/srep00834; Limb, Charles J., and Allen R. Braun. "Neural Substrates of Spontaneous Musical Performance: An FMRI Study of Jazz Improvisation." PLOS One 3 (2): e1679, 2018. doi.org/10.1371/journal.pone.0001679.

15. Csikszentmihalyi, Mihaly. Creativity: The Psychology of Discovery and Invention. New York, London: Harper Perennial Modern Classics, 2013.

16. Carson, Shelley H., Jordan B. Peterson, and Daniel M. Higgins. "Reliability, Validity, and Factor Structure of the Creative Achievement Questionnaire." Creativity Research Journal 17 (1): 37–50, 2015. doi.org/10.1207/s15326934 crj1701_4.

제11장. 뇌의 가장 취약한 부분부터 해킹하라

1. 스카이라인 이미지 출처: iStock. New York City Skyline Silhouette Vector Illustration. https://www.istockphoto.com/vector/new-york-city-skyline-

silhouette-vector-illustration-gm1152078220-312436161.

2. Hough, Lory. "Beyond Average." Harvard Graduate School of Education. 2015. gse.harvard.edu/news/ed/15/08/beyond-average.

3. "Twice-Exceptional Students." Nagc.org, 2000. nagc.org/resources-publications/ resources-parents/twice-exceptional-students.

4. Schaefer, Charles E., and Howard L. Millman. How to Help Children with Common Problems. Northvale, NJ: J. Aronson, 1994.

5. Keller, Arielle S., et al. "Paying Attention to Attention in Depression." Translational Psychiatry 9 (1), 2019. doi.org/10.1038/s41398-019-0616-1.

6. Pacheco-Unguetti, Antonia Pilar, et al. "Attention and Anxiety." Psychological Science 21 (2): 298–304, 2010. doi.org/10.1177/0956797609359624.

7. "Sleep, Learning, and Memory." Harvard.edu, 2019. healthysleep.med.harvard. edu/healthy/matters/benefits-of-sleep/learning-memory.

8. Lucius, Khara. "'Brain Fog': Exploring a Symptom Commonly Encountered in Clinical Practice." Alternative and Complementary Therapies 27 (1): 23–30, 2021. doi.org/10.1089/act.2020.29313.klu.

9. Centers for Disease Control and Prevention. "What Is ADHD?" September 19, 2018. cdc.gov/ncbddd/adhd/facts.html.

10. Ram, Nilam, et al. "Cognitive Performance Inconsistency: Intraindividual Change and Variability." Psychology and Aging 20 (4): 623–33, 2005. doi. org/10.1037/0882-7974.20.4.623.

11. Facer-Childs, Elise R., Sophie Boiling, and George M. Balanos. "The Effects of Time of Day and Chronotype on Cognitive and Physical Performance in Healthy Volunteers." Sports Medicine Open 4 (1), October 24, 2018. doi. org/10.1186/s40798-018-0162-z.

12. Smarr, Benjamin L., and Aaron E. Schirmer. "3.4Million Real-World Learning Management System Logins Reveal the Majority of Students Experience Social Jet Lag Correlated with Decreased Performance." Scientific Reports 8 (1), 2018. doi.org/10.1038/s41598-018-23044-8.

13. Facer-Childs, et al. "The Effects of Time of Day."

14. Dunster, Gideon P., et al. "Sleepmore in Seattle: Later School Start Times Are Associated with More Sleep and Better Performance in High School Students." Science Advances 4 (12): eaau6200, 2018. doi.org/10.1126/sciadv.aau6200.

15. Tamnes, C. K., et al. "Becoming Consistent: Developmental Reductions in Intraindividual Variability in Reaction Time Are Related to White Matter Integrity." Journal of Neuroscience 32 (3): 972–82, 2012. doi.org/10.1523/jneurosci.4779-11.2012; Ram, Nilam, et al. "Cognitive Performance Inconsistency." 2005.

16. Gamaldo, Alyssa A., et al. "Variability in Performance: Identifying Early Signs of Future Cognitive Impairment." Neuropsychology 26 (4): 534–40, 2012. doi.org/10.1037/a0028686

17. Kiziltas, Semiha, Burcu Akinci, and Cleotilde Gonzalez. "Comparison of Experienced and Novice Cost Estimator Behaviors in Information Pull and Push Methods." Canadian Journal of Civil Engineering 37 (2): 290–301, 2010. doi.org/10.1139/l09-152.

제12장. 뇌를 활용하면 인생의 만족도가 달라진다

1. Doran, G. T. "There's a S.M.A.R.T. Way to Write Management's Goals and Objectives." Management Review. 70 (11): 35–36, 1981.

2. Quantified Self. "Show & Tell: Tracking What I Do Versus What I Say I'll Do." n.d. quantifiedself.com/show-and-tell/?project=1097.

3. "Learn to Human Better." n.d. inneru.coach/.

4. "Designing Your Life." 2007. ocw.mit.edu/courses/athletics-physical-education-and-recreation/pe-550-designing-your-life-january-iap-2007/assignments/assign01.pdf.

5. "The Wheel of Life." Positive Psychology. 2016. positivepsychology.com/wp-content/uploads/2016/11/The-Wheel-of-Life.pdf.

6. Pascha, Mariana. 2019. "The PERMA Model: Your Scientific Theory of

Happiness." Positive Psychology. July 3, 2019. positivepsychology.com/perma-model/.

7. "Ed Diener, Subjective Well-Being." n.d. labs.psychology.illinois.edu/~ediener/SWLS.html#:~:text=The%20SWLS%20is%20a%20short.

8. Adapted from: 18 Areas of Life, Handel Method: "PE.550 Designing Your Life." 2007. ocw.mit.edu/courses/athletics-physical-education-and-recreation/pe-550-designing-your-life-january-iap-2007/assignments/assign01.pdf; Diener, E., et al. "The Satisfaction with Life Scale." Journal of Personality Assessment 49 (1): 71–75, 1985. doi.org/10.1207/s15327752jpa4901_13; positive psychology. com/wp-content/uploads/2016/11/The-Wheel-of-Life.pdf.

제13장. 가짜여도 괜찮아, 효과 만점의 위약들

1. Kopp, Vincent. Henry K. Beecher, M.D.: Contrarian (1904–1976). American Society of Anesthesiologists, 1999. web.archive.org/web/20001119013500/http:/www.asahq.org/NEWSLETTERS/1999/09_99/beecher0999.html; some controversy over this story exists: shannonharvey.com/blogs/blog/this-is-why-you-shouldnt-believe-everything-you-read-about-your-health.

2. "Placebos Are Getting More Effective. Drugmakers Are Desperate to Know Why." Wired. August 24, 2009. www.wired.com/2009/08/ff-placebo-effect/.

3. Beecher, Henry K. "The Powerful Placebo." Journal of the American Medical Association 159 (17): 1602, 1955. doi:10.1001/jama.1955.02960340022006.

4. Levine, Jon D., Newton C. Gordon, and Howard L. Fields. "The Mechanism of Placebo Analgesia." The Lancet 312 (8091): 654–57, 1978. doi:10.1016/s0140-6736(78)92762-9; Lipman, Jonathan J., et al. "Peak B Endorphin Concentration in Cerebrospinal Fluid: Reduced in Chronic Pain Patients and Increased during the Placebo Response." Psychopharmacology 102 (1): 112–16, 1990. doi:10.1007/bf02245754; Vachon-Presseau, Etienne, et al. "Brain and Psychological Determinants of Placebo Pill Response in Chronic Pain Patients." Nature Communications 9 (1), 2018. doi:10.1038/s41467-018-05859-1; "Sugar

Pills Relieve Pain for Chronic Pain Patients." ScienceDaily. Northwestern University. September 12, 2018. sciencedaily.com/releases/2018/09/180912133542.htm.

5. Pittrof, Rudiger. "Placebo Treatment in Mild to Moderate Depression." British Journal of General Practice 61 (584), 2011. doi:10.3399/bjgp11x561285.

6. Darragh, Margot, et al. "A Take-Home Placebo Treatment Can Reduce Stress, Anxiety and Symptoms of Depression in a Non-Patient Population." Australian & New Zealand Journal of Psychiatry 50 (9): 858–65, 2016. doi:10.1177/0004867415621390.

7. Fuente-Fernández, R. de la, S. Lidstone, and A. J. Stoessl. "Placebo Effect and Dopamine Release." Parkinson's Disease and Related Disorders 70: 415–18, 2006. doi:10.1007/978-3-211-45295-0_62.

8. Sihvonen, Raine, et al. "Arthroscopic Partial Meniscectomy Versus Sham Surgery for a Degenerative Meniscal Tear." New England Journal of Medicine 369 (26): 2515–24, 2013. doi:10.1056/nejmoa1305189; Talbot, Margaret. "The Placebo Prescription." New York Times. January 9, 2000. nytimes.com/2000/01/09/magazine/the-placebo-prescription.html; Moseley, J. Bruce, et al. "A Controlled Trial of Arthroscopic Surgery for Osteoarthritis of the Knee." New England Journal of Medicine 347 (2): 81–88, 2002. doi:10.1056/nejmoa013259.

9. Wadyka, Sally. "3 Ways to Use the Placebo Effect to Have a Better Day." Health.com. 2021. health.com/mind-body/3-ways-to-use-the-placebo-effect-to-have-a-better-day; Draganich, Christina, and Kristi Erdal. "Placebo Sleep Affects Cognitive Functioning." Journal of Experimental Psychology: Learning, Memory, and Cognition 40 (3): 857–64, 2014. doi:10.1037/a0035546.

10. Kross, E., et al. "Social Rejection Shares Somatosensory Representations with Physical Pain." Proceedings of the National Academy of Sciences 108 (15): 6270–75, 2011. doi:10.1073/pnas.1102693108; Szalavitz, Maia. "New Test Distinguishes Physical From Emotional Pain in Brain for First Time." Time. May 6, 2013. healthland.time.com/2013/05/06/a-pain-detector-for-the-brain/.

11. Graham, Sarah. "Brain's Own Pain Relievers at Work in Placebo Effect, Study Suggests." Scientific American. August 24, 2005. scientificamerican.com/article/brains-own-pain-relievers/.

12. Hall, Kathryn T., Joseph Loscalzo, and Ted J. Kaptchuk. "Genetics and the Placebo Effect: the Placebome." Trends in Molecular Medicine 21 (5): 285-94, 2015. doi:10.1016/j.molmed.2015.02.009.

13. "Parkinson's Disease." Mayo Foundation for Medical Education and Research. December 8, 2020. mayoclinic.org/diseases-conditions/parkinsons-disease/symptoms-causes/syc-20376055; Triarhou, Lazaros C. "Dopamine and Parkinson's Disease." National Center for Biotechnology Information. U.S. National Library of Medicine. January 1, 1970. ncbi.nlm.nih.gov/books/NBK6271.

14. Hall, et al. "Genetics and the Placebo Effect: the Placebome."

15. Ongaro, Giulio, and Ted J. Kaptchuk. "Symptom Perception, Placebo Effects, and the Bayesian Brain." Pain 1, 2018. doi:10.1097/00006396-900000000-98882.

16. "You Get What You Pay For? Costly Placebo Works Better Than Cheap One." ScienceDaily. March 5, 2008. sciencedaily.com/releases/2008/03/080304173339.htm.

17. "Placebos Are Getting More Effective"; Waber R. L., et al. "Commercial Features of Placebo and Therapeutic Efficacy." Jama 299 (9): 1016, 2008. doi:10.1001/jama.299.9.1016.

18. Adam, Hajo, and Adam D. Galinsky. "Enclothed Cognition." Journal of Experimental Social Psychology 48 (4): 918-25, 2012. doi:10.1016/j.jesp.2012.02.008.

19. 조 디스펜자, 《당신이 플라시보다》, 샨티, 2016.

20. Madrigal, Alexis C. "The Dark Side of the Placebo Effect: When Intense Belief Kills." The Atlantic. 2011. theatlantic.com/health/archive/2011/09/the-dark-side-of-the-placebo-effect-when-intense-belief-kills/245065/.

21. Jakšić, Nenad, Branka Aukst-Margetić, and Miro Jakovljević. "Does Personality Play a Relevant Role in the Placebo Effect?" Psychiatria Danubina. U.S. National Library of Medicine, 2013. March. ncbi.nlm.nih.gov/pubmed/23470602.

22. Vachon-Presseau, Etienne, et al. "Brain and Psychological Determinants of Placebo Pill Response in Chronic Pain Patients." Nature Communications 9 (1), 2018. doi:10.1038/s41467-018-05859-1.

23. Romm, Cari. "Is the Placebo Effect in Your DNA?" The Atlantic, April 13, 2015. theatlantic.com/health/archive/2015/04/is-the-placebo-effect-in-your-dna/390360/.

24. "rs4680." SNPedia. 2021. snpedia.com/index.php/Rs4680; Hall, et al. "Genetics and the Placebo Effect: the Placebome."

25. Kaptchuk, Ted J., et al. "Placebos without Deception: A Randomized Controlled Trial in Irritable Bowel Syndrome." PLOS One 5 (12), 2010. doi:10.1371/journal.pone.0015591.

26. Locher, Cosima, et al. "Is the Rationale More Important than Deception? A Randomized Controlled Trial of Open-Label Placebo Analgesia." Pain 158 (12): 2320–28, 2017. doi:10.1097/j.pain.0000000000001012.

27. "What Oprah Learned from Jim Carrey." Oprah.com. October 12, 2011. oprah.com/oprahs-lifeclass/what-oprah-learned-from-jim-carrey-video.

28. "Natan Sharansky: How Chess Kept One Man Sane." BBC News. January 3, 2014. bbc.com/news/magazine-25560162.

29. Schmemann, Serge. "Kasparov Beaten in Israel, by Russians." New York Times. October 16, 1996. nytimes.com/1996/10/16/world/kasparov-beaten-in-israel-by-russians.html.

30. Pascual-Leone, A., et al. "Modulation of Muscle Responses Evoked by Transcranial Magnetic Stimulation during the Acquisition of New Fine Motor Skills." Journal of Neurophysiology 74 (3): 1037–45, 1995. doi:10.1152/jn.1995.74.3.1037.

31. Denis, M. "Visual Imagery and the Use of Mental Practice in the Development

of Motor Skills." Canadian Journal of Applied Sport Sciences. U.S. National Library of Medicine. 2021. pubmed.ncbi.nlm.nih.gov/3910301/; Ietswaart, Magdalena, et al. "Mental Practice with Motor Imagery in Stroke Recovery: Randomized Controlled Trial of Efficacy." Brain 134 (5): 1373-86, 2011. doi:10.1093/brain/awr077; Page, Stephen J., Peter Levine, and Anthony Leonard. "Mental Practice in Chronic Stroke." Stroke 38 (4): 1293-97, 2007. doi:10.1161/01.str.0000260205.67348.2b.

32. 이 문장을 제안해준 여동생에게 특별히 감사를 전한다.

33. Schleider, Jessica, and John Weisz. "A Single-Session Growth Mindset Intervention for Adolescent Anxiety and Depression: 9-Month Outcomes of a Randomized Trial." Journal of Child Psychology and Psychiatry 59 (2): 160-70, 2017. doi:10.1111/jcpp.12811; "Effect Size (ES)." 2021. lbecker.uccs.edu/effect-size.

34. Rozenkrantz, Liron, et al. "Placebo Can Enhance Creativity." PLOS One 12 (9), 2017. doi:10.1371/journal.pone.0182466.

35. Guevarra, Darwin A., et al. "Placebos without Deception Reduce Self-Report and Neural Measures of Emotional Distress." Nature Communications 11 (1), 2020. doi:10.1038/s41467-020-17654-y; Schaefer, Michael, et al. "Open-Label Placebos Reduce Test Anxiety and Improve Self-Management Skills: A Randomized-Controlled Trial." Scientific Reports 9 (1), 2019. doi:10.1038/s41598-019-49466-6.

제14장. 몸에 땀을 내라! 뇌는 더 열심히 땀 흘린다!

1. Diamond, Adele, and Daphne S. Ling. "Conclusions about Interventions, Programs, and Approaches for Improving Executive Functions That Appear Justified and Those That, despite Much Hype, Do Not." Developmental Cognitive Neuroscience 18: 34-48, 2016. doi:10.1016/j.dcn.2015.11.005.

2. Hillman, C. H., et al. "Effects of the FITKids Randomized Controlled Trial on Executive Control and Brain Function." Pediatrics 134 (4), 2014. doi:10.1542/

peds.2013-3219.

3. Chang, Y. K., et al. "The Effects of Acute Exercise on Cognitive Performance: A Meta-Analysis." Brain Research 1453: 87–101, 2012. doi:10.1016/j.brainres. 2012.02.068.

4. Based on Cohen's D of XX. Conversion from Becker, Dr. Lee A., "Effect Size Calculators." n.d.lbecker.uccs.edu/effect-size.

5. Randolph, Derek D., and Patrick J. O'Connor. "Stair Walking Is More Energizing than Low Dose Caffeine in Sleep Deprived Young Women." Physiology & Behavior 174: 128–35, 2017. doi:10.1016/j.physbeh.2017.03.013.

6. antoinedl.com/fichiers/public/ACSM-guidelines-2014.pdf.

7. 존 레이티, 에릭 헤이거먼, 《운동화 신은 뇌》, 녹색지팡이, 2009.

8. Westcott, Wayne L. "Resistance Training Is Medicine: Effects of Strength Training on Health." Current Sports Medicine Reports 11 (4): 209–16, 2012. doi:10.1249/ jsr.0b013e31825dabb8.

9. Winter, Bernward, et al. "High Impact Running Improves Learning." Neurobiology of Learning and Memory 87 (4): 597–609, 2007. doi:10.1016/ j.nlm.2006.11.003.

10. Van Dongen, Eelco V., et al. "Physical Exercise Performed Four Hours after Learning Improves Memory Retention and Increases Hippocampal Pattern Similarity during Retrieval." Current Biology 26 (13): 1722–27, 2016. doi:10. 1016/j.cub.2016.04.071.

11. Oaten, Megan, and Ken Cheng. "Longitudinal Gains in Self-Regulation from Regular Physical Exercise." British Journal of Health Psychology 11 (4): 717– 33, 2006. doi:10.1348/135910706x96481.

12. Loy, Bryan D., Patrick J. O'Connor, and Rodney K. Dishman. "The Effect of a Single Bout of Exercise on Energy and Fatigue States: a Systematic Review and Meta-Analysis." Fatigue: Biomedicine, Health & Behavior 1 (4): 223–42, 2013. doi:10.1080/21641846.2013.843266; Randolph and O'Connor, "Stair Walking."

13. Edwards, Meghan K., et al. "Effects of Acute Aerobic Exercise or Meditation on

Emotional Regulation." Physiology & Behavior 186: 16–24, 2018. doi:10.1016/
j.physbeh.2017.12.037.

14. Association for Psychological Science. "A Positive Mood Allows Your Brain to
Think More Creatively," December 15, 2010. psychologicalscience.org/news/
releases/a-positive-mood-allows-your-brain-to-think-more-creatively.html;
Zenasni, Franck, and Todd Lubart. "Effects of Mood States on Creativity."
Current Psychology Letters: Behaviour, Brain and Cognition 2002/2, 8, 2002.
doi:10.4000/cpl.205.

15. Steinberg, Hannah, et al. "Exercise Enhances Creativity Independently of
Mood." British Journal of Sports Medicine 31 (3): 240–45, 1997. doi:10.1136/
bjsm.31.3.240.

16. Oppezzo, Marily, and Daniel L. Schwartz. "Give Your Ideas Some Legs: The
Positive Effect of Walking on Creative Thinking." Journal of Experimental
Psychology: Learning, Memory, and Cognition 40 (4): 1142–52, 2014.
doi:10.1037/a0036577.

17. Rominger, Christian, et al. "Creative Challenge: Regular Exercising Moderates
the Association between Task-Related Heart Rate Variability Changes and
Individual Differences in Originality." PLOS One 14 (7), 2019. doi:10.1371/
journal.pone.0220205.

제15장. 푸른 빛이 내려와 너를 더 똑똑하게 하리니

1. health.harvard.edu/blog/seasonal-affective-disorder-bring-on-the-
light-201212215663.

2. Vandewalle, Gilles, Pierre Maquet, and Derk-Jan Dijk. "Light as a Modulator of
Cognitive Brain Function." Trends in Cognitive Sciences 13 (10): 429–38, 2009.
doi.org/10.1016/j.tics.2009.07.004.

3. Alkozei, Anna, et al. "Acute Exposure to Blue Wavelength Light during Memory
Consolidation Improves Verbal Memory Performance." PLOS One 12 (9), 2017.
doi.org/10.1371/journal.pone.0184884.

4. Ma, Zhiqiang, Yang Yang, Chongxi Fan, et al. "Melatonin as a Potential Anticarcinogen for Non-Small-Cell Lung Cancer." Oncotarget 7 (29): 46768–84, 2016. doi:10.18632/oncotarget.8776. ncbi.nlm.nih.gov/pmc/articles/PMC5216835/. Licensed under the Creative Commons Attribution 4.0 International license.

5. Viola, Antoine U., et al. "Blue-Enriched White Light in the Workplace Improves Self-Reported Alertness, Performance and Sleep Quality." Scandinavian Journal of Work, Environment & Health 34 (4): 297–306, 2008. doi.org/10.5271/sjweh.1268.

6. Craig, Michael. "Seasonal Affective Disorder: Bring on the Light." Harvard Health. December 21, 2012. health.harvard.edu/blog/seasonal-affective-disorder-bring-on-the-light-201212215663.

7. Taillard, Jacques, et al. "In-Car Nocturnal Blue Light Exposure Improves Motorway Driving: A Randomized Controlled Trial." PLOS One 7 (10): e46750, 2012. doi.org/10.1371/journal.pone.0046750.

8. Koninklijke Philips NV. "Buy the Philips GoLITE BLU Energy Light HF3422/60 Energy Light." n.d. usa.philips.com/c-p/HF3422_60/golite-blu-energy-light/overview#see-all-benefits.

9. Viola, et al. "Blue-Enriched White Light."

10. Beaven, C. Martyn, and Johan Ekström. "A Comparison of Blue Light and Caffeine Effects on Cognitive Function and Alertness in Humans." PLOS One 8 (10): e76707, 2013. doi.org/10.1371/journal.pone.0076707.

11. Duke Health. "Myth or Fact: People with Light Eyes Are More Sensitive to Sunlight." August 27, 2013. dukehealth.org/blog/myth-or-fact-people-light-eyes-are-more-sensitive-sunlight.

12. Alkozei, Anna, et al. "Acute Exposure to Blue Wavelength Light during Memory Consolidation Improves Verbal Memory Performance." PLOS One 12 (9), 2017. doi.org/10.1371/journal.pone.0184884.

13. Alkozei, et al., "Acute Exposure."

1. Bindrā, Abhinava, and Rohit Brijnath. A Shot at History: My Obsessive Journey to Olympic Gold. Uttar Pradesh, India: Harper Sport. 2013.

2. Bindrā and Brijnath, A Shot at History.

3. "Meditation Dramatically Changes Body Temperatures." Harvard Gazette, April 18, 2002. news.harvard.edu/gazette/story/2002/04/meditation-dramatically-changes-body-temperatures/.

4. Krol, Laurens R. Ten Seconds of Simulated EEG Data in the Five Differently Named Frequency Bands of Neural Oscillations, or Brainwaves: Delta, Theta, Alpha, Beta, and Gamma. December 3, 2020. en.wikipedia.org/wiki/File:EEG_Brainwaves.svg.

5. "Clarification of Neurofeedback." International Society for Neuroregulation and Research. February 6, 2017. isnr.org/in-defense-of-neurofeedback.

6. psychcentral.com/blog/neurofeedback-therapy-an-effective-non-drug-treatment-for-adhd/.

7. neurodevelopmentcenter.com/psychological-disorders/adhd-add-symptoms/adhd-treatment-without-medication/.

8. potencialmenteacademia.com.br/wp-content/uploads/2018/11/gruzelier2014-EEG-neurofeedback-for-optimising-performance.-I_-.pdf.

9. Marzbani, Marateb, and Mansourian. "Methodological Note."

10. University of Goldsmiths London. "Mind Control Can Make You A Better Surgeon." ScienceDaily. August 20, 2009. sciencedaily.com/releases/2009/08/090819125319.htm.

11. Association for Applied Biopsychology and Biofeedback. n.d. "Review of New Research Regarding EEG Neurofeedback and Musicians." aapb.org/i4a/pages/index.cfm?pageID=3388.

12. Murphy, Jen. "Mental, Physical Training for Olympic Volleyball." Wall Street Journal, July 11, 2012. wsj.com/articles/SB10001424052702304141204577510740730336270.

13. McAllister, Mike. "How Bryson Trains His Brain." PGATour.com. February 19, 2019. pgatour.com/long-form/2019/02/19/bryson-dechambeau-brain-training.html.

14. Bhayee, Sheffy, et al. "Attentional and Affective Consequences of Technology Supported Mindfulness Training: A Randomised, Active Control, Efficacy Trial." BMC Psychology 4, 2016. doi.org/10.1186/s40359-016-0168-6.

15. Goddard, Nick. "Psychology." Core Psychiatry 63–82, 2012. doi.org/10.1016/b978-0-7020-3397-1.00005-7.

16. "About Brian—Brian Othmer Foundation." n.d. brianothmerfoundation.org/about-brian/.

17. Fleischman, Matthew J., and Siegfried Othmer. "Case Study: Improvements in IQ Score and Maintenance of Gains Following EEG Biofeedback with Mildly Developmentally Delayed Twins." Journal of Neurotherapy 9 (4): 35–46, 2006. doi.org/10.1300/j184v09n04_03.

18. Othmer, Siegfried. Email to Elizabeth Ricker, March 15, 2021.

19. Engelbregt, H. J., et al. "Short-and Long-Term Effects of Sham-Controlled Prefrontal EEG-Neurofeedback Training in Healthy Subjects." Clinical Neurophysiology 127 (4): 1931–37, 2016. doi.org/10.1016/j.clinph.2016.01.004.

20. forum.choosemuse.com/t/measuring-the-latency-of-sending-data-from-muse-muse-monitor/1990/7.

21. Meinlschmidt, Gunther, et al. "Smartphone-Based Psychotherapeutic Micro-Interventions to Improve Mood in a Real-World Setting." Frontiers in Psychology 7: 1112, 2016. doi.org/10.3389/fpsyg.2016.01112.

22. "About Dr. Browne." n.d. Neurenics Psychology, Inc. neurenics.com/about/.

제17장. 게임이 진짜 뇌를 망치는가?

1. Granic, Isabela, Adam Lobel, and Rutger C. M. E. Engels. "The Benefits of Playing Video Games." American Psychologist 69 (1): 66, 2014.

2. Azadegan, Aida, Johann C. K. H. Riedel, and Jannicke Baalsrud Hauge. "Serious

Games Adoption in Corporate Training." In International Conference on Serious Games Development and Applications. Berlin and Heidelberg: Springer, 2012. 74–85.

3. Csikszentmihalyi, Mihaly. Finding Flow: The Psychology of Engagement with Everyday Life. New York: Basic Books, 2008.

4. Public domain.

5. Wise, Roy A. "Dopamine, Learning and Motivation." Nature Reviews Neuroscience 5 (6): 483–94. 2004. doi.org/10.1038/nrn1406.

6. Freeman, Bob. "Researchers Examine Video Gaming's Benefits." U.S. Air Force. n.d. af.mil/News/Article-Display/Article/117856/researchers-examine-video-gamings-benefits/.

7. Palaus, Marc, et al. "Neural Basis of Video Gaming: A Systematic Review." Frontiers in Human Neuroscience 11, 2017. doi.org/10.3389/fnhum.2017.00248.

8. BioMed Central Limited. "Is Tetris Good for the Brain?" ScienceDaily. sciencedaily.com/releases/2009/09/090901082851.htm

9. Shute, Valerie J., Matthew Ventura, and Fengfeng Ke. "The Power of Play: The Effects of Portal 2 and Lumosity on Cognitive and Noncognitive Skills." Computers & Education 80: 58–67, 2015. doi.org/10.1016/j.compedu. 2014. 08.013.

10. Strenziok, Maren, et al. "Neurocognitive Enhancement in Older Adults: Comparison of Three Cognitive Training Tasks to Test a Hypothesis of Training Transfer in Brain Connectivity." NeuroImage 85 Pt 3: 1027–39, 2014. doi. org/10.1016/j.neuroimage.2013.07.069.

11. Tennstedt, Sharon L., and Frederick W. Unverzagt. "The ACTIVE Study." Journal of Aging and Health 25 (8 suppl): 3S20S, 2013. doi.org/10.1177/ 0898264313518133.

12. Owsley, Cynthia, et al. "Timed Instrumental Activities of Daily Living Tasks: Relationship to Cognitive Function and Everyday Performance Assessments in Older Adults." Gerontology 48 (4): 254–65, 2002. doi.org/10.1159 /000058360.

13. Tennstedt and Unverzagt, "The ACTIVE Study."

14. Wolinsky, Fredric D., et al. "A Randomized Controlled Trial of Cognitive Training Using a Visual Speed of Processing Intervention in Middle Aged and Older Adults." PLOS One 8 (5): e61624, 2013. doi.org/10.1371/journal.pone.0061624.

15. Hardy, Joseph L., et al. "Enhancing Cognitive Abilities with Comprehensive Training: A Large, Online, Randomized, Active-Controlled Trial." PLOS One 10 (9): e0134467, 2015. doi.org/10.1371/journal.pone.0134467.

16. Anguera, J. A., et al. "Video Game Training Enhances Cognitive Control in Older Adults." Nature 501 (7465): 97–101, 2013. doi.org/10.1038/nature12486.

17. Kühn, Simone, et al. "Does Playing Violent Video Games Cause Aggression? A Longitudinal Intervention Study." Molecular Psychiatry 24, 2018. doi.org/10.1038/s41380-018-0031-7.

18. Prescott, Anna T., James D. Sargent, and Jay G. Hull. "Metaanalysis of the Relationship between Violent Video Game Play and Physical Aggression over Time." Proceedings of the National Academy of Sciences 115 (40): 9882–88, 2018. doi.org/10.1073/pnas.1611617114.

19. "Mortality and Morbidity Statistics." n.d. icd.who.int/browse11/l-m/en#/http://id.who.int/icd/entity/1448597234.

20. "Internet Gaming." Psychiatry.org, 2013. psychiatry.org/patients-families/internet-gaming.

21. Przybylski, Andrew K., Netta Weinstein, and Kou Murayama. "Internet Gaming Disorder: Investigating the Clinical Relevance of a New Phenomenon." American Journal of Psychiatry 174 (3): 230–36, 2017. doi.org/10.1176/appi.ajp.2016.16020224.

22. González-Bueso, Vega, et al. "Association Between Internet Gaming Disorder or Pathological Video-Game Use and Comorbid Psychopathology: A Comprehensive Review." International Journal of Environmental Research and Public Health 15 (4): 668, 2018. doi.org/10.3390/ijerph15040668.

23. González-Bueso, et al. "Association Between Internet Gaming Disorder"; Przybylski, Weinstein, and Murayama. "Internet Gaming Disorder."

24. Palaus, Marc, et al. "Neural Basis of Video Gaming: A Systematic Review." Frontiers in Human Neuroscience 11, 2017. doi.org/10.3389/fnhum.2017.00248.

25. Krishnan, Lavanya, et al. "Neural Strategies for Selective Attention Distinguish Fast-Action Video Game Players." Brain Topography 26 (1): 83–97, 2012. doi.org/10.1007/s10548-012-0232-3.

26. Green, C. Shawn, and Daphne Bavelier. "Action Video Game Modifies Visual Selective Attention." Nature 423 (6939): 534–37, 2003. doi.org/10.1038/nature01647.

27. Tsai, M.-H., R.-J. Cherng, and J.-Y. Chen, "Visuospatial Attention Abilities in the Action and Real Time Strategy Video Game Players as Compared with Nonplayers," in 2013 1st International Conference on Orange Technologies (ICOT) (Tainan: IEEE), 264–265, 2013.

28. Jaeggi, Susanne M., et al. "Improving Fluid Intelligence with Training on Working Memory." Proceedings of the National Academy of Sciences 105 (19): 6829–33, 2008.

29. Asprey, Dave. "The Father of Biohacking." blog.daveasprey.com/how-to-add-2-75-iq-points-per-hour-of-training/.

30. "HighIQPro IQ Increase Guarantee." highiqpro.com/high-iq-pro-training-guarantees.

31. Hemenover, Scott H., and Nicholas D. Bowman. "Video Games, Emotion, and Emotion Regulation: Expanding the Scope." Annals of the International Communication Association 42 (2): 125, n.d. academia.edu/37254137/Video_games_emotion_and_emotion_regulation_expanding_the_scope; Villani, Daniela, et al. "Videogames for Emotion Regulation: A Systematic Review." Games for Health Journal 7 (2): 85–99, 2018. doi.org/10.1089/g4h.2017.0108.

32. Iyadurai, L., et al. "Preventing Intrusive Memories after Trauma via a Brief Intervention Involving Tetris Computer Game Play in the Emergency

Department: A Proof-of-Concept Randomized Controlled Trial." Molecular Psychiatry 23 (3): 674–82, 2017. doi.org/10.1038/mp.2017.23.

33. Villani, et al. "Videogames for Emotion Regulation."

34. Villani, et al. "Videogames for Emotion Regulation."

35. mightier.com/wp-content/uploads/2019/11/ScientificOverview.pdf.

36. Lobel, Adam, et al. "Designing and Utilizing Biofeedback Games for Emotion Regulation: The Case of Nevermind." In Proceedings of the 2016 CHI Conference Extended Abstracts on Human Factors in Computing Systems. ACM, 2016. 1945–1951.

37. McGonigal, Jane. "Transcript of 'The Game That Can Give You 10 Extra Years of Life.' " TED, 2012. ted.com/talks/jane_mcgonigal_the_game_that_can_give_you_10_extra_years_of_life/transcript.

38. Bakker, David, et al. "Mental Health Smartphone Apps: Review and Evidence-Based Recommendations for Future Developments." JMIR Mental Health 3 (1): e7, 2016. doi.org/10.2196/mental.4984; Payne, Hannah E., Victor B. A. Moxley, and Elizabeth MacDonald. "Health Behavior Theory in Physical Activity Game Apps: A Content Analysis." JMIR Serious Games 3 (2): e4, 2015. doi. org/10.2196/games.4187; Roepke, Ann Marie, et al. "Randomized Controlled Trial of SuperBetter, a Smartphone-Based/Internet-Based Self-Help Tool to Reduce Depressive Symptoms." Games for Health Journal 4 (3): 235–46, 2015. doi.org/10.1089/g4h.2014.0046; Devan, Hemakumar, et al. "Evaluation of Self-Management Support Functions in Apps for People with Persistent Pain: Systematic Review." JMIR MHealth and UHealth 7 (2): e13080, 2019. doi. org/10.2196/13080.

39. Derlyatka, Anton, et al. "Bright Spots, Physical Activity Investments That Work: Sweatcoin: A Steps Generated Virtual Currency for Sustained Physical Activity Behaviour Change." British Journal of Sports Medicine 53 (18): 1195–96, 2019. doi.org/10.1136/bjsports-2018-099739.

40. Patoka, Josh. "14 Legit Apps That Will Pay You to Workout [sic]." Well Kept

Wallet. April 19, 2020. wellkeptwallet.com/apps-pay-you-to-workout/.

41. Kelley, Paul, and Terry Whatson. "Making Long-Term Memories in Minutes: A Spaced Learning Pattern from Memory Research in Education." Frontiers in Human Neuroscience 7: 589, 2013. frontiersin.org/articles/10.3389/fnhum.2013.00589/full#h1.

42. Karpicke, Jeffrey D., and Althea Bauernschmidt. "Spaced Retrieval: Absolute Spacing Enhances Learning regardless of Relative Spacing." Journal of Experimental Psychology: Learning, Memory, and Cognition 37 (5): 1250–57, 2011. doi.org/10.1037/a0023436.

43. Kelley and Whatson. "Making Long-Term Memories in Minutes."

44. Icez. Forgetting Curve with Spaced Repetition, 2007. https://en.wikipedia.org/wiki/Forgetting_curve.

45. Karpicke, Jeffrey D., and J. R. Blunt. "Retrieval Practice Produces More Learning than Elaborative Studying with Concept Mapping." Science 331 (6018): 772–75, 2011. doi.org/10.1126/science.1199327.

46. Nakano, Dana. "Elevate Effectiveness Study Principal Author." 2015. elevateapp.com/assets/docs/elevate_effectiveness_october2015.pdf.

47. Grego, John. "Duolingo Effectiveness Study Final Report." 2012. static.duolingo.com/s3/DuolingoReport_Final.pdf.

48. Vesselinov, Roumen. "Measuring the Effectiveness of Rosetta Stone Final Report." 2009. resources.rosettastone.com/CDN/us/pdfs/Measuring_the_Effectiveness_RS-5.pdf.

49. "How Hockey Sense Training Changed the Game for USA Hockey." n.d. The Hockey IntelliGym. usahockeyintelligym.com/how-hockey-iq-training-changed-the-game-for-usa-hockey/.

50. "Concussion Study Indicates Hockey IntelliGym Training Could Reduce Chance of Injury." n.d. The Hockey IntelliGym.usahockeyintelligym.com/concussion-study-indicates-hockey-intelligym-training-could-reduce-chance-of-injury/.

51. "Science & Research." n.d. The Hockey IntelliGym. usahockeyintelligym.com/

science-and-safety/; "Intelligym's Cognitive Therapy Technologies Added to Comprehensive Approach in Mayo Clinic Sports Medicine Center's Hockey Program." PRWeb. 2014. prweb.com/releases/2014/05/prweb11844861.htm; "Mayo Clinic Sports Medicine Center Adopts Intelligym Cognitive Training." SharpBrains. May 14, 2014. sharpbrains.com/blog/2014/05/14/mayo-clinic-sports-medicine-center-adopts-intelligym-cognitive-training/.

52. Morrison, Briana B., and Betsy DiSalvo. "Khan Academy Gamifies Computer Science." Proceedings of the 45th ACM Technical Symposium on Computer Science Education—SIGCSE '14. 2014. doi.org/10.1145/2538862.2538946.

53. Rayner, Keith, et al. "So Much to Read, so Little Time." Psychological Science in the Public Interest 17 (1): 4–34. 2016. doi.org/10.1177/1529100615623267.

54. Adams, Tim. "Speed-Reading Apps: Can You Really Read a Novel in Your Lunch Hour?" The Guardian. April 8, 2017. theguardian.com/technology/2017/apr/08/speed-reading-apps-can-you-really-read-novel-in-your-lunch-hour; Rayner, et al., "So Much to Read, so Little Time"; pubmed.ncbi.nlm.nih.gov/26769745/; connection.ebscohost.com/c/articles /19236938/how-good-are-some-worlds-best-readers; Duggan, Geoffrey B., and Stephen J. Payne. "Skim Reading by Satisficing." Proceedings of the 2011 Annual Conference on Human Factors in Computing Systems—CHI '11. 2011. doi.org/10.1145/1978942.1979114.

55. Hutton, Elizabeth, and S. Shyam Sundar. "Can Video Games Enhance Creativity? Effects of Emotion Generated ByDance Dance Revolution." Creativity Research Journal 22 (3): 294–303. 2010. doi.org/10.1080/10400419.20 10.503540.

56. "Want to Boost Creativity? Try Playing Minecraft." 2019. news.iastate.edu/news/2019/07/08/minecraftcreative; "Want to Boost Creativity? Try Playing Minecraft." ScienceDaily. 2019. sciencedaily.com/releases/2019/07/190708140051.htm.

1. "What Is Cranial Electrotherapy Stimulation (CES)?" n.d. Neuromodec.com. neuromodec.com/what-is-cranial-electrotherapy-stimulation-ces/.

2. "Transcutaneous Vagus Nerve Stimulation." n.d. PubMed. pubmed.ncbi.nlm. nih.gov/?term=%22transcutaneous+vagus+nerve+stimulation%22+%22cog nition%22.

3. Cappabianca, Paolo, and Enrico de Divitiis. "Back to the Egyptians: Neurosurgery via the Nose. A Five-Thousand-Year History and the Recent Contribution of the Endoscope." Neurosurgical Review 30 (1): 1-7; discussion 7, 2007. doi.org/10.1007/s10143-006-0040-x.

4. Salehpour, Farzad, et al. "Brain Photobiomodulation Therapy: A Narrative Review." Molecular Neurobiology 55 (8): 6601-36, 2018. doi.org/10.1007/ s12035-017-0852-4; "Brain Photobiomodulation." Vielight Inc. vielight.com/ brain-photobiomodulation/; Zomorrodi, Reza, et al. "Pulsed near Infrared Transcranial and Intranasal Photobiomodulation Significantly Modulates Neural Oscillations: A Pilot Exploratory Study." Scientific Reports 9 (1), 2019. doi. org/10.1038/s41598-019-42693-x; Chao, Linda L. "Effects of Home Photobiomodulation Treatments on Cognitive and Behavioral Function, Cerebral Perfusion, and Resting-State Functional Connectivity in Patients with Dementia: A Pilot Trial." Photobiomodulation, Photomedicine, and Laser Surgery 37 (3): 133-41, 2019. doi.org/10.1089/photob.2018.4555; "Low-Level Laser Therapy." Wikipedia. en.wikipedia.org/wiki/Low-level_laser_therapy.

5. Medeiros, Liciane Fernandes, et al. "Neurobiological Effects of Transcranial Direct Current Stimulation: A Review." Frontiers in Psychiatry 3, 2012. doi. org/10.3389/fpsyt.2012.00110.

6. DaSilva, Alexandre F., et al. "Electrode Positioning and Montage in Transcranial Direct Current Stimulation." Journal of Visualized Experiments 51, 2011. doi. org/10.3791/2744.

7. Bikson, Marom, et al. "Safety of Transcranial Direct Current Stimulation:

Evidence Based Update 2016." Brain Stimulation 9 (5): 641–61, 2016. doi.
org/10.1016/j.brs.2016.06.004.

8. Kar, Kohitij, and Bart Krekelberg. "Transcranial Electrical Stimulation over
Visual Cortex Evokes Phosphenes with a Retinal Origin." Journal of
Neurophysiology 108 (8): 2173–78, 2012. doi.org/10.1152/jn.00505.2012.

9. Woods, A. J., et al. "A Technical Guide to TDCS, and Related Non-Invasive Brain
Stimulation Tools." Clinical Neurophysiology 127 (2): 1031–48, 2016. doi.
org/10.1016/j.clinph.2015.11.012.

10. Fields, R. Douglas. "Amping up Brain Function: Transcranial Stimulation Shows
Promise in Speeding up Learning." Scientific American. November 25, 2011.
scientificamerican.com/article/amping-up-brain-function/.

11. Monai, Hiromu, et al. "Calcium Imaging Reveals Glial Involvement in
Transcranial Direct Current Stimulation-Induced Plasticity in Mouse Brain."
Nature Communications 7 (1), 2016. doi.org/10.1038/ncomms11100.

12. Martin, Donel M., et al. "Can Transcranial Direct Current Stimulation Enhance
Outcomes from Cognitive Training? A Randomized Controlled Trial in Healthy
Participants." International Journal of Neuropsycho-pharmacology 16 (9):
1927–36, 2013. doi.org/10.1017/s1461145713000539.

13. Nelson, Justin, et al. "The Effects of Transcranial Direct Current Stimulation
(TDCS) on Multitasking Throughput Capacity." Frontiers in Human
Neuroscience 10, 2016. doi.org/10.3389/fnhum.2016.00589.14. Kwon, Jung
Won, et al. "The Effect of Transcranial Direct Current Stimulation on the Motor
Suppression in Stop-Signal Task." NeuroRehabilitation 32 (1): 191–96, 2013.
doi.org/10.3233/NRE-130836.

15. Fregni, Felipe, et al. "Anodal Transcranial Direct Current Stimulation of
Prefrontal Cortex Enhances Working Memory." Experimental Brain Research
166 (1): 23–30, 2005. doi.org/10.1007/s00221-005-2334-6.

16. Gill, Jay, Priyanka P. Shah-Basak, and Roy Hamilton. "It's the Thought That
Counts: Examining the Task-Dependent Effects of Transcranial Direct Current

Stimulation on Executive Function." Brain Stimulation 8 (2): 253-59, 2015. doi. org/10.1016/j.brs.2014.10.018.

17. Ditye, Thomas, et al. "Modulating Behavioral Inhibition by TDCS Combined with Cognitive Training." Experimental Brain Research 219 (3): 363-68, 2012. doi.org/10.1007/s00221-012-3098-4.

18. Leadam, JD. n.d. "How I Zapped My Brain with a 9v Battery to Overcome Analysis Paralysis." Quantified Self. quantifiedself.com/show-and-tell/?project=891; Leadam, JD. n.d. "How I Shocked My Brain and Created Change." media.quantifiedself.com/slides/0891_JLeadam_HowZappedBrainWith9vBatteryOvercomeAnalysisParalysis.pdf.

19. Sandrini, Marco, et al. "Older Adults Get Episodic Memory Boosting from Noninvasive Stimulation of Prefrontal Cortex during Learning." Neurobiology of Aging 39: 210-16, 2016. doi.org/10.1016/j.neurobio-laging.2015.12.010.

20. Callaway, Ewen. "Shocks to the Brain Improve Mathematical Abilities." Nature, May, 2013. doi.org/10.1038/nature.2013.13012; Cohen Kadosh, Roi, et al. "Modulating Neuronal Activity Produces Specific and Long-Lasting Changes in Numerical Competence." Current Biology 20 (22): 2016-20, 2010. doi. org/10.1016/j.cub.2010.10.007.

21. Sarkar, A., A. Dowker, and R. Cohen Kadosh. "Cognitive Enhancement or Cognitive Cost: Trait-Specific Outcomes of Brain Stimulation in the Case of Mathematics Anxiety." Journal of Neuroscience 34 (50): 16605-10, 2014. doi. org/10.1523/jneurosci.3129-14.2014.

22. Matzen, Laura E., et al. "Effects of Non-Invasive Brain Stimulation on Associative Memory." Brain Research 1624: 286-96, 2015. doi.org/10.1016/j.brainres.2015.07.036.

23. Buch, Ethan R., et al. "Effects of TDCS on Motor Learning and Memory Formation: A Consensus and Critical Position Paper." Clinical Neurophysiology: Official Journal of the International Federation of Clinical Neurophysiology 128 (4): 589-603, 2017. doi.org/10.1016/j.clinph.2017. 01.004.

24. "Depression, TDCS." Reddit. 2018. reddit.com/r/tDCS/search/?q= depression%2C%20tdcs&restrict_sr=1.

25. Kelley, Nicholas J., et al. "Stimulating Self-Regulation: A Review of Non-Invasive Brain Stimulation Studies of Goal-Directed Behavior." Frontiers in Behavioral Neuroscience 12, 2019. doi.org/10.3389/fnbeh.2018.00337.

26. Ferrucci, R., et al. "Transcranial Direct Current Stimulation in Severe, Drug-Resistant Major Depression." Journal of Affective Disorders 118 (1–3): 215–19, 2009. doi.org/10.1016/j.jad.2009.02.015; Fregni, Felipe, et al. "Treatment of Major Depression with Transcranial Direct Current Stimulation." Bipolar Disorders 8 (2): 203–4, 2006. doi.org/10.1111/j.1399-5618.2006.00291.x; Boggio, Paulo S., Soroush Zaghi, and Felipe Fregni. "Modulation of Emotions Associated with Images of Human Pain Using Anodal Transcranial Direct Current Stimulation (TDCS)." Neuropsychologia 47 (1): 212–17, 2009. doi.org/10.1016/j.neuropsychologia.2008.07.022; Kelley, "Stimulating Self-Regulation."

27. Sarkar, A., A. Dowker, and R. Cohen Kadosh. 2014. "Cognitive Enhancement."; Kelley, "Stimulating Self-Regulation."

28. Dambacher, Franziska, et al. "The Role of Right Prefrontal and Medial Cortex in Response Inhibition: Interfering with Action Restraint and Action Cancellation Using Transcranial Magnetic Brain Stimulation." Journal of Cognitive Neuroscience 26 (8): 1775–84, 2014. doi.org/10.1162/jocn_a_00595; Kelley, "Stimulating Self-Regulation."

29. Pripfl, Jürgen, and Claus Lamm. 2015. "Focused Transcranial Direct Current Stimulation (TDCS) over the Dorsolateral Prefrontal Cortex Modulates Specific Domains of SelfRegulation." Neuroscience Research 91 (February): 41–47. doi.org/10.1016/j.neures.2014.09.007; Kelley, "Stimulating Self-Regulation."

30. Hortensius, Ruud, Dennis J. L. G. Schutter, and Eddie Harmon-Jones. "When Anger Leads to Aggression: Induction of Relative Left Frontal Cortical Activity with Transcranial Direct Current Stimulation Increases the Anger–Aggression

Relationship." Social Cognitive and Affective Neuroscience 7 (3): 342–47, 2011. doi.org/10.1093/scan/nsr012; Kelley, "Stimulating SelfRegulation."

31. Powers, Abigail, et al. "Effects of Combining a Brief Cognitive Intervention with Transcranial Direct Current Stimulation on Pain Tolerance: A Randomized Controlled Pilot Study." Pain Medicine 19 (4): 677–85, 2017. doi.org/10.1093/pm/pnx098; Kelley, "Stimulating Self-Regulation."

32. Nejati, Vahid, Mohammad Ali Salehinejad, and Michael A. Nitsche. "Interaction of the Left Dorsolateral Prefrontal Cortex (L-DLPFC) and Right Orbitofrontal Cortex (OFC) in Hot and Cold Executive Functions: Evidence from Transcranial Direct Current Stimulation (TDCS)." Neuroscience 369: 109–23, 2018. doi.org/10.1016/j.neuroscience.2017.10.042; Kelley, "Stimulating Self-Regulation."

33. Fregni, Felipe, et al. "Transcranial Direct Current Stimulation of the Prefrontal Cortex Modulates the Desire for Specific Foods." Appetite 51 (1): 34–41, 2008. doi.org/10.1016/j.appet.2007.09.016; Ljubisavljevic, M., et al. "Long-Term Effects of Repeated Prefrontal Cortex Transcranial Direct Current Stimulation (TDCS) on Food Craving in Normal and Overweight Young Adults." Brain Stimulation 9 (6): 826–33, 2016. doi.org/10.1016/j.brs.2016.07.002; Kelley, "Stimulating Self-Regulation."

34. Sacks, Oliver. "A Bolt from the Blue." New Yorker. July 16, 2007. newyorker.com/magazine/2007/07/23/a-bolt-from-the-blue.

35. Chi, Richard P., and Allan W. Snyder. "Facilitate Insight by Non-Invasive Brain Stimulation." PLOS One 6 (2): e16655, 2011. doi.org/10.1371/journal.pone.0016655.

36. Rosen, David S., et al. "Anodal TDCS to Right Dorsolateral Prefrontal Cortex Facilitates Performance for Novice Jazz Improvisers but Hinders Experts." Frontiers in Human Neuroscience 10, 2016. doi.org/10.3389/fnhum.2016. 00579.

37. Horvath, Jared Cooney, Jason D. Forte, and Olivia Carter. "Quantitative Review Finds No Evidence of Cognitive Effects in Healthy Populations from Single-Session Transcranial Direct Current Stimulation (TDCS)." Brain Stimulation 8

(3): 535–50, 2015. doi.org/10.1016/j.brs.2015.01.400.

38. Wong, Lidia Y. X., Stephen J. Gray, and David A. Gallo. "Does TDCS over Prefrontal Cortex Improve Episodic Memory Retrieval? Potential Importance of Time of Day." Cognitive Neuroscience 9 (3-4): 167–80, 2018. doi.org/10.1080/1 7588928.2018.1504014.

39. Iuculano, T., and R. Cohen Kadosh. "The Mental Cost of Cognitive Enhance ment." Journal of Neuroscience 33 (10): 4482–86, 2013. doi.org/10.1523/ jneurosci.4927-12.2013.

40. "Roi Cohen Kadosh: Keeping Tabs on Transcranial Direct Current Stimulation." November 7, 2016. diytdcs.com/tag/roi-cohen-kadosh/.

41. Wurzman, Rachel, et al. "An Open Letter Concerning Do-It-Yourself Users of Transcranial Direct Current Stimulation." Annals of Neurology 80 (1): 1–4, 2016. doi.org/10.1002/ana.24689.

42. Nikolin, Stevan, et al. "Safety of Repeated Sessions of Transcranial Direct Current Stimulation: A Systematic Review." Brain Stimulation 11 (2): 278–88, 2018. doi.org/10.1016/j.brs.2017.10.020.

제19장. 하루 한 알, 머리가 좋아지는 약

1. "'I Learned Why They're Called Wonder Drugs: You Wonder What They'll Do to You.' Harlan Miller." Dictionary of Quotes. dictionary-quotes.com/ i-learned-why-they-re-called-wonder-drugs-you-wonder-what-they-ll-do- to-you-harlan-miller/.

2. Giurgea, Corneliu. "Pharmacology of Integrative Activity of the Brain: Attempt at Nootropic Concept in Psychopharmacology" (in French). Actualités Pharmacologiques 25: 115–56, 1972. PMID 4541214.

3. Center for Food Safety and Applied Nutrition. "Peak Nootropics LLC Aka Advanced Nootropics—557887—02/05/2019." Center for Food Safety and Applied Nutrition. December 20, 2019. fda.gov/inspections-compliance- enforcement-and-criminal-investigations/warning-letters/peak-nootropics-

llc-aka-advanced-nootropics-557887-02052019.

4. White, C. Michael. "Dietary Supplements Pose Real Dangers to Patients." Annals of Pharmacotheraphy 54 (8): 815 – 19, 2020. doi.org/10.1177/ 1060028019900504.

5. "Arsenic, Lead Found in Popular Protein Supplements." Consumer Reports. March 12, 2018. consumerreports.org/dietary-supplements/heavy-metals-in-protein-supplements/.

6. White, "Dietary Supplements."

7. "FTC and FDA Send Warning Letters to Companies Selling Dietary Supplements Claiming to Treat Alzheimer's Disease and Remediate or Cure Other Serious Illnesses such as Parkinson's, Heart Disease, and Cancer." Federal Trade Commission. February 11, 2019. ftc.gov/news-events/press-releases/2019/02/ ftc-fda-send-warning-letters-companies-selling-dietary.

8. "The Trouble with Mice as Behavioral Models for Alzheimer's." STAT. April 16, 2019. statnews.com/2019/04/16/trouble-mice-behavioral-models-alzheimers-neurologic-diseases/; Gribkoff, Valentin K., and Leonard K. Kaczmarek. "The Need for New Approaches in CNS Drug Discovery: Why Drugs Have Failed, and What Can Be Done to Improve Outcomes." Neuropharmacology 120 (July): 11 – 19, 2017. doi.org/10.1016/j.neuropharm. 2016.03.021.

9. "Big Pharma Backed Away from Brain Drugs. Is a Return in Sight?" n.d. BioPharma Dive. biopharmadive.com/news/pharma-neuroscience-retreat-return-brain-drugs/570250/.

10. "Section 829." n.d. deadiversion.usdoj.gov. deadiversion.usdoj.gov/21cfr/ 21usc/829.htm.

11. "Don't Be Tempted to Use Expired Medicines." U.S. Food and Drug Administration, 2019. fda.gov/drugs/special-features/dont-be-tempted-use-expired-medicines.

12. "Prescription Stimulants." Drugabuse.gov. June 6, 2018. drugabuse.gov/ publications/drugfacts/prescription-stimulants.

13. "Prescription Stimulants." Drugabuse.gov. June 6, 2018. drugabuse.gov/

publications/drugfacts/prescription-stimulants.

14. repository.upenn.edu/neuroethics_pubs/130/; Ilieva, Irena P., Cayce J. Hook, and Martha J. Farah. "Prescription Stimulants' Effects on Healthy Inhibitory Control, Working Memory, and Episodic Memory: A Meta-Analysis." Journal of Cognitive Neuroscience 27 (6): 1069–89, 2015. doi.org/10.1162/jocn_a_00776; Bagot, Kara Simone, and Yifrah Kaminer. "Efficacy of Stimulants for Cognitive Enhancement in Non-Attention Deficit Hyperactivity Disorder Youth: A Systematic Review." Addiction 109 (4): 547–57, 2014. doi.org/10.1111/add.12460.

15. "Prescription Stimulants' Effects on Healthy Inhibitory Control, Working Memory, and Episodic Memory: A Meta-Analysis," 2015.

16. Ilieva, I., Boland, J., and Martha J. Farah. "Objective and Subjective Cognitive Enhancing Effects of Mixed Amphetamine Salts in Healthy People. Neuropharmacology 64, 496–505, 2013. doi: 10.1016/j.neuropharm.2012.07.021; Ilieva, Irena P., and Martha J. Farah. "Enhancement Stimulants: Perceived Motivational and Cognitive Advantages." Frontiers in Neuroscience 7, 2013. doi.org/10.3389/fnins.2013.00198.

17. Silver, Larry. "ADHD Neuroscience 101." ADDitude. November 30, 2006. additudemag.com/adhd-neuroscience-101/#:~:text=ADHD%20was%20 the%20first%20disorder.

18. Tsai, Ching-Shu, et al. "Long-Term Effects of Stimulants on Neurocognitive Performance of Taiwanese Children with Attention-Deficit/Hyperactivity Disorder." BMC Psychiatry 13 (1), 2013. doi.org/10.1186/1471-244x-13-330.

19. "Prescription Stimulants." Drugabuse.gov.

20. "Brain Maturity Extends Well beyond Teen Years." NPR.org. October 10, 2011. npr.org/templates/story/story.php?storyId=141164708.

21. Acee, Anna M., and Leighsa Sharoff. "Herbal Remedies, Mood, and Cognition." Holistic Nursing Practice 26 (1): 38–51, 2021. doi.org/10.1097/hnp.0b013e31823bff70.

22. Bykov, Katsiaryna, PharmD. "CBD and Other Medications: Proceed with Caution." Harvard Health Blog, January 11, 2021. health.harvard.edu/blog/cbd-and-other-medications-proceed-with-caution-2021011121743.

23. Darbinyan, V., et al. "Rhodiola Rosea in Stress Induced Fatigue: A Double Blind Cross-over Study of a Standardized Extract SHR-5 with a Repeated Low-Dose Regimen on the Mental Performance of Healthy Physicians during Night Duty." Phytomedicine: International Journal of Phytotherapy and Phytopharmacology 7 (5): 365-71, 2000. doi.org/10.1016/S0944-7113(00)80055-0.

24. "Rhodiola." nccih.nih.gov/health/Rhodiola.

25. "RHODIOLA: User Ratings for Effectiveness, Side Effects, Safety and Interactions." n.d. Webmd. webmd.com/vitamins-supplements/ingredient-review-883-RHODIOLA.aspx?drugid=883&drugname=RHODIOLA.

26. Dimpfel, Wilfried, Leonie Schombert, and Alexander G. Panossian. "Assessing the Quality and Potential Efficacy of Commercial Extracts of Rhodiola Rosea L. by Analyzing the Salidroside and Rosavin Content and the Electrophysiological Activity in Hippocampal Long-Term Potentiation, a Synaptic Model of Memory." Frontiers in Pharmacology 9 (425): 1-11, 2018. doi.org/doi.org/10.3389/fphar.2018.00425.

27. Chandrasekhar, K., Jyoti Kapoor, and Sridhar Anishetty. "A Prospective, Randomized DoubleBlind, Placebo-Controlled Study of Safety and Efficacy of a High-Concentration Full-Spectrum Extract of Ashwagandha Root in Reducing Stress and Anxiety in Adults." Indian Journal of Psychological Medicine 34 (3): 255-62, 2012. doi.org/10.4103/0253-7176.106022.

28. "Withanolide: An Overview." n.d. ScienceDirect sciencedirect.com/topics/agricultural-and-biological-sciences/withanolide; Wal, Pranay, and Ankita Wal. "Chapter 34—an Overview of Adaptogens with a Special Emphasis on Withania and Rhodiola." In Nutrition and Enhanced Sports Performance, Academic Press, 343-50, 2013.

29. Salve, Jaysing, et al. "Adaptogenic and Anxiolytic Effects of Ashwagandha Root

Extract in Healthy Adults: A Double-Blind, Randomized, Placebo-Controlled Clinical Study." Cureus 11 (12), 2019. doi.org/10.7759/cureus.6466.

30. Auddy, Biswajit, et al. "A Standardized Withania Somnifera Extract Significantly Reduces Stress-Related Parameters in Chronically Stressed Humans: A Double-Blind, Randomized, Placebo-Controlled Study." 2008. researchgate.net/publication/242151370_A_Standardized_Withania_Somnifera_Extract_Significantly_Reduces_Stress-Related_Parameters_in_Chronically_Stressed_Humans_A_Double-Blind_Randomized_Placebo-Controlled_Study.

31. Cooperman, Tod. n.d. "Ashwagandha Supplement Reviews & Information." ConsumerLab. consumerlab.com/reviews/ashwagandha-supplements/ashwagandha/#cautions.

32. Cooperman, "Ashwagandha Supplement Reviews & Information."

33. Sarris, Jerome, et al. "The Acute Effects of Kava and Oxazepam on Anxiety, Mood, Neurocognition; and Genetic Correlates: A Randomized, Placebo-Controlled, Double-Blind Study." Human Psychopharmacology: Clinical and Experimental 27 (3): 262–69, 2012. doi.org/10.1002/hup.2216.

34. Volz, H.-P., and M. Kieser. "Kava-Kava Extract WS 1490 Versus Placebo in Anxiety Disorders: A Randomized Placebo-Controlled 25-Week Outpatient Trial." Pharmacopsychiatry 30 (1): 1–5, 1997. doi.org/10.1055/s-2007-979474.

35. Sarris, Jerome, Emma LaPorte, and Isaac Schweitzer. "Kava: A Comprehensive Review of Efficacy, Safety, and Psychopharmacology." Australian & New Zealand Journal of Psychiatry 45 (1): 27–35, 2011. doi.org/10.3109/00048674.2010.522554.

36. Scaccia, Annamarya. "Kava: Inside the All-Natural High That's Sweeping America." Rolling Stone. March 16, 2018. rollingstone.com/culture/culture-news/kava-inside-the-all-natural-high-thats-sweeping-america-125828/.

37. "Kava: A Review of the Safety of Traditional and Recreational Beverage Consumption Technical Report," n.d. fao.org/3/i5770e/i5770e.pdf.

38. Zuraw, Lydia. "NPR Choice Page." npr.org. 2019. npr.org/sections/

thesalt/2013/04/24/178625554/how-coffee-influenced-the-course-of-history.

39. O'Callaghan, Frances, Olav Muurlink, and Natasha Reid. "Effects of Caffeine on Sleep Quality and Daytime Functioning." Risk Management and Healthcare Policy 11 (December): 263–71, 2018. doi.org/10.2147/rmhp.s156404.

40. McLellan, Tom M., John A. Caldwell, and Harris R. Lieberman. "A Review of Caffeine's Effects on Cognitive, Physical and Occupational Performance." Neuroscience & Biobehavioral Reviews 71: 294–312, 2016. doi.org/10.1016/j.neubiorev.2016.09.001.

41. Smith, Andrew P. "Caffeine, Extraversion and Working Memory." Journal of Psychopharmacology 27 (1): 71–76, 2012. doi.org/10.1177/ 026988111 2460111.

42. Haskell, Crystal F., et al. "The Effects of L-Theanine, Caffeine and Their Combination on Cognition and Mood." Biological Psychology 77 (2): 113–22, 2008. doi.org/10.1016/j.biopsycho.2007.09.008.

43. Camfield, David A., et al. "Acute Effects of Tea Constituents L-Theanine, Caffeine, and Epigallocatechin Gallate on Cognitive Function and Mood: A Systematic Review and MetaAnalysis." Nutrition Reviews 72 (8): 507–22, 2014. doi.org/10.1111/nure.12120.

44. McCall, Rosie. "Yes, It's Possible to Have Too Much Caffeine (and These Are the Caffeine Overdose Symptoms to Look For)." Health.com. January 27, 2017. health.com/nutrition/caffeine-overdose-symptoms.

45. "Do I Need to Cycle Caffeine?" Examine.com. October 22, 2018. examine.com/nutrition/do-i-need-to-cycle-caffeine/.

46. Rogers, Peter J., et al. "Effects of Caffeine and Caffeine Withdrawal on Mood and Cognitive Performance Degraded by Sleep Restriction." Psychopharmacology 179 (4): 742–52, 2005. doi.org/10.1007/s00213-004-2097-y.

47. Dodd, F. L., et al. "A Double-Blind, Placebo-Controlled Study Evaluating the Effects of Caffeine and L-Theanine Both Alone and in Combination on Cerebral Blood Flow, Cognition and Mood." Psychopharmacology 232 (14): 2563–76, 2015. doi.org/10.1007/s00213-015-3895-0.

48. Holmgren, Per, Lotta Nordén-Pettersson, and Johan Ahlner. "Caffeine Fatalities— Four Case Reports." Forensic Science International 139 (1): 71–73, 2004. doi.org/10.1016/j.forsciint.2003.09.019.

49. Office of the Commissioner. "Spilling the Beans: How Much Caffeine Is Too Much?" FDA, September 2020. fda.gov/consumers/consumer-updates/spilling-beans-how-much-caffeine-too-much#:~:text=For%20healthy%20adults%2C%20the%20FDA.

50. 23andMe. "Caffeine Consumption & Genetics." 23andme.com/topics/wellness/caffeine-consumption/.

51. ncbi.nlm.nih.gov/pubmed/22747190; ncbi.nlm.nih.gov/pubmed/12404571; Pase, Matthew P., et al. "The Cognitive-Enhancing Effects of Bacopa monnieri: A Systematic Review of Randomized, Controlled Human Clinical Trials." Journal of Alternative and Complementary Medicine 18 (7): 647–52, 2012. doi.org/10.1089/acm.2011.0367; Nathan, P. J., et al. "The Acute Effects of an Extract of Bacopa monniera (Brahmi) on Cognitive Function in Healthy Normal Subjects." Human Psychopharmacology: Clinical and Experimental 16 (4): 345–51, 2001. doi.org/10.1002/hup.306.

52. Neale, Chris, et al. "Cognitive Effects of Two Nutraceuticals Ginseng and Bacopa Benchmarked against Modafinil: A Review and Comparison of Effect Sizes." British Journal of Clinical Pharmacology 75 (3): 728–37, 2013. doi.org/10.1111/bcp.12002.

53. Kongkeaw, Chuenjid, et al. "Meta-Analysis of Randomized Controlled Trials on Cognitive Effects of Bacopa monnieri Extract." Journal of Ethnopharmacology 151 (1): 528–35, 2014. doi.org/10.1016/j.jep.2013.11.008.

54. "Nootropics." 2013.

55. "Blood Alcohol Concentration." Rev. James E. McDonald, C.S.C., Center for Student Wellbeing. Rev. 2019. mcwell.nd.edu/your-well-being/physical-well-being/alcohol/blood-alcohol-concentration/.

56. Jarosz, Andrew F., Gregory J. H. Colflesh, and Jennifer Wiley. "Uncorking the

Muse: Alcohol Intoxication Facilitates Creative Problem Solving."
Consciousness and Cognition 21 (1): 487–93, 2012. doi.org/10.1016/j.concog.
2012.01.002.

57. Schuster, Julius, and Ellen S. Mitchell. "More than Just Caffeine:
Psychopharmacology of Methylxanthine Interactions with Plant-Derived
Phytochemicals." Progress in Neuro-Psychopharmacology and Biological
Psychiatry 89: 263–74, 2019. doi.org/10.1016/j.pnpbp.2018.09.005.

58. Patterson, Brittany. "Can Tea Help Save the Amazon?" Scientific American, n.d.
scientificamerican.com/article/can-tea-help-save-the-amazon/.

59. Schuster and Mitchell, "More than Just Caffeine"; Prediger, Rui D. S., et al. "Effects
of Acute Administration of the Hydroalcoholic Extract of Mate Tea Leaves (Ilex
Paraguariensis) in Animal Models of Learning and Memory." Journal of
Ethnopharmacology 120 (3): 465–73, 2008. doi.org/10.1016/j.jep.2008.09.018;
Frank, Kurtis, et al. "Yerba Mate Research Analysis." Examine.com, September
2019. examine.com/supplements/yerba-mate/#; Frank, Kurtis, et al. "Lion's
Mane Research Analysis." Examine.com, February 2021. examine.com/
supplements/yamabushitake/#effect-matrix.

60. Harvard Health Publishing. "Nicotine: It May Have a Good Side." Harvard
Health. March 9, 2014. health.harvard.edu/newsletter_article/Nicotine_It_may_
have_a_good_side.

61. Heishman, Stephen J., Bethea A. Kleykamp, and Edward G. Singleton. "Meta-
Analysis of the Acute Effects of Nicotine and Smoking on Human
Performance." Psychopharmacology 210 (4): 453–69, 2010. doi.org/10.1007/
s00213-010-1848-1.

62. Winblad, Bengt. "Piracetam: A Review of Pharmacological Properties and
Clinical Uses." CNS Drug Reviews 11 (2): 169–82, 2006. doi.org/10.1111/j.1527-
3458.2005.tb00268.x; Tariska, P., and Andras Paksy. "Cognitive Enhancement
Effect of Piracetam in Patients with Mild Cognitive Impairment and Dementia."
Orvosi Hetilap 141 (22): 1189–93, 2000; Wilsher, Colin R. "Effects of Piracetam

on Developmental Dyslexia." International Journal of Psychophysiology 4 (1): 29–39, 1986. doi.org/10.1016/0167-8760(86)90048-6; Malykh, Andrei G., and M. Reza Sadaie. "Piracetam and Piracetam-like Drugs: From Basic Science to Novel Clinical Applications to CNS Disorders." Drugs 70 (3): 287–312, 2010. doi.org/10.2165/11319230000000000-00000.

63. Malykh and Sadaie, "Piracetam and Piracetam-like Drugs."

64. "Peak Nootropics LLC Aka Advanced Nootropics—557887—02/05/2019." Center for Food Safety and Applied Nutrition. December 20, 2019. fda.gov/inspections-compliance-enforcement-and-criminal-investigations/warning-letters/peak-nootropics-llc-aka-advancednootropics-557887-02052019.

65. Battleday, R. M., and A. K. Brem. "Modafinil for Cognitive Neuro-enhancement in Healthy Non-Sleep-Deprived Subjects: A Systematic Review." European Neuropsychopharmacology 26 (2): 391, 2016. doi.org/10.1016/j.euroneuro.2015.12.023.

66. "Modafinil Side Effects: Common, Severe, Long Term." drugs.com/sfx/modafinil-side-effects.html.

67. "Can Microdosing Psychedelics Improve Your Mental Health?" Science in the News. December 18, 2020. sitn.hms.harvard.edu/flash/2020/can-microdosing-psychedelics-improve-your-mental-health/.

68. "QS Amsterdam 2017 Preview: A Year of Psilocybin Microdosing." Quantified Self. May 4, 2017. quantifiedself.com/blog/qs-amsterdam-2017-preview-year-psilocybin-micro-dosing/.

69. Feuer, Will. "Oregon Becomes First State to Legalize Magic Mushrooms as More States Ease Drug Laws in 'Psychedelic Renaissance.' " CNBC. November 4, 2020. cnbc.com/2020/11/04/oregon-becomes-first-state-to-legalize-magic-mushrooms-as-more-states-ease-drug-laws.html.

70. sciencedirect.com/science/article/pii/S0924977X20309111; Hutten, Nadia R. P. W., et al. "Mood and Cognition after Administration of Low LSD Doses in Healthy Volunteers: A Placebo Controlled Dose-Effect Finding Study."

European Neuropsychopharmacology 41: 81-91, 2020. doi.org/10.1016/j.euroneuro.2020.10.002; biologicalpsychiatryjournal.com/article/S0006-3223(19)31409-X/fulltext; Bershad, Anya K., et al. "Acute Subjective and Behavioral Effects of Microdoses of Lysergic Acid Diethylamide in Healthy Human Volunteers." Biological Psychiatry 86 (10): 792-800, 2019. doi.org/10.1016/j.biopsych.2019.05.019.

제20장. 일상을 바꾸고 있는 신경 기술

1. 2021년 1월 확인한 결과, 23앤드미는 더 이상 인지-관련 해석을 제공하지 않는다.

2. Allegrini, A. G., et al. "Genomic Prediction of Cognitive Traits in Childhood and Adolescence." Molecular Psychiatry 24 (6): 819-27, 2019. doi.org/10.1038/s41380-019-0394-4.

3. Payton, Antony. "The Impact of Genetic Research on Our Understanding of Normal Cognitive Ageing: 1995 to 2009." Neuropsychology Review 19 (4): 451-77, 2009. doi.org/10.1007/s11065-009-9116-z.

4. 안데르스 에릭슨, 《1만 시간의 재발견》, 비즈니스북스, 2016.

5. "The California Prenatal Screening Program." cdph.ca.gov. California Department of Public Health, Genetic Disease Screening Program. March 2017. cdph.ca.gov/Programs/CFH/DGDS/CDPH%20Document%20Library/PNS%20Documents/Patient%20Booklet%20Consent_ENG-ADA.pdf; Porter, Forbes D. "Smith-Lemli-Opitz Syndrome: Pathogenesis, Diagnosis and Management." European Journal of Human Genetics 16 (5): 535-41, 2008. doi.org/10.1038/ejhg.2008.10.

6. Araki, Motoko, and Tetsuya Ishii. "International Regulatory Landscape and Integration of Corrective Genome Editing into in Vitro Fertilization." Reproductive Biology and Endocrinology 12 (1): 108, 2014. doi.org/10.1186/1477-7827-12-108.

7. Hollingsworth, Julia, and Isaac Yee. "Chinese Authorities: 1st Gene-Edited Babies Were Illegal." CNN. December 30, 2019. cnn.com/2019/12/30/china/

gene-scientist-china-intl-hnk/index.html.

8. Araki and Ishii, "International Regulatory Landscape."

9. Stein, Rob. "House Committee Votes to Continue Ban on Genetically Modified Babies." National Public Radio. June 4, 2019. npr.org/sections/health-shots/2019/06/04/729606539/house-committee-votes-to-continue-research-ban-on-genetically-modified-babies.

10. Powell, Alvin. "CRISPR's Breakthrough Implications." Harvard Gazette. May 16, 2018. news.harvard.edu/gazette/story/2018/05/crispr-pioneer-jennifer-doudna-explains-gene-editing-technology-in-prather-lectures/#:~:text=The%20Cas9%20protein%20(short%20for.

11. "The Science and Engineering of Intelligence: A Bridge across Vassar Street." The Center for Brains, Minds & Machines. Massachusetts Institute of Technology. January 15, 2016. cbmm.mit.edu/science-engineering-vassar; Zhang, Feng. "Improving, Applying and Extending CRISPRCas9 Systems." Presented at the Science and Engineering of Intelligence: A Bridge across Vassar Street, January 15, 2016.

12. "DIY Bacterial Gene Engineering CRISPR Kit." n.d. The ODIN. the-odin.com/diy-crispr-kit/.

13. Taub, Eric A. "Sleepy behind the Wheel? Some Cars Can Tell." New York Times. March 16, 2017. nytimes.com/2017/03/16/automobiles/wheels/drowsy-driving-technology.html.

14. Perlow, Jon. "New in Labs: Stop Sending Mail You Later Regret." Official Gmail Blog. Google, October 6, 2008. gmail.googleblog.com/2008/10/new-in-labs-stop-sending-mail-you-later.html.

15. Iawama, Gabrie, et al. "Introducing the Decision Advisor: A Simple Online Tool That Helps People Overcome Cognitive Biases and Experience Less Regret in Real-Life Decisions." Paper presented at the 40th Annual Meeting of the Society for Judgement and Decision Making, Montreal, November 15–18, 2019. doi.org/10.13140/RG.2.2.10816.07689.

16. Chui, Michael, James Manyika, and Mehdi Miremadi. "Where Machines Could Replace Humans—and Where They Can't (Yet)." McKinsey Quarterly. McKinsey & Company. July 8, 2016. mckinsey.com/business-functions/ mckinsey-digital/our-insights/where-machines-could-replace-humans-and-where-they-cant-yet.

17. Savage, Maddy. "Thousands of Swedes Are Inserting Microchips under Their Skin." National Public Radio. October 22, 2018. npr.org/2018/10/22/65880 8705/thousands-of-swedes-are-inserting-microchips-under-their-skin.

18. Coffey, Helen. "This Swedish Rail Company Is Letting Commuters Pay Using Microchips in Their Hands." Independent. June 16, 2017. independent.co.uk/ travel/news-and-advice/sj-rail-train-tickets-hand-implant-microchip-biometric-sweden-a7793641.html.

19. "XEM RFID Chip." n.d. Dangerous Things. dangerousthings.com/product/ xem/.

20. Rodriguez, Salvador. "Facebook Agrees to Acquire Brain-Computing Start-up CTRL-labs." CNBC. September 23, 2019. cnbc.com/2019/09/23/facebook-announces-acquisition-of-brain-computing-start-up-ctrl-labs.html.

21. "F8 2017: AI, Building 8 and More Technology Updates from Day Two." Facebook. April 19, 2017. about.fb.com/news/2017/04/f8-2017-day-2/.

22. Eveleth, Rose. "Google Glass Wasn't a Failure. It Raised Crucial Concerns." Wired. December 12, 2018. wired.com/story/google-glass-reasonable-expectation-of-privacy/; Levy, Karyne. "A Surprising Number of Places Have Banned Google Glass in San Francisco." Business Insider. March 18, 2014. businessinsider.com/google-glass-ban-san-francisco-20143.

23. Eagleman, David. 2015. "Can We Create New Senses for Humans?" TED. 2015. ted.com/talks/david_eagleman_can_we_create_new_senses_for_humans? language=en.

24. "Neosensory Announces $10 Million Series a Financing Round." Markets Insider. January 9, 2019. markets.businessinsider.com/news/stocks/

neosensory-announces-10-million-series-a-financing-round-1027855882.

25. "Infrared Vision." National Geographic. October 17, 2013. national geographic. org/media/infrared-vision/.

26. Rosen, Rebecca J. "6 Animals That Can See or Glow in Ultraviolet Light." The Atlantic. August 15, 2011. theatlantic.com/technology/archive/2011/08/6-animals-that-can-see-or-glow-in-ultraviolet-light/243634/.

27. Keller, Kate. "Could This Futuristic Vest Give Us a Sixth Sense?" Smithsonian Magazine. April 20, 2018. smithsonianmag.com/innovation/could-this-futuristic-vest-give-us-sixth-sense-180968852/; King, Darryn. "Hearing Loss? A New Device Lets You Feel Sound." Wall Street Journal. September 5, 2019. wsj.com/articles/hearing-loss-a-new-device-lets-you-feel-sound-11567691822; Kotler, Steven. "Neuroscientist David Eagleman Aims to Give Deaf People a New Way to Hear— and Upgrade Everyone Else's Senses Too." NEO.LIFE. January 10, 2019. neo.life/2019/01/the-wristband-that-gives-you-superpowers/; Walters, Helen. "How to Hear the World through Your Back." TED Conferences. March 17, 2015. ideas.ted.com/how-to-hear-the-world-through-your-chest/.

28. Eberhardt, Jennifer. Biased. New York: Penguin Books. 2020.

29. Watts, Alexander W. "Why Does John Get the STEM Job rather than Jennifer?" The Clayman Institute for Gender Research. Stanford University. June 2, 2014. gender.stanford.edu/news-publications/gender-news/why-does-john-get-stem-job-rather-jennifer.

30. Vartan, Starre. "Racial Bias Found in a Major Health Care Risk Algorithm." Scientific American.October 24, 2019. scientificamerican.com/article/racial-bias-found-in-a-major-health-care-risk-algorithm/.

31. Reuters. "Amazon Ditched AI Recruiting Tool That Favored Men for Technical Jobs." The Guardian. October 11, 2018. theguardian.com/technology/2018/oct/10/amazon-hiring-ai-gender-bias-recruiting-engine.

32. Larson, Jeff, et al. "How We Analyzed the COMPAS Recidivism Algorithm."

ProPublica. May 23, 2016. propublica.org/article/how-we-analyzed-the-compas-recidivism-algorithm.

33. Markoff, John. "Elon Musk's Neuralink Wants 'Sewing Machine-Like' Robots to Wire Brains to the Internet." New York Times. July 17, 2019. nytimes.com/2019/07/16/technology/neuralink-elon-musk.html.

34. Markoff, "Elon Musk's Neuralink"; Rogers, Adam. "Here's How Elon Musk Plans to Put a Computer in Your Brain." Wired. July 17, 2019. wired.com/story/heres-how-elon-musk-plans-to-stitch-a-computer-into-your-brain/.

35. Sanders, Robert. "Sprinkling of Neural Dust Opens Door to Electroceuticals." Berkeley News. August 3, 2016. news.berkeley.edu/2016/08/03/sprinkling-of-neural-dust-opens-door-to-electroceuticals/.

36. Sanders, "Sprinkling of Neural Dust"; Marr, Bernard. "Smart Dust Is Coming. Are You Ready?" Forbes. September 16, 2018. forbes.com/sites/bernardmarr/2018/09/16/smart-dust-is-coming-are-you-ready/#5e426a3f5e41.

37. Sutcliffe, Magdalena, and Madeline A. Lancaster. "A Simple Method of Generating 3D Brain Organoids Using Standard Laboratory Equipment." Methods in Molecular Biology 1576: 1–12, 2017. doi.org/10.1007/7651_2017_2.

38. Yeager, Ashley. "Infographic: How to Make a Brain Organoid." The Scientist. July 31, 2018. the-scientist.com/infographics/infographic--how-to-make-a-brain-organoid-64534; "Center for Genomically Engineered Organs." n.d. Harvard University. cgeo.hms.harvard.edu/; "Mark Skylar-Scott." n.d. Stanford Bioengineering. Stanford University. bioengineering.stanford.edu/people/mark-skylar-scott.

39. Whiteman, Honor. "Your Brain Could Be Backed Up, for a Deadly Price." medicalnewstoday.com. Healthline Media UK, March 16, 2018. medicalnewstoday.com/articles/321235#How-does-vitrifixation-work?.

40. Letzter, Rafi. "MIT Just Cut Ties with Nectome, the '100-Percent-Fatal' Brain-Preserving Company." Live Science. April 2, 2018. livescience.com/62202-mit-nectome-brain-upload.html.

41. Bell, Gordon, and Jim Gray. "Digital Immortality." Communications of the ACM 44 (3): 28–31, 2001. doi.org/10.1145/365181.365182.

42. Hamilton, Isobel Asher. "2 Tech Founders Lost Their Friends in Tragic Accidents. Now They've Built AI Chatbots to Give People Life after Death." Insider. November 17, 2018. businessinsider.com/eternime-and-replika-giving-life-to-the-dead-with-new-technology-2018-11; Öhman, Carl, and Luciano Floridi. "An Ethical Framework for the Digital Afterlife Industry." Nature Human Behaviour 2 (5): 318–20, 2018. doi.org/10.1038/s41562-018-0335-2.

43. Eckstein, Maria K., et al. "Beyond Eye Gaze: What Else Can Eyetracking Reveal about Cognition and Cognitive Development?" Developmental Cognitive Neuroscience 25 (June 2017): 69–91. doi.org/10.1016/j.dcn.2016.11.001.

44. "Detect and Monitor Brain Diseases through Typing Cadence." neurametrix.com/blog/2019/01/21/fda-grants-breakthrough-device-designation-to-neurametrix-101.

45. Johnson, Bryan. "A Plan for Humanity." Medium. December 31, 2019. medium.com/future-literacy/a-plan-for-humanity-2bc04088e3d4.

46. "GDPR.eu." 2019. gdpr.eu/.

47. Johnson, "A Plan for Humanity."

48. Johnson, "A Plan for Humanity."

49. 여러 가지가 있지만 몇몇 사이트를 예로 들면 다음과 같다. Upwork(일반), Catalant(사업가 및 지역 전문가), Toptal(엔지니어), Dribbble(디자이너), Kolabtree(과학자), Reedsy(에디터).

50. "Achievement." myachievement.com/about.

51. Yong, Ed. "Psychology's Replication Crisis Is Running Out of Excuses." The Atlantic. November 19, 2018. theatlantic.com/science/archive/2018/11/psychologys-replication-crisis-real/576223/.

52. "MIT Solve | Sapien Labs." solve.mit.edu/challenges/brain-health/solutions/96.

53. "MIT Solve | Sapien Labs."

54. "About Us." Sapien Labs. sapienlabs.org/about-us/.

55. "About Us." Sapien Labs. n.d. sapienlabs.org/about-us/.

제21장. 생산성을 높이는 20가지 브레인 해킹 실험

1. McGlothlin, Anna E., and Roger J. Lewis. "Minimal Clinically Important Difference." JAMA 312 (13): 1342, 2014. doi.org/10.1001/jama.2014.13128; Wright, Alexis, et al. "Clinimetrics Corner: A Closer Look at the Minimal Clinically Important Difference (MCID)." Journal of Manual & Manipulative Therapy 20 (3): 160–66, 2012. doi.org/10.1179/2042618612y.0000000001.

2. Rozenkrantz, Liron, et al. "Placebo Can Enhance Creativity." Edited by Emmanuel Manalo. PLOS One 12 (9): e0182466, 2017. doi.org/10.1371/journal.pone.0182466.

3. Kovacevic, Ana, et al. "The Effects of Aerobic Exercise Intensity on Memory in Older Adults." Applied Physiology, Nutrition, and Metabolism, October 2019. doi.org/10.1139/apnm-2019-0495; Oppezzo, Marily, and Daniel L. Schwartz. "Give Your Ideas Some Legs: The Positive Effect of Walking on Creative Thinking." Journal of Experimental Psychology: Learning, Memory, and Cognition 40, 2014; Stenfors, Cecilia U. D., et al. "Positive Effects of Nature on Cognitive Performance Across Multiple Experiments: Test Order but Not Affect Modulates the Cognitive Effects." Frontiers in Psychology 10, July 2019. doi.org/10.3389/fpsyg.2019.01413; Steinberg, H., et al. "Exercise Enhances Creativity Independently of Mood." British Journal of Sports Medicine 31 (3): 240–45, 1997. doi.org/10.1136/bjsm.31.3.240.

4. Lifehack. 2013. "7-Minute Workout." YouTube. youtube.com/watch?v=ECxYJcnvyMw; Reynolds, Gretchen. "The Scientific 7-Minute Workout." New York Times, May 9, 2013. well.blogs.nytimes.com/2013/05/09/the-scientific-7-minute-workout/.

5. Iowa State University News Service. "Want to Boost Creativity? Try Playing Minecraft." Iastate.edu, 2019. news.iastate.edu/news/2019/07/08/minecraft

creative; Hutton, Elizabeth, and S. Shyam Sundar. "Can Video Games Enhance Creativity? Effects of Emotion Generated by Dance Dance Revolution." Creativity Research Journal 22 (3): 294–303, 2010. doi.org/10.1080/10400419.20 10.503540.

6. "Get Minecraft." Minecraft.net, September 29, 2020. minecraft.net/en-us/get-minecraft/.

7. Chrysikou, Evangelia G., et al. "Noninvasive Transcranial Direct Current Stimulation over the Left Prefrontal Cortex Facilitates Cognitive Flexibility in Tool Use." Cognitive Neuroscience 4 (2): 81–89, 2013. doi.org/10.1080/1758892 8.2013.768221.

8. Chrysikou, et al., "Noninvasive Transcranial Direct Current Stimulation."

9. Mineo, Liz. "Less Stress, Clearer Thoughts with Mindfulness Meditation." Harvard Gazette, April 17, 2018. news.harvard.edu/gazette/story/2018/04/less-stress-clearer-thoughts-with-mindfulness-meditation/.

10. Flett, Jayde A. M., et al. "Mobile Mindfulness Meditation: A Randomised Controlled Trial of the Effect of Two Popular Apps on Mental Health." Mindfulness 10 (5): 863–76, 2018. doi.org/10.1007/s12671-018-1050-9; Mani, Madhavan, et al. "Review and Evaluation of Mindfulness-Based IPhone Apps." JMIR MHealth and UHealth 3 (3): e82, 2015. doi.org/10.2196/mhealth.4328.

11. Guevarra, Darwin A., et al. "Placebos Without Deception Reduce Self-Report and Neural Measures of Emotional Distress." Nature Communications 11 (1): 3785, 2020. doi.org/10.1038/s41467-020-17654-y; Schaefer, Michael, et al. "Open-Label Placebos Reduce Test Anxiety and Improve Self-Management Skills: A Randomized-Controlled Trial." Scientific Reports 9 (1), 2019. doi.org/10.1038/s41598-019-49466-6.

12. Spiridon, Elena, and Stephen Fairclough. "The Effects of Ambient Blue Light on Anger Levels: Applications in the Design of Unmanned Aircraft GCS." International Journal of Unmanned Systems Engineering 5 (3): 53–69, 2017. doi.org/10.14323/ijuseng.2017.8; De Kort, Yvonne, et al. "Lighting and Self-

Regulation: Can Light Revitalize the Depleted Ego?" 2017.

13. Iyadurai, L., et al. "Preventing Intrusive Memories After Trauma via a Brief Intervention Involving Tetris Computer Game Play in the Emergency Department: A Proof-of-Concept Randomized Controlled Trial." Molecular Psychiatry 23 (3): 674–82, 2017. doi.org/10.1038/mp.2017.23; Lobel, Adam, et al. "Designing and Utilizing Biofeedback Games for Emotion Regulation." Proceedings of the 2016 CHI Conference Extended Abstracts on Human Factors in Computing Systems, May 2016. doi.org/10.1145/2851581.2892521; Bakker, David, et al. "Mental Health Smartphone Apps: Review and Evidence-Based Recommendations for Future Developments." JMIR Mental Health 3 (1): e7, 2016. doi.org/10.2196/mental.4984; Payne, Hannah E., Victor B. A. Moxley, and Elizabeth MacDonald. "Health Behavior Theory in Physical Activity Game Apps: A Content Analysis." JMIR Serious Games 3 (2): e4, 2015. doi. org/10.2196/games.4187; Roepke, Ann Marie, et al. "Randomized Controlled Trial of SuperBetter, a Smartphone-Based/Internet-Based Self-Help Tool to Reduce Depressive Symptoms." Games for Health Journal 4 (3): 235–46, 2015. doi.org/10.1089/g4h.2014.0046; Devan, Hemakumar, et al. "Evaluation of SelfManagement Support Functions in Apps for People with Persistent Pain: Systematic Review." JMIR MHealth and UHealth 7 (2): e13080, 2019. doi. org/10.2196/13080.

14. Sarris, Jerome, Emma LaPorte, and Isaac Schweitzer. "Kava: A Comprehensive Review of Efficacy, Safety, and Psychopharmacology." Australian and New Zealand Journal of Psychiatry 45 (1): 27–35, 2011. doi.org/10.3109/00048674.20 10.522554.

15. Lover, Kava. "Genuine Kava—Helping Your Search for Certified Roots Kava. com." The Trusted Kava Source | Kava Root Powder | Kava Wholesale, March 23, 2017. kava.com/genuine-kava/.

16. "Menu." Kava Lounge SF, 2016. kavaloungesf.com/menu/.

17. "Buy Fine Kava | Kava Powders | Instant Kava | Bottled Kava | Green Kava | the

Kava Society." Kava Society, 2011. kavasociety.nz/shop.

18. "Menu." Kava Lounge SF.

19. Chowhound. "Kava Shake Recipe." Chowhound, n.d. chowhound.com/recipes/ kava-shake-14098.

20. Adam, Hajo, and Adam D. Galinsky. "Enclothed Cognition." Journal of Experimental Social Psychology 48 (4): 918–25, 2012. doi.org/10.1016/j.jesp. 2012.02.008.

21. Hsieh, Shu-Shih, et al. "Systematic Review of the Acute and Chronic Effects of High-Intensity Interval Training on Executive Function across the Lifespan." Journal of Sports Sciences 39 (1): 10–22, 2020. doi.org/10.1080/02640414.2020. 1803630; Stenfors, Cecilia U. D., et al. "Positive Effects of Nature on Cognitive Performance Across Multiple Experiments: Test Order but Not Affect Modulates the Cognitive Effects." Frontiers in Psychology 10 (July 2019). doi.org/10.3389/ fpsyg.2019.01413; Hsieh, Shu-Shih, et al. "Systematic Review of the Acute and Chronic Effects of High-Intensity Interval Training on Executive Function across the Lifespan." Journal of Sports Sciences 39 (1): 10–22, 2020. doi.org/10 .1080/02640414.2020.1803630.

22. Stenfors, Cecilia U. D., et al. "Positive Effects of Nature."

23. "10 Minute Taekwondo Workout." YouTube, n.d. youtube.com/watch?v= Ujly7l3-xUM.

24. "Surya Namaskar." Wikipedia, November 9, 2020. en.wikipedia.org/wiki/ Surya_Namaskar.

25. Beaven, C. Martyn, and Johan Ekström. "A Comparison of Blue Light and Caffeine Effects on Cognitive Function and Alertness in Humans." Edited by Denis Burdakov. PLOS One 8 (10): e76707, 2013. doi.org/10.1371/journal. pone.0076707.

26. Bhayee, Sheffy, et al. "Attentional and Affective Consequences of Technology Supported Mindfulness Training: A Randomised, Active Control, Efficacy Trial." BMC Psychology 4 (November 2016). doi.org/10.1186/s40359-016-0168-

6.

27. Smith, Glenn E., et al. "A Cognitive Training Program Based on Principles of Brain Plasticity: Results from the Improvement in Memory with Plasticity-Based Adaptive Cognitive Training (IMPACT) Study." Journal of the American Geriatrics Society 57 (4): 594–603, 2009. doi.org/10.1111/j.1532-5415. 2008.02167.x; Jaeggi, S. M., et al. "Improving Fluid Intelligence with Training on Working Memory." Proceedings of the National Academy of Sciences 105 (19): 6829–33, 2008. doi.org/10.1073/pnas.0801268105; Smith, Glenn E., et al. "A Cognitive Training Program Based on Principles of Brain Plasticity: Results from the Improvement in Memory with Plasticity-Based Adaptive Cognitive Training (IMPACT) Study." Journal of the American Geriatrics Society 57 (4): 594–603, 2009. doi.org/10.1111/j.1532-5415.2008.02167.x.

28. Imburgio, Michael J., and Joseph M. Orr. "Effects of Prefrontal TDCS on Executive Function: Methodological Considerations Revealed by Meta-Analysis." Neuropsychologia 117 (August 2018): 156–66. doi.org/10.1016/j.neuropsychologia.2018.04.022.

29. Imburgio and Orr, "Effects of Prefrontal TDCS."

30. Haskell, Crystal F., et al. "The Effects of L-Theanine, Caffeine and Their Combination on Cognition and Mood." Biological Psychology 77 (2): 113–22, 2008. doi.org/10.1016/j.biopsycho.2007.09.008.

31. Denis, M. 1985. "Visual Imagery and the Use of Mental Practice in the Development of Motor Skills." Canadian Journal of Applied Sport Sciences. Journal canadien des sciences appliquées au sport 10 (4): 4S16S. pubmed.ncbi. nlm.nih.gov/3910301/; Pascual-Leone, A., et al. "Modulation of Muscle Responses Evoked by Transcranial Magnetic Stimulation during the Acquisition of New Fine Motor Skills." Journal of Neurophysiology 74 (3): 1037–45, 1995. doi.org/10.1152/jn.1995.74.3.1037; Kaptchuk, Ted J., et al. "Placebos Without Deception: A Randomized Controlled Trial in Irritable Bowel Syndrome." Edited by Isabelle Boutron. PLOS One 5 (12): e15591, 2010. https://doi.

org/10.1371/journal.pone.0015591.

32. Winter, Bernward, et al. "High Impact Running Improves Learning." Neurobiology of Learning and Memory 87 (4): 597–609, 2007. doi.org/10.1016/j.nlm.2006.11.003.

33. Marzbani, H., H. Marateb, and M. Mansourian. "Methodological Note: Neurofeedback: A Comprehensive Review on System Design, Methodology and Clinical Applications." Basic and Clinical Neuroscience Journal 7 (2), 2016. doi.org/10.15412/j.bcn.03070208.

34. Karpicke, J. D., and J. R. Blunt. "Retrieval Practice Produces More Learning than Elaborative Studying with Concept Mapping." Science 331 (6018): 772–75, 2011. doi.org/10.1126/science.1199327.

35. Neale, Chris, et al. "Cognitive Effects of Two Nutraceuticals Ginseng and Bacopa Benchmarked against Modafinil: A Review and Comparison of Effect Sizes." British Journal of Clinical Pharmacology 75 (3): 728–37, 2013. doi.org/10.1111/bcp.12002.

36. "Beginners—Nootropics." Reddit, 2013.

37. Frank, Kurtis, et al. "Bacopa monnieri Research Analysis." Examine.com, February 2019. examine.com/supplements/bacopa-monnieri/.

38. Pase, Matthew P., et al. "The Cognitive-Enhancing Effects of Bacopa monnieri: A Systematic Review of Randomized, Controlled Human Clinical Trials." Journal of Alternative and Complementary Medicine 18 (7): 647–52, 2012. doi.org/10.1089/acm.2011.0367; Nathan, P. J., et al. "The Acute Effects of an Extract of Bacopa monnieri (Brahmi) on Cognitive Function in Healthy Normal Subjects." Human Psychopharmacology: Clinical and Experimental 16 (4): 345–51, 2001. doi.org/10.1002/hup.306.

제22장. 새롭게 태어난 뇌를 확인하는 법

1. Schel, M. A., and T. Klingberg. "Specialization of the Right Intraparietal Sulcus for Processing Mathematics During Development." Cerebral Cortex 27 (9):

4436-46, 2017. doi.org/10.1093/cercor/bhw246. PMID: 27566976;
en.wikipedia.org/wiki/Intraparietal_sulcus#/media/File:Gray726_intraparietal_
sulcus.svg; health.qld.gov.au/abios/asp/boccipital.

2. sciencedirect.com/science/article/abs/pii/S1053811905024663?dgcid=api_sd_
search-api-endpoint; news.mit.edu/2014/in-the-blink-of-an-eye-0116.

3. Olive, Melissa L., and Jessica H. Franco. "(Effect) Size Matters: And So Does the
Calculation." Behavior Analyst Today 9 (1): 5-10, 2008. doi.org/10.1037/
h0100642.

4. 이 표가 친숙하게 느껴지는가? 영국의 통계학자 프랜시스 앤스컴Francis Anscombe이 이와
비슷하게 데이터를 그래프로 보지 않고 평균을 사용하는 일의 위험성을 보여주기 위해 사
용한 유명한 통계 데이터 세트, 앤스컴 4중주단Anscombe's Quartet을 내 나름으로 해석
한 것이기 때문이다.

보너스 팁. 더 나은 뇌를 위한 탐색은 계속된다!

1. Othmer, Siegfried. Email to Elizabeth Ricker. March 15, 2021.